Elisabeth Zima
Einführung in die gebrauchsbasierte Kognitive Linguistik

Elisabeth Zima

Einführung in die gebrauchsbasierte Kognitive Linguistik

—

DE GRUYTER

ISBN 978-3-11-066563-5
e-ISBN (PDF) 978-3-11-066564-2
e-ISBN (EPUB) 978-3-11-066568-0

Library of Congress Control Number: 2021941796

Bibliografische Information der Deutschen Nationalbibliothek
Die Deutsche Nationalbibliothek verzeichnet diese Publikation in der Deutschen Nationalbibliografie; detaillierte bibliografische Daten sind im Internet über http://dnb.dnb.de abrufbar.

© 2021 Walter de Gruyter GmbH, Berlin/Boston
Druck und Bindung: CPI books GmbH, Leck

www.degruyter.com

Für Marlene und Philipp

Danksagung

Viele Menschen haben mir dabei geholfen, dieses Lehrbuch zu konzipieren und fertigzustellen. Ich bedanke mich bei Peter Auer und Geert Brône für das kritische Lesen früher Versionen von einzelnen Kapiteln. Alexander Ziem danke ich sehr herzlich für wertvolle Tipps zur Konzeption des Lehrbuchs und das überaus sorgfältige Gutachten, das mir bei der Fertigstellung der finalen Version enorm geholfen hat. Ich bedanke mich darüber hinaus bei Daniel Gietz, Albina Töws, Simone Hausmann und Gabriela Rus für die Betreuung des Projekts seitens de Gruyter. Ein besonderer Dank gebührt auch Ulrike Ackermann, die dieses Buch lektoriert und Korrektur gelesen hat. Alle verbliebenen Tippfehler und sonstige Unzulänglichkeiten sind nichtsdestotrotz selbstverständlich ausschließlich mir anzulasten.

Ich bedanke mich auch sehr herzlich bei allen TeilnehmerInnen meiner Seminare an der Universität Freiburg, in denen ich Teile dieses Lehrbuchs als Skripte benutzt habe. Ihr Feedback hat mir bei der schrittweisen Verbesserung des nun vorliegenden Buchs ebenfalls sehr geholfen.

Während ich dieses Lehrbuch verfasst habe, wurde ich im Margarete von Wrangell Habilitationsprogramm für Frauen des Ministeriums für Wissenschaft und Kunst Baden-Württemberg gefördert. Ohne die finanziellen und zeitlichen Freiräume, die mir dieses Programm gewährt hat, hätte ich mir den Luxus, an diesem Lehrbuch zu arbeiten, nicht erlauben können.

Der größte Dank gebührt schließlich meinem Mann. Danke für all die Stunden, in denen ich an diesem Buch arbeiten konnte, während Du mit unseren Kindern im Zoo, im Schwimmbad oder auch einfach im Kinderzimmer warst. Du bist für die beiden das beste Vater-Vorbild, das ich mir für sie wünschen kann, weil für Dich „Halbe-Halbe" keine Pflicht, sondern ein inneres Bedürfnis ist!

Große Teile dieses Buchs wurden während einer Pandemie verfasst, als Kitas und Schulen über Monate geschlossen waren und Kontaktbeschränkungen galten. Ich bin stolz darauf, dass ich es trotzdem geschafft habe, dieses Buch zu vollenden. Noch viel stolzer aber bin ich auf meine Kinder und ihren Umgang mit all diesen Herausforderungen. Ihr seid in alledem die wahren Helden! Dieses Buch ist Euch beiden gewidmet.

Inhalt

1	**Einleitung** —— 1	
1.1	Zum Gegenstandsbereich dieses Buchs —— 1	
1.2	Aufbau des Buchs —— 4	
1.3	Empfehlungen zum Gebrauch des Buchs —— 4	

Teil 1: Entstehungsgeschichte und Grundannahmen der Kognitiven Linguistik

2	**Generative Grammatik und/versus Kognitive Linguistik** —— 9	
2.1	Kognitive Grundannahmen des Generativismus —— 10	
2.2	Kritik am Generativismus —— 16	
2.3	Die frühe Phase der gebrauchsbasierten Kognitiven Linguistik —— 21	
2.4	Stand der Dinge —— 24	
	Die wichtigsten Punkte nochmal —— 26	
	Übungen —— 26	
	Weiterführende Literatur —— 27	

3	**Sprache als Epiphänomen der Kognition** —— 29	
3.1	Figur/Grund-Unterscheidung —— 29	
3.2	Kategorisierung —— 35	
3.3	Einige Grundprämissen und „Commitments" —— 45	
	Die wichtigsten Punkte nochmal —— 58	
	Übungen —— 58	
	Weiterführende Literatur —— 59	

Teil 2: Kognitive Semantik

4	**Grundbegriffe der Kognitiven Semantik** —— 63	
4.1	Profil und Basis —— 64	
4.2	Semantische Domänen —— 66	
4.3	Frames und Skripts —— 68	
4.4	Idealisierte Kognitive Modelle —— 70	
4.5	Bildschemata —— 71	

5 Konzeptuelle Metaphern und Metonymien —— 73
5.1 Die klassische Sichtweise von Metaphern als Stilfiguren —— 73
5.2 Die Theorie der Konzeptuellen Metapher —— 76
5.3 Primärmetaphern —— 85
5.4 Evidenz für die Metapher als Denkmechanismus —— 88
5.5 Die kognitive Verarbeitung von Metaphern —— 92
5.6 Konzeptuelle Metonymien —— 94
5.7 Zur Interaktion von Metapher und Metonymie —— 97
5.8 Aktuelle Forschungsfragen und neue methodische Zugänge —— 99
Die wichtigsten Punkte nochmal —— 101
Übungen —— 101
Weiterführende Literatur —— 102

6 Die Theorie der mentalen Räume —— 103
6.1 Was sind mentale Räume? —— 104
6.2 Einige Kategorien von mentalen (Vorstellungs-)räumen —— 108
6.3 Space builder —— 114
6.4 Mentale Räume und Frames —— 114
6.5 Mentale Räume in der Interaktion —— 116
6.5.1 Langackers Current Discourse Space Modell —— 116
Die wichtigsten Punkte nochmal —— 123
Übungen —— 123
Weiterführende Literatur —— 124

7 Konzeptuelles Blending —— 125
7.1 Blending – das Basismodell —— 126
7.2 Zur Typologie von Blending-Netzwerken —— 133
7.3 Kritik an der Blending-Theorie —— 143
7.3.1 Beschränkungen und Prinzipien von Blendingprozessen —— 145
Die wichtigsten Punkte nochmal —— 147
Übungen —— 147
Weiterführende Literatur —— 148

8 Framesemantik —— 149
8.1 Entstehung und Ziele der Framesemantik —— 149
8.2 Was sind Frames? —— 157
8.3 FrameNet —— 164
8.3.1 FrameNet des Deutschen —— 168
8.4 Framing —— 171

Die wichtigsten Punkte nochmal —— 174
Übungen —— 174
Weiterführende Literatur —— 175

Teil 3: **Kognitiv-linguistische Grammatikmodelle**

9 Kognitive Grammatik —— 179
9.1 Das symbolische Prinzip —— 181
9.2 Zur Herausbildung symbolischer Einheiten: das Netzwerkmodell —— 184
9.3 Konstruierung —— 190
9.3.1 Spezifizität —— 192
9.3.2 Fokussierung —— 193
9.3.2.1 Vordergrund – Hintergrund —— 194
9.3.2.2 Komposition —— 195
9.3.2.3 Skopus —— 197
9.3.3 Prominenz —— 198
9.3.3.1 Profilierung —— 199
9.3.3.2 Trajektor/Landmarke —— 202
9.3.4 Perspektive —— 205
9.3.4.1 Blickpunkt und Blickrichtung —— 205
9.3.4.2 Subjektivität – Objektivität —— 207
9.4 Wortarten —— 210
9.4.1 Nomina —— 213
Die wichtigsten Punkte nochmal —— 217
Übungen —— 217
Weiterführende Literatur —— 218

10 Konstruktionsgrammatik —— 219
10.1 Zur Entstehungsgeschichte der Konstruktionsgrammatik —— 219
10.2 Zum Spektrum konstruktionsgrammatischer Ansätze —— 221
10.3 Grundprämissen der gebrauchsbasierten Ansätze —— 224
10.4 Konstruktionen und Frames —— 242
10.5 Der Erwerb von Konstruktionen und des Konstruktikons —— 243
10.6 Interaktionale Konstruktionsgrammatik —— 248
Die wichtigsten Punkte nochmal —— 254
Übungen —— 254
Weiterführende Literatur —— 255

Teil 4: Interdisziplinäre Anwendungsfelder

11 Multimodalität und Kognitive Linguistik —— 259
11.1 Kognitiv-linguistisch inspirierte Gestenforschung: Metaphern und Metonymien —— 260
11.1.1 Was sind Gesten und wie bedeuten sie? —— 261
 Ikonische Gesten —— 262
 Metaphorische Gesten —— 263
 Deiktische Gesten —— 263
 Taktstockgesten —— 264
11.1.2 Metaphorische Gesten und die Theorie der Konzeptuellen Metapher —— 266
11.1.3 Die Rolle der Metonymie in der Gesteninterpretation —— 271
11.2 Multimodale Perspektivierung —— 273
11.3 Multimodale Orchestrierung mentaler Räume im Erzählen —— 277
 Die wichtigsten Punkte nochmal —— 280
 Übungen —— 280
 Weiterführende Literatur —— 281

12 Kognitive Linguistik im Sprachunterricht —— 283
12.1 Chunks und konstruktionsbasiertes Lernen —— 284
12.2 Kognitiv-grammatische Illustrationen und Animationen im Sprachunterricht —— 295
12.3 Methoden zur Förderung der Metaphernkompetenz —— 299
 Die wichtigsten Punkte nochmal —— 302
 Übungen —— 302
 Weiterführende Literatur —— 303

13 Kognitive Poetik —— 305
13.1 Figur/Grund-Unterscheidung in literarischen Texten —— 308
13.2 Metaphorische Ebenen im Literaturverstehen —— 313
13.3 Mentale Räume, Blending und mögliche Welten —— 318
13.4 Texte als Ressource des erfahrungsbasierten Lernens —— 321
 Die wichtigsten Punkte nochmal —— 324
 Übungen —— 324
 Weiterführende Literatur —— 325

Literaturverzeichnis —— 327

Stichwortverzeichnis —— 349

1 Einleitung

1.1 Zum Gegenstandsbereich dieses Buchs

Das vorliegende Buch bietet eine Einführung in die gebrauchsbasierte Kognitive Linguistik (gemeinhin abgekürzt mit Großbuchstaben als KL bzw. Englisch CL für *Cognitive Linguistics* in Abgrenzung zu anderen kognitiv orientierten Disziplinen der Linguistik wie etwa der Generativen Grammatik). Sie hat sich in den letzten 45 bis 50 Jahren im stark diversifizierten Feld der sprachwissenschaftlichen Forschungsrichtungen und -traditionen als eigenständiges Paradigma gefestigt und etabliert. Das Buch richtet sich primär an (Quer-)EinsteigerInnen in das Gebiet, so zum Beispiel an Studierende, die zwar bereits über einige sprachwissenschaftliche Grundkenntnisse verfügen, mit dem Label „Kognitive Linguistik" jedoch keine oder eine nur sehr vage Vorstellung verbinden. In diesem Sinn liegt das Ziel dieser Einführung darin, die Grundannahmen, Konzepte, Methoden, Forschungsfragen und Forschungsfelder der Kognitiven Linguistik vorzustellen, anhand von konkreten Studien und Datenbeispielen zu veranschaulichen und zur kritischen Auseinandersetzung damit einzuladen.

Doch was ist eigentlich „Kognitive Linguistik" und was bedeutet „gebrauchsbasiert"? Die Geschichte der gebrauchsbasierten Kognitiven Linguistik beginnt in den frühen 1970er Jahren. Teilweise unabhängig voneinander und teilweise in engem Gedankenaustausch miteinander stehend, begannen zu dieser Zeit einige LinguistInnen ihre wachsende Unzufriedenheit mit dem damals vorherrschenden Paradigma zu artikulieren: der Generativen Grammatik nach Noam Chomsky. Diese Unzufriedenheit betraf in dieser frühen Phase in erster Linie kognitive Grundannahmen (dazu explizit Kapitel 2). Dazu gehörte die Annahme, Sprache sei als ein eigenständiges, angeborenes Modul im Gehirn verortet. Aber auch die postulierte Vorrangstellung der Syntax gegenüber der Semantik und die starre Ausrichtung auf die Kompetenz eines „*idealen* Sprechers/Hörers" als alleiniges Erkenntnisinteresse der Linguistik stieß früh auf Skepsis, vor allem bei jenen LinguistInnen, die die strikte Ablehnung der Untersuchung des realen Sprachgebrauchs (der sogenannten Performanz) für falsch hielten. Dieser Sprachgebrauch wurde im Generativismus als fehlerbehaftet bzw. defizitär betrachtet. Man ging davon aus, dass er die Kompetenz von SprecherInnen, d.h. ihr mental verankertes Sprachsystem, nur unzureichend wiedergebe. Seine Untersuchung galt deshalb als irreführend und sinnlos (Chomsky 1965).

Ronald W. Langacker, einer der federführenden Begründer der gebrauchsbasierten Kognitiven Linguistik, formuliert diese tiefe Unzufriedenheit mit diesem in den 1960er und -70er Jahren vorherrschenden linguistischen Paradigma explizit als Beweggrund für die Entwicklung seiner Theorie der Kognitiven Grammatik (*Cognitive Grammar*):

> Meine eigene Unzufriedenheit mit den dominanten Trends in der aktuellen Theorie ist tiefgreifend. Sie geht bis zur tiefsten Ebene der Prinzipien: Auffassungen darüber, was Sprache ist und womit sich die Sprachwissenschaft beschäftigen solle ... Ob zu Recht oder zu Unrecht, ich kam schon vor einiger Zeit zu der Einsicht, dass die konzeptuelle Basis der Sprachwissenschaft auf Treibsand gebaut war, und der einzige Ausweg darin liege, nochmal von vorne zu beginnen, auf stabilerem Untergrund. (Langacker 1987a: v, Übersetzung E.Z.)[1]

Der Ursprung bzw. eher der Entstehungsanlass der Kognitiven Linguistik liegt also insofern in der Generativen Grammatik, als dass sie zu ihr eine – kognitiv plausible – Alternative sein will. Ungeachtet der Wichtigkeit der Entstehungsgeschichte der Kognitiven Linguistik, die in Teil 1 dieser Einführung intensiver thematisiert wird, soll die Darstellung ihrer Prämissen, Theorien, Forschungsfelder und Methoden in diesem Buch jedoch in positiver Weise erfolgen und somit nicht in konsequenter Abgrenzung zu anderen linguistischen Denkschulen, wie etwa dem Generativismus. Tatsächlich fällt diese Abgrenzung auch nicht immer leicht, nicht zuletzt für eher formal orientierte Grammatikmodelle der Kognitiven Linguistik, die nicht primär gebrauchsorientiert sind (wie etwa die *Sign-Based Construction Grammar* von Sag 2012, Sag, Boas & Kay 2012; für einen Überblick siehe Ziem & Lasch 2013 und Hoffmann & Trousdale 2013). Der Grund dafür, dass sie hier unterbleibt, ist jedoch nicht die Schwierigkeit des Unterfangens, sondern vielmehr die Tatsache, dass eine solche komparative Darstellung der nunmehr fast 50-jährigen Entwicklungsgeschichte der Kognitiven Linguistik und ihrer wissenschaftlichen Eigenständigkeit in keinem Fall gerecht werden würde. Die Kognitive Linguistik ist nicht einfach das Gegenmodell zum Generativismus, sondern ein inzwischen voll etabliertes und seit einigen Jahrzehnten eigenständiges Forschungsfeld. Dabei beschreitet sie in vielen Belangen keine durchwegs neuen Wege, sondern sie besinnt sich auf einige vor der generativistischen Wende bereits etablierten Annahmen und Theorien zurück. Die epistemologischen Wurzeln der Kognitiven Linguistik sind die Gestaltpsychologie und der europäische

---

[1] „My own dissatisfaction with the dominant trends in current theory is profound. It reaches to the deepest stratum of organizing principles: notions about what language is like and what linguistic theory should be concerned with...Rightly or wrongly, I concluded some time ago that the conceptual foundations of linguistic theory were built on quicksand, and that the only remedy was to start over on firmer ground." (Langacker 1987a: v)

Strukturalismus. Darauf soll im Abschnitt zu den Grundannahmen der Kognitiven Linguistik noch näher eingegangen werden (Teil 1 dieser Einführung).

Tatsächlich ist die Kognitive Linguistik auch kein einheitliches Forschungsparadigma, sondern unter ihrem Hut vereint sich eine recht große Fülle teilweise sehr unterschiedlicher Ansätze mit spezifischen Erkenntnisinteressen. Diesen Hut bilden vor allem einige geteilte Grundannahmen zur Interdependenz von Sprache und allgemeinen, nicht sprachspezifischen kognitiven Fähigkeiten (mehr dazu in Kapitel 3), und das Bekenntnis zu einigen selbstauferlegten „Verpflichtungen" (*commitments*). Dazu gehören in erster Linie das „generalization commitment" und das „cognitive commitment" (Lakoff 1990), die in jüngster Zeit zudem um das „social commitment" ergänzt wurden (Geeraerts 2016). Diesen drei Verpflichtungen zufolge, die von einigen AutorInnen auch als Prämissen bezeichnet werden, sollten Kognitive LinguistInnen stets im Blick behalten, dass ihre Theorien, Analysen und Modelle kognitiv plausibel und mit gesicherten Erkenntnissen der Kognitions- und Neurowissenschaften vereinbar sein müssen, sowie gleichzeitig der Tatsache Rechnung tragen müssen, dass Sprache kein abstraktes, rein kognitives Regelsystem ist, sondern untrennbar an ihren Gebrauch in sozialer Interaktion gebunden ist. Zentrales Element ist dabei ihr Bekenntnis zur Gebrauchsbasiertheit. Damit ist die Annahme gemeint, dass SprecherInnen sprachliche Strukturen aus dem Sprachinput, dem sie ausgesetzt sind, ableiten und dadurch erwerben. Dabei greifen sie auf allgemeine, basale und nichtsprachspezifische kognitive Fähigkeiten zurück, wie etwa der Mustererkennung. Sprache ist demnach nicht angeboren und sprachliche Strukturen sind nicht kognitiv vorangelegt (wie dies die Generative Grammatik proklamiert), sondern der Erwerbsprozess ist (sprach)gebrauchsbasiert.

Diese Grundprinzipien der Kognitiven Linguistik machen sie nicht nur zu einer prinzipiell stark interdisziplinär ausgerichteten Forschungsausrichtung, sondern zu einer sprachwissenschaftlichen Disziplin, die den hohen Anspruch an sich selbst stellt, den Untersuchungsgegenstand nicht *a priori* zu begrenzen, sondern Sprache in ihrer gesamten Komplexität zu beschreiben und holistische Erklärungsmodelle anzubieten. Es kann deshalb nicht überraschen, dass die Kognitive Linguistik in ihrer noch relativen kurzen Geschichte ihrem eigenen Anspruch und der Komplexität des Untersuchungsgegenstands bis dato sicherlich nur in Teilbereichen gerecht wird. Tatsächlich ist das Feld trotz des beachtlichen Fortschritts in den letzten 45–50 Jahren und trotz der Tatsache, dass die Forschungsgemeinschaft kontinuierlich wächst und gut vernetzt ist, in weiten Teilen noch unbearbeitet. Im besten Fall ist diese Einführung also auch Einstieg in eigene Forschung auf diesem jungen und spannenden Gebiet. Dieser Einstieg kann jedoch nur auf der Basis eines guten Rüstzeugs gelingen. Es ist deshalb erklärtes Ziel dieses Buchs, als ersten Schritt auf dem Gebiet der gebrauchsbasierten Kognitiven Linguistik einführendes Wissen zu vermitteln, nachhaltiges Verständnis zu ermöglichen und nicht zuletzt Neugierde zu wecken.

1.2 Aufbau des Buchs

Die vorliegende Einführung in die gebrauchsbasierte Kognitive Linguistik ist in vier größere thematische Abschnitte gegliedert. Kapitel 1 des ersten Teils widmet sich der Entstehungsgeschichte der Kognitiven Linguistik und situiert sie innerhalb des stark diversifizierten Feldes sprachwissenschaftlicher Paradigmen, Theorien und Modelle des 20. und 21. Jahrhunderts. Dieser bewusst kurz gehaltene historische Überblick dient als Grundlage für das daran anschließende Kapitel 2, in dem einige epistemologische Grundannahmen und Basisprinzipien der Kognitiven Linguistik dargelegt werden. Teil 2 und Teil 3 sind den zwei großen Forschungsbereichen der KL gewidmet, nämlich den verschiedenen Ansätzen innerhalb der Kognitiven Semantik einerseits und den kognitiv-linguistischen Grammatiktheorien andererseits. In Teil 4 werden abschließend einige interdisziplinäre Anwendungsfelder der Kognitiven Linguistik vorgestellt.

1.3 Empfehlungen zum Gebrauch des Buchs

Das vorliegende Buch richtet sich primär an Studierende und Lehrende von Einführungs- bzw. Grundlagenkursen aus dem Themenspektrum der Kognitiven Linguistik. Es ist bewusst einführend gehalten und konzentriert sich auf die Vorstellung von Basisprinzipien, Konzepten, Theorien, Methoden und Anwendungsfeldern. Dabei wird eine rein synchrone Perspektive eingenommen. Sprachwandelphänomene bleiben in dieser Einführung größtenteils ausgeklammert. Die Einführung spiegelt in diesem Punkt den Forschungsfokus der Autorin wieder. Das zeigt sich auch daran, dass an einigen Stellen im Buch Brücken zur Interaktionalen Linguistik bzw. zur Gesprächsforschung geschlagen werden.

Jedes Kapitel enthält bibliographische Hinweise zur vertieften Auseinandersetzung mit den präsentierten Inhalten. Je nach thematischem Schwerpunkt von einzelnen Lehrveranstaltungen oder Kursen wird explizit empfohlen, Primärtexte (zumeist aus dem Englischen) hinzuzuziehen. Zu Ende jedes Kapitels werden die wichtigsten Punkte nochmal in Kurzform zusammengefasst und einige mögliche Übungen zur Anwendung und Vertiefung der gelernten Inhalte vorgeschlagen. Es finden sich dort zudem Hinweise auf weiterführende Literatur.

Da es sich an ein deutschsprachiges Publikum richtet und wahrscheinlich vorzugsweise in germanistischen Kontexten verwendet werden wird, wurden – wo immer möglich und sinnvoll – deutsche Beispiele und Arbeiten zum Deutschen zur Veranschaulichung von theoretischen Konzepten und Modellen herangezogen. Da die überwältigende Mehrheit der kognitiv-linguistischen Studien jedoch auf Englisch und zum Englischen publiziert wurden, konnte diesem Anspruch allerdings nicht immer bzw. nicht immer uneingeschränkt entsprochen werden. Zitate aus englischsprachigen Primärwerken wurden nur dann übersetzt, wenn Sie im Fließtext eingebettet sind. Viele Übersetzungen sind dabei relativ frei, um das Verständnis und den didaktischen Nutzen zu vergrößern. Das englische Originalzitat wird zusätzlich immer in Fußnoten angeführt. Englische Zitate, die lediglich in Fußnoten oder Infoboxen vorkommen, wurden hingegen nicht übersetzt.

Für eine Vielzahl von englischen Fachbegriffen werden deutsche Übersetzungen bzw. Alternativen angeboten. Manche Begriffe wurden jedoch aus dem Englischen übernommen, vor allem dann, wenn deutsche Alternativen dem Verständnis eher abträglich zu sein schienen.

Das Buch enthält darüber hinaus eine für ein Einführungswerk vielleicht etwas ungewöhnliche Fülle an Literaturverweisen. Sie dienen nicht nur als Quellennachweise, sondern hoffentlich auch als Anreiz, an geeigneter Stelle und bei Interesse an einer tiefergehenden Auseinandersetzung weitere Primär- und Sekundärliteratur heranzuziehen. Darüber hinaus können sie dazu dienen, die LeserInnen mit den Akteuren, die das Feld der Kognitiven Linguistik definieren und gestalten, vertraut zu machen.

Das Buch enthält auch einige Informationsfelder, die über spezifische Symbole am Seitenrand gekennzeichnet sind. Das Symbol ![i] weist dabei auf zusätzliche Informationen hin. Diese dienen der Vertiefung des aktuellen Themas. In den mit ![!] gekennzeichneten Boxen werden Zusammenhänge erläutert und nähere Erklärungen gegeben. Das Symbol ![⚡] weist auf Schwierigkeiten und Ungereimtheiten hin.

Teil 1: **Entstehungsgeschichte und Grundannahmen der Kognitiven Linguistik**

2 Generative Grammatik und/versus Kognitive Linguistik

Die Geschichte der Linguistik des 20. Jahrhunderts zeigt nur in sehr wenigen Teilbereichen eine lineare Entwicklung von aufeinander aufbauenden Denkschulen und Forschungsrichtungen. Im Bereich der grammatischen Modelle und Theorien sprachlichen Wissens ist die Entwicklung von besonders massiven Brüchen und Neustarts geprägt. Dies gilt in besonderem Maße für den **Generativismus** in der Konzeption von **Noam Chomsky**, der sich explizit als radikaler Neuanfang nach dem **Strukturalismus** Saussurscher Prägung inszenierte, allerdings seinerseits schnell auf massive Kritik stieß und wiederum den Startschuss für die Entwicklung der **gebrauchsbasierten Kognitiven Linguistik** gab. Diese betrachtete den Generativismus von Beginn an ausdrücklich als Irrweg der Sprachwissenschaft und greift historisch auf den europäischen Strukturalismus zurück, auch wenn sie an diesen keineswegs nahtlos anschließt (vgl. dazu ausführlicher Nerlich & Clarke 2007, Geeraerts 2013).

Die Geschichte der modernen Linguistik wird in vielen Einführungen in die Sprachwissenschaft und auch in spezifischen Übersichtswerken thematisiert. Eine kompakte Kurzdarstellung findet sich bei Auer (2013, Kapitel 1.3). Eine ausgezeichnete, sehr detaillierte Darstellung gibt außerdem Elsen (2013) in ihrem Buch „Linguistische Theorien".

Den Stein des Anstoßes, der die Entwicklung der gebrauchsbasierten Theorie ins Rollen brachte, stellten bereits die ersten Publikationen von Noam Chomsky zur generativen Grammatik dar (v.a. Chomsky 1957: **Syntactic Structures**, 1965: **Aspects of the Theory of Syntax**). In ihnen entwirft Chomsky ein – zwar nicht komplett neues[2] – aber doch in vieler Hinsicht radikales Programm und konfrontiert die Linguistik mit einigen programmatischen Ansagen dazu, was Sprache sei, wie Sprache gelernt werde, und was das – alleinige! – Erkenntnisinteresse der Sprachwissenschaft sei oder zu sein habe. Zu diesen – allerdings, wie wir sehen werden, damals empirisch nicht belegten und tatsächlich sehr wahrscheinlich faktisch falschen – Grundannahmen und Prämissen gehören die Folgenden:

---

[2] Noam Chomsky war Schüler von Zellig S. Harris und seine Theorie der generativen Grammatik baut vor allem auf dessen deskriptiv-grammatischen Arbeiten zur Distributionsanalyse auf (vgl. dazu ausführlicher Elsen (2013: 61–63)).

(1) Sprache ist **angeboren** (*Nativismus*).
(2) Unser Gehirn ist modular aufgebaut und **Sprache konstituiert ein eigenständiges Kognitionsmodul** (*Autonomiehypothese*).
(3) Das Sprachwissen – die Kompetenz – umfasst (ausschließlich) jene **grammatischen Regeln**, über die alle grammatischen Sätze einer Sprache ableitbar (=generierbar) sind.
(4) Der Untersuchungsgegenstand der Sprachwissenschaft ist die **Kompetenz**, d.h. das System kognitiv verankerter grammatischer Regeln.
(5) Die Methode zur Untersuchung der Kompetenz sind **Grammatikalitätsurteile**.
(6) Grammatische Regeln sind bedeutungsleer. Semantik spielt deshalb für Grammatikalitätsurteile keine Rolle.
(7) Die Studie der Performanz, also des tatsächlichen Sprachgebrauchs konkreter SprecherInnen, ist ein sinnloser Irrweg, denn sie ist fehlerbehaftet und liefert keinen direkten Zugang zur Kompetenz.

Nicht zuletzt in ihrer Radikalität und der Absolutheit ihrer Formulierung waren diese Grundannahmen in den späten 1950er Jahren revolutionär und sie haben die Sprachwissenschaft für die folgenden Jahrzehnte geprägt. Die gebrauchsbasierte Kognitive Linguistik widerspricht jedem einzelnen dieser sieben Punkte jedoch vollinhaltlich. Bevor wir auf diesen Widerspruch eingehen und uns den Positionen ihrer frühen Kritiker wie etwa Ronald Langacker, George Lakoff, Charles Fillmore, Leonard Talmy u.a. zuwenden, gilt es diese Grundannahmen des Generativismus etwas zu erläutern.

2.1 Kognitive Grundannahmen des Generativismus

Sprachliche Kategorien und Strukturen gehören Chomsky zufolge zur angeborenen kognitiven Grundausstattung des Menschen. Sie sind universell und also in jedem menschlichen Gehirn angelegt bzw. vorgespeichert und konstituieren somit die sogenannte **Universalgrammatik**. Damit wird jenes System von sprachlichen Kategorien und ihren Kombinationsregeln bezeichnet, von dem man annimmt, dass es allen natürlichen Sprachen gleichermaßen zugrunde liegt und Teil des genetischen Materials des Menschen ist. Die Suche nach diesen – vermuteten – Sprachuniversalien gehört konsequenterweise bis heute zu den zentralen Forschungsanliegen generativ-orientierter LinguistInnen.

Die Annahme der Existenz dieser Universalgrammatik fußt in der Theorie des **defizitären Sprachinputs** (*poverty of the stimulus*). Sie besagt, dass die Menge der sprachlichen Daten, mit denen ein Kind in den verschiedenen Phasen des

Spracherwerbsprozesses konfrontiert wird, d.h. der sprachliche Input, viel zu gering und darüber hinaus zu fehlerbehaftet sei, um als alleinige Ressource des Spracherwerbsprozess dienen zu können[3]. Das heißt, der Sprachoutput von Erwachsenen ist gekennzeichnet von Versprechern, Reparaturen, Abbrüchen etc. und Kindern ist es aus generativer Sicht deshalb unmöglich, aus diesem defizitären Input die Regeln des Sprachsystems zu erkennen und zu erlernen. Darüber hinaus sind Kinder in der Lage, Sätze zu verstehen und selbst zu produzieren, die sie in ihrem Leben so noch nie zuvor gehört haben. Auch das belegt aus der Sicht der GenerativistInnen, dass Kinder Sprache nicht (alleine) aus dem Sprachinput heraus erlernen, sondern „**über eine angeborene Theorie potentieller struktureller Beschreibungen**" (Chomsky 1978: 49) verfügen. Kinder kommen also mit bestimmten angeborenen grammatischen Prinzipien auf die Welt. Sprachinput aktiviert diese Prinzipien, weil Kinder auch über ein ebenfalls angeborenes ‚**language acquisition device**' (*Spracherwerbsmodul* im Gehirn) verfügen, also über kognitive Strukturen, die es ihnen erlauben, die in der mentalen Grammatik bereits angelegten grammatischen Kategorien und Regeln zu aktivieren (und in der Folge in immer neuen Sätzen anzuwenden).

Die Tatsache, dass Kinder in der Lage sind, mehrere Sprachen als Erst- oder Zweitsprachen zu erwerben, auch wenn sich diese strukturell stark voneinander unterscheiden, wird dadurch erklärt, dass die Universalgrammatik ein parametrisiertes System sei. Das heißt, die Prinzipien der Universalgrammatik enthalten Variablen, die unterschiedliche Werte annehmen können (z.B. +/- Genusmarkierung am Nomen). Eine Aufgabe von Kindern im Laufe ihres Spracherwerbs ist es folglich, aus dem Sprachinput, dem sie ausgesetzt sind, herauszudestillieren, welche Werte für ihre Sprache zutreffen (vgl. ausführlicher Philippi & Tewes 2010: 25).

Was enthält diese mentale Grammatik? Chomsky zufolge sind kompetente SprecherInnen einer Sprache in der Lage, **grammatische Sätze** ihrer Sprache von ungrammatischen zu unterscheiden. Ein intuitiv einleuchtendes Beispiel (1) gibt Philippi (2008: 13). Der Satz in (1) a. ist grammatikalisch korrekt gebildet und auch semantisch unauffällig. Der Asterix * vor der Variante in (1) b. kennzeichnet diesen Satz im Kontrast dazu als ungrammatisch, d.h. nicht konform mit den syntaktischen Regeln des Deutschen.

---

3 Genau das, nämlich, dass Kinder Erstsprachen alleine aus dem Sprachinput heraus erlernen, ist jedoch die These der gebrauchsbasierten Linguistik (dazu ausführlich Kapitel 9.2 und Kapitel 10.5).

Beispiel (1)

a. Harry hat gesehen, dass Snape den Schulleiter getötet hat.
*b. Harry hat gesehen, dass Snape hat getötet den Schulleiter.

Diese **Regeln**, die die Form von Algorithmen annehmen, bilden die **Grammatik einer Sprache**. Sie ermöglicht die **Ableitung aller grammatischen Sätze** einer Sprache und stellt die **Kompetenz** von SprecherInnen dar, d.h. ihr Sprachwissen. Chomsky (1957: 13) definiert dieses Sprachwissen folgendermaßen:

> Die Grammatik [einer Sprache] ist ein Apparat, der alle grammatischen Sequenzen dieser Sprache und keine der ungrammatischen generiert. (Übersetzung E.Z.)[4]

Grammatikalitätsurteile, d.h. Entscheidungsurteile darüber, ob ein Satz von den in der Kompetenz verankerten Regeln ableitbar ist oder nicht, werden als **unabhängig von der Semantik** von Sätzen betrachtet. Ein vielfach rezipiertes Beispiel ist das Satzpaar in (2) aus Chomsky (1965: 11).

Beispiel (2)

a. Colorless green ideas sleep furiously.
   (Farblose grüne Ideen schlafen wütend.)

*b. Furiously sleep ideas green colorless.
   (Wütend schlafen Ideen grün farblos.)

Chomsky (1965) argumentiert, dass Beispiel (2) a. grammatisch sei, Beispiel (2) b. hingegen nicht, denn nur (2) a. sei regelhaft gebildet. Zwar gibt er zu, dass SprecherInnen auch grammatische Sätze wie (2) a. möglicherweise nicht akzeptabel finden, dies stelle ihm zufolge jedoch ein Problem der **Performanz** dar, also der Ebene des Sprachgebrauchs und nicht der Kompetenz. Die Performanz ist aber seiner Sicht nach per se für die Sprachwissenschaft uninteressant und irrelevant (vgl. explizit dazu auch Chomsky 1957). Sie spiegle die Kompetenz, wie bereits dargelegt, nur unzureichend wider und sei prinzipiell defizitär, denn SprecherInnen sind in konkreten Gebrauchskontexten im Allgemeinen nicht in der Lage

---

4 „The grammar [of a language] is a device that generates all of the grammatical sequences of [that language] and none of the ungrammatical ones." (Chomsky 1957: 13)

‚fehlerfrei' zu sprechen. Daraus schließt Chomsky, dass das Untersuchungsobjekt der Sprachwissenschaft nicht der Sprachgebrauch konkreter SprecherInnen sein kann, sondern der Untersuchungsgegenstand ist die **Kompetenz idealisierter SprecherInnen und HörerInnen:**

> Linguistische Theorien beschäftigen sich primär mit einem idealen Sprecher-Hörer, in einer homogenen Sprechgemeinschaft, der seine Sprache perfekt beherrscht und von grammatisch irrelevanten Faktoren wie Beschränkungen des Gedächtnisses, Ablenkungen, Aufmerksamkeits- und Interessensverschiebungen und Fehlern (willkürliche und charakteristische) in der Anwendung seines Wissens im tatsächlichen Sprachgebrauch unberührt bleibt. Das Problem für den Linguisten, genauso wie für das Kind, das die Sprache lernt, ist es, aus den Performanzdaten heraus zu entscheiden, welches ihm unterliegende Regelsystem vom Sprecher-Hörer für den Sprachgebrauch zur Anwendung kam. Technisch gesehen ist linguistische Theoriebildung deshalb mentalistisch, denn sie will die kognitive Realität hinter dem Verhalten entdecken. Der beobachtete Sprachgebrauch [...] [kann] Beweise für diese kognitive Realität liefern, aber er kann sicher nicht der eigentliche Untersuchungsgegenstand der Linguistik sein, will sie eine ernstzunehmende Disziplin sein. (Chomsky 1965: 3–4, Übersetzung E.Z.)[5]

Der Untersuchungsgegenstand der Generativen Grammatik ist also das kognitivverankerte Sprachsystem. Die Generative Grammatik ist also eine kognitive linguistische Theorie, ebenso wie auch die gebrauchsbasierte Theorie eine kognitive Theorie ist, allerdings mit einer fundamental anderen Konzeption der Interdependenz von Kognition und Sprache (dazu spezifisch Kapitel 3). Konstituierend für den Generativismus ist in diesem Zusammenhang die Auffassung, dass Sprache im Gehirn ein **autonomes Kognitionsmodul** zugeordnet sei (bekannt auch als **Autonomiehypothese**). Es wird demnach angenommen, dass die Fähigkeit des Menschen, Sprachen zu erlernen und sprachlich zu kommunizieren eine spezifisch menschlich kognitive Fähigkeit sei, weil Menschen über

---

5 „Linguistic theory is concerned primarily with an ideal speaker-listener, in a completely homogeneous speech-community, who knows its language perfectly and is unaffected by such grammatically irrelevant conditions as memory limitations, distractions, shifts of attention and interest, and errors (random or characteristic) in applying his knowledge of the language in actual performance [...] A record of natural speech will show numerous false starts, deviations from rules, changes of plan in mid-course, and so on. The problem for the linguist, as well as for the child learning the language, is to determine from the data of performance the underlying system of rules that has been mastered by the speaker-hearer and that he puts to use in actual performance. Hence, in the technical sense, linguistic theory is mentalistic, since it concerned with discovering a mental reality underlying actual behavior. Observed use of language [...] may provide evidence as to the nature of this mental reality, but surely cannot constitute the actual subject matter of linguistics, if this is to be a serious discipline." (Chomsky 1965: 3–4)

ein Sprachmodul im Gehirn verfügen, das anderen Primaten fehle. Dieses Kognitionsmodul sei beim Menschen nur für Sprache zuständig und bestehe wiederum aus Sub-Modulen wie der Syntax, der Semantik, der Morphologie und der Phonologie, die alle auf modulspezifischen Regeln basieren. Das Sprachmodul ist in der Konzeption Chomskys nicht von anderen kognitiven Fähigkeiten abhängig.

Als Motivation dieses **Mentalismus**, d.h. der Konzentration auf vermutete kognitive Strukturen, führt Chomsky die menschliche Fähigkeit zur **sprachlichen Kreativität** an. Die Linguistik muss demzufolge erklären können, wie es möglich ist, dass Menschen immer wieder neue Sätze verstehen und produzieren können, d.h. mit den endlichen Bestandteilen des Sprachsystems unendlich viele Realisierungen im Sprachgebrauch erzeugen. Dieser Fragestellung liegt eine Sichtweise auf das Sprachsystem als **höchst ökonomisch strukturiert** zugrunde. Im Gehirn sind folglich nur jene hoch abstrakten grammatischen Regeln gespeichert, die zur Generierung aller möglichen Sätze einer Sprache von Nöten sind. Lässt sich eine Regel von einer anderen ableiten, ist diese Ableitung nicht Teil der Kompetenz. Die tatsächlich möglichen Sätze einer Sprache kommen durch **Transformationsregeln** zustande, die festlegen, wie grammatische Regeln miteinander kombiniert werden können und wie sie interagieren.

Diese von Chomsky vorgeschlagene Konzeption von Sprache und ihrer kognitiven Repräsentation sowie seine Auffassung darüber, was als alleiniger Untersuchungsgegenstand der Linguistik zu gelten habe, hatte zahlreiche forschungspraktische und methodische Konsequenzen, die für den Generativismus in mehr oder weniger starker Ausprägung bis heute prägend sind.

Dazu gehört in erster Linie die fast vollständige Fokussierung auf die Ebene der **Syntax**. Als Datengrundlage wurden und werden größtenteils dekontextualisierte Beispiele herangezogen, die keinerlei Spuren von Performanzphänomenen wie etwa Abbrüche, Reparaturen, Merkmale der prosodischen Realisierung etc. enthalten. Als relevante Einheit galt und gilt zudem der Satz (und nicht etwa die Intonationseinheit oder -phrase wie in der gebrauchsbasierten Linguistik (vgl. Chafe 1994)). Die Methode der Wahl sind außerdem introspektiv gewonnene Grammatikalitätsurteile, die die Variationsbreite im tatsächlichen Sprachgebrauch bewusst und aus sprachtheoretischer Überzeugung ausblenden.

In diesem Punkt der Datengewinnung unterschieden sich gebrauchsbasiert-orientierte Kognitive LinguistInnen zunächst – in der ersten Phase der Entwicklung der KL – allerdings nicht wirklich von den scharf kritisierten VertreterInnen des generativen Lagers. So findet sich zum Beispiel auch in den beiden *Foundations of Cognitive Grammar*-Bänden von Ronald W. Langacker (1987a, 1991), die bis heute zu den wichtigsten Arbeiten der Kognitiven Linguistik gehören, ausschließlich dekontextualisierte, teilweise selbst erdachte und vor allem introspektiv analysierte Beispiele. Ab den 1990er Jahren gewinnen in der Kognitiven Linguistik jedoch korpuslinguistische Ansätze mehr und mehr an Boden und aktuell gibt es kaum noch kognitiv-linguistische Studien, die nicht auf der Analyse von mehr oder weniger großen Korpora basieren. Noam Chomsky antwortete hingegen noch im Jahr 2004 in einem Interview auf eine Frage nach der Rolle der Korpuslinguistik in der Generativen Grammatik sehr entschieden ablehnend: „Corpus linguistics doesn't mean anything. It's like saying suppose a physicist decides, suppose physics and chemistry decide that instead of relying on experiments, what they're going to do is take videotapes of things happening in the world and they'll collect huge videotapes of everything that's happening and from that maybe they'll come up with some generalizations or in-sights. Well, you know, sciences don't do this." (Andor 2004: 979)

Zusammenfassend lässt sich die Generative Grammatik in der Konzeption Chomskys also als eine mentalistische, stark auf die Syntax fokussierte Ausrichtung der Linguistik beschreiben, die einige sehr explizite Annahmen über die kognitive Repräsentation von Sprache und den Erwerbsprozess macht, tatsächlich aber ohne dass es dafür – sicherlich in den 1950er und 1960er Jahren! – empirische Beweise gegeben hätte. Diese mangelnde Verankerung in der Empirie stellt in der weiteren Entwicklung einen der zentralen Kritikpunkte am Generativismus dar (dazu mehr in Abschnitt 2.2.). Während Noam Chomsky und seine Schriften im eigenen Lager bis heute als weitgehend unantastbar gelten, formierte sich bereits sehr früh Widerstand aus verschiedenen „Gegenlagern". Vor allem zwischen GenerativistInnen und gebrauchsbasierten, kognitiv-funktionalen LinguistInnen waren die Auseinandersetzungen in den 1970er bis in die 1990er Jahre hinein teils sehr lautstark und rau im Ton. Manche sprechen für diese Phase sogar von einem „Krieg in der Linguistik"[6]. Heute ignorieren sich die beiden Lager weitestgehend bzw. sie existieren recht unbeeindruckt voneinander nebeneinander her.

Dieser Umstand, nämlich, dass zwei linguistische Denkschulen mit so fundamental unterschiedlicher Ausrichtung sowie unterschiedlichen Prinzipien und Methoden gleichzeitig nach der „Wahrheit" suchen und dabei zu fundamental

---

6 So etwa Randy Allen Harris in seinem anspruchsvollen, aber sehr lesenswerten Buch „The linguistic wars" (Harris 1993), in dem er vor allem den Konflikt zwischen Noam Chomsky und George Lakoff nachzeichnet.

anderen Ergebnissen kommen, ist allerdings besonders für Studierende oft nur schwer zu begreifen und zu akzeptieren.

Diese Einführung versucht deshalb, das Modell der gebrauchsbasierten Kognitiven Linguistik vorzustellen, aufzuzeigen, welche Evidenz es für dieses Modell gibt und wo hingegen Evidenz (noch) fehlt oder die Evidenzlage mangelhaft ist. Wir werden sehen, dass es in manchen Fällen aber auch einfach um die Plausibilität von Erklärungen und Modellen geht und nicht immer „harte Beweise" vorgelegt werden können. Gegen ein dadurch möglicherweise aufkommendes Gefühl der Unzufriedenheit oder ein Gefühl, nur mit Theorien, jedoch zumindest nicht nur mit harten, beweisbaren und bewiesenen Fakten zu tun zu haben, hilft es jedoch auch, den Blick auf die Gründe zu richten, die dazu geführt haben, dass es schon sehr schnell nach seiner Konzeption zur Entwicklung von **Gegenmodellen** zum Generativismus und schließlich zur Bündelung eines Teils dieser Unzufriedenheit unter dem Schirm der „Kognitiven Linguistik" kam.

 Diese kurze, notwendigerweise beschränkte Skizze der Grundannahmen der Generativen Grammatik, die den Nährboden für die Herausbildung der gebrauchsbasierten Kognitiven Linguistik bot, soll dabei aber nicht darüber hinwegtäuschen, dass das generative Paradigma im Laufe ihrer nunmehr 60-jährigen Entwicklung selbstverständlich einige Veränderungen erfahren hat und manche Positionen der Anfangsjahre heute als überholt gelten bzw. keine Forschungsschwerpunkte mehr darstellen. Für eine weiterführende Einführung verweisen wir interessierte LeserInnen an dieser Stelle auf die recht gut verständliche deutschsprachige Übersicht von Philippi & Tewes (2010) sowie die Diskussion in Müller (2010).

2.2 Kritik am Generativismus

Auf die wohl größte Kritik stießen zunächst die programmatische Ablehnung der Studie von realen Sprachdaten und die alleinige Fokussierung auf als bedeutungsleer angenommene syntaktische Strukturen. Diese vollständige **Dekontextualisierung** und **Desemantisierung** von Sprache und Sprachwissenschaft schloss in ihrer Absolutheit jegliche Annäherung an andere sprachwissenschaftliche Disziplinen mit einem Fokus auf den tatsächlichen Sprachgebrauch, wie etwa der gerade aufkommenden Pragmatik, von vornherein aus. Wer sich für die Funktionen von Sprache und sprachlichen Äußerungen interessierte, fand (und findet) im Modell Chomskys wenig Hilfreiches oder Verwertbares.

Dazu kam, dass Chomsky in seinen beiden grundlegenden Werken zahlreiche Behauptungen aufstellte, die zunächst eigentlich nur den Status von Hypothesen hatten und alleine durch ständiges Wiederholen zu scheinbaren Tatsachen wurden. Dazu gehört beispielsweise Chomskys These, wonach Kinder mit einer angeborenen Universalgrammatik ausgestattet wären, die Teil des Spracherwerbsmoduls im Gehirn sei (Chomsky 1959). Die Argumentationskette, auf der diese These, die schnell zur Prämisse wurde, beruhte, ist sehr simpel, wie Elsen (2013: 129) treffend zusammenfasst: „Kinder lernen die Grammatik schnell und zuverlässig. Die Grammatik ist äußerst komplex. Wir [=Generativisten, m.A.] können uns nicht vorstellen, dass sie mit der Datenlage, die den Kindern zur Verfügung steht, erlernt werden kann. Also ist sie angeboren." Alternative Erklärungsmodelle wurden von vornherein als nicht plausibel abgetan. Eine wissenschaftliche Auseinandersetzung mit ihnen fand kaum statt und – aus einer gebrauchsbasierten Perspektive heraus der noch größere Sündenfall! – eine eingehende Beschäftigung mit authentischen Erwerbsprozessdaten (sowohl der Kinder als auch der Eltern-Kind-Interaktionen) wurde als vollkommen überflüssig und nicht zielführend abgelehnt, mit dem Argument, man könne keinesfalls aus performativen Daten Rückschlüsse auf die Kompetenz ziehen. Ähnlich verlief im Anfangsstadium des Generativismus der Umgang mit der Annahme von Sprachuniversalien, die auf kognitive Prinzipien zurückzuführen wären. Chomskys syntaktische Analysen bezogen sich ausschließlich auf das Englische. Seine Hypothese beruhte also nicht – wie man vielleicht annehmen könnte – auf typologischen Studien, d.h. auf dem Vergleich syntaktischer Strukturen verschiedener Sprachen und Sprachfamilien.

An dieser generellen Kritik an der Art und Weise, wie Annahmen zu Fakten erhoben wurden, schließt sich auch spezifischere Kritik an der Methodik des frühen Generativismus an, insbesondere dem introspektiv gewonnenen **Grammatikalitätsurteil** als singuläre Methode der syntaktischen Analyse. So argumentiert zum Beispiel John Nist in seinem Artikel „A Critique of Generative Grammar" (1965), dass GenerativistInnen Sätze als ungrammatisch beschreiben, die in einem geeigneten Kontext eingebettet, jedoch weder wirklich ungrammatisch noch uninterpretierbar sind. GenerativstInnen fehle es demnach schlicht und ergreifend an Kreativität bzw. die Weigerung, sich mit dem tatsächlichen Sprachgebrauch in seiner ganzen Vielfalt und Variationsbreite zu beschäftigen, führe sie dazu, sprachliche Strukturen ungerechtfertigter Weise als nicht systemkonform zu kategorisieren. Tatsächlich haben zahlreiche Studien zu Grammatikalitätsurteilen gezeigt, dass es hier große methodische Schwächen gibt. Dazu gehört, dass die Urteile von unterschiedlichen SprecherInenn oft nicht übereinstimmen. Was also für den einen Sprecher oder die eine Sprecherin ein syntaktisch korrekter Gebrauch ist, ist es manchmal für andere nicht. Grammatikalitätsurteile können auch oft nicht mit einem kategorischen Ja oder Nein beantwortet werden, weshalb manche AutorInnen bis zu sieben Abstufungen von Grammatikalitätseinschätzungen vorgeschlagen haben (vgl. Wurmbrand 2001). Es ist aber unklar, welche Aussagen aus graduellen Grammatikalitätsurteilen in Bezug auf die Kernfrage, ob eine syntaktische Struktur Teil der Kompetenz von SprecherInnen einer Sprache ist oder nicht, abgeleitet werden können. Ein weiteres Problem ergibt sich aus der Kontextdependenz von Grammatikalitätsurteilen. Sehen wir uns zur Illustration den folgenden Dialog an, den so oder so ähnlich wohl schon viele Eltern mit ihren Kindern geführt haben.

Beispiel (3)

Mutter: Warum magst du heute eigentlich nicht mit deinem Bruder spielen?
Klaus (5 Jahre): Weil halt. (Kind schweigt und schaut den Bruder mit finsterer Miene an.)
Mutter: (seufzt). Na gut, dann eben nicht.

Ist Klaus Antwort „weil halt" hier grammatisch korrekt oder ungrammatisch? Antworten auf diese Frage variieren sehr wahrscheinlich von ProbandIn zu ProbandIn (dies bietet die Möglichkeit zur Durchführung einer kleinen Stichprobenerhebung!). Dies liegt nicht zuletzt daran, dass das subjektive Urteil abhängig von zumindest den folgenden drei Faktoren ist: Erstens, kennt man die Konstruktion aus dem eigenen sprachlichen Umfeld? Zweitens, nimmt man eine schriftsprachlich geprägte, normfixierte Perspektive ein oder geht man davon aus, dass in der gesprochenen Sprache (zumindest teilweise) andere Konstruktionen verwendet werden als in der Schriftsprache? Und drittens, beurteile ich die Konstruktion im Kontext des Spracherwerbs des Kindes oder betrachte ich sie aus der Perspektive der Erwachsenengrammatik? Im Sinne der Suche nach den Regeln der Universalgrammatik stellt sich hier also die Frage, ob die Regel [Konjunktion + Modalpartikel] einen Teil der Kompetenz von idealen SprecherInnen/HörerInnen des Deutschen darstellt oder nicht.

Gebrauchsbasierte LinguistInnen sehen diese Frage aber ganz grundsätzlich als wenig sinnvoll an. Ihre Argumentation wäre, dass „weil halt" hier als **Chunk**, d.h. als fixierte lexikalische Einheit, funktioniert. Im Sprachgebrauch von Kindern und Erwachsenen ist dieser Chunk zwar nicht hochfrequent, aber durchaus empirisch belegt. Die Frage, die sich daran anschließt, ist, ob es sich um eine Instanziierung einer produktiven grammatischen Konstruktion des Deutschen handelt oder nicht.[7] Dazu können Korpusanalysen zeigen, dass die Verbindung von

---

7 Der Duden listet zwar nicht die Kombination „weil halt", jedoch „weil" als Einleitung einer „Antwort auf eine direkte Frage nach dem Grund von etwas" (Duden online, abgerufen am

[Konjunktion + Modalpartikel] allgemein sehr niedrigfrequent und auf bestimmte Lexeme eingeschränkt ist. So treten „weil halt" und in minderem Maße „darum halt" zwar durchaus als Einheiten im Sprachgebrauch auf, „aber halt", „und halt" oder „weil doch" aber nicht.

Die nicht-generativistische, gebrauchsbasierte Herangehensweise – und was unter Gebrauchsbasiertheit zu verstehen ist, sehen wir uns im nächsten Kapitel gleich etwas genauer an – ist also die folgende: Unser Sprachwissen, d.h. unsere Grammatik, ist untrennbar mit dem Sprachgebrauch verbunden. Teil unserer Sprache sind alle Strukturen, die im Sprachgebrauch (wiederkehrend) vorkommen. Dass manche Strukturen in unseren Ohren „wohlgeformter" klingen als andere liegt nicht daran, dass wir sie über eine maximal abstrakte Regel generieren können oder nicht, sondern dass sie zu einem der sprachlichen Muster (oder Konstruktionen, siehe Kapitel 10), die wir aus dem Sprachinput abstrahiert und erlernt haben *mehr oder weniger gut passen*. Im Falle von „weil halt" würde man aus gebrauchsbasierter Sicht davon ausgehen, dass diese Konstruktion aufgrund ihrer Frequenz in genau dieser Kombination von „weil" und „halt", die an ganz bestimmte Gebrauchskontexte gebunden ist, zu einem Teil des Sprachinventars geworden ist, zumindest bei jenen, die die Konstruktionen kennen/verstehen/gebrauchen. Ein fundamentaler Unterschied zwischen der generativen Sichtweise und der gebrauchsbasierten Linguistik liegt also in grundsätzlichen und letztlich unüberbrückbaren Differenzen darüber, was sprachliches Wissen ist, woraus sprachliches Wissen gebildet wird und welches Material bzw. welche Methoden Zugang zu diesem Wissen bieten.

Abseits dieser sehr grundsätzlichen Differenzen lag ein weiterer Grund für die Intensität des Widerstands, auf den Chomsky mit seiner Theorie in den 1950er bis in die 1990er Jahre hinein stieß – danach begannen sich BefürworterInnen und KritikerInnen weitestgehend zu ignorieren – auch in der aggressiven Rhetorik, mit der Chomsky Andersdenkenden begegnete.

Ein besonders eindrucksvolles Beispiel ist eine Replik von Chomsky & Halle (1965) auf einen kritischen, aber durchwegs sachlichen Beitrag von Householder (1965). Die Aggressivität und Unwissenschaftlichkeit der Replik von Chomsky & Halle zeichnet Elsen (2013: 130) recht erheiternd nach. So finden sich in Chomsky & Halles Beitrag zahlreiche Formulierungen, wonach die Ansichten Householders schlicht „absurd" (Chomsky & Halle 2013: 113), „meaningless" (Chomsky & Halle 2013: 112), „unintelligible" (Chomsky & Halle 2013: 114) oder „worthless" (Chomsky & Halle 2013: 133) seien. Eine wissenschaftliche Debatte darüber lohne

---

03.01.2021). Im Falle von „Weil!" als vollständige Äußerung wird ebendiese Begründung verweigert.

sich nicht einmal: „there is little point in discussing them further" (Chomsky & Halle 2013: 113) und „we have nothing to say about it" (Chomsky & Halle 2013: 109). Ähnliche Beobachtungen zu sprachlichen Grobheiten Chomskys macht auch O'Murray (1980). Er stellt außerdem fest – ein weiterer oft vorgebrachter Kritikpunkt – Chomsky inszeniere sich gerne als Revolutionär, der die Linguistik von Grund auf neu erfunden hätte und deshalb von allen bekämpft werde. Tatsächlich seien seine Theorien und syntaktischen Analysen jedoch in weiten Teilen eine Weiterentwicklung bereits bestehender Theorien gewesen. Ein Verweis auf diese Vorarbeiten bleibe jedoch grundsätzlich aus.

---

i Das Feld der Kritiker rekrutierte sich zu Beginn teilweise noch aus AnhängerInnen des bis zur generativen Wende vorherrschenden Strukturalismus in der Nachfolge Leonard Boomfields und des Behaviorismus Skinners. Ab den 1970er Jahren formierte sich der Widerstand zunehmend aus dem Lager der funktionalen (v.a. Givón 1979, Hopper & Thompson 1980, 1984 u.a.) und später der kognitiven Grammatik (Lakoff 1987, Langacker 1987a) sowie der Pragmatik, der Sprachwandel-, Spracherwerbs- und Sprachtypologieforschung.

Im Kontext der Auseinandersetzung mit dem sich ab den 1970er Jahren zunehmend herausbildenden funktional-kognitiven, gebrauchsbasierten Zweig der Linguistik ist vor allem der Konflikt zwischen Noam Chomsky und dem späteren Mitbegründer der gebrauchsbasierten Linguistik, George Lakoff, hochinteressant. Dieser war nicht zuletzt brisant, weil Lakoff einst selbst ein Schüler Chomskys am Massachusetts Institute of Technology (MIT) war und in den 1960er Jahren eine zu Chomskys Theorie der Interpretativen Semantik[8] im teilweisen Widerspruch stehende Theorie der Generativen Semantik zu entwickeln begonnen hatte. An dieser Stelle können wir auf die Details dieser Auseinandersetzung nicht eingehen, weil sie eine tiefere Kenntnis über die Regeln und Ebenen der Transformationsgrammatik voraussetzt. Interessierten LeserInnen sei aber hier das von Randy Allen Harris verfasste und 1993 erschienen Buch „The linguistic wars" und daraus insbesondere die Kapitel 5 und 6 ans Herz gelegt.

---

8 Die Interpretative Semantik wurde ursprünglich von Fodor & Katz (1963) konzipiert und 1965 von Chomsky in seine Theorie der Transformationsgrammatik integriert.

> Bemerkenswert ist in diesem Zusammenhang vor allem das Vorwort des Buches von Randy Allen Harris. Er erzählt davon, dass er Chomsky und Lakoff in die Entstehung seines Buches einbinden wollte und ihnen sein Manuskript vorab zu lesen gab. Ein Kompromiss konnte dadurch aber nicht erzielt werden, denn: „[...] both had very extensive comments on the same previous incarnation of the book, comments which I found mostly very profitable, and for which I remain extremely grateful, but both had very strong negative reactions to the overall arrangement and orientation. Their responses were essentially inverse, Lakoff finding me to have sided with the interpretative semantics, Chomsky finding me to have told the generative semantics version, both feeling that I have slighted or ignored their own impressions or interpretations of the dispute. [...] I am naturally distressed by their negative reactions but it would have unquestionably been impossible to satisfy both; perhaps by satisfying neither I am probably closer to neutrality than either of them believe." (Harris 1993: ix).

Nach dieser kurzen Skizze des Generativismus als Entstehungsanlass für die Entwicklung des kognitiv-linguistischen Gegenmodells, wenden wir nun unseren Blick diesem Modell und somit dem eigentlichen Gegenstandsbereich dieser Einführung zu. Ihre Entwicklung beginnt in den 1960er Jahren.

2.3 Die frühe Phase der gebrauchsbasierten Kognitiven Linguistik

Die erste Phase der gebrauchsbasierten Kognitiven Linguistik umfasst zeitlich grob den Rahmen ab Mitte der 1960 bis Anfang der 1990 Jahre. Räumlich nimmt die Entwicklung dieser neuen Strömung der Linguistik ihren Anfang an der Westküste der USA und hier vor allem an den kalifornischen Universitäten von **Berkeley** und **San Diego**. Zu ihren einflussreichsten Proponenten gehörten damals Wallace **Chafe** (Berkeley), Gilles **Fauconnier** (zunächst Paris, dann San Diego) Charles **Fillmore** (Berkeley), George **Lakoff** (Berkeley), Leonard **Talmy** (Berkeley) und Ronald **Langacker** (San Diego).

Auch wenn diese ersten Vertreter dieser erst später als gebrauchsbasierte Linguistik bezeichneten Forschungsausrichtung alle im regen Austausch miteinander standen, entwickelten sie alle zunächst eigenständige Ansätze und Modelle aus dem Bereich der Semantik und Grammatik. Sie arbeiten also nicht etwa im Team an einer einheitlichen linguistischen Theorie, sondern diese erste Phase der Kognitiven Linguistik ist geprägt von verschiedenen semantischen und grammatischen Einzelarbeiten und Modellen, deren Kern jedoch auf einem gemeinsamen Verständnis dessen basiert, was Sprache ist und was Sprachwissenschaft untersuchen sollte.

Zu diesem gemeinsamen Kern[9] gehört die Erkenntnis, dass Sprache allem voran dem Ausdruck und der Vermittlung von Bedeutung dient. Diese zentrale Funktion von Sprache muss demnach auch im Zentrum ihrer wissenschaftlichen Untersuchung stehen. Die primären Forschungsobjekte sind folglich die bedeutungstragenden sprachlichen Strukturen bzw. die Verbindungen von sprachlichen Formen und ihren Bedeutungen. Nachdem in der generativen Linguistik, Semantik sehr stiefmütterlich behandelt wurde, fordern sie somit eine *Resemantisierung* der Sprachwissenschaft.

Diesen Fokus auf die Semantik teilten sie auch mit einer Gruppe von LinguistInnen, die etwa zur gleichen Zeit an der Entwicklung einer funktionalen Grammatik zu arbeiten begannen. Auch diese Gruppe war stark anglo-amerikanisch geprägt. Zu ihr gehörten etwa Joan Bybee, Bernard Comrie, Tom Givón, John Haiman, Paul Hopper und Sandra Thompson. Ihr gemeinsamer Fokus lag in der Erforschung der Prinzipien und Regularitäten des Sprachsystems, die sich aus den kommunikativen Funktionen von Sprache und also ihrem Gebrauch in der Kommunikation ableiten, wie etwa den Grammatikalisierungspfaden.

ℹ️ Mit „Grammatikalisierung" wird jener Sprachwandelprozess bezeichnet, durch den lexikalische Elemente ihre lexikalische Bedeutung zusehends verlieren und sich zu morphosyntaktischen Markern entwickeln. Für diese diachrone Perspektive der funktionalen Linguistik prägend waren allen voran die Arbeiten von Elizabeth C. Traugott, Martin Haspelmath und Bernd Heine.

Die funktionale Linguistik teilt mit der Kognitiven Linguistik die Überzeugung, dass das Sprachsystem mit dem Sprachgebrauch untrennbar verbunden ist und sprachliche Strukturen in ihrem „natürlichen Lebensraum" zu untersuchen sind: dem Diskurs. Die Frage nach der kognitiven Repräsentation spielt aber für manche Vertreter der funktionalen Schule keine oder nur eine untergeordnete Rolle, während sie für Vertreter der Kognitiven Linguistik einen zentralen Stellenwert hat. Aufgrund der konzeptuellen Nähe der verschiedenen Ansätze der mehr funktional-orientierten und der mehr kognitiv-orientierten Linguistik sprechen viele jedoch auch von der kognitiv-funktionalen Linguistik.

Für die kognitive Strömung dieser kognitiv-funktionalen Linguistik besonders bedeutsam ist bis heute das Jahr 1987. In diesem Jahr erscheinen zwei

---

9 Dieser Mangel an einer überbrückenden Theorie ist bis heute kennzeichnend für das Feld der Kognitiven Linguistik. Sie ist kein einheitliches Paradigma, sondern ein Konglomerat miteinander verwandter Ansätze, die gemeinsame Grundprinzipien teilen. Auf diesen Punkt gehen wir in Kapitel 3 sogleich noch genauer ein.

Werke, die bis heute wegweisend sind und für die Verbreitung der Ideen der Kognitiven Linguistik und ihrer Durchsetzung als linguistisches Forschungsfeld wie Katalysatoren gewirkt haben: George Lakoffs **Women, Fire, and Dangerous Things** und Ronald Langackers erster Band der **Foundations of Cognitive Grammar**. Lakoffs Monographie stellt die Frage nach den Kategorien unseres Sprachwissens und was sie uns über ihre kognitiven Repräsentationen sagen können neu und entwirft dabei ein radikal anderes Modell als jenes des Generativismus. Dazu teilweise komplementär stellt Ronald Langacker in seinem ersten Band der *Foundations* nichts weniger als eine alle Ebenen sprachlicher Organisation (Syntax, Lexik, Morphologie, Phonologie) umfassende Theorie zur Beziehung von sprachlichen Strukturen (Symbolen) und allgemeinen, d.h. nichtsprachspezifischen kognitiven Mechanismen (vgl. dazu explizit Teil 4, Kapitel 9) vor. Teil dieser Theorie der **Kognitiven Grammatik** ist auch ein Modell zur Herausbildung sprachlicher Einheiten aus dem Sprachgebrauch heraus, das als **Netzwerkmodell** bekannt wurde und den Kern des gebrauchsbasierten Modells beschreibt. Ihm zufolge basiert der Spracherwerbsprozess darauf, dass SprecherInnen (bzw. Lernende) einer Sprache aus dem Sprachgebrauch (=Input) heraus rekurrente Muster abstrahieren und als sprachliche Schemata mental abspeichern. Diese Schemata instanziieren sie wiederum im eigenen Sprachgebrauch, d.h., sie verwenden sie in konkreten Äußerungen. Dabei verwenden sie sie immer wieder auf neue Art, wodurch sich die Eigenschaften der Schemata selbst verändern können. Sprachgebrauch und Sprachsystem stehen somit in einem konstanten Austausch miteinander und bedingen sich gegenseitig. Diesen Forschungsansatz, der also im Gegensatz zum Generativismus keinerlei angeborenes sprachliches Wissen voraussetzt, sondern davon ausgeht, dass das Sprachsystem mit Hilfe von allgemeinen, d.h. nicht sprachspezifischen kognitiven Fähigkeiten alleine aus dem Sprachinput heraus erlernt wird, nennt Langacker „**usage-based**" (*gebrauchsbasiert*; Langacker 1987a: 46). Ab den 2000er Jahren wird dieser Begriff der **Gebrauchsbasiertheit** zu einem Überbegriff für all jene linguistischen Ansätze, die diese Annahme der wechselseitigen Bedingtheit von Sprachgebrauch und Sprachsystem teilen (vgl. den von Barlow & Kemmer editierten und im Jahr 2000 publizierten Sammelband „Usage-based models of language"). Man spricht somit zumeist im Kontrast zu anderen sprachwissenschaftlichen Paradigmen auch von der **gebrauchsbasierten Linguistik** (*usage-based linguistics*).

Die Entwicklung der gebrauchsbasierten Kognitiven Linguistik wird somit in den USA angestoßen, doch ihre Ideen verbreiten sich auch in Europa recht schnell. Schon in den 1990er Jahren gewinnt der gebrauchsbasierte Ansatz der Kognitiven Linguistik in Belgien, in den Niederlanden, Polen und Spanien, etwas später auch in Frankreich und Deutschland, immer mehr AnhängerInnen und er scheint in Europa – stärker noch als in den USA – den Generativismus tatsächlich zunehmend zu verdrängen.

Im Jahr 2021, dem Jahr der Erstpublikation dieser Einführung, kann die Kognitive Linguistik als voll etabliert und institutionalisiert gelten. Generative und formale Ansätze spielen jedoch weiterhin eine große Rolle in der Linguistik, nicht zuletzt aufgrund der Tatsache, dass ihre formalen Analysen und Algorithmen in der Computerlinguistik und der Künstlichen Intelligenzforschung zunächst auf mehr Interesse stießen als die viel stärker qualitativ und auf Bedeutungsbeschreibung ausgerichtete Kognitive Linguistik. Im Gegenzug dazu stößt die gebrauchsbasierte Theorie jedoch auf ein weitaus größeres Interesse in gebrauchsorientierten Disziplinen wie der Interaktionalen Linguistik, der Gesprächsforschung, der Pragmatik, aber auch den Kognitionswissenschaften und der Psycholinguistik.

2.4 Stand der Dinge

Die Tatsache, dass sich die Kognitive Linguistik als linguistisches Paradigma gefestigt hat, zeigt sich nicht zuletzt an der schon lange nicht mehr überschaubaren Fülle von Publikationen mit kognitiv-linguistischer Ausrichtung, die jährlich publiziert werden und ein sehr breites Spektrum an Forschungsfragen, Methoden und nicht zuletzt Sprachen der Welt abdecken. Zudem gibt es einige wissenschaftliche Zeitschriften mit einem spezifisch kognitiv-linguistischen Fokus. Dazu gehört allen voran die 1990 gegründete Zeitschrift „Cognitive Linguistics" (publiziert von De Gruyter Mouton, vier Ausgaben jährlich), sowie „Review of Cognitive Linguistics", „Language & Cognition", und „Construction & Frames". Zudem gibt es zahlreiche Buchreihen, die Monographien und Sammelbände aus dem Feld der KL publizieren, darunter „Cognitive Linguistics Research" (De Gruyter Mouton), „Applications of Cognitive Linguistics" (De Gruyter Mouton), „Cognitive Linguistics in Practice" (Benjamins), „Constructional Approaches to Language" (Benjamins) und „Human Cognitive Processing" (Benjamins).

Darüber hinaus sind inzwischen zahlreiche, zum Teil weit über 1000 Seiten starke Handbücher erschienen. Dazu zählen: „The Oxford Handbook of Cognitive Linguistics", herausgegeben von Dirk Geeraerts & Hubert Cuyckens (2007), „The Cognitive Linguistics Reader", herausgegeben von Vyvyan Evans, Benjamin Bergen & Jörg Zinken, (2007), „The Cambridge Handbook of Cognitive Linguistics", herausgegeben von Barbara Dancygier (2017) und spezifisch zur Konstruktionsgrammatik "The Oxford Handbook of Construction Grammar", herausgegeben von Thomas Hoffmann & Graeme Trousdale (2013). Kurz nach der Jahrtausendwende sind außerdem auch zahlreiche einführende Werke wie etwa „Cognitive Linguistics" von Croft & Cruse (2004), „Cognitive Linguistics: an introduction" von Evans & Green (2006) sowie „Cognitive Linguistics: Basic readings" (herausgegeben von Dirk Geeraerts 2006) und John Taylors „Cognitive Grammar" (2002) erschienen, die allesamt gute – englischsprachige – Einführungen in die Thematik bieten.

Die kognitiv-linguistische Forschungsgemeinschaft trifft sich zudem auf zahlreichen einschlägigen Konferenzen, wie der im zweijährigen Abstand stattfindenden „International Conference of Cognitive Linguistics" oder den zahlreichen Konferenzen der Landesverbände wie etwa der „Konferenz der Deutschen Gesellschaft für Kognitive Linguistik (DGKL)".

Die KL kann also als institutionalisiert und etabliert gelten, mit inzwischen beträchtlicher interdisziplinärer Anziehungskraft und einer eigenen Stimme, die sie in der öffentlichen Diskussion darüber, was Sprache ist, wie wir Sprache lernen und benutzen und was Sprachwissenschaft ist und kann, allerdings vielleicht etwas stärker zum Ausdruck bringen könnte und müsste (vgl. als Positivbeispiel Ibbotson & Tomasello 2017, Spektrum der Wissenschaft).

Die Zukunft einer Disziplin liegt allerdings nicht primär in ihren GründerInnen und VordenkerInnen, sondern im Nachwuchs. Zahlreiche sprachwissenschaftliche Seminare im deutschsprachigen Raum bieten Vorlesungen, Seminare und Übungen aus dem Spektrum der gebrauchsbasierten Kognitiven Linguistik an. Diese Einführung bietet im besten Fall eine Möglichkeit, diesen Nachwuchs zu erreichen und vielleicht für eigene Abenteuer im Rahmen der KL zu motivieren oder wie Geeraerts (2006a: 28) in seinem uneingeschränkt lesenswerten Einführungstext zur Entwicklung der Kognitiven Linguistik schreibt:

> Es gibt noch viel zu tun. Tatsächlich könnte das ein Grund sein zurückzukommen [= zurück zur Kognitiven Linguistik zu kommen, Ergänzung E.Z.]: nicht für das, was alles schon erreicht wurde, sondern für das, was noch zu tun ist – all die spannenden, einladenden Pfade zu weiteren Erkundungen. Wir werden uns dort treffen, stimmt's? (Übersetzung E.Z.)[10]

Bevor wir uns aber „dort treffen können", muss dieses „dort" näher bestimmt werden. Im folgenden Kapitel wenden wir uns zunächst dem Kern der gebrauchsbasierten Kognitiven Linguistik zu: ihren Grundannahmen und Basisprinzipien, um in Teil 2 zur Kognitiven Semantik und Teil 3 zu den kognitiv-linguistischen Grammatikmodellen einzelne Forschungsfelder der KL im Detail vorzustellen.

---

10 „There is still a quite a lot to be done. Ultimately, that may well be the reason for coming back [i.e. for readers of his book to turn to CL as a discipline, E.Z.]: not what has already been achieved, but what still has to be done – all the exiting, inviting paths for further exploration. So we will meet there, right?" (Geeraerts 2006a: 28)

Die wichtigsten Punkte nochmal

- Die Entstehung der Kognitiven Linguistik ist historisch stark verbunden mit dem Generativismus in der Konzeption Noam Chomskys.
- Die Kognitive Linguistik ist in weiten Teilen ein Gegenmodell zum Generativismus.
- Sie ist kein einheitliches Forschungsfeld, sondern ein Konglomerat miteinander verwandter Ansätze.
- Ihr gemeinsamer Kern ist – neben einigen anderen, in Kapitel 3 ausführlich besprochenen Grundprämissen – das gebrauchsbasierte Modell. Es besagt, dass Kinder über kein angeborenes sprachliches Wissen verfügen, sondern Sprache aus dem Sprachinput heraus erlernen.
- Der Fokus der Kognitiven Linguistik liegt auf der Bedeutung sprachlicher Strukturen und kontextualisierter Äußerungen.
- Nachdem Bedeutung im Generativismus der Studie der Syntax klar untergeordnet war und ist, setzt mit dem Aufkommen der kognitiv-funktionalen Linguistik somit eine Resemantisierung und Rekontextualisierung der Sprachwissenschaft ein.
- Heute ist die Kognitive Linguistik eine etablierte und institutionalisierte Forschungsrichtung. Die Phase der „linguistic wars" wurde zwar überwunden, jedoch ohne dass sich ein Paradigma – Generativismus oder die gebrauchsbasierte Linguistik – endgültig durchgesetzt hätte. Kognitive Linguistik und Generativsmus leben weitgehend nebeneinander her.

Übungen

- Fassen Sie die Grundannahmen des Generativismus kurz zusammen. Welchen Stellenwert spielen der Sprachgebrauch und reale Sprachdaten in diesem Ansatz?
- Nennen Sie drei Kritikpunkte an der Generativen Grammatik, die einige LinguistInnen ab den 1970er Jahren formuliert haben und sie dazu veranlasst haben, alternative Modelle zu entwickeln.
- Was versteht man unter Grammatikalitätsurteilen? Welche Rolle spielen sie im Generativismus bzw. in der gebrauchsbasierten Kognitiven Linguistik?
- Als Beleg für die Existenz der Universalgrammatik werden oft Pidgin- und Kreolsprachen herangezogen. Behrens & Pfänder (2013) diskutieren mit Bezug dazu die Stichhaltigkeit der universalgrammatischen Hypothese. Fassen Sie deren Argumente zusammen und nehmen Sie selbst Stellung dazu.

– Kinder produzieren im Laufe ihres Spracherwerbs Äußerungen wie „er gehte", „Maria machen", „er lampte ins Auto" (Behrens 2011). GenerativistInnen interpretieren diese als Evidenz dafür, dass die Sprache nicht alleine aus dem Sprachinput heraus erlernt wird, denn diese ungrammatischen Formen kommen im Input, d.h. in der Erwachsensprache, nicht vor. Sie können also nicht aus ihr übernommen/erlernt werden. Wie könnten die Strukturen dieser kindlichen Äußerungen jedoch alternativ, aus einer gebrauchsbasierten Perspektive heraus erklärt werden?

Weiterführende Literatur

– Zur Entstehungsgeschichte der Kognitiven Linguistik: Geeraerts 2006a, 2013, Nerlich & Clarke 2007
– Zur Auseinandersetzung zwischen GenerativistInnen und den Kognitiven LinguistInnen der ersten Stunde: Harris 1993
– Eine (teilweise allerdings sehr polemische) Abrechnung mit dem Generativismus aus kognitiv-linguistischer Perspektive ist außerdem Evans 2014.

3 Sprache als Epiphänomen der Kognition

Im Gegensatz zur Generativen Grammatik und ihrer Annahme, Sprache sei als ein eigenständiges, angeborenes Modul im Gehirn verortet, das sich wiederum aus Sub-Modulen wie der Syntax, der Lexik etc. zusammensetze (Chomsky 1957, 1965), geht die Kognitive Linguistik davon aus, dass der Sprache und der Sprachfähigkeit des Menschen **keine sprachspezifischen Kognitionsmodule** zugeordnet werden können. Sie basieren vielmehr auf denselben allgemeinen kognitiven Fähigkeiten, die auch in nicht-sprachlichen Denk- und Wahrnehmungsprozessen wirksam sind. Sprache ist somit kein eigenständiges Kognitionsmodul, sondern ein **Epiphänomen der Kognition**, also ein Nebenprodukt unserer kognitiven Fähigkeiten. Im Gegensatz zum modularen Ansatz der Generativen Grammatik stellt die Kognitive Linguistik somit einen holistischen Ansatz dar, demzufolge wir zum Sprachgebrauch fähig sind, weil wir bestimmte kognitive und perzeptorische Fähigkeiten haben und diese für die sprachliche Kommunikation nutzen.

Diese Fähigkeit zur Herausbildung und Nutzung von Sprache ist zumindest für artikulierte Verbalsprache mit der Sprechfähigkeit verbunden, also den artikulatorischen Möglichkeiten des Sprechapparats. Sprachfähigkeit bedingt jedoch nicht Sprechfähigkeit. Man denke hier zum Beispiel an Gebärdensprachen.

Es stellt sich die Frage, welche diese kognitiven und perzeptorischen Fähigkeiten sind. Im folgenden Abschnitt wollen wir zwei dieser Fähigkeiten herausgreifen, nämlich **Figur-Grund-Unterscheidung** und **Kategorisierung**, und anhand einiger Beispiele ihr Wirken in der Sprache illustrieren.

3.1 Figur/Grund-Unterscheidung

Bilder wie in Abbildung 1 oder ähnliche Darstellungen (vgl. die Abbildungen 2 und 3) werden in der **Gestaltpsychologie** als **Figur-Grund-Umstellung** beschrieben. Der Effekt dieser **Kippbilder** wie etwa in Abb. 1, das als Rubinscher Kelch geläufig ist, ist aber auch über die Grenzen der Gestaltpsychologie bekannt. Den meisten BetrachterInnen des Bildes gelingt es – wenn auch unter Umständen mit einiger Anstrengung – auf Bildern wie dem Rubinschen Kelch zwei unterschiedliche Figuren zu erkennen: entweder einen Kelch oder Becher oder zwei einander zugewandte Gesichter im Profil. Man spricht hier von Kippbildern oder auch Kippfiguren, weil die Wahrnehmungsverschiebung vom Kelch zum Gesicht bzw. vom Gesicht zum Kelch auf einem Wechsel der Konstruierung des Verhältnisses von Vordergrund und Hintergrund basiert. Mit anderen Worten: Sieht man einen Kelch, wird eine weiße Form als im Vordergrund befindlich, d.h., als **Figur** konstruiert, für die die schwarze Fläche als Hintergrund (oder gestaltpsychologisch **Grund**) fungiert. Im Aufmerksamkeitsfokus der Betrachterin/des Betrachters steht somit entweder die weiße Fläche, die von der schwarzen Fläche, die sie begrenzt und ihr Gestalt gibt, abstrahiert wird oder umgekehrt, die schwarze Fläche, die sich von der weißen abhebt. In diesem Fall werden die Konturlinien als zu den Gesichtern zugehörig interpretiert, die sich gegen den weißen Hintergrund abzeichnen. Figur und Grund bedingen sich wechselseitig, d.h., man kann die Figur nur vor dem Grund konstruieren. Gelingt es nicht, einzelne Bestandteile des Bildes als zusammengehörig und ein Objekt abbildend wahrzunehmen, d.h., zu einer im Vordergrund befindlichen Figur als primäres Objekt der Wahrnehmung zusammenzusetzen, scheitert die auf Sinnerschließung fokussierte Betrachtung.

Abb.1: der Rubinsche Kelch (Rubin 1921)

Dabei ist es wichtig zu betonen, dass die Auswahl und auch der Wechsel von Figur und Grund keine Eigenschaften des Bildes sind, sondern sie basieren auf der lokalen **Konstruierung** dieses Verhältnisses durch eine Betrachterin/einen Betrachter. Das Bild bzw. das Objekt an sich bleibt in seiner materiellen Beschaffenheit unverändert. Diese Fähigkeit zur Selektion eines Elements des Bildes als Figur in Abhängigkeit des Grundes ist eine basale Fähigkeit der menschlichen Wahrnehmung. Weitere bekannte Beispiele für die Relevanz von Figur/Grund-Unterscheidungen aus dem Bereich der visuellen Perzeptionspsychologie zeigen die Abbildung 2 und 3; für eine weiterführende Einführung in die Figur/Grund-Dichotomie der Gestaltpsychologie sei auf Goldstein 2008, Kapitel 5, verwiesen.

Abb. 2: Saxophonspieler/Gesicht einer Frau   **Abb. 3:** alte/junge Frau

Tatsächlich ist die Unterscheidung von Figur und Grund eine ständig unterbewusst ablaufende kognitive Operation, die für die Bewältigung unseres Alltags unerlässlich ist. Stellen Sie sich etwa vor, Sie stehen vor einer Kletterwand und sind nicht in der Lage, die Griffe auf der Wand als Figuren und die Wand als Hintergrund zu identifizieren. Eine erfolgreiche Bewältigung der Kletterwand ist unter diesen Umständen ausgeschlossen. Gleiches gilt für Ihr Überleben im Verkehr. Ist es Ihnen unmöglich, jene Verkehrsschilder als Figuren zu konstruieren, die für Sie in diesem Moment am relevantesten sind (z.B. das Stoppschild am Ende der Straße, die Sie entlangfahren), ist Ihr Überleben auf Dauer wohl fraglich.

Der Grundannahme der Kognitiven Linguistik zufolge, wonach Sprache auf nicht-sprachspezifischen kognitiven Fähigkeiten und Mechanismen basiert, spiegeln sprachliche Strukturen diese Fähigkeit, aus einem wie auch immer gearteten Input eine Figur vor einem (Hinter-)grund zu konstruieren, wider. Die Relevanz der Fähigkeit zur Figur/Grund-Unterscheidung in Sprachstrukturen und sprachlichen Konstruierungen lässt sich zunächst am leichtesten bei räumlichen Konstruktionen und Konstruktionen, die die Bewegung eines Objekts relativ zu einem anderen beschreiben, illustrieren. Sowohl in (4) a. als auch in (4) b. (vgl. Talmy 2000: 311, übersetzt aus dem Englischen, E.Z.) wird der Stift als Figur konstruiert, d.h. als das primär im Aufmerksamkeitsfokus stehende Objekt. Der Tisch fungiert als Grund. Er ist notwendiger Teil der konzeptualisierten Szene, da er als Referenzobjekt für die Position bzw. die Bewegung der Figur dient. Der Aufmerksamkeitsfokus von Produzierenden und Rezipierenden der beiden Sätze liegt jedoch nicht auf ihm. In (4) c. ist hingegen das Buch Figur und der Stift Teil des Grundes. Ein und dasselbe Objekt kann also in verschiedenen Szenen sowohl als Figur als auch als Grund fungieren. Der Status als Figur oder Grund ist somit keine kontextunabhängige Eigenschaft von Objekten, sondern immer eine Frage der Konstruierung durch BetrachterInnen/SprachnutzerInnen.

Beispiel (4)

a. Der Stift liegt auf dem Tisch.
b. Der Stift fiel vom Tisch.
c. Gib mir mal das Buch da, in dem der Stift steckt.

Talmy (2000: 311) beschreibt die Funktionen von Figur und Grund in sprachlichen Konstruierungen von statischen räumlichen Szenen (4a. und c.) und Bewegungsszenen (4b.) folgendermaßen:

Bei Talmy (2000:31) finden sich folgende Definitionen von Figur und Grund: „Die Figur ist die sich bewegende bzw. sich konzeptuell bewegende Entität, deren Weg, Position oder Orientierung als Variable wahrgenommen wird, deren konkreter Wert [für die konkrete Konstruierung, Ergänzung E.Z.] relevant ist. Der Grund ist die Referenzentität. Sie ist relativ zum Referenzrahmen eine stationäre Entität. In Relation zum Grund werden der Weg, die Position oder die Orientierung der Figur konzeptualisiert (Übersetzung E.Z.)"[11].

Eine wichtige Rolle für die Konstruierung von Figur und Grund im Deutschen spielen die Verwendung von bestimmten und unbestimmten Artikeln, die Satzstellung sowie – zumindest in räumlichen Konstruierungen – Präpositionalphrasen. Dies wird in dem Satzpaar in Beispiel (5) deutlich. Beide Sätze (5) a. und b. beziehen sich auf denselben objektiven Sachverhalt (vgl. Abbildung 4), d. h. eine räumliche Szene, in der ein Bild an einer Wand hängt, das in einem bestimmten räumlichen Verhältnis zu einem Tisch mit einer Vase darauf und einem Sessel mit Kissen steht. In (5) a. wird das Bild als Figur und also als Aufmerksamkeitsfokus konstruiert, für das der Sessel als räumlicher Referenzpunkt und somit als Grund dient. In (5) b. ist dieses Konstruierungsverhältnis umgekehrt: Das Bild wird als Hintergrund konstruiert und der Sessel vor diesem Hintergrund als Figur. Eine entscheidende Rolle für die Konstruierung dieser Figur/Grund-Verhältnisse spielt die Syntax. So legt z.B. die Verwendung von definiten und indefiniten Artikeln bestimmte Figur/Grund-Konstruierungen nahe. In (5) a. wird der Sessel als bekanntes Element konstruiert, da auf ihn mit dem definiten Artikel referiert wird, während der Gebrauch des indefiniten Artikels in *ein Bild* ebendieses Bild als neue Information markiert, auf die die Aufmerksamkeit gelenkt wird. In (5) b.

---

11 „The Figure is the moving or conceptually moving entity, whose path, site, or orientation is conceived as a variable, the particular value of which is the relevant issue. The Ground is a reference entity, one that has a stationary setting relative to a reference frame, with respect to which the Figure's path, site, or orientation is characterized." (Talmy 2000: 31)

werden bestimmter und unbestimmter Artikel ähnlich eingesetzt, nur ist nun das Bild bekannte Information bzw. primärer Referenzpunkt und der Sessel die neue Information, die in den Aufmerksamkeitsfokus rückt. Darüber hinaus wird das Konstruierungsverhältnis von Figur und Grund über die orientierenden Präpositionalphrasen „über dem Sessel" bzw. „unter dem Bild" im Vorfeld gesteuert. Beide in den Präpositionalphrasen benannten Objekte werden als räumliche Referenzpunkte zur Lokalisierung der Figur und somit Talmy zufolge (s.o.) als Grund vorangestellt.

Beispiel (5)

a. Über dem Sessel hängt ein Bild.
b. Unter dem Bild steht ein Sessel.

Abb. 4: räumliche Szene als Grundlage der unterschiedlichen Konstruierungen von Figur und Grund in (5) a. und b. (Bildquelle: https://www.istockphoto.com/de/vektor/sessel-und-einem-hohen-tisch-vase-mit-blumen-auf-dem-tisch-hand-gezeichneten-gm830872424-135089091; Nutzungsrecht erworben)

In der gesprochenen Sprache haben zudem Akzentuierung und Intonation einen entscheidenden Einfluss auf das Konstruierungsverhältnis von Figur und Grund. So kann das Beispiel (6) mit unterschiedlichen Fokusakzenten (akzentuierte Silbe markiert in Großbuchstaben) produziert werden, wodurch jeweils andere Aspekte derselben Szene hervorgehoben werden.

Beispiel (6)

a. Der BACH fließt hinter dem Haus.
b. Der Bach fließt hinter dem HAUS.
c. Der Bach fließt HINter dem Haus.

Während in (6) a. der Bach als das informativste und im Mittelpunkt der Szene stehende Objekt konstruiert wird, wird der Aufmerksamkeitsfokus in (6) b. auf das Haus gelegt. In (6) c. steht der Aspekt des räumlichen Verhältnisses von Bach und Haus zueinander im Vordergrund. Langacker (1987a) diskutiert die Frage, welche Entität einer Szene als im Vordergrund bzw. im Fokus stehend konstruiert wird, unter dem Konzept der *Profilierung*. Demzufolge wird über die Akzentuierung ein jeweils anderer Aspekt derselben Szene *profiliert,* d.h. in den Aufmerksamkeitsfokus gerückt. Eine umfangreichere und präzisere Auseinandersetzung mit diesem Begriff der Kognitiven Grammatik, der eine Weiterentwicklung des der Gestaltpsychologie entlehnten Begriffspaares von Figur und Grund darstellt, erfolgt in Teil 3, Kapitel 9.3.3.2.

Die bisherigen Beispiele für die Rolle der Figur/Grund-Konstruierung bei sprachlichen Beschreibungen räumlicher Szenen illustrieren also, dass auch in sprachlichen Konstruktionen jeweils bestimmte Elemente als im Vordergrund befindlich konstruiert werden, während andere Elemente als deren konzeptueller Hintergrund dienen. Die Beispiele verhalten sich aber insofern anders als die eingangs beschriebenen Kippbilder, als dass ihnen der kreative Aspekt der spontanen Umkehrung von Figur und Grund, der die visuellen Beispiele auszeichnet, fehlt. Für diesen Kippeffekt gibt es jedoch tatsächlich ein besonders markiertes sprachliches Anwendungsfeld, nämlich das humoristische Wortspiel.

Die Untersuchung des Wirkens der Figur/Grund-Umkehrung im Humor geht auf Arthur Koestlers (1964) Studien zur Kreativität zurück. Tatsächlich ist sie in der Humorforschung als Mechanismus zur Erzeugung eines humoristischen Effekts reich belegt und etabliert. Das Beispiel (7), das in seiner ursprünglichen Fassung einem englischen Beitrag des Computerlinguisten und Humorforschers Tony Vaele (2017) entnommen ist, zeigt wie die Figur/Grund-Umkehrung im kreativen Sprachspiel zu humoristischen Zwecken genutzt werden kann.

Beispiel (7)

Darling, I am an excellent housekeeper. Whenever I leave a man, I keep the house (Zsa Zsa Gabor).

Das Beispiel funktioniert ähnlich gut auch auf Deutsch:

> Liebling, ich bin eine exzellente Haushälterin. Wann immer ich einen Mann verlasse, behalte ich das Haus.

Der humoristische Effekt beruht in dieser Aussage, die der Schauspielerin Zsa Zsa Gabor zugeschrieben wird, auf der Zerlegung des Kompositums *housekeeper* (Haushälterin) in die darin enthaltenen Lexeme „house" (Haus) und „keep" (behalten) und deren kreativer Wiederverwendung und Zusammenfügung in einem neuen Kontext in „I keep the house", wodurch für „keep" eine andere Bedeutung in den Vordergrund tritt, nämlich *behalten*. Aktiviert man dazu das Hintergrundwissen, dass Zsa Zsa Gabor einige Male verheiratet war und finanziell von diesen Ehen sehr profitiert hat, entsteht ein humoristischer Effekt. Die Kritik, auf die Gabor offensichtlich antwortet, nämlich, dass sie eine schlechte Hausfrau bzw. Haus*hälterin* sei, verliert ihre Wirkung, denn Gabor profiliert sich zum einen als kluge Profiteurin vorangegangener Trennungen und zum anderen als schlagfertig und kreativ, weil sie die Möglichkeit zur Umkehrung des Angriffs über das Spiel mit dem als Vorwurf benutzten Wort „housekeeper" erkannt und ergriffen hat. Aus kognitiver Perspektive beruht diese Figur/Grund-Umkehrung darauf, dass Gabor Teile der Hintergrundbedeutung (bzw. des Bedeutungspotenzials) von „housekeeper" aktiviert und in „I keep the house" als neue Figur profiliert. Der Vorwurf ein „(bad) housekeeper" zu sein, wird zu einem zentralen Teil des (Hinter-)Grunds dieser neuen Figur. Konstruiert man den Gebrauch von (bad) housekeeper nicht als Grund für „I keep the house", verpufft der intendierte humoristische Effekt jedoch. Figur und Grund bedingen sich also auch hier wechselseitig.

Eine weitere allgemeine kognitive Fähigkeit, die wir für unsere verbale und non-verbale Kommunikation nutzen, ist die Fähigkeit zur **Kategorisierung**. Sie beruht auf dem Erkennen von gemeinsamen Merkmalen (Ähnlichkeiten) unterschiedlicher Entitäten, wie etwa von Lebewesen, materiellen Objekten, Abstrakta wie Empfindungen etc., die aufgrund dieser Ähnlichkeiten in Kategorien zusammengefügt werden.

3.2 Kategorisierung

Der klassischen Sichtweise der strukturalistischen **Merkmalsemantik** zufolge lassen sich Kategorien über bestimmte semantische Eigenschaften zweifelsfrei definieren. Es ist also möglich, Kategorien anhand von semantischen Merkmalen (*semantic features*) so zu definieren, dass die Definition alle Vertreter dieser Kategorie miteinschließt und gleichzeitig eine eindeutige Grenze zu anderen Kategorien und ihren Vertretern gezogen wird. Mit anderen Worten: Auf jede Kategorie trifft eine Reihe bestimmter Merkmale zu, die diese Kategorie „notwendig und hinreichend" bestimmen (*necessary and sufficient criteria*). Gleichzeitig kann aufgrund dieser Merkmale eine Kategorie überschneidungsfrei von anderen unterschieden werden. Merkmale sind binär, d.h., sie treffen zu oder nicht. Dies wird üblicherweise mit einem + oder − vor dem Merkmal notiert.

Ein klassisches Beispiel der Merkmalssemantik ist die kontrastive Merkmalsanalyse von „Mann", „Frau", „Junge" und „Kind". „Mann" und „Frau" unterscheiden sich demzufolge in genau einem binären Merkmal, nämlich der Geschlechtszugehörigkeit[12]. Dies trifft auch auf das Begriffspaar Junge und Mädchen zu. Beide definieren sich in Abgrenzung zu Mann bzw. Frau durch das Merkmal [+/- erwachsen]. Alle semantischen Merkmale müssen von jedem Mitglied der Kategorie erfüllt werden. Das heißt, wenn X ein Mann ist, muss X erwachsen, männlich und menschlich (ein Mensch) sein (*notwendige Bedingungen*). Ist X erwachsen, männlich und menschlich, ist X im Umkehrschluss ein Mann (*hinreichende Bedingungen*).

Mann [+erwachsen, +männlich, +menschlich]
Frau [+erwachsen, -männlich, +menschlich]
Junge [-erwachsen, +männlich, +menschlich]
Mädchen [-erwachsen, -männlich, +menschlich]

Charles Fillmore, einer der Pioniere der Kognitiven Semantik und mit ihr der Kognitiven Linguistik, hat allerdings in einer ganzen Reihe von Arbeiten ab Beginn der 1970er Jahre aufzeigt, dass dieses Verständnis von Semantik als Set von Merkmalen, über die sich Kategorien zweifelsfrei und in der ganzen Bandbreite ihrer Bedeutung definieren lassen, viel zu kurz greift[13]. Ein einfaches Beispiel, das die Problematik der Merkmalsemantik zeigt, ist der semantische Unterschied zwischen „Junggeselle" und „Papst" (Fillmore 1982, vgl. auch Lakoff 1987). Auf beide Begriffe trifft die Merkmalsstruktur [+erwachsen, +männlich+, +menschlich, +unverheiratet] zu. Dennoch handelt es sich nicht um Synonyme und es ist wohl

---

[12] Dieses Beispiel gehört zu den Standardbeispielen der Merkmalsemantik und ist somit im historischen Kontext des Strukturalismus zu sehen. Auf die heutige Diversifizierung der Geschlechterkategorien nimmt es aus diesem Grund nicht Bezug.

[13] Das bedeutet nicht, dass es keine Konzepte gibt, die sich mit einem merkmalsemantischen Ansatz erfassen ließen. Ein Beispiel sind z.B. gerade und ungerade Zahlen.

fraglich, ob die Kategorisierung von Päpsten als Junggesellen konventionalisiert, d.h. allgemein akzeptabel und verbreitet, ist.[14] In jedem Fall ist der Papst wohl eher kein typischer bzw. *proto*typischer Vertreter der Kategorie JUNGGESELLE. Dies führt uns zum nächsten zentralen Begriff der Kognitiven Linguistik, der vor allem in der frühen Entwicklung der Kognitiven Semantik (vgl. Teil 2 dieser Einführung) eine entscheidende Rolle gespielt hat: der **Prototyp**.

Die Theorie der Prototypensemantik geht primär auf die Arbeiten der Psychologin Eleanor Rosch zurück (v.a. Rosch 1975, 1978 und Rosch & Mervis 1975). Ihre wohl bekannteste Studie (1973, 1975, zusammengefasst in 1978) basiert auf Experimenten zur kognitiven Repräsentation der Kategorie VOGEL. In einem dieser Experimente wurden (amerikanischen) ProbandInnen Bilder gezeigt und sie wurden gebeten, ein Urteil darüber abzugeben, ob die darauf abgebildeten Tiere zur Kategorie VOGEL gehören und welche davon – anzugeben auf einer Skala von 1 bis 7 – bessere oder schlechtere Beispiele für die Kategorie wären. Das Ergebnis dieses Experiments ist in Abbildung 5 zu sehen.

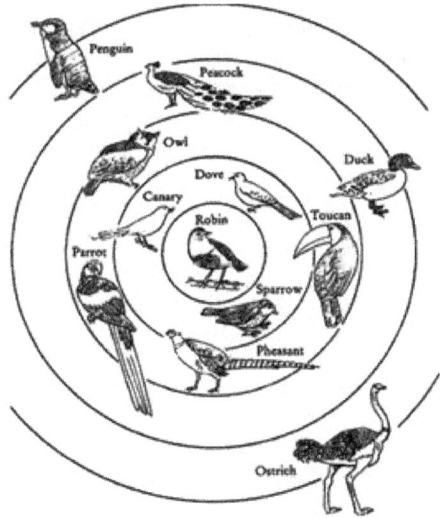

Abb. 5: die prototypische Struktur der Kategorie „Vögel" nach Rosch (1975)

---

14 Die Ansätze der Framesemantik bieten genau für dieses Dilemma Auswege bzw. Erklärungen für diesen offensichtlichen Bedeutungsunterschied zwischen den beiden Konzepten. Sie werden in Teil 2, Kapitel 8 genauer beleuchtet.

Die meisten ProbandInnen klassifizierten unter den gezeigten Tierabbildungen das Rotkehlchen (*robin*) als bestes Beispiel für einen Vogel. Es stellt somit – zumindest unter den zur Auswahl stehenden Vögeln – den **prototypischen Vertreter der Kategorie** dar. Tauben, Spatzen und Kanarienvögel (*dove, sparrow, canary* in Abb. 5) wurden ebenfalls als gute Beispiele klassifiziert, aber – aus ProbandInnensicht – als (etwas) weniger gute als das Rotkehlchen. Mittlere Ränge auf der Protypenskala nahmen die Eule, der Tukan, der Papagei und der Fasan ein. Sie sind wiederum jedoch bessere Beispiele als der Pfau und die Ente. Als schlechteste Beispiele und somit als jene Vögel, die – unter den gezeigten Beispielen – am wenigsten mit dem Prototyp gemeinsam hätten, wurden der Vogelstrauß und der Pinguin klassifiziert. Physische Nähe bzw. Distanz zum Prototyp spiegeln in der graphischen Darstellung den Grad der Prototypikalität wieder. Aus den Kategorisierungsurteilen der ProbandInnen ergibt sich die **radiale Struktur der Kategorie** (*radial category*), in der das Rotkehlchen als jener Vogel, der die Kategorie am besten vertritt, im Zentrum steht.

> [!] Die Experimente von Rosch haben sich nicht nur auf die Kategorie VOGEL beschränkt. Untersuchungen zur Struktur der Kategorien MUSIKINSTRUMENTE, OBST, WERKZEUGE, KLEIDUNG, MÖBEL und FAHRZEUGE waren ebenfalls Teil der zitierten Studien. Eine detaillierte Zusammenfassung bietet das Kapitel 8 aus Evans & Green (2006).

Diese Prototypenstruktur der Kategorie VOGEL wurde in einem zweiten Schritt dadurch bestätigt, dass ProbandInnen Fragen wie „ist X ein gutes Beispiel für einen Vogel?" für nahe am Prototypen liegende Vertreter schneller beantworteten als für Vögel, die als weniger prototypisch eingestuft wurden. Die Kategorie der Vögel scheint somit tatsächlich um einen prototypischen Vertreter als zentrale Entität herum organisiert zu sein (vgl. dazu ausführlicher auch Kleiber 1993). Während prototypnahe Vertreter als solche schnell und von vielen Mitgliedern einer (sprachlichen, kulturellen, geographischen) Gemeinschaft erkannt werden, ist eine eindeutige Zuordnung an den Rändern jedoch mitunter schwierig. So lässt sich Lakoff (1982a) zufolge die Frage, ob eine Entität X Mitglied einer Kategorie Y ist, oft nicht mit einem kategorialen Ja oder Nein beantworten, sondern nur graduell im Verhältnis zu Alternativen. Dies illustrieren die Wahrheitsurteile zu den Sätzen (a) bis (e)[15].

(a) Ein Spatz ist ein Vogel. (wahr)
(b) Ein Küken ist ein Vogel. (weniger wahr als a)

---

15 In deutscher Übersetzung Kleiber (1993: 35) entnommen.

(c) Ein Pinguin ist ein Vogel. (weniger wahr als b)
(d) Eine Fledermaus ist ein Vogel. (falsch oder fern davon, wahr zu sein)
(e) Eine Kuh ist ein Vogel. (absolut falsch)

Lediglich (a) und (e) wurden von ProbandInnen eindeutig als wahr bzw. falsch beantwortet. Die Aussagen in (b) bis (d) wurden hingegen nur im Verhältnis zueinander, mit graduellen Abschwächungen bezüglich ihres Wahrheitsgehalts beurteilt.

William Labov (1973) führte ein ähnliches Experiment zur Prototypenstruktur der Kategorien TASSE und SCHÜSSEL durch. Er zeigte seinen ProbandInnen eine Reihe von Zeichnungen von Gefäßen (Abbildung 6) und bat sie, diese zu benennen. Seine Studie ergab, dass das Gefäß 1 von 100% der ProbandInnen als Tasse benannt wurde. Die Abbildung zeigt also die prototypische Tasse. Für die Zeichnungen 3 und 4 ergab das Experiment hingegen, dass sie am Rande der Kategorie der Tasse lagen bzw. von manchen als Tasse (*cup*) und anderen als Schüssel (*bowl*) benannt wurden. Daraus schließt Labov, dass die Kategorien TASSE und SCHÜSSEL nicht nur prototypisch organisiert sind, sondern an den Rändern miteinander überlappen. Es gibt also Entitäten, die Mitglieder beider Kategorien sind.

Abb. 6: Zeichnungen der tassenähnlichen Objekte für Labovs Benennungsexperiment (Labov 1973)

Die Zuordnung zur einen oder anderen Kategorie ist dabei stark kontextabhängig. Dies zeigen die Graphen in Abbildung 7. Gab man den ProbandInnen zusätzlich zu den Zeichnungen einen Kontext, nämlich entweder Trinken oder Essen, änderten sich die Ergebnisse des Kategorisierungsexperiments signifikant (im Vergleich zu den Kategorisierungen, die ohne Kontext erfolgten). Das zweite Gefäß (vgl. die Nummerierung der Gefäße in Abbildung 7) benannten nun einige ProbandInnen als Schüssel. Gefäß 3 wurde mehrheitlich und Gefäß 4 von fast 75% als Schüssel bezeichnet (und also nicht als Tasse). Das Experiment zeigt also nicht nur die Kontextabhängigkeit von Kategorisierungsentscheidungen, sondern auch die Tatsache, dass wir aufgrund unserer individuellen Welterfahrungen nicht alle Kategorisierungsentscheidungen gleich treffen. Die Prototypenstruktur von Kategorien ist also erfahrungsbasiert und auch in Sprach- und Kulturgemeinschaften nur teilweise geteilt bzw. überlappend.

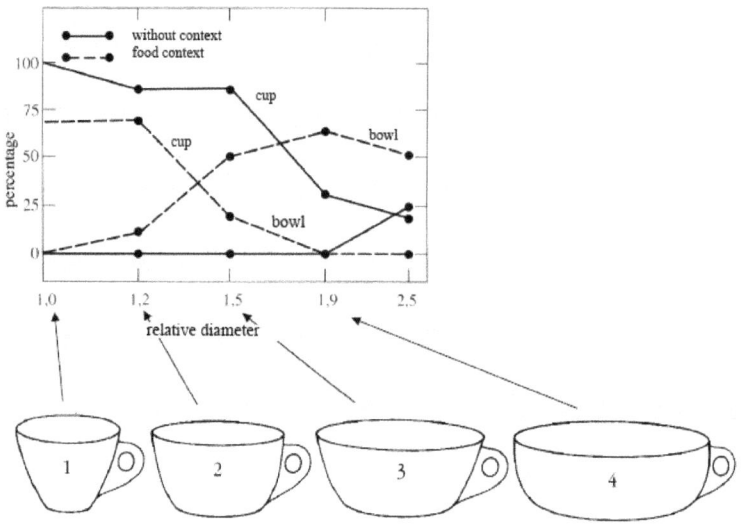

Abb. 7: Kategorisierungsentscheidungen sind kontextabhängig (Labov 1973)

Geeraerts (1989) fasst die Grundannahmen des Prototypenansatzes der lexikalischen Semantik kognitiv-linguistischer Prägung folgendermaßen zusammen (vgl. auch Lewandowska-Tomaszczyk 2010: 145):

(1) Prototypisch organisierte Kategorien zeichnen sich durch **Abstufungsgrade der Typikalität** aus; nicht jedes Mitglied einer Kategorie ist ein gleich gutes Beispiel dafür.

(2) Prototypische Kategorien haben **unscharfe Grenzen** (*fuzzy boundaries*).
(3) Prototypische Kategorien lassen sich nicht über ein Set von notwendigen und hinreichend Merkmalen definieren.
(4) Mitglieder prototypisch organisierter Kategorien weisen untereinander **Familienähnlichkeiten** auf (*family resemblance*), d.h., jedes Mitglied der Kategorie teilt sich mit anderen Mitgliedern gewisse Merkmale, gleichzeitig unterscheidet es sich aber wiederum von anderen Mitgliedern in bestimmten Merkmalen. Je mehr Merkmale mit anderen geteilt werden, desto prototypennäher ist das Mitglied. Die semantische Struktur der Kategorie entspricht folglich einem radial angeordneten Set von unterschiedlich stark vertretenen und gewichteten sowie teilweise überlappenden Bedeutungen.

In der Kognitiven Linguistik fand das Prototypenmodell vor allem in der Studie von polysemen lexikalischen Konzepten Anwendung. Im Zuge dessen wurde das klassische Prototypenmodell in der Konzeption von Rosch zur kognitiv-semantischen Theorie der **radialen Netzwerke** (*radial networks*) weiterentwickelt. Einen wichtigen Anstoß für die Konzeption dieser Theorie bot die Studie der diachronen Bedeutungsverschiebungen und ihrer Mechanismen, wie etwa der metaphorischen Bedeutungsextension (z.B. vom Tier Maus zur Computermaus).

Lakoff (1987) diskutiert die radiale Struktur polysemer lexikalischer Kategorien am Beispiel der Kategorie MUTTER. Die Kategorie umfasst einen Prototypen und eine Reihe von diesem Prototyp abgeleitete Bedeutungen. Lakoff (1987) zufolge treffen auf den Prototypen der Kategorie MUTTER folgende Merkmale zu:

> Sie ist und war immer weiblichen Geschlechts, sie hat ein Kind geboren, dieses Kind hat zu 50% ihr genetisches Material, sie hat das Kind genährt und aufgezogen, sie ist mit dem Vater des Kindes verheiratet, sie ist eine Generation älter als das Kind, und sie ist rechtlicher Vormund und Erziehungsberechtigte des Kindes.

Diese inzwischen schon mehr als 30 Jahre alte Beschreibung des Prototypen[16] illustriert bereits eine der Kernaussagen der kognitiv-semantischen Theorie der radialen **Polysemienetzwerke**: ihre Struktur entwickelt und stützt sich auf idealisierte kognitive Modelle, die kulturell geprägt und vor allem veränderlich sind. So ist es wohl sehr wahrscheinlich, dass einige dieser Merkmale zumindest in einer unbestimmt großen Gruppe der heutigen Gesellschaft nicht als Eigenschaft des Prototyps angesehen werden. Diesen Punkt lassen wir an dieser Stelle im Mo-

---

16 Ihr Alter und ihre Zeitgebundenheit merkt man der Beschreibung des Prototyps auch zweifelsfrei an.

ment außer Acht und konzentrieren uns auf die Frage, wie sich andere Extensionen von MUTTER etwa Adoptivmutter, biologische Mutter, Stiefmutter und Leihmutter zu diesem Prototyp verhalten. Lakoff (1987: 91) hält dazu fest:

> Diese Varianten werden nicht über allgemeine Regeln vom zentralen Modell abgeleitet; sie werden vielmehr über Konventionen gebildet und müssen einzeln gelernt werden. Die Extensionen sind aber auf keinen Fall willkürlich. Das zentrale Modell [der Prototyp, Anmerkung E.Z.] bestimmt über die Möglichkeiten der Bedeutungsextensionen ebenso wie über die möglichen Beziehungen zwischen dem Prototyp und den Extensionen.[17] (Übersetzung E.Z.)

Für die Kategorie der MUTTER ergibt sich daraus eine radiale Struktur wie in Abbildung 8. Sie zeigt dabei nur einige der konventionalisierten Extensionen des Prototyps.

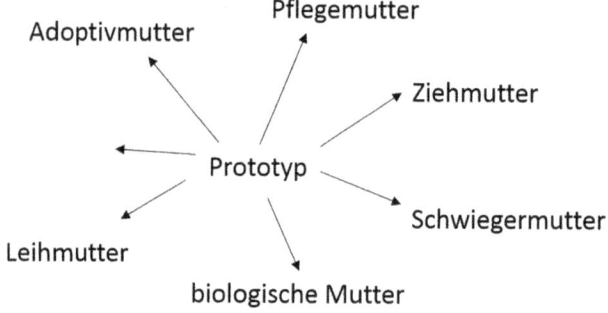

Abb. 8: Darstellung der radialen Netzwerkstruktur der Kategorie MUTTER

Es stellt sich nun die Frage, worauf diese Zuordnungen von Entitäten zu Kategorien und die Strukturierung von Kategorien basieren. Wichtige kognitive Voraussetzungen für Kategorisierungsentscheidungen sind zunächst das menschliche **Abstraktionsvermögen** und das **Erkennen von Ähnlichkeiten** und Unterschieden von Entitäten. Betrachten wir in diesem Zusammenhang beispielsweise Phoneme[18].

---

17 „These variants are not generated from the central model by general rules; instead they are extended by convention and must be learned one by one. But the extensions are by no means random. The central model determines the possibilities for extensions, together with the possible relations between the central model and the extension models." (Lakoff 1987: 91)

18 Siehe hierzu auch die Diskussion der Unterschiede von /p/ und /b/ in Evans & Green (2006:34–35).

Abbildung 9 zeigt Spektrogramme für die Produktion von acht Silben von ProbandInnen einer experimentellen Studie zum Englischen (Obleser et al. 2010): [di:] wie in „deeper", [de:] wie in „daisy", [du:] („Doolittle"), [do:] („dope"), [gi:] („geezer"), [ge:] („gait"), [gu:] („Google"), und [go:] wie in „goat". Die Spektrogramme zeigen einen deutlichen, abbildbaren artikulatorischen Unterschied zu Beginn der Silbe in der oberen Reihe im Vergleich zur unteren Reihe.

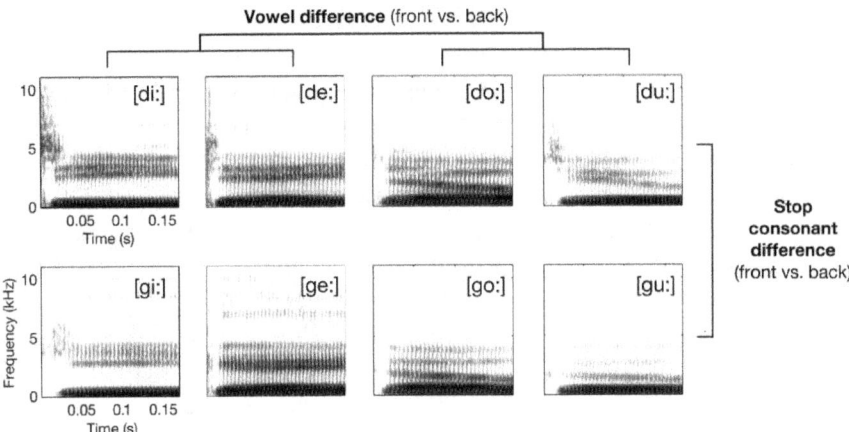

Abb. 9: Spektrogramme von acht Silben des Englischen mit [d] oder [g] als Anlaut (aus Obleser et al. 2010)

Wir nehmen diesen Unterschied akustisch wahr und identifizieren, wenn wir eine Sprache lernen, über alle Instanziierungen, d.h. Gebrauche der Phoneme in den unterschiedlichsten Wörtern und Kontexten, hinweg, phonetische Gemeinsamkeiten und Unterschiede. Aufgrund dieser Unterschiede und Gemeinsamkeiten bilden wir sodann eine Kategorie /d/ und eine Kategorie /g/. Dieselben kognitiven Fähigkeiten und Mechanismen führen zu den Vokalkategorien /i/, /e/, /o/ und /u/ und allen anderen Phonemen. Das Erkennen von Unterschieden und Gemeinsamkeiten ist dabei nicht nur insofern relevant, als dass wir ein [e:] als Instanziierung der Kategorie /e/ erkennen, unabhängig davon, in welcher Phonemumgebung es eingebettet ist, sondern wir erkennen den Laut auch als Vertreter seiner Kategorie bei sehr unterschiedlichen SprecherInnen, in jedmöglichen Sprechkontexten, bei sehr unterschiedlichen akustischen Verhältnissen etc. Wir filtern also Details des Gebrauchskontexts heraus und beschränken uns für die Kategorisierung auf nur einige kategorisierungsentscheidende Merkmale. Demzufolge ist die Fähigkeit, unsere Aufmerksamkeit selektiv einzusetzen, eine wesentliche Voraussetzung für Kategorisierungsentscheidungen.

Auf einer höheren, komplexeren Ebene des Sprachverstehens ist Kategorisierung außerdem elementar für die Unterteilung des Sprachinputs in einzelne Wörter und bedeutungsvolle komplexere Strukturen (z.B. Phrasen). Ist die Fähigkeit der Kategorisierung außer Kraft gesetzt oder fehlen uns Kategorien in unserem Sprachwissen, die wir heranziehen können, um Ähnlichkeiten herzustellen – wie etwa bei Sprachen, die sehr verschieden sind zu denen, die wir (mehr oder weniger) beherrschen – kann der Sprachfluss nicht in sinnvolle Einheiten unterteilt werden. Er bleibt eine undifferenzierte Masse, in der wir nur wenig Struktur erkennen und der wir keine Bedeutung zuschreiben können.

Eine zentrale Eigenschaft von Kategorien stellt des Weiteren die Bildung von **Taxonomien** dar, d.h., sie bilden hierarchische Strukturen im Sinne von über- und untergeordneten Kategorien. Einen kognitiv besonderen Stellenwert haben dabei sogenannte **Kategorien der Basisebene** (*basic level categories*, Rosch et al. 1976; für einen kompakten Überblick siehe Schmid 2007). Sie nehmen im taxonomischen Verhältnis von super- und subordinierten Kategorien (vgl. Abbildung 10, übersetzt aus Lakoff 1982a: 14) eine mittlere Position ein. Sie sind besonders frequent, leicht(er) abrufbar und werden schneller gelernt als Kategorien höherer oder niedrigerer taxonomischer Stufen. Sie sind im Spracherwerbsprozess zudem der Ausgangspunkt zur Bildung taxonomischer Beziehungen, also von Ober- und Unterkategorien. Darüber hinaus sind Wörter der Basisebene zumeist kurz und hochfrequent. Sie werden auch deshalb von Kindern früher gelernt, als dies für Kategorien der beiden anderen Ebenen der Fall ist.

Superordiniert	SÄUGETIER	MÖBEL	PFLANZE
Basisebene	HUND	STUHL	BAUM
Subordiniert	RETRIEVER	SCHAUKELSTUHL	ROTBUCHE

Abb. 10: Kategoriale Taxonomien nach (Lakoff 1982a)

Kategorisierung als basale kognitive Fähigkeit hat demnach direkten Einfluss auf Sprachstrukturen, das Verhältnis von sprachlichen Konzepten zueinander sowie ihren Erwerb. Kognitive LinguistInnen interpretieren dies als Hinweis auf ein nicht-autonomes, auf allgemeinen kognitiven Fähigkeiten beruhendes Sprachsystem.

Umfangreiche experimentelle Studien haben gezeigt, dass Kategorien der Basisebene kognitiv tatsächlich als „basal" anzusehen sind, weil[19]:
(1) das Verhältnis von Spezifität konzeptueller Information (Detailreichtum) einerseits und Variation und Vielfalt der Vertreter der Kategorie andererseits in einem idealen Verhältnis zueinander stehen[20];
(2) es leichter fällt, für Kategorien des Basislevels ad hoc Ähnlichkeiten und Unterschiede zu anderen Kategorien zu benennen als das für super- und subordinierte Kategorien der Fall ist (ein Hund ist keine Katze, weil ...versus ein Retriever ist kein Pudel, weil ...);
(3) für Kategorien der Basisebene es zumeist möglich ist, sich ein aus der Erfahrung mit der Kategorie und ihren Vertretern abgeleitetes, relativ abstraktes „mentales Bild" (d.h. eine Gestalt) vorzustellen, das alle Mitglieder der Kategorie recht gut abdeckt. Für superordinierte Kategorien wie Möbel oder Säugetiere ist dies ungleich schwieriger, weil die Mitglieder der Kategorie (Tische, Stühle, Teppiche, Bilderrahmen, ...) zu unterschiedlich sind.

Figur/Grund-Organisation und Kategorisierung sind nur einige der allgemeinen kognitiven Fähigkeiten, die für unsere Sprachfähigkeit ausschlaggebend sind und die Einfluss auf die Struktur von Sprache(n) haben. In Teil 2 dieser Einführung, in der wir uns der Kognitiven Semantik widmen, werden wir einige weitere dieser Fähigkeiten betrachten. An dieser Stelle setzen wir den Überblick zu den epistemologischen Grundlagen der Kognitiven Linguistik fort und widmen uns einigen ihrer Grundprämissen.

3.3 Einige Grundprämissen und „Commitments"

In Abgrenzung zur Generativen Grammatik und ihrem starken Fokus auf die Syntax plädiert die Kognitive Linguistik für **eine Fokusverschiebung auf die Semantik**. Die Funktion von Sprache liegt demnach primär in der Bedeutungskonstitution. Sie dient der **Konzeptualisierung der Welt**, d.h. ihrer Sinnerfassung und Beschreibung. Mit der Herausbildung und der Konsolidierung der Kognitiven Linguistik als Forschungsparadigma findet also sowohl eine *Resemantisierung* als auch eine *Rekontextualisierung* der Sprachwissenschaft statt, denn die

---

19 Vgl. Schmid (2007: 123–124).
20 Übergeordnete Kategorien sind dahingegen wenig spezifisch und vereinen daher unter ihrem Hut eine sehr viel größere Anzahl an Instanziierungen. Die spezifischere Kategorie beispielsweise des RETRIEVER schließt nur ein viel kleineres Subset an Mitgliedern als die Basisebenenkategorie HUND mit ein.

Fokusverschiebung auf die Semantik als zentrales Erkenntnisinteresse der KL bringt die Notwendigkeit der Studie kontextualisierter Sprache mit sich.

Der Bedeutungsbegriff der Kognitiven Linguistik stützt sich dabei auf vier Grundprämissen: Linguistische Bedeutung ist (1) nicht-autonom und enzyklopädisch, (2) gebrauchs- und erfahrungsbasiert, (3) perspektiviert sowie (4) dynamisch und flexibel (vgl. Geeraerts 2006: 4–6). Diese vier Grundprinzipien sollen nun der Reihe nach kurz erläutert werden.

(1) Sprachliche Bedeutung ist nicht-autonom und enzyklopädisch.

Wir haben bereits festgestellt, dass Kognitive LinguistInnen eine intrinsische Verbindung zwischen sprachlichen Strukturen einerseits und kognitiven Fähigkeiten und Mechanismen andererseits sehen (wie eben beispielsweise der Fähigkeit zur Kategorisierung von Erfahrungen, des Erkennens von Gemeinsamkeiten, der Ableitung von Schemata, Figur/Grund-Unterscheidung u.a.). Im Gegensatz zum modularen Ansatz der Generativen Grammatik stellt die Kognitive Linguistik somit einen **holistischen** Ansatz dar. In diesem holistischen Ansatz sind sprachliche Strukturen Ausdruck der **Konzeptualisierung** der Welt. Mit dem Begriff der Konzeptualisierung – einem zentralen Begriff der Kognitiven Linguistik – verbindet man die Idee, dass sprachliche Strukturen einen bestimmten Sachverhalt nicht objektiv wiedergeben, sondern immer die Perspektive von SprachnutzerInnen miteinschließen. Konzeptualisierungen sind demnach zunächst untrennbar mit unseren körperlich-sensorischen Erfahrungen, Fähigkeiten und Einschränkungen verbunden (Lakoff & Johnson 1980, 1999, Lakoff 1987, Langacker 1987a), denn unsere Körperlichkeit hat Einfluss auf die Art und Weise, *wie* wir die Welt wahrnehmen und kategorisieren. Darüber hinaus beeinflussen auch unsere sozialen und kulturellen Erfahrungen maßgeblich unsere Sicht auf die uns umgebende Welt und ihre Erfassung mit sprachlichen Mitteln (**Erfahrungsrealismus**[21]). Das heißt mit anderen Worten: Die Welt als unser Erfahrungsumfeld, in dem wir agieren und interagieren, ist nicht objektiv gegeben, sondern inhärent abhängig von einer bestimmten Konzeptualisierung. Sie wird von einer bestimmten Perspektive aus betrachtet. Sprachliche Strukturen *dienen* dabei nicht nur der Konzeptualisierung der Welt, sondern sie *sind* gleichzeitig konventionalisierte

---

[21] Langacker (1997: 233) erläutert dazu: „Far from being detached and autonomous, the mind is identified with aspects of the functioning of the human body, which is fundamentally alike for all individuals and thus both creates and delimits a common range of potential experience. Individuals also function in a real world – likewise the same for everyone in basic respects – which shapes and constrains experience and cognitive development".

Konzeptualisierungen (Rudzka-Ostyn 1988: 508). Sie sind mit anderen Worten konventionalisiert, d.h. in einer Sprach- und Sprechgemeinschaft geteiltes Gedächtnis vorangegangener Konzeptualisierungen.[22]

In diesem Sinne *beeinflusst* Sprache wiederum die Wahrnehmung und Strukturierung der Welt.[23] Es kann somit von einer Wechselwirkung zwischen Konzeptualisierung der Welt einerseits und sprachlichen Strukturen andererseits gesprochen werden. Daraus leitet sich ab, dass die Kognitive Linguistik sprachliche Strukturen als nicht vollständig arbiträr betrachtet (vgl. dazu im teilweisen Kontrast die Positionen des Saussurschen Strukturalismus, bspw. Wälchi & Ender 2013). Diese Nicht-Arbitrarität erstreckt sich dabei explizit nicht nur auf die Lexis, sondern gleichermaßen auch auf die Syntax, die im Gegensatz zur Position der generativen Ansätze in der Kognitiven Linguistik als inhärent bedeutungsvoll bzw. motiviert angesehen wird. Ebenso wie lexikalische Elemente drücken auch grammatische Strukturen eine bestimmte Konzeptualisierung eines Sachverhalts aus. Sie werden als vollwertige symbolische Einheiten, d.h. als Form-Bedeutungspaare, gesehen. Die Kognitive Linguistik lehnt somit eine strikte Trennung von Lexis als Bedeutungsträger und Grammatik als Inventar von Kombinationsregeln ab und postuliert stattdessen ein **Kontinuum** von Lexis, Syntax, Morphologie und Phonologie als Bedeutungsträgern (Langacker 1987a: 54). Sie unterscheiden sich nicht grundsätzlich, sondern lediglich in Bezug auf den Grad an Schematizität bzw. Spezifizität ihrer Bedeutung voneinander[24]. Diese Annahme einer bedeutungsvollen Syntax und eines Syntax-Lexis-Kontinuums ist für kognitiv-linguistische Ansätze konstitutiv. Wir widmen uns ihr deshalb noch genauer in Teil 3, in dem die kognitiv-linguistisch geprägten Grammatikmodelle vorgestellt werden.

Auch die traditionell starre Trennung von Semantik als „sprachliche Bedeutung" und Pragmatik „als sprechsituationsbedingte Bedeutung" wird als artifizielles Produkt der traditionellen Sprachwissenschaft abgelehnt. Stattdessen wird ein gradueller Übergang von semantischem und pragmatischem Wissen angenommen (im Detail v.a. Langacker 1978).

Zu den Grundpfeilern des Semantikbegriffs der KL gehört außerdem die Überzeugung, dass **keine klare Grenze zwischen Sprachwissen und anderen**

---

22 Haspelmath (2002) spricht in diesem Zusammenhang von „Grammatik als geronnenem Diskurs".
23 Somit nimmt die KL in der sprachlichen Relativitätsdebatte (vgl. Sapir-Whorf-Hypothese) tendenziell eine den Einfluss der Sprache auf die Weltwahrnehmung bejahende Position ein.
24 Im Allgemeinen ist die Bedeutung grammatischer Strukturen schematischer als jene von Lexemen.

Wissensformen gezogen werden kann. Bedeutung ist nicht auf mentale Einträge gleich einem Wörterbucheintrag reduzierbar, sondern **Bedeutung ist enzyklopädisch.** Dies ist ein weiterer zentraler Begriff der Kognitiven Linguistik. Mit ihm ist gemeint, dass unser Sprachwissen im Gehirn nicht wie ein Wörterbuch strukturiert ist, d.h. als (sehr lange) Liste voneinander (weitestgehend) unabhängiger Einträge von semantischen, syntaktischen, morphologischen und phonologischen Merkmalen und Definitionen[25]. Vielmehr gleicht unser mentales Sprachwissen insofern einer Enzyklopädie, als dass sprachliche Strukturen mit unseren sprachlichen und außersprachlichen (Lebens-)Erfahrungen untrennbar verbunden sind. Dies lässt sich am bereits erwähnten Beispiel des Konzepts des Junggesellen und seiner mangelnden Kompatibilität mit dem Konzept des Papsts erklären (vgl. Fillmore 1982). Das Konzept des Junggesellen lässt sich nicht über die hinreichenden und notwendigen Merkmale [+männlich, +erwachsen, +menschlich, +unverheiratet] definieren, sondern es ruft ein Wissensnetzwerk – genauer nach Charles Fillmore einen semantischen *Rahmen* bzw. *Frame*[26] – auf, in dem Wissen über kulturelle und soziale Konventionen zu Zusammenleben, Ehe, Heiratsfähigkeit etc. miteinander verknüpft und gespeichert ist. Der Papst ist im Sinne eines prototypensemantischen Ansatzes ein schlechtes Beispiel für die Kategorie des Junggesellen, weil das Konzept des Papsts einen anderen Wissensrahmen (=Frame) evoziert, nämlich den der christlichen Religion katholischer Prägung, mit der sehr spezifische sozial-kulturelle Konventionen verbunden sind (u.a. dass Päpste nicht heiraten dürfen).

Dieses enzyklopädische Wissen über sprachliche Konzepte ist als hierarchisches Netzwerk organisiert, d.h., manche Aspekte des Wissensnetzwerkes sind zentraler als andere und werden somit primär mit einem Symbol bzw. Konzept assoziiert (*central vs. peripheral knowledge*, Langacker 1987a: 158–161). Die Bedeutung eines Wortes zu aktivieren, ist gleichbedeutend mit dem **Eindringen in dieses Wissensnetzwerk an einer bestimmten Stelle,** wodurch Teile des Netzwerks automatisch mitaktiviert werden bzw. deren Aktivierung erleichtert wird (Langacker 1987a: 161). Auf diesen Punkt kommen wir in Kapitel 4 und Kapitel 9 noch zurück, wenn wir uns mit Profil/Basis-Organisation bzw. Domänenstruktur beschäftigen.

Ein weiteres konstitutives Merkmal kognitiv-linguistischer Ansätze ist die Tatsache, dass das Sprachsystem eines Sprechers/einer Sprecherin in der Kogni-

---

[25] Ein Wörterbuch auswendig zu lernen, macht uns deswegen auch nicht zu kompetenten Sprachnutzern/-nutzerinnen.
[26] Dazu Genaueres in Kapitel 8.

tiven Linguistik – wiederum im Gegensatz zum Reduktionismus bzw. Minimalismus der Generativen Grammatik[27] – als hoch **redundant** angesehen wird. Die Grammatik, d.h. das Inventar konventionalisierter sprachlicher Einheiten, entspricht einem schematischen Netzwerk und beinhaltet sowohl spezifische, hochfrequente und/oder idiomatische lexikalische Einheiten (z. B. *ich liebe dich*, vgl. Broccias 2006: 84) als auch schematische Konstruktionen (z.B. die Transitivkonstruktionen, vgl. dazu auch die Unterscheidung von Type und Token im nächsten Abschnitt). Die Einheiten (*units*) dieses grammatischen Inventars sind ineinander verflochten. Einzelne sprachliche Einheiten sind immer auch Bestandteile anderer sprachlicher Einheiten (Langacker 1988: 142). Das Sprachsystem ist somit *nicht ökonomisch* strukturiert, sondern Informationen sind im Allgemeinen mehrmals auf verschiedenen Ebenen unterschiedlicher Schematizität abgespeichert.

Als entscheidender Faktor für das Vorliegen einer **kognitiven Einheit** (=eines sprachlichen Symbols) wird der Grad an **kognitiver Verankerung** (oder Verfestigung; *entrenchment*) angenommen. Eine zentrale Rolle spielt dabei die Gebrauchsfrequenz. Demzufolge führt häufiger Kontakt mit einer sprachlichen Struktur (in einem bestimmten Kontext, mit bestimmten Bedeutungen) zu deren Speicherung als Einheit, d.h. als Symbol bzw. Form-Bedeutungspaar des Sprachwissens.

Langacker (1987a: 57) spricht von sprachlichen Einheiten als realen kognitiven Entitäten, wenn SprecherInnen eine Struktur gleichsam automatisch gebrauchen können, d.h. ohne ihre Aufmerksamkeit bewusst auf deren Komposition lenken zu müssen. Dabei gibt er zu bedenken, dass das Inventar sprachlicher Einheiten aufgrund der unterschiedlichen individuellen Spracherfahrung notwendigerweise von SprecherIn zu SprecherIn variiert (Langacker 1988: 130).

Die Betonung der Rolle der aktiven und rezeptiven Gebrauchsfrequenz für die mentale Verankerung sprachlicher Einheiten führt uns zur zweiten Grundprämisse der Kognitiven Linguistik:

---

[27] Die klassische Generative Grammatik geht davon aus, dass das Sprachsystem aus der kleinstmöglichen Anzahl formaler Regeln besteht. Ist eine grammatische Struktur durch formale Regeln vollständig erklärbar, wird angenommen, dass diese grammatische Struktur selbst kein Teil der Grammatik von SprecherInnen ist. Das System ist somit nicht redundant, sondern ökonomisch strukturiert.

(2) Sprachliche Bedeutung ist gebrauchs- und erfahrungsbasiert.

Die Kognitive Linguistik betrachtet sprachliche Einheiten nicht als vom System vorgegeben und vom Sprachgebrauch weitgehend unbeeinflussbar, wie dies in traditionellen Ansätzen zumeist angenommen wird. Vielmehr entsteht die mentale Grammatik von SprecherInnen in einem **bottom up**-Prozess der Abstraktion symbolischer Einheiten (*types* bzw. *schemas/Schemata*) von konkretem, kontextualisiertem Sprachgebrauch (*tokens* oder *instantiations/Instanziierungen*):

> Alle sprachlichen Einheiten werden aus Gebrauchsevents abstrahiert: tatsächliche Fälle von Sprachgebrauch in der ganzen Fülle ihrer kontextuellen Bedeutung. (Langacker 2009: 154, Übersetzung E.Z.)[28]

Demzufolge abstrahieren SprachnutzerInnen (z.B. Kinder im Erwerbsprozess) aus dem Input des Sprachgebrauchs wiederkehrende Muster, d.h. schematische Konstruktionen und ihre Bedeutungen. Diese Schemata stehen wiederum als Vorlagen für den Sprachgebrauch, d.h. als Einheiten des mentalen Sprachsystems, zur Verfügung. Dies ist der Kern des **gebrauchsbasierten Modells der Kognitiven Linguistik**[29]. Wie bereits erwähnt, stellt eine der Triebfedern dieses gebrauchsbasierten Systems des Erwerbs und der Verfestigung sprachlicher Einheiten die **Gebrauchsfrequenz** dar. Je häufiger eine sprachliche Struktur gehört, verarbeitet und verwendet wird, desto stärker ist ihr Verfestigungsgrad. Dabei wird zwischen individueller Verfestigung (**Entrenchment**) und Verfestigung in einer Sprachgemeinschaft (**Konventionalität**) unterschieden.

 Die Unterscheidung von Entrenchment und Konventionalität trägt der Tatsache Rechnung, dass das Sprachsystem sowohl individuelles als auch von einer Sprachgemeinschaft geteiltes Wissen ist. Während Entrenchment die mentale Verankerung als Teil des Langzeitgedächtnisses eines individuellen Sprachnutzers/einer Sprachnutzerin bezeichnet (Schmid 2007: 121), bezieht sich der Begriff der Konventionalität auf den Grad der Verankerung eines Symbols in einer Sprachgemeinschaft. Beide Faktoren reduzieren den kognitiven Aufwand im Sprachproduktions- und Verstehensprozess und begünstigen seine schnelle, routinisierte Verarbeitung und Verwendung (Langacker 2008: 17). Symbolische Einheiten sind demnach kognitive Routinen und haben Gestalt-Charakter, d.h., sie sind „gebrauchsfertige" Einheiten des Sprachsystems.

---

28 „All linguistic units are abstracted from usage events: actual instances of language use in the full detail of their contextual understanding." (Langacker 2009: 154)

29 Für ausführliche Darstellungen des gebrauchsbasierten Modells siehe Kapitel 9 und Bybee 1995, Langacker 1988, 2000, Barlow & Kemmer 2000, Tomasello 2003 sowie Tummers, Heylen & Geeraerts 2005.

Sowohl Entrenchment als auch Konventionalität bzw. der Prozess der Konventionalisierung sind graduelle und dynamische Phänomene. Häufiger Gebrauch führt zu stärkerem Entrenchment, während längerer Nicht-Gebrauch tendenziell die kognitive Verankerung abschwächt oder gar aufhebt. Analog dazu können Symbole in einer Sprachgemeinschaft zunächst hoch konventionell sein, mit der Zeit jedoch aus der Mode geraten, sodass ihre aktive und passive Gebrauchsfrequenz sinkt und sie schrittweise ihren hohen Grad an Konventionalität einbüßen. Ebenso sind Neologismen zunächst nicht konventionell in einer Gemeinschaft verankert, ihre Konventionalität steigt jedoch mit zunehmendem Gebrauch. Langacker (1987a: 59) formuliert dies in seinem Hauptwerk „Foundations of Cognitive Grammar" folgendermaßen:

> Jeder Gebrauch einer sprachlichen Struktur hat einen positiven Einfluss auf den Grad des Entrenchments, während längerer Nicht-Gebrauch einen negativen Einfluss hat. Mit wiederholtem Gebrauch wird eine neue Struktur mehr und mehr entrencht, bis sie den Status einer [sprachlichen/kognitiven; Ergänzung E.Z.] Einheit erreicht; darüber hinaus sind Einheiten unterschiedlich stark entrencht, abhängig von ihrer Auftretenshäufigkeit. (Übersetzung E.Z.)[30]

Eine in diesem Zusammenhang ebenfalls wichtige Unterscheidung betrifft die nun bereits mehrfach kurz erwähnte **type vs. token frequency** (Langacker 1987a, Bybee 2001, Taylor 2002) und ihre Rolle im Prozess der kognitiven Verankerung symbolischer Einheiten. Das Begriffspaar **Type** und **Token** ist äquivalent zur Schema-Instanziierung-Dichotomie der Kognitiven Grammatik (Langacker 2008: 264–269 und Kapitel 9) bzw. der Unterscheidung von Konstruktion und Konstrukt in den Konstruktionsgrammatiken (Kapitel 10). Den Unterschied illustrieren die Beispiele (8) a. und b.

So ist beispielsweise „stand" in (8) a. ein Token des Types „stehen". Stand ist nicht regulär gebildet und muss somit als Form gelernt werden. Es stellt also wie auch „stehen" eine Einheit des Sprachsystems dar. „Lachte" in (8) b. ist ein Token des hochfrequenten Types [Verbstamm + -te]. Dieser ist auf jeden Fall entrencht. Darüber hinaus ist „lachte" aber als deklinierte Form wahrscheinlich so frequent, dass angenommen wird, dass es selbst auch als Einheit im Gehirn mental verankert ist. Dieses Entrenchment wäre allerdings im Einzelfall mit psycholinguistischen Methoden zu überprüfen.

---

30 "Every use of a structure has a positive impact on its degree of entrenchment, whereas extended periods of disuse have a negative impact. With repeated use, a novel structure becomes progressively entrenched, to the point of becoming a unit; moreover, units are variably entrenched depending on the frequency of their occurrence." (Langacker 1987a: 59)

Beispiel (8)

a. Peter stand im Tor.
b. Obwohl der Scherz eigentlich schlecht war, lachte er lauthals.

Mit anderen Worten, die Kognitive Linguistik geht – auf der Basis einer großen Fülle von experimentellen Studien und Korpusstudien (z.b. Bybee & Slobin 1982, Bybee 2001, Schmid 2014) – davon aus, dass häufig instanziierte Tokens eines Types mental verankert werden. Mit anderen Worten, Tokens können wie Types Unit-Status erlangen[31]. Dies führt dazu, dass für die Kognitive Linguistik das Sprachsystem, wie bereits erwähnt, nicht ökonomisch strukturiert, sondern man von einem „massive, highly-redundant inventory of conventional units" (Langacker 1988: 131) spricht.

Diese **These der Gebrauchsbasiertheit** (*usage-based thesis*) des linguistischen Systems erklärt auch die Skepsis der Kognitiven Linguistik gegenüber Wortbedeutungen „an sich", ohne Einbettung in einen konkreten Gebrauchskontext und ohne Koppelung an eine konkrete Sprachnutzerin/einen konkreten Sprachnutzer. Dies steht im Zusammenhang zur zentralen These der Kognitiven Linguistik, wonach Bedeutung keine *Eigenschaft* von Wörtern oder Strukturen ist, sondern Bedeutung von SprachnutzerInnen *konstruiert* werden muss (vgl. *Konstruierung*, supra). Ungeachtet der Tatsache, dass SprecherInnen auch für nicht-kontextualisierte Strukturen aufgrund ihrer Spracherfahrungen mögliche schematische Bedeutungen aktivieren können (vgl. Searle 1979, Coulson 2000, Deppermann 2002), haben nicht-kontextualisierte Lexeme wie etwa „Hund", „Baum", „spazieren", „schön" etc. lediglich **Bedeutungspotenziale**, d.h. mögliche schematische Bedeutungen[32]. Erst im Gebrauch erschließen sich aus der Fülle an kontextuellen Informationen konkrete Bedeutungen. Die Studie der Bedeutung dekontextualisierter Strukturen ist somit hinfällig, denn Bedeutung ist untrennbar mit dem Gebrauch in einem konkreten Kontext verbunden. Ziem (2008: 197) fasst diese Grundprämisse folgendermaßen zusammen:

> Für Untersuchungen innerhalb der lexikalischen Semantik heißt das: Um Wortbedeutungen gebrauchsbasiert zu analysieren, ist es nötig, Wissenskontexte hinzuzuziehen, in denen sie auftreten. Unter der Prämisse, dass Wörter faktisch nie isoliert auftreten, sondern stets als Bestandteile von größeren Einheiten fungieren, dürfte es evident sein, dass jedes

---

[31] Auch die Produktivität von Types (oder Konstruktionen) spielt hier eine Rolle. Wir werden auf diesen Punkt in Teil 3, Kapitel 10 noch genauer eingehen.
[32] Vgl. Coulson (2000: 9): „Context-independent meaning is an illusion based on the fact that a competent language user will create a context when none is provided."

Modell, das gerade von diesen Wissenskontexten abstrahiert [...], an der sprachlichen Realitäten vorbeitheoretisiert.

Die zentralen Annahmen des Erfahrungsrealismus und der Gebrauchsbasiertheit eröffnen nicht zuletzt neue Sichtweisen auf den Bedeutungswandel. Wie erwähnt, entspricht Bedeutung in der Kognitiven Linguistik einer bestimmten Konzeptualisierung der Welt. Die Tatsache, dass sich diese Welt ständig im Wandel befindet, bedingt unter anderem, dass sich auch die Semantik von Symbolen laufend verändert und an die neuen Gegebenheiten und Erfordernisse von SprecherInnen anpasst. Bedeutungen sind somit nicht starr und unveränderbar sondern:

(3) Sprachliche Bedeutung ist inhärent dynamisch und flexibel.

Nachdem Bedeutungswandel in (neo)strukturalistischen Ansätzen lange Zeit eine eher stiefmütterliche Behandlung erfahren hatte (Geeraerts 2010: 229; 286: Fig C.5), hat das Bekenntnis zur **Gebrauchsbasiertheit** in der Kognitiven Linguistik zu einer Wiederbelebung der diachronen Sprachwissenschaft geführt. Im Kontext der Kognitiven Semantik setzte in den 1980er Jahren eine Renaissance der Studie der Veränderungspfade und der Beziehungen von Bedeutungen ein. Eine Ausprägung dessen ist die bereits in Abschnitt 3.2. skizzierte Übertragung der Erkenntnisse der Prototypenlehre der Kognitiven Psychologie (Rosch 1973, 1975, Rosch & Mervis 1975) auf die Studie lexikalischer Relationen und kategorialer Polysemie (Brugman 1988, Lakoff 1987, Brugman & Lakoff 1988 [2006], Geeraerts 1993, Tuggy 1993, Taylor 1995, Tyler & Evans 2001). Als wohl einflussreichste Modelle, die dieser Ansatz hervorgebracht hat, sind Brugman und Lakoffs Radiale Netzwerktheorie, Langackers schematische Netzwerktheorie und die Prototypentheorie der lexikalischen Semantik zu nennen. All diesen Modellen ist gemein, dass sie Polysemie, d.h. die Tatsache, dass mit sprachlichen Strukturen oft mehr als eine Bedeutung verknüpft ist, als das Ergebnis eines natürlichen Prozesses sehen, wobei sich neue Bedeutungen stets von bereits konventionalisierten Bedeutungen ableiten.

Das intensivierte Interesse an Bedeutungsrelationen erstreckt sich jedoch nicht nur auf *Modelle* der kategorialen Polysemie, sondern auch auf die *Mechanismen* der Bedeutungsextension. Vor allem die Studie der **Metapher** und in einem geringeren Maße der **Metonymie** entwickelten sich in diesem Sinne schnell zu den lange produktivsten Forschungsgebieten der Kognitiven Linguistik[33] (vgl. Kapitel 5 und u.a. Lakoff & Johnson 1980, 1999, Lakoff 1987, Radden & Kövecses 1999, Grady, Oakley & Coulson 1999, Barcelona 2000, Kövecses 2000, 2010, Panther & Thornburg 2007).

Eine weitere Ausprägung der kognitiv-inspirierten diachronen Sprachwissenschaft sind die Studien Traugotts (u.a. 1982, 1989, 2009) und Traugott & Dashers (2002), die vor allem die Rolle der Pragmatik im Bedeutungswandel neu evaluieren. Dynamizität und Flexibilität von Bedeutung rückt allerdings nicht nur in ihrer diachronen Dimension ins Zentrum der Aufmerksamkeit, sondern auch synchron sehen Kognitive LinguistInnen Bedeutung als dynamisch und vor allem inhärent sprachnutzerInnen- und kontextgebunden an. Im Gegensatz zum **Transfermodell der Kommunikation,** das von einem fixierten Code ausgeht und Kommunikation auf das Auswählen einer bestimmten Bedeutung durch eine Sprecherin/einen Sprecher und das Dekodieren dieser Bedeutung durch eine Hörerin/einen Hörer beschränkt (für eine deutliche und eingehende Kritik siehe Linell 2009), vertritt die Kognitive Linguistik eine konstruktivistisch und zunehmend ko-konstruktivistische Ansicht, wonach Bedeutung **online konstruiert** und zwischen Interaktanten **verhandelt** wird. Einen der zentralen Aspekte dieser Bedeutungskonstitution fasst demnach die vierte Grundprämisse der Kognitiven Linguistik:

(4) Sprachliche Bedeutung ist perspektiviert.

Wie bereits mit Hinblick auf das Konzept der Konstruierung erwähnt, betrachtet die Kognitive Linguistik sprachliche Strukturen nicht als objektive Wiedergaben der außersprachlichen Realität, sondern Sprache hat eine **Kategorisierungsfunktion.** Mit anderen Worten, sie strukturiert die Welt und die Erfahrungen in bzw. mit dieser Welt. Dieser Prozess der Kategorisierung der Welt und Konstruierung von Bedeutung bedingt eine(n) SprachnutzerIn, d.h. ein **Konzeptualisierungssubjekt** (*conceptualizer*).

Aufgrund unserer Körperlichkeit sind Kategorisierungen per definitionem perspektiviert, d.h., sie sind abhängig von der räumlichen, senso-motorischen Perspektive einer/s Konzeptualisierenden. Dies ist besonders deutlich im Falle von Raumpräpositionen wie etwa „vor" und „hinter" (vgl. auch die Beispiele in

---

[33] Diese Einschätzung teilt auch Geeraerts (2006a: 11): „Conceptual metaphor is probably the best known aspect of Cognitive Linguistics: if you've heard only vaguely about Cognitive Linguistics, conceptual metaphor is likely to be the notion that you've come across."

Kapitel 3.1). So wird z. B. in (a) *der Tisch steht hinter dem Sofa* eine andere Konzeptualisierungsperspektive vermittelt als dies in (b) *das Sofa steht vor dem Tisch* der Fall ist, obwohl es sich (möglicherweise) um eine Beschreibung derselben räumlichen Situation handelt[34]. Der Unterschied liegt dabei in der Wahl des primären Referenzpunktes, d.h. der Figur bzw. der *Landmarke* in der Terminologie Langackers (1987a), und dem dazu relativ konstruierten sekundären Referenzpunkt, dem *Trajektor*. Während (a) den Tisch als Trajektor und das Sofa als Landmarke konstruiert, ist dieses Verhältnis in (b) gerade umgekehrt (dazu im Detail Kapitel 9).

Perspektiviertheit spielt jedoch nicht nur für die Wahl räumlicher Konzepte eine Rolle, sondern sie ist eine elementare Eigenschaft sprachlicher Strukturen an sich. So haben SprecherInnen prinzipiell immer die Wahl zwischen alternativen Konstruierungen desselben objektiven Sachverhalts. Langacker (2008: 44) illustriert dies anhand von Abbildung 11.

(1) Konstruierung 1: Das Glas mit dem Wasser
(2) Konstruierung 2: Das Wasser im Glas
(3) Konstruierung 3: Das Glas ist halbvoll.
(4) Konstruierung 4: Das Glas ist halbleer.

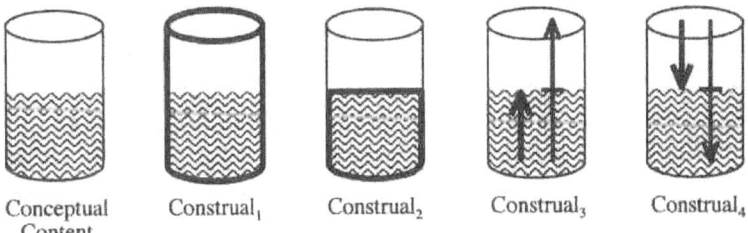

Abb. 11: objektiver Sachverhalt und Konstruierungsvarianten (aus Langacker 2008: 44)

Während allen Aussagen (1)–(4) derselbe Sachverhalt oder konzeptuelle Inhalt zugrunde liegt (*conceptual content* in Abb. 11), lenkt (1) die Aufmerksamkeit auf den Behälter, d.h. das Glas, (2) auf das Wasser, (3) auf das Volumenpotenzial des Glases, das zur Hälfte ausgeschöpft ist und schließlich (4) auf das Volumenpo-

---

34 Vgl. auch etwa Raumangaben wie „links" und „rechts", deren Bedeutung sich nur relativ zur Perspektive der Konzeptualisierenden erschließt.

tenzial des Glases, das *nur* zur Hälfte ausgeschöpft ist. Die Konstruierungsalternativen in (1) bis (4) geben somit eine jeweils andere Konstruierungsperspektive wieder.

Diese Verwendung des Begriffs der Perspektive evoziert auf einem schematischeren Niveau auch die Konzepte **Sichtweisen** und **Einstellungen**. Croft & Cruse (2004: 58) fassen demgemäß den kognitiv-linguistischen Zugang zur Perspektiviertheit folgendermaßen zusammen:

> Wir nehmen aufgrund unseres Wissens, unseres Glaubens und unserer Haltungen eine Perspektive ein, ebenso wie aufgrund unserer spatiotemporalen Position. Diesem Begriff der kognitiven Perspektive kommt der philosophische Begriff der Situiertheit in der Welt in einer bestimmten Position am nächsten – wobei Position in einem weiten Sinne verstanden werden muss, also als etwas, das den zeitlichen, epistemischen und kulturellen Kontext ebenso einschließt wie die spatiotemporale Position. (Übersetzung E.Z.)[35]

Diese vier Grundprämissen – enzyklopädische Struktur, Gebrauchsbasiertheit, Dynamizität und Perspektiviertheit – bilden das epistemologische Grundgerüst der kognitiv-linguistischen Ansätze. Sie gehen dabei Hand in Hand mit einigen selbstauferlegten, forschungspraxisrelevanten **Verpflichtungen** (*commitments*, Lakoff 1990). Demnach strebt die Kognitive-Linguistik danach, ihre Forschungsergebnisse, Methoden und Theorien stets daraufhin zu überprüfen, ob sie:

(1) kompatibel mit unserem Wissen (aus anderen Bereichen und Forschungsdisziplinen) über menschliche Kognition sind (*cognitive commitment*),

(2) vereinbar sind, mit der Grundannahme der KL, wonach Sprache sich allgemeiner, nicht sprach-spezifischer kognitiver Mechanismen bedient (*generalization commitment*)

(3) und der Tatsache Rechnung tragen, dass sprachliches Handeln untrennbar mit SprecherInnen und einem sozialen Interaktionskontext verbunden sind (*social commitment*, vgl. Geeraerts 2016).

---

[35] „We have a perspective based on our knowledge, belief and attitudes as well as our spatiotemporal location. The closest cognitive property to perspective taken broadly is the philosophical notion of our situatedness in the world in a particular location – where location must be construed broadly to include temporal, epistemic and cultural context as well as spatial location." (Croft & Cruse 2004: 58)

An vielfacher Stelle in dieser Einführung werden wir auf diese selbstauferlegten Verpflichtungen zurückkommen und kritisch hinterfragen, inwiefern und in welchen Bereichen sie in der nunmehr fast 50-jährigen Geschichte der Kognitiven Linguistik tatsächlich Eingang gefunden haben bzw. wo sie auch noch heute weitestgehend ein Desiderat darstellen.

Die wichtigsten Punkte nochmal

- Sprache wird in der gebrauchsbasierten Kognitiven Linguistik als ein Epiphänomen der menschlichen Kognition, quasi als Nebenprodukt unserer allgemeinen kognitiven Fähigkeiten betrachtet.
- Sprache bedient sich derselben kognitiven Mechanismen, auf denen auch unser nicht-sprachliches Denken und unsere Wahrnehmung beruhen.
- Bedeutung wird konstruiert. Sie ist nicht objektiv gegeben.
- Bedeutung ist enzyklopädisch. Unser Sprachwissen umfasst keine Liste voneinander unabhängiger Einträge (wie in einem Wörterbuch), sondern es ist ein sehr großes, komplexes Wissensnetzwerk. Es gibt keine scharfen Grenzen zwischen sprachlichem und nicht-sprachlichem Wissen.
- Sprache wird gebrauchsbasiert erlernt. Es gibt im Gehirn keine vorgefertigten sprachlichen Kategorien, sondern sprachliche Einheiten (=Schemata oder Konstruktionen) werden aus dem Sprachinput heraus abstrahiert und gespeichert. Eine wichtige Rolle spielt dabei die aktive und rezeptive Gebrauchsfrequenz.
- Bedeutungen sind dynamisch, flexibel und grundsätzlich perspektiviert.

Übungen

- Welche anderen allgemeinen kognitiven Fähigkeiten – außer der Unterscheidung von Figur und Grund sowie der Fähigkeit zur Kategorisierung – kennen Sie? Geben Sie Beispiele für deren mögliches Wirken in der Sprache.
- Bestimmen Sie das radiale Netzwerk der Kategorie VATER und vergleichen Sie es mit dem Netzwerk der Kategorie MUTTER in Abbildung 8.
- Die Prototypensemantik wurde vielfach dafür kritisiert, dass sie prinzipiell davon ausgeht, dass Kategorien keine scharfen Grenzen haben und die Zugehörigkeit zu einer Kategorie graduell ist. Machen Sie sich dazu mit der kritischen Diskussion in Löbner (2013: Kapitel 11.4.) vertraut und diskutieren Sie seine Argumente.
- Roschs Experimente zur Struktur der Kategorie VOGEL wurde in den 1970er in den USA durchgeführt. Führen Sie das Experiment in ihrem Bekanntenkreis/oder mit Ihren KommilitonInnen durch und bedenken Sie, dass es in Ihrem Lebensumfeld vielleicht prototypischere Vögel gibt als das Rotkehlchen. Reflektieren Sie dabei, warum Sie eventuell Bilder anderer Vögel in Ihr Experiment mitaufnehmen.

Weiterführende Literatur

- Zu den Grundprämissen der Kognitiven Linguistik: Geeraerts 2006a (Einleitung), Evans & Green 2006 (Kapitel 2)
- Zu Kategorisierung und Prototypensemantik: Kleiber 1993, Geeraerts 1989 [2006, Kapitel 4], Lewandowska-Tomaszczk 2010
- Zu Figur/Grund-Struktur in der Sprache: Talmy 2000
- Zum gebrauchsbasierten Modell: Langacker 1988, Barlow & Kemmer 2000, Tomasello 2003

Teil 2: **Kognitive Semantik**

4 Grundbegriffe der Kognitiven Semantik

In diesem Kapitel stellen wir in kurzer Form einige der Konzepte vor, die für die Ansätze der Kognitiven Semantik, mit denen sich der Teil 2 dieser Einführung beschäftigt, von zentraler Bedeutung sind. Alle Begriffe werden in den Kapitel 5 bis 8 in weitaus detaillierterer Form wieder aufgegriffen. Diese Übersicht der Grundbegriffe der Kognitiven Semantik soll also auf die nähere Auseinandersetzung in den daran anschließenden Kapitel einstimmen. Sie kann aber auch dazu dienen, bei Verständnisproblemen mit einzelnen Begrifflichkeiten, die sich an späterer Stelle ergeben könnten, hier nochmal nachzusehen. Das Kapitel kann also auch als eine Art Glossar benutzt werden.

In Teil 1 dieser Einführung wurde bereits kurz die Grundprämisse der Kognitiven Linguistik erläutert, wonach Bedeutung **enzyklopädisch** sei. Sie besagt, dass unser Sprachwissen und unser Weltwissen untrennbar miteinander verwoben sind und sich die Bedeutung sprachlicher Strukturen nicht ohne die selektive Aktivierung von relevantem Weltwissen erschließen lässt. Eine strikte Trennung von sprachlichem und nicht-sprachlichem Wissen ist aus der Sicht der Kognitiven Semantik in der Praxis deshalb unmöglich und obsolet. Langacker (1987a: 154–156) illustriert diese Unmöglichkeit, eine klare Trennlinie zu ziehen, am Beispiel des Konzepts Banane. Er erläutert dazu:

> Das Konzept [BANANE], zum Beispiel, beinhaltet in ihrer Matrix [Anmerkung E.Z.: damit verbundenen Wissensstrukturen] Einträge zur räumlichen (und/oder visuellen) Form; eine Farbkonfiguration, die auch Einträge zu räumlichen Aspekten dieser Farbkonfiguration enthält, einen Eintrag zu Geschmacks- und Geruchsaspekten sowie zahlreiche andere Spezifizierungen aus abstrakten Domänen wie z.B. das Wissen, dass Bananen gegessen werden, dass sie in Büscheln wachsen, dass sie aus tropischen Gegenden kommen etc. Die folgende Frage leitet sich daraus ab als ein Kernproblem der linguistischen Semantik: Welche dieser Wissensaspekte sind Teil der Bedeutung des Lexems Banane und deshalb Teil der Grammatik [...]? Anders gesagt, welche dieser Aspekte sind sprachlich (oder semantisch) und welche sind außersprachlich (pragmatisch)? Welche bilden das **Prädikat** [BANANE], d.h. den semantischen Pol des Morphems Banane? (Hervorhebungen im Original, Übersetzung E.Z.)[36]

---

[36] „The concept [BANANA], for example, includes in its matrix a specification for shape in the spatial (and/or visual) domain; a color configuration involving the coordination of color space with this domain; a location in the domain of taste/smell sensations; as well as numerous specifications pertaining to abstract domains, e.g. that knowledge that bananas are eaten, that they grow in bunches on trees, that they come from tropical areas, and so on. The following question

Ein zentrales Begriffspaar des enzyklopädischen Semantikverständnisses ist die Unterscheidung von **Profil** und **Basis**. Es ist verwandt mit dem Figur/Grund-Konzept.

4.1 Profil und Basis

Sprachliche Konzepte setzen immer andere Konzepte als Referenz- und Interpretationsbasis voraus. Ronald Langacker drückt dieses wechselseitige Verhältnis im Rahmen seiner Arbeiten zur Kognitiven Grammatik (vgl. Kapitel 9) mit dem Begriffspaar des **Profils** und der **Basis** aus. Demnach entsteht Bedeutung in einem Spannungsfeld einer hervorgehobenen Teilstruktur eines Konzepts (*dem Profil*) und der im Hintergrund bleibenden Domänenstruktur (dazu gleich mehr in 4.2), die die konzeptuelle *Basis* für die profilierte Bedeutung vorgibt[37] (Langacker 1987a: 183–189). Dieser Ansatz der kognitiven Grammatik wurzelt in der Gestaltpsychologie und der bereits in Teil 1 beschriebenen Unterscheidung einer *Figur*, d.h. einer hervorgehobenen Teilstruktur einer Szene und eines *Grunds* als dem im Hintergrund verbleibenden Teil ebendieser Szene. Der Skopus der beiden Begriffe Profil und Basis ist aber enger. Als klassisches Beispiel für die Profil-Basis-Dichotomie wird gerne das Beispiel der *Hypotenuse* angeführt.

Das Konzept *Hypotenuse* referiert auf eine Teilstruktur eines rechtwinkeligen Dreiecks, genauer genommen jene Seite, die dem rechten Winkel gegenüberliegt. *Hypotenuse* als Konzept ist somit nur vor dem Hintergrund des Konzepts des *rechtwinkligen Dreiecks* interpretierbar. Die Bedeutung erschließt sich aus der Hervorhebung eines Profils (der Hypotenuse, markierte Linie in Abb. 12) und der gleichzeitigen Mitaktivierung der konzeptuellen Basis des Profils (das rechtwinklige Dreieck). Profil und Basis sind somit konzeptuell voneinander abhängig. Einerseits sind Profile losgelöst von ihrer Basis nicht interpretierbar und andererseits existiert die Basis nur in Abhängigkeit eines selektierten Profils. Andere Beispiele sind z.B. Dach (=Profil, Haus=Basis), Lenker (=Profil, Fahrrad=Basis), Kind (=Profil, Eltern=Basis) und Flügel (=Profil, Vogel=Basis).

---

then arises as a particular instance of a pivotal problem of linguistic semantics: Which of these specifications belong to the meaning of the lexical item banana and are therefore included in the grammar of English? Otherwise phrased, which of these specifications are linguistic (or semantic) in nature, and which are extralinguistic (pragmatic)? Which ones constitute the **predicate** [BANANA], i.e. the semantic pole of the morpheme banana?" (Langacker 1987a: 154–156)

37 Bei relationalen Prädikationen entspricht diese Profil-Basis-Struktur einem Landmarke-Trajektor-Verhältnis (mehr dazu in Kapitel 9).

Abb. 12: schematische Darstellung der Profil-Basis-Relation für *Hypotenuse*

Ein damit verwandter Begriff ist die **aktive Zone** (*active zone*). Er bezeichnet einen Teilbereich des Profils, der durch Kontext aktiviert wird. Ein illustratives Beispiel diskutieren Evans & Green (2006: 238):

Beispiel (9)

a. Der Fußballer gab den Ball mit dem Kopf weiter.
b. Der Fußballer schoss den Ball weiter.
c. Der Fußballer sah den Schiedsrichter finster an.
d. Der Fußballer winkte der Menge zu.

In allen vier Beispielsätzen ist der Fußballer profiliert. Er führt jedoch seine darin beschriebenen Handlungen mit jeweils anderen Körperteilen aus (Kopf bzw. Teil des Kopfs, Fuß, Gesicht, Hände und Arme). Diese Körperteile sind in den jeweiligen Kontexten „aktive Zonen" des Profils, also die **zentralsten Elemente der Szene.** Jeweils nicht-aktive Zonen, etwa in (9) a. die Beine oder die Arme, sind zwar Teil des Profils – d.h., wenn man sich einen Fußballer vorstellt, dann aktiviert man zumeist ein Bild eines Fußballers mit Armen und Beinen –, aber diese Teile des Profils spielen bei der Konzeptualisierung der Szene keine zentrale Rolle. Der Aufmerksamkeitsfokus liegt auf dem Kopf und auch da tatsächlich nur auf dem Teil, der mit dem Ball in Berührung kommt.

Teil der Basis eines profilierten Konzepts sind **Domänen.** Diese definiert Langacker (1987a: 488) als „coherent areas of conceptualization relative to which semantic units may be characterized" (zusammenhängende Konzeptualisierungsgebiete [besser: Wissensgebiete, Anmerkung E.Z.], mit Bezug zu denen semantische Einheiten bestimmt werden; Übersetzung E.Z.). Die selektierte Domäne dient allerdings nicht einfach nur als Hintergrundwissen, sondern sie ist inhärenter Teil der Bedeutung eines Profils. Im Falle der Hypotenuse ist die konzeptuelle Basis demnach nicht alleine auf den Begriff des rechtwinkligen Dreiecks reduzierbar, sondern das Verständnis des rechtwinkligen Dreiecks setzt wiederum Kenntnis über andere Konzepte wie etwa *Winkel, Seite* und *geometrische*

Formen im Allgemeinen voraus. All diese Hintergrundwissensbereiche werden Domänen genannt. Gemeinsam bilden sie die **Domänenmatrix**, d. h. das Netzwerk der für das Profil relevanten Domänen[38] (vgl. Taylor 2002: 197). Abbildung 13 stellt diese Domänenmatrix als Wissensnetzwerk teilweiser überlappender Domänen (d', d" und d'"), in die ein profiliertes Konzept und ihre Basis eingebettet sind, zur besseren Vorstellung graphisch dar. Doch was sind genau Domänen?

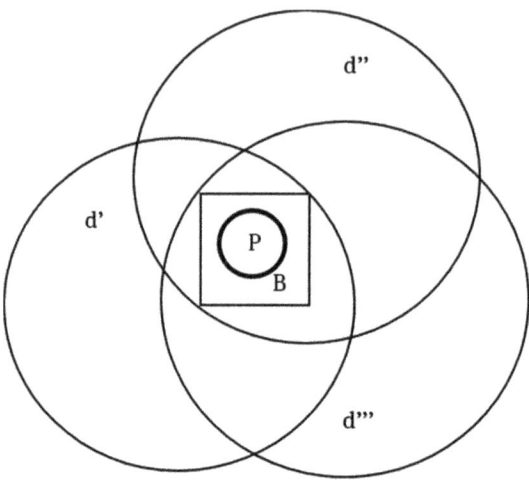

Abb. 13: Eine sprachliche Einheit profiliert eine Entität P (der dick umrandete Kreis) vor dem Hintergrund einer Basis B (die Box). Diese Profil-Basis-Relation wird wiederum vor dem Hintergrund überlappender Wissenskonfigurationen konzeptualisiert, den Domänen (aus Taylor 2002: 197).

4.2 Semantische Domänen

Domänen sind **strukturierte Wissensbereiche**, die für die Konzeptualisierung einer semantischen Einheit herangezogen werden. Sie bilden also das Wissensnetzwerk, das für die kontextsituierte Interpretation eines Konzepts – wie etwa jenes der Hypotenuse, aber auch das des Fußballers oder der eingangs erwähn-

---

[38] „Was die Domänenmatrix als konzeptuelle Einheit zusammenhält, ist das gemeinsame Merkmal, dass alle Spezifizierungen des konzeptuellen Hintergrunds auf irgendeine Weise mit dem profilierten Konzept verbunden sind." (Feyaerts 1997: 21)

ten Banane – herangezogenen werden müssen. Dabei eröffnen Konzepte den Zugang zu einer Domäne, weil die Nennung des Konzepts automatisch Teile dieses Wissensnetzwerks aktiviert. Diese Aktivierung ermöglicht es, mit geringerem kognitiven Aufwand weitere Konzepte innerhalb der Domäne oder damit verwobener Domänen zu aktivieren. Die Bedeutung eines Wortes zu aktivieren ist also gleichbedeutend mit dem **Eindringen in dieses Wissensnetzwerk an einer bestimmten Stelle**, wodurch Teile des Netzwerks automatisch mitaktiviert werden bzw. deren Aktivierung erleichtert wird (Langacker 1987a: 161).

Dabei sind bestimmte Aspekte oder Wissensbereiche innerhalb von Domänen relativ prominenter als andere. Langacker (1987a: 164–165) illustriert dies am Beispiel der Konzepte *Kaviar* und *Rogen*. Beide Konzepte bezeichnen dasselbe Designatum, d.h. denselben Referenten: Fischeier. Der Unterschied in der Bedeutung liegt in der aktivierten Domäne als Teil der Basis. Während für Kaviar die Domäne Essen[39] primär relevant bzw. ein prominenter Teil der Basis ist, ist dies für Rogen die Domäne der REPRODUKTIONSMECHANISMEN (bei Fischen). Diese besonders prominenten Teile der Basis nennt die Kognitive Grammatik **Primärdomänen**.

In der Diktion Langackers sind **Profil und Basis** voneinander abhängige Konzepte (*dependent concepts*, Langacker 2008: 199). **Domänen** als schematische Wissensbereiche hingegen sind **selbstständige kognitive Entitäten**. Croft (1993: 339) macht den Unterschied der Begriffe Basis und Domäne deutlich:

> Eine bestimmte Basis ist fast immer die Basis mehrerer Konzepte. Zum Beispiel, ein Kreis ist nicht nur die Basis für [Bogen], sondern auch für [Durchmesser], [Radius], [Kreissehne] etc. Aus diesem Grund ist die Basis eine Domäne in einem intuitiven Sinn: viele verschiedene Profile haben sie als ihre Basis. Wir können deshalb eine Domäne als eine semantische Struktur definieren, die als Basis für zumindest ein Konzeptprofil dient. (Übersetzung E.Z.)[40]

Domänen können dabei in **Basisdomänen** (*basic domains*) und **abstrakte Domänen** (*abstract domains*) unterteilt werden. Langacker (1987a: 147–150) illustriert dies am Beispiel des Konzepts Knöchel (engl. *knuckle*). So evoziert Knöchel

---

[39] Gemäß den Konventionen der Kognitiven Linguistik werden Domänen mit Kapitälchen geschrieben.

[40] „A particular base is almost always the base for several concept profiles. For example, a circle is the base not only for [arc], but also for [diameter], [radius], [chord], etc. This is what makes the base a domain, in the intuitive sense: several different concepts profiles have it as a base. We can now define a domain as a semantic structure that functions as the base for at least one concept profile". (Croft 1993: 339)

als Profil zunächst Finger als Basis (auder auch Fuß, denn Knöchel ist im Deutschen ein Polysem). Finger (bzw. Fuß, s.o) als unmittelbare Basis fungiert also als jener Bereich, der für das Konzept am salientesten und relevantesten ist. Finger setzt jedoch seinerseits Wissen um die Domäne HAND voraus, welche wiederum von der Domäne ARM und schließlich der Domäne KÖRPER abhängig ist. All diese Domänen sind abstrakte Domänen. Sie leiten sich jeweils von hierarchisch übergeordneten Domänen ab. Die Domäne KÖRPER als abstrakte Domäne leitet sich aber auch von einer Basisdomäne ab: der Domäne RAUM, deren Konzeption sich direkt von der menschlichen senso-motorischen Fähigkeit zur Raumerfassung ableitet. Diese direkte Verbindung zu unseren körperlichen Erfahrungen macht sie basal. Andere Basisdomänen sind beispielsweise TEMPERATUR, ZEIT, SEHEN, HÖREN, FÜHLEN, DRUCK und SCHMERZ. Sie lassen sich im Gegensatz zu abstrakten Domänen auf keine anderen Domänen zurückführen, sondern sind **direkt verknüpft mit unseren senso-motorischen, körperlichen Erfahrungen**:

> Basisdomänen konstituieren per definitionem die unterste hierarchische Ebene der konzeptuellen Komplexität: Sie liefern den basalen Repräsentationsraum, aus dem spezifischere Konzeptionen entstehen können. Basisdomänen bieten ein konzeptuelles Potenzial und spezifische Konzepte können dieses Potenzial auf vielerlei Art und Weise ausnutzen. (Langacker 1987a: 149; Übersetzung E.Z.)[41]

Darüber hinaus stellt auch Wissen über Handlungsabläufe und Szenarien, kulturelle Konventionen und stilistische/dialektale Variationen Domänen dar. Das führt uns zu den Begriffen des **semantischen Rahmens** (*Frame*, Fillmore 1985) und des **Skripts** (Schank & Abelson 1977).

4.3 Frames und Skripts

In seiner breiten Definition als „konzeptuelle Wissenseinheiten, die sprachliche Ausdrücke beim Sprachverstehen evozieren, die also Sprachbenutzerinnen und Sprachbenutzer aus ihrem Gedächtnis abrufen, um die Bedeutung eines sprachlichen Ausdrucks zu erfassen" (Ziem 2008: 2) ist der Begriff des **Frames** (auf Deutsch auch **semantischer Rahmen**) zwar nicht äquivalent zum Begriff der Domäne, aber in seiner breiten Definition als strukturierter Wissensbereich damit

---

[41] „By definition, basic domains occupy the lowest level in hierarchies of conceptual complexity: they furnish the primitive representational space necessary for the emergence of any specific conception. Basic domains constitute a range of conceptual potential, and particular concepts can be taken as exploiting this potential in various ways". (Langacker 1987a: 149)

verwandt. Wir widmen uns dem Begriff des Frames und den Prinzipien der Framesemantik im Detail in Kapitel 8. An dieser Stelle konzentrieren wir uns lediglich auf einen Aspekt der Framesemantik (Fillmore 1982, 1985; Fillmore & Atkins 1992), die dort weitaus besser ausgearbeitet ist als in der Forschung, die den Begriff der Domäne bevorzugt (v.a. Langacker): Frames als **Handlungsschemata**. Als Beispiel eines solchen Handlungsschemas führen Fillmore & Atkins (1992) den **kommerzielleren Transaktionsframe** (*commercial transaction frame*) an. Er entsteht dadurch, dass wir im Laufe unseres Lebens Erfahrung zu den Handlungsabläufen und Akteuren in Ver- und Einkaufszenarien sammeln. Aus diesen Erfahrungen leiten wir abstraktes Handlungswissen ab, das wir in geordneten Wissensstrukturen mit Einträgen zu den charakteristischen Merkmalen, Abläufen und Akteuren von kommerziellen Transaktionen bündeln. Diese strukturierten, gebündelten Wissensstrukturen bilden den semantischen Rahmen der Kommerziellen Transaktionen:

> Wir können den ‚kommerziellen Transaktionsframe' formlos als Szenario beschreiben, in dem eine Person die Kontrolle oder den Besitz über etwas von einer zweiten Person erlangt. Dies geschieht auf der Basis beidseitigen Einverständnisses, als Resultat davon, dass dieser Person eine Geldsumme gegeben wird. Der Hintergrund, den wir hier aktivieren müssen, beinhaltet das Verständnis von Eigentum, Besitz, einer Geldwirtschaft, implizite Verträge und noch vieles anderes mehr. (Übersetzung E.Z.)[42]

Die Bedeutung von Konzepten wie *einkaufen, bezahlen, Kosten* etc. gründet also auf der Aktivierung von Wissen über damit assoziierte schematische Handlungsabläufe, damit assoziierte Rollen (Verkäufer, Käufer) und Objekten (Waren, Geld etc.). Dazu verwandte Begriffe sind auch das **Szenario** bzw. das **Skript** (Schank & Abelson 1977). Mit diesen beiden Begriffen und den Unterschieden zum Frame-Konzept werden wir uns in Kapitel 8 ebenfalls noch näher beschäftigen. Handlungsframes als schematische Wissensbereiche sind in jedem Fall ebenso wie andere Domänen erlernt, sie basieren also auf Erfahrungen und der Abstraktion von Gemeinsamkeit von Instanziierungen (Events).

Wie nun bereits mehrfach erwähnt, stehen der Framebegriff und die dazugehörige Theorie der Framesemantik im Kapitel 8 dieser Einführung im Mittelpunkt. In der Theorie der Konzeptuellen Metaphern und Metonymien, der wir uns

---

[42] „We can characterize the 'commercial transaction frame', informally, by constructing a scenario in which one person acquires control or possession of something from a second person, by agreement, as a result of surrendering to that person a sum of money. The needed background requires an understanding of property ownership, a money economy, implicit contract, and a great deal more". (Fillmore & Atkins 1992: 78)

im folgenden Kapitel widmen, wird hingegen vor allem von **Domänen** gesprochen. In den Kapiteln zur Kognitiven Grammatik und zur Konstruktionsgrammatik werden wir hingegen wiederum verstärkt auf die Profil-Basis-Dichotomie und die Theorie der semantischen Rahmen zurückkommen.

4.4 Idealisierte Kognitive Modelle

Ein weiterer Begriff der Kognitiven Semantik, der auf George Lakoff zurückgeht (v.a. Lakoff 1987), ist der des **Idealisierten kognitiven Modells** (*idealized cognitive model, ICM*). Der Stein des Anstoßes für die Entwicklung der Theorie des Idealisierten Kognitiven Modells war die Entwicklung der Prototypentheorie durch Eleanor Rosch und Kollegen in den 1970er Jahren. Lakoff interessierte sich vor allem für die Ursachen von Prototypikalitätseffekten, also zum Beispiel, warum der Papst kein prototypisches Beispiel für die Kategorie der Junggesellen ist. Er argumentiert, dass wir das Konzept des Junggesellen mit einer idealisierten Vorstellung der Kategorie des Junggesellen verbinden. Diese idealisierte Vorstellung beruht auf unserer Erfahrung mit dem Konzept und ist ähnlich dem Begriff des Frames bei Fillmore. Idealisierte Kognitive Modelle sind wie Frames Wissensstrukturen in unserem Langzeitgedächtnis. Sie sind jedoch „idealisiert", weil in ihnen von den konkreten Erfahrungen abstrahierte Gemeinsamkeiten gespeichert und somit manche Elemente, die für die Kategorie als typischer als andere eingestuft werden, zentraler sind als andere. **ICMs**[43] sind also selbst **prototypisch strukturiert** und gleichsam **Theorien über das Funktionieren unserer Erlebenswelt**. Mit den Worten Lakoffs (1982b: 164):

> Wie der Name schon sagt, sind ICMs idealisierte Modelle der Wirklichkeit. Diese Idealisierung betrifft Vereinfachungen, und oft auch metaphorische Interpretationen und Theorien der Wirklichkeit – sowohl Expertentheorien als auch das, was Anthropologen Laientheorien nennen. Fillmore hat die Hypothese aufgestellt, dass die Bedeutung von lexikalischen

---

[43] Langacker (1987a: 150) sieht abstrakte Domänen als deckungsgleich mit Konzepten wie *ICMs* (idealisierte kognitive Modelle, Lakoff), *frames, scenes, schemas* oder *scripts* (Fillmore). Vgl. auch Croft/Cruse (2004: 17–18): „The term frame (Fillmore), base (Langacker) and domain (Fillmore, Lakoff, Langacker) all appear to identify the same theoretical framework [...]. Fillmore describes this framework as frame semantics, and this term has entered into more general usage among cognitive linguists. However, the terms frame and domain continue to compete for usage, and base is also used among cognitive grammarians. We will use the term interchangeably here." Für einen nuancierteren Vergleich der Konzepte siehe Ziem (2008).

Einheiten relativ zu ICMs konstruiert wird und dass ICMs der Grund sind, warum es die lexikalischen Einheiten überhaupt gibt. (Übersetzung E.Z.)[44]

Prototypikalitätseffekte wie jene im Fall des Papsts als Junggeselle entstehen aufgrund einer Inkompatibilität verschiedener ICMs, die das Konzept aufruft. Das ist zum einen für die Kategorie des Junggesellen das ICM der EHE. Ein zentrales Merkmal eines Junggesellen ist, dass er nicht verheiratet ist. Ab dem Moment der Eheschließung fällt man aus der Kategorie heraus. Teil des Konzepts des Junggesellen ist aber dementsprechend auch dessen prinzipielle Heiratsfähigkeit. Das Konzept des Papsts ruft hingegen nicht primär das ICM der EHE auf, sondern jenes der KATHOLISCHEN KIRCHE. Ein zentrales Element unsers Wissens über die katholische Kirche ist, dass ihre Funktionsträger wie Priester, Diakone etc. und eben auch der Papst zölibatär zu leben haben und nicht heiraten dürfen. Der Papst ist also nicht heiratsfähig. Er ist so gesehen tatsächlich ein Mitglied der Kategorie des Junggesellen, weil er nicht verheiratet ist, aber er ist ein wenig prototypisches Beispiel, weil er ein zentrales Merkmal des ICMs, das das Konzept des Junggesellen aufruft, nicht erfüllt.

4.5 Bildschemata

Ein letzter grundlegender Begriff ist schließlich das **Bildschema** (*image schema*). Dieser Begriff steht ganz in der Tradition der **erfahrungsbasierten und verkörperten Semantik** (*experientlal und embodied semantics*), die für den kognitiv linguistischen Ansatz so prägend ist.

Mit Bildschemata sind ganze basale Konzepte, die auf unseren grundlegendsten Erfahrungen in der Welt basieren, gemeint. Zu diesen ersten konzeptuellen Strukturen, die bereits Säuglinge und Babys aus ihrer Erfahrung in der Welt ableiten und erlernen, gehören räumliche Strukturen wie **Oben-Unten, Innen-Außen, Vorne-Hinten, Teil-Ganzes, Zentrum-Peripherie, Kontakt, Kraft, Gewicht, Ziel** und **Behälter** etc. (Johnson 1987). Dass also etwas *über* dem Gitterbett

---

44 „As their name suggests, ICMs provide idealized models of reality. The idealizations involve oversimplifications, and often, metaphorical understandings and theories of reality – both expert theories and what anthropologists have referred to as folk theories. Fillmore has hypothesized that the meanings of lexical items are defined relative to ICMs, and that ICMs provide the motivation for the existence of the lexical item". (Lakoff 1982b: 164)

hängt oder ein Stofftier zunächst *im* Bett neben dem Baby liegt, dann aber hinausfällt und somit nicht mehr *im* Bett und erreichbar ist, sondern irgendwo „draußen", oder auch dass die Mutter ein anderer Körper ist als der eigene etc., sind alles **präkonzeptuelle Erfahrungen,** die wir alle bereits in unseren ersten Lebenswochen und -monaten machen und im Laufe unseres Lebens täglich von Neuem machen und deren Gültigkeit wir dadurch bestätigen. Aus diesen Erfahrungen leitet das Kind Musterhaftigkeiten ab. Bildschemata sind also Wahrnehmungsmuster der grundlegendsten Vorgänge und Erfahrungen und für unsere Orientierung in der Welt von elementarer Bedeutung. Darüber hinaus – so das Argument von Lakoff (1987, 1990) und Johnson (1987) – sind sie die **Voraussetzung zur Entwicklung abstrakter Konzepte** und metaphorischer Übertragungen, denn diese basieren auf der konzeptuellen Projektion von bildschematischer Struktur auf abstrakte Domänen.

Ein Beispiel ist etwa unsere metaphorische Konzeption von emotionalen Zuständen als Behälter (oder Gefäße, *container*) wie in den Beispielsätzen (10) a. – c.

Beispiel (10)

a. Er war total *in* Rage.
b. Das Kind ist *in* Not.
c. Ich bin *in* großen Schwierigkeiten.

Wir widmen uns genau diesen metaphorischen Übertragungen und ihrer erfahrungsgebunden Basis nun eingehender im nächsten Kapitel 5 zu Theorie der konzeptuellen Metaphern und Metonymien.

5 Konzeptuelle Metaphern und Metonymien

Von allen Teilbereichen und Forschungsfeldern der Kognitiven Linguistik ist die von George Lakoff und Mark Johnson mit ihrem 1980 erschienenen Buch „Metaphors we live by" begründete **Theorie der konzeptuellen Metaphern** wohl die bekannteste. Diese Einschätzung teilt auch Geeraerts (2006a: 11), wenn er feststellt:

> Konzeptuelle Metaphern sind der bekannteste Aspekt der Kognitiven Linguistik: Wenn man nur vage von der Kognitiven Linguistik gehört hat, ist die konzeptuelle Metapher der Begriff, dem man am wahrscheinlichsten begegnet ist.[45] (Übersetzung E.Z.)

Inzwischen dürfte diese Ehre zwar wahrscheinlich auch der Konstruktionsgrammatik nach Goldberg zuteilwerden. Auch sie wird über die Grenzen der KL hinweg vielfach rezipiert. Dennoch kommt der Theorie der konzeptuellen Metaphern besondere Bedeutung zu, denn sie hatte wesentlichen Anteil an der Etablierung der Kognitiven Semantik und mit ihr der Kognitiven Linguistik als eigenständiges sprachwissenschaftliches Paradigma. Ihrer Kernaussage nach sind Metaphern kein rein sprachliches Phänomen und kein rhetorisches Stilmittel, sondern die **Metapher ist eine allgemeine kognitive Fähigkeit**, ebenso wie etwa Kategorisierung und Figur/Grund-Unterscheidung. Mit anderen Worten, nicht sprachliche Konstruktionen sind metaphorisch, sondern **unser Denken ist metaphorisch**. Metaphorische Sprachstrukturen sind Ausdruck und Folge unseres metaphorischen Denkens. Bevor wir uns mit dieser in den 1970er und 80er-Jahren revolutionären Auffassung von Metaphern im Detail beschäftigen, ist es jedoch sinnvoll, sich zunächst die bis dahin vorherrschende, traditionelle Sichtweise ins Gedächtnis zu rufen.

5.1 Die klassische Sichtweise von Metaphern als Stilfiguren

Der Begriff der Metapher kommt aus dem Altgriechischen. *Metaphorá* kann als Übertragung übersetzt werden und leitet sich vom Verb *metaphérein* (übertragen, anderswohin tragen) ab (Duden 2014, Skirl & Schwarz-Friesel 2013). Aristoteles

---

[45] „Conceptual metaphor is probably the best known aspect of Cognitive Linguistics: if you've heard only vaguely about Cognitive Linguistics, conceptual metaphor is likely to be the notion that you've come across." (Geeraerts 2006a: 11)

spricht in seiner „Poetik" von „der Übertragung eines Wortes (das somit in uneigentlicher Bedeutung verwendet wird) [...] nach den Regeln der Analogie." Als Beispiel führt er aus: „[D]as Alter verhält sich zum Leben wie der Abend zum Tag; der Dichter nennt also den Abend 'Alter des Tages', oder, wie Empedokles, das Alter 'Abend des Lebens' oder 'Sonnenuntergang des Lebens'" (Poetik, Kap. 21). Diese Auffassung der Metapher als Stilmittel mit einem besonderen ästhetischen Wert lebt bis heute fort. Der Duden (2014) bietet folgende Definition:

> (besonders als Stilmittel gebrauchter) sprachlicher Ausdruck, bei dem ein Wort (eine Wortgruppe) aus seinem eigentlichen Bedeutungszusammenhang in einen anderen übertragen wird, ohne dass ein direkter Vergleich die Beziehung zwischen Bezeichnendem und Bezeichnetem verdeutlicht; bildliche Übertragung (z.B.: der kreative Kopf des Projekts).

Beide Auffassungen bzw. Definitionen stützen sich auf fünf Eigenschaften, die man in der klassischen und wohl auch in der alltagssprachlichen Sichtweise der Metapher zuschreibt (vgl. auch Kövecses 2010): Erstens, die Metapher ist ein sprachliches Phänomen. Sprachliche Ausdrücke sind demnach entweder metaphorisch, oder sie sind es nicht. Zweitens, Metaphern sind Stilmittel und werden für rhetorische Zwecke eingesetzt. Drittens, Metaphern basieren auf dem Vergleich von zwei Entitäten aus unterschiedlichen Bereichen miteinander (vgl. „Kopf des Projekts"). Das eine Konzept dient dabei der Identifikation des anderen. Die Voraussetzung für diesen Vergleich ist, dass sich die im metaphorischen Ausdruck in Beziehung gesetzten Konzepte in irgendeiner Art und Weise ähneln. Viertens, und dieser Aspekt wird vor allem von Aristoteles betont, Metaphern werden bewusst eingesetzt bzw. konstruiert (um einen rhetorischen Effekt zu erzielen). Die Voraussetzung dafür ist eine gewisse Sprachgewandtheit bzw. ein rhetorisches Talent[46]. Fünftens, Metaphern sind Stilmittel, auf die man auch verzichten kann. Es ist möglich, „wortwörtlich" zu sprechen, ohne auf Metaphern zurückzugreifen.

Dieser letzte Punkt knüpft an die ebenfalls alltagssprachliche, aber auch in der Sprachwissenschaft noch immer populäre Unterscheidung von „literaler" bzw. „wortwörtlicher" einerseits und „figurativer" bzw. „bildlicher" Sprache und Bedeutung anderseits an. Ihr liegt die Annahme zugrunde, dass es zwischen literaler und figurativer Sprachverwendung klare Grenzen gibt und im Kontext immer deutlich wird, ob ein bestimmter Ausdruck literal oder figurativ gebraucht wird. Wie die folgenden Beispielsätze in (11) zeigen, die im Deutschen allesamt

---

[46] Kövecses (2010: ix-x) zitiert hier Aristoteles in englischer Übersetzung: „The greatest thing by far is to have command of metaphor. This alone cannot be imparted by another; it is the mark of genius."

vollständig konventionalisiert sind und wohl eher nicht als besondere, bewusst zu rhetorischen Zwecken eingesetzte Stilmittel gelten können, ist diese Unterscheidung in der Praxis jedoch sehr problematisch.

Beispiel (11)

a. Nach Weihnachten kommt Ostern.
b. Heute vergeht die Zeit überhaupt nicht.
c. Das ist Zeitverschwendung, ich habe keine Zeit dafür.

Einer populären Ansicht zufolge, die den Unterschied zwischen **literal** und **figurativ** an deren Konventionalität festmacht, d.h. an der Frage, ob ein Ausdruck Teil unseres alltäglichen Sprachgebrauchs ist oder als kreative Ad-hoc-Wortschöpfung einzustufen ist (vgl. für eine Kritik dieses Zugangs Gibbs 1994), wären alle drei Beispiele literal. Sie sind ohne Weiteres verständlich und in keiner Weise als rhetorisch „besonders" markiert. Damit verwandt ist eine andere Perspektive auf das Phänomen: Sie knüpft Literalität an die Bedingung, dass eine Aussage **wahr** ist (vgl. Evans & Green 2006: 291–292). Im konkreten Fall der Beispielsätze in (11) ist eine Bestimmung eines eventuellen Wahrheitsgehalts allerdings sehr schwierig und scheitert letztlich. So kann man sich etwa die Frage stellen, ob – bedingt durch unsere Sicht auf den Jahreszyklus von Januar bis Dezember – (11) a.' nicht vielmehr *Weihnachten nach Ostern kommt*? Dies führt weiter zur Frage, ob es möglich ist, dass sowohl (11) a. als auch (11) a.' wahr sind, obwohl sie einen genau umgekehrten Sachverhalt wiedergeben. Ist es darüber hinaus *wahr* zu sagen, dass Weihnachten *kommt*? Womit bewegt es sich? Woher kommt es und wohin geht es? Kann Zeit (ver)*gehen* ((11) b.)? Ist Zeit etwas, das man *hat*, so wie man vielleicht fünf Münzen in der Tasche hat ((11) c.)? Kann man sie verschwenden, wenn man sie gar nicht als physisches Objekt besitzt?

Es wird wohl schnell deutlich, dass der Versuch der Ermittlung des Wahrheitsgehalts dieser Aussagen keinen wirklich erhellenden Beitrag zur Klärung ihrer Metaphorizität leisten kann. Die Aussagen (11) b. und (11) c. stellen subjektive Sichtweisen dar und wären demnach in jedem Fall nicht-literal. (11) a. ist hingegen möglicherweise tendenziell literal, da im begrenzten Maße objektivierbar, etwa wenn man einen Kalender zurate zieht und vergleicht, welches dort eingetragene Ereignis vor dem anderen „liegt" oder „kommt". Tatsächlich ist aber auch dieser Kalender ein metaphorisches Konzept, denn er verknüpft die **konzeptuellen Metaphern** ZEIT IST EIN PHYSISCHES OBJEKT und ZEIT IST RAUM miteinander. Doch was sind nun eigentlich konzeptuelle Metaphern?

5.2 Die Theorie der Konzeptuellen Metapher

Den Kern der Theorie der Konzeptuellen Metaphern (*Conceptual Metaphor Theory*) bildet die Erkenntnis, dass das Wesen der Metapher darin besteht, dass Eigenschaften eines Konzepts auf ein anderes übertragen werden. Lakoff & Johnson (1980) sprechen diesbezüglich von einem „conceptual mapping" (auch: konzeptuelle Zuordnung) zwischen Domänen. Dabei dient eine Domäne (z.B.: RAUM) als **Quelldomäne** (*source domain*), die auf eine andere Domäne, die **Zieldomäne** (*target source*; z.B. ZEIT), übertragen wird, wodurch die Zieldomäne Eigenschaften der Quelldomäne übernimmt. Wie funktioniert dieses Mapping?

Der Theorie der konzeptuellen Metapher zufolge sind die folgenden Beispiele allesamt sprachliche Instanziierungen der konzeptuellen Metapher ZEIT IST RAUM.

Beispiel (12)

a. Ein hartes Jahr liegt vor/hinter uns.
b. Uns steht ein langer Winter bevor.
c. Am Tag davor ging es mir besser.
d. Wenn ich nur zurückkehren könnte zu dem Tag, an dem ich sie das letzte Mal gesehen habe.

All diese durchwegs konventionalisierten, d.h. zum Sprachinventar deutschsprachiger SprecherInnen gehörenden Ausdrücke, konzeptualisieren Zeit als im Raum situiert und zwar als ein Objekt, das räumlich vor oder hinter uns liegt. Die Zukunft wird genauer gesagt in all diesen Ausdrücken auf einer horizontalen Achse als vor uns liegend und die Vergangenheit als hinter uns liegend konzeptualisiert. Lakoff und Johnson (1999) postulieren aus diesem Grund die Existenz der **Zeitorientierungsmetapher** (*Time Orientation Metaphor*). Demzufolge entspricht die Gegenwart der Position des Konzeptualisierenden, seine Vergangenheit liegt im Raum hinter ihm und die Zukunft vor ihm[47]. Diese Zeitorientierung entspricht dem Denken vieler westlicher Kulturen und findet Ausdruck in ihren Zeitausdrücken, so zum Beispiel im Englischen und Französischen (Beispiele (13) a.–d.).

---

47 Aus diesem Grund funktioniert auch der Titel der Science-Fiction-Trilogie „Zurück in die Zukunft" als humorvolles, kreatives Wortspiel, das die Aufmerksamkeit auf sich zieht und eine emotionale Reaktion hervorrufen soll. Sie kehrt die konventionalisierte Verknüpfung von ZUKUNFT und RAUM VOR UNS um.

Beispiel (13)

a. I don't want to go back in time.
b. A bright future lies ahead of us.

c. Cette histoire n'est pas encore derrière moi (Diese Geschichte ist [liegt] noch nicht hinter mir).
d. La plupart d'entre eux sont encore jeunes et ont de belles années devant eux. (*Die meisten von ihnen sind noch jung und haben noch schöne Jahre vor sich.*) (Quelle: fr.fifa.com, abgerufen am 12.04.2018)

Dies ist kein universales Denkmuster. SprecherInnen des Mandarin Chinesischen konzeptualisieren beispielsweise Zeit ebenso wie Koreanisch- und Japanisch-SprecherInnen auch auf einer vertikalen Achse liegend (oben und unten; oben = früher und vergangen, unten = später und in der Zukunft; vgl. Radden 2004)[48]. Sie konzeptualisieren demgemäß „das erste Halbjahr" nicht wie westliche Kulturen auf einer horizontalen Zeitachse als links des zweiten Halbjahres situiert, sondern sie sprechen vom „oberen Halbjahr". Für SprecherInnen des Aymara, einer indigenen Sprache Südamerikas, die vor allem in der Andenregion gesprochen wird, scheint die Zukunft wiederum *hinter* ihnen zu liegen (Núñez & Sweetser 2005). Evidenz dafür stellen die Gesten der Aymara-SprecherInnen dar, denn diese zeigen, wenn sie über zukünftige Events sprechen, hinter den Körper des Sprechers/der Sprecherin (dazu auch Kapitel 11).

Abbildung 14 zeigt die Struktur der Metapher ZEIT IST RAUM für Kulturen und Sprachgemeinschaften, die Zukunft als Raum *vor* dem Beobachter und Vergangenheit als räumlich *hinter* ihm befindlich konzeptualisieren. RAUM fungiert hier als **Quelldomäne**, um die **Zieldomäne** ZEIT zu strukturieren. Dabei werden Aspekte der RAUM-Domäne auf die Domäne ZEIT übertragen (*mapping*). Zum Beispiel werden aus der RAUM-Domäne die im Raum situierten Objekte mit den Zeitabschnitten in der ZEIT-Domäne in Beziehung gebracht bzw. „gemappt" (die Verbindung nennt man auch *correspondences*). Dadurch übernehmen sie Eigenschaften von Objekten im Raum. Zeitabschnitte werden beispielsweise durch die metaphorische Übertragung zu Objekten mit Grenzen, d.h. einem Beginn und einem Ende. Das Konzept der Zeit wird dadurch leichter fassbar und beschreibbar. Darin liegt nach der Theorie der konzeptuellen Metaphern deren Hauptfunktion:

---

[48] Auch SprecherInnen des Englischen haben vertikal orientierte Zeitausdrücke, sie sind jedoch weniger frequent und das Denkmuster ist weniger dominant als bei SprecherInnen des Mandarin Chinesischen (Boroditsky 2011).

Die Metapher dient der Strukturierung und leichteren Konzeptualisierung von schwierig fassbaren, da **abstrakteren Zieldomänen** (Lakoff & Johnson 1980).

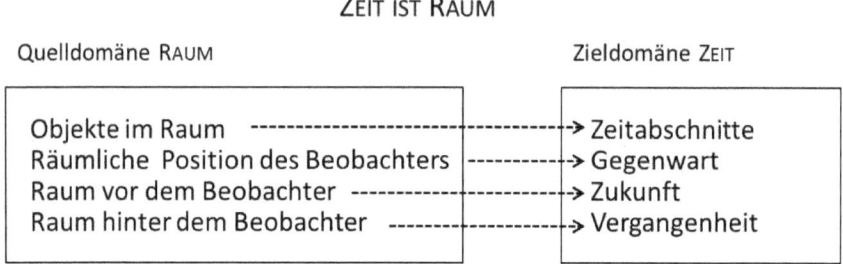

Abb. 14: konzeptuelle Übertragung von der Quelldomäne RAUM in die Zieldomäne ZEIT

Objekte im Raum haben jedoch noch andere zentrale Eigenschaften, die in den Beispielsätzen (15) a.–d. nicht profiliert werden. So können sie sich beispielsweise bewegen und bewegt werden. In all den bisher aufgeführten Beispielen wird Zeit als eine stationäre Entität konzeptualisiert, also als Objekt bzw. Punkt im Raum (TIME IS A LOCATION). Eine kaum noch überschaubare Anzahl von Studien hat aber darüber hinaus gezeigt, dass auch ZEIT IST EIN BEWEGLICHES OBJEKT (TIME IS A MOVING OBJECT oder auch TIME IS MOTION, vgl. Lakoff & Johnson 1999) ein metaphorisches Denkmuster ist, das in sprachlichen Konstruktionen der unterschiedlichsten Sprachen Ausdruck findet. Für das Deutsche lassen sich leicht Beispiele finden:

Beispiel (14)

a. Die Zeit verfliegt.
b. Die Jahre fliegen an mir vorbei.
c. Der Frühling kommt.
d. Im Laufe der Zeit habe ich gelernt, damit umzugehen.
e. Der heutige Tag ist an mir vorbeigerast.
f. Er hetzt durch den Tag.
g. Wir nähern uns in riesen Schritten Weihnachten.

Die Beispiele (14) a.–d. unterscheiden sich dabei von den Beispielen (14) e.–g. in der metaphorischen Konzeptualisierung von Zeit als ein Objekt, das sich **selbst**

bewegt (*time-moving metaphors*) bzw. als ein Objekt, durch das wir uns **hindurchbewegen** (*ego-moving metaphors*).

Typologische Studien legen nahe, dass es sich bei der ZEIT IST EIN BEWEGLICHES OBJEKT-Metapher tatsächlich um ein universales Denkmuster handelt, das die Konzeptualisierung von Zeit erdballumspannend prägt (Evans 2004, Kövecses 2005). Der Grund dafür liegt Lakoff & Johnson (1999) zufolge darin, dass unser Verständnis von Zeit sich aus unserer körperlichen Erfahrung und Wahrnehmung von Veränderung nährt. Wenn wir uns von A nach B bewegen, verändert sich nicht nur unsere räumliche Position, sondern auch wir verändern uns dabei, etwa wenn wir auf einer längeren Zugreise müde und hungrig werden. Diese Veränderung bringen wir mit der Zeit in Verbindung, die während unserer Reise *vergangen* ist. Genauso ändert sich die Natur im Laufe eines Tages (es wird heller und wieder dunkler, Blumen öffnen ihre Blüten und schließen sie wieder etc.) und im Laufe der Jahreszeiten. Das Vergehen von Zeit bringt also Veränderung mit sich, die (unter anderem) aus Bewegung resultiert.

Aufgrund der konzeptuellen Verknüpfung von ZEIT und VERÄNDERUNG (siehe Info-Box) ist es auch nicht verwunderlich, dass wir zum Beispiel im Deutschen auch eine Reihe von Ausdrücken kennen, die die spezifischere konzeptuelle Metapher ÄLTERWERDEN IST BEWEGUNG instanziieren (vgl. die Beispiele in (15)). Sie ist wiederum verwandt mit der allgemeineren DAS LEBEN IST EINE REISE-Metapher (Beispiele (16)).

Beispiel (15)

a. Er geht auf die 80 zu.
b. Mit jedem Tag, der vergeht, kommen wir unserem Grab näher.

Beispiel (16)

a. Er hat den falschen Weg eingeschlagen und ist auf die schiefe Bahn geraten.
b. Er hätte sehr erfolgreich sein können in seinem Beruf, aber er ist irgendwo falsch abgebogen.
c. Er ist auf dem rechten Weg.

Nicht nur das Leben wird jedoch als Reise verstanden, sondern auch die LIEBE IST EINE REISE. Diese Metapher wird ausführlich in Lakoff & Johnson (1980) und Evans & Green (2006: 295) besprochen. Tatsächlich ist die LIEBE IST EINE REISE-Metapher auch im Deutschen hochproduktiv (für über die unter (18) angeführten hinausgehende Beispiele siehe die deutsche Übersetzung von Lakoff & Johnson

[1980](1997): 57). Die Abbildung 15 zeigt, welche Konzepte der Quelldomäne REISE dabei auf die Quelldomäne LIEBE übertragen werden.

Beispiel (17)

a. Unsere Ehe ist in einer Sackgasse.
b. Seit unserem Streit gehen wir getrennte Wege.
c. Die Rettung unserer Ehe war ein langer, steiniger Weg, aber wir sind am Ziel angekommen und verstehen uns jetzt besser als davor.

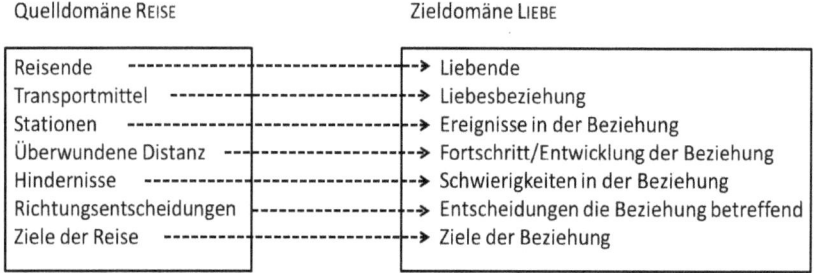

Abb. 15: konzeptuelle Übertragung von der Quelldomäne REISE in die Zieldomäne LIEBE

Es fällt auf, dass all diese Metaphern, also ZEIT IST BEWEGUNG, VERÄNDERUNG IST BEWEGUNG, ÄLTERWERDEN IST BEWEGUNG, das LEBEN IST EINE REISE und die LIEBE IST EINE REISE einander semantisch ähneln. Tatsächlich basieren sie auf ähnlichen metaphorischen Übertragungen und leiten ihre Struktur von übergeordneten **Systemmetaphern** (*metaphor system*, Lakoff & Johnson 1980) ab. Eine davon ist die von Lakoff (1990, 1993) beschriebene „Event Structure-Metaphor" (siehe auch Kövecses 2010: 162–166; Evans & Green 2006: 299–300). Sie strukturiert verschiedenste Aspekte von Ereignissen in einer Zieldomäne, so z.B. Zustände, die sich verändern und Ursachen für diese Veränderung, Arten von Veränderungen, Mittel zur Veränderung oder Hindernisse auf dem Weg zur Veränderungen. Lakoff & Johnson konstatieren in diesem Zusammenhang, dass in all diesen Metaphern, die **Quelldomäne** stets konkreter, d.h., kognitiv leichter fassbar (z.B. BEWEGUNG) ist als die abstraktere Zieldomäne (z.B.: ZEIT oder VERÄNDERUNG). Dies liegt daran, dass sie **unmittelbar körperlich erfahrbar** ist. Metaphern dienen demnach in der ursprünglichen Konzeption der Theorie von Lakoff & Johnson dazu, abstraktere, schwierig fassbare Konzepte zu strukturieren, zu kategorisieren und dadurch kognitiv leichter zugänglich zu machen.

Bestimmte Domänen eignen sich in diesem Zusammenhang besonders gut als Quelldomänen bzw. Zieldomänen und sind dementsprechend häufig in diesen Funktionen (vgl. Lakoff et al. 1991). Tabelle (1) listet einige dieser häufigen Quell- und Zieldomänen.

Tab. 1: Auswahl häufiger Quell- und Zieldomänen nach Lakoff et al. (1991)

Häufige Quelldomänen	Häufige Zieldomänen
PHYSISCHES OBJEKT	LEBEN
LEBEWESEN	TOD
LOKATION	ZEIT
DISTANZ	VERÄNDERUNG
BEHÄLTER	FORTSCHRITT/ENTWICKLUNG
WEG	BEZIEHUNGEN
PHYSISCHES HINDERNIS	KARRIERE
RICHTUNG	GEFÜHLE/EMOTIONEN
BASIS/PLATTFORM	HALTUNGEN/SICHTWEISEN/EINSTELLUNGEN
TIEFE	GEHIRN/DENKEN
WACHSTUM/MENGENZUWACHS	IDEEN
BEWEGUNG	WISSEN
REISE	PROBLEM
VEHIKEL/FAHRZEUG	AUFGABE/PFLICHT
MASCHINE	FREIHEIT
GEBÄUDE	SOZIALES/WIRTSCHAFTLICHES/POLITISCHES SYSTEM

Die Unterscheidung von konkreten Quelldomänen und abstrakteren Zieldomänen wurde in der Weiterentwicklung der Theorie der konzeptuellen Metaphern vielfach kritisiert. Am meisten Gehör fand dabei ein Vorschlag von Joseph Grady (1997, 1998), der eine Unterscheidung von primären und komplexen Metaphern vorschlägt, und dabei die Verbindung mit direkt wahrnehmbaren, physisch-sensorischen Erfahrungen als Unterscheidungskriterium annimmt. Wir beschäftigen uns mit seiner Theorie an späterer Stelle in diesem Kapitel.

Ein zentrales Argument für die Annahme, Metaphern dienen dem besseren Verständnis abstrakter Domänen, betrifft dabei die Strukturierungsfunktion der Metapher: Eine abstrakte, kognitiv schwer erfassbare und zu strukturierende Zieldomäne übernimmt im Zuge der Metaphorisierung Eigenschaften von der Quelldomäne. Dadurch wird die Quelldomäne für uns zugänglicher und leichter fassbar. Dabei bleibt die innere Struktur der Quelldomäne unverändert, d.h., unser Verständnis von Bewegung ändert sich nicht prinzipiell dadurch, dass wir

Zeit als Bewegung konzeptualisieren. Dieses Prinzip nennen Lakoff & Johnson das **Invarianzprinzip**. Dieser Grundannahme wurde jedoch vielfach widersprochen. So argumentiert z.B. Haser (2005), dass das Verstehen von konzeptuellen Metaphern voraussetze, dass man die strukturellen Ähnlichkeiten zwischen den in den Metaphern assoziierten Domänen erkennt. Dies bedinge wiederum, dass wir bereits unabhängig von der Metapher eine Vorstellung von der Struktur der Zieldomäne haben müssen, denn dieses Wissen über die Zieldomäne ist notwendig, um den konzeptuellen Transfer durch die Metapher überhaupt nachvollziehen zu können.

Ein mit dem Invarianzprinzip verwandtes Prinzip ist das **Unidirektionalitätsprinzip**. Es besagt, dass Metaphern nur in eine Richtung (von der Quell- zur Zieldomäne) funktionieren, nicht aber umgekehrt werden können. So konzeptualisieren wir etwa die Liebe als Reise, aber nicht die Reise als Liebe. Analog dazu wird Zeit metaphorisch als Bewegung konzeptualisiert, aber Bewegung nicht als Zeit.

Als Ausnahme des Unidirektionalitätsprinzips wurde allerdings immer wieder die Metapher MENSCHEN SIND MASCHINEN und ihr angebliches Pendant MASCHINEN SIND MENSCHEN zur Diskussion gestellt. Lakoff & Turner (1989) argumentieren jedoch, dass es sich hier um zwei unterschiedliche Metaphern handelt, da sie unterschiedliche Mappings lizensieren. Sprachliche Instanziierungen der Metapher MENSCHEN SIND MASCHINEN sind im Deutschen zum Beispiel (18) a.–d.

Beispiel (18) MENSCHEN SIND MASCHINEN

a. Bei ihm ist ein Kabel durchgebrannt.
b. Ich muss die Erinnerung an ihn löschen.
c. Ich hatte ein totales Blackout.
d. Neurolinguistische Programmierung

Sprachliche Belege der konzeptuellen Metapher MASCHINEN SIND MENSCHEN sind hingegen (19) a.–c.

Beispiel (19) MASCHINEN SIND MENSCHEN

a. Ich glaube, mein Computer kann mich nicht leiden.
b. Mein Auto hatte heute keine Lust zu starten.
c. Mein Handy spinnt.

Die Beispiele in (18) zeichnet eine Übertragung der mechanischen Prozesse und der Funktionen von Maschinen auf Menschen aus (sie bestehen aus Teilen, die kaputtgehen können, werden über Strom betrieben, sind programmierbar etc.). Das Mapping, das den Beispielen in (19) unterliegt, ist kein Pendant dazu, sondern Maschinen werden hier menschliche Gefühle und ein eigener Wille zugeschrieben. Die beiden Metaphern beruhen also zwar auf der Verknüpfung derselben Domänen, aber die konzeptuelle Struktur dieser Verknüpfungen ist eine ganz andere. Es handelt sich um keine bidirektionale Metapher, sondern um zwei unterschiedliche Metaphern.

Eine weitere zentrale Prämisse der Theorie der konzeptuellen Metapher besagt außerdem, dass Mappings immer **partiell** sind, d.h., es werden immer nur Teilaspekte einer Quelldomäne auf die Zieldomäne übertragen. Viele Aspekte bleiben ausgeblendet, so zum Beispiel im Falle der die LIEBE IST EINE REISE-Metapher die Tatsache, dass man eine Reise bucht, Koffer packt, seine Wohnung hinter sich zusperrt, wenn man zur Reise aufbricht u.v.m. All diese Aspekte der Quelldomäne REISE werden nicht auf die Zieldomäne LIEBE „gemappt". Sie sind an der Metapher nicht beteiligt. Auch dieses Argument der Ausblendung irrelevanter Aspekte und der Selektivität des Mappings hat Lakoff & Johnson jedoch viel Kritik eingebracht, denn es wirft die Frage auf, welche Faktoren (*constraints*) beeinflussen, dass manche Aspekte in der Metapher eine Rolle spielen und andere nicht. Die Metapherntheorie kann hier keine Voraussagen machen. Auf diese Kritik werden wir an dieser Stelle nicht näher eingehen. Sie wird uns aber in Kapitel 7 zur Theorie des konzeptuellen Blendings wieder begegnen.

Die LIEBE IST EINE REISE-Metapher ist nicht nur ein gutes Beispiel für die Selektivität des konzeptuellen Mappings, sondern auch für die Tatsache, dass sich viele Metaphern ihrerseits auf andere, weniger spezifische Metaphern stützen. Wir illustrieren diesen zentralen Aspekt der Theorie der konzeptuellen Metapher an der – nicht zuletzt für LinguistInnen – hoch interessanten Metapher KOMMUNIKATION IST DER AUSTAUSCH VON OBJEKTEN (vgl. Beispiel (20)), die im Englischen als *conduit metaphor* bekannt ist (Reddy 1979).

Beispiel (20)

a. Ich kann das Grauen nicht in Worte fassen.
b. Er bringt seine Argumente nicht rüber.
c. Das habe ich nicht gemeint, ich nehm's zurück!
d. Du stopfst zu viele Ideen in nur einen Absatz.
e. Nichts als leere Worte.

All diesen geläufigen sprachlichen Ausdrücken liegt die – metaphorische – Konzeption von Kommunikation als die Übermittlung eines Objekts von einem Sender/einer Senderin zum/r EmpfängerIn zugrunde. Die Objekte entsprechen der Bedeutung von Mitteilungen. Sie sind in sprachlichen Formen enthalten. Diese fungieren als Behälter (*containers*, vgl. Bildschemata, Kapitel 4) für Bedeutungen. Demnach gleiche der Verstehensprozess in der Kommunikation dem Öffnen eines Behälters oder eines Pakets: Die vom Sender/von der Senderin verpackte Bedeutung liegt im Paket, sie muss nur ausgepackt werden und kommt also bei RezipientInnen – bei störungsfreier Übermittlung – genauso an, wie sie „weggeschickt" wurde. Diese Auffassung von Bedeutungskonstitution in der Kommunikation kennzeichnet das lange auch in der Sprachwissenschaft populäre **Transfermodell der Kommunikation** (vgl. auch Brinker & Sager 2010: 121–123.). Demzufolge *enkodieren* SprecherInnen eine Bedeutung, die HörerInnen auf der Grundlage des gemeinsamen, geteilten Codes lediglich *dekodieren* müssen.

Lakoff & Johnson (1980) stellen fest, dass die von Reddy (1979) beschriebene *conduit*-Metapher tatsächlich drei konventionalisierte konzeptuelle Metaphern miteinander verbindet:

(1) IDEEN/BEDEUTUNGEN SIND OBJEKTE.
(2) SPRACHLICHE AUSDRÜCKE SIND BEHÄLTER.
(3) KOMMUNIKATION IST SENDEN.

Diese Analyse von Lakoff & Johnsons stieß jedoch auf wohlbegründete Kritik, nicht zuletzt von Joseph Grady (1998), der argumentiert, dass die *conduit*-Metapher eine der wichtigsten, von Lakoff & Johnson proklamierten Voraussetzungen für ihren konzeptuellen Status nicht erfülle: Sie ist nicht durch unsere außersprachlichen Erfahrungen geprägt bzw. motiviert. Lakoff & Johnson (1980: 19) schreiben dazu – tatsächlich recht vorsichtig im Ton –: „We feel that no metaphor can ever be comprehended or even adequately represented independently of its experiential basis". Diese Verankerung in unserer Erfahrung sieht Grady für die *conduit*-Metapher jedoch als nicht gegeben, denn erstens, ähnle Kommunikation nicht der Übergabe von gepackten und auszupackenden Paketen und zweitens, ist Kommunikation ein wesentlich grundlegenderer Vorgang, der unseren Alltag viel mehr prägt als Objekt- oder gar Pakettransfer. Dass sich unser Verständnis von Kommunikation deshalb von unserem Verständnis von Objekt- bzw. Pakettransfer ableite, sei deshalb nicht plausibel. Sein Vorschlag lautet deswegen, die *conduit*-Metapher als **komplexe Metapher** einzustufen, die mehrere **primäre Metaphern** miteinander kombiniert. Nur diese primären Metaphern sind direkt in unserer außersprachlichen Erfahrung verankert bzw. resultieren aus ihr.

5.3 Primärmetaphern

Wie erwähnt sind der ursprünglichen Konzeption der Theorie der Konzeptuellen Metaphern zufolge Quelldomänen konkreter als Zieldomänen. Diese sind abstrakterer Natur, d.h., sie sind nicht direkt physisch erfahrbar und also konzeptualisierbar. Diese Unterscheidung von abstrakten und konkreten Domänen wurde vielfach als zu grob und auf viele konkrete metaphorische Mappings nicht anwendbar kritisiert. Grady (1997, 1998) bietet mit seiner Unterscheidung von primären und komplexen Metaphern einen Ausweg. Ihm zufolge zeichnen sich **primäre Quelldomänen** dadurch aus, dass sie **sensorisch wahrnehmbare Konzepte** umfassen (z.B. Hunger, Kälte, Behälter etc.). **Primäre Zieldomänen** enthalten hingegen **subjektive Reaktionen auf sensorisch wahrnehmbare Erfahrungen** (z.B. Ähnlichkeit, Wichtigkeit, Veränderung etc.). Mit den Worten Gradys (1997: 152–153):

> Die Zielkonzepte haben nicht dieselbe Art konzeptueller Basis wie die Quellkonzepte [...] Veränderung, zum Beispiel, tritt in einer Reihe von Kontexten auf, nicht-physische miteingenommen (z.B. Veränderung in der emotionalen Tonlage einer Konversation), während hingegen physische Bewegung auf physischer Wahrnehmung basiert. Verlangen ist ein affektiver Zustand, während Hunger eine physische Empfindung ist. (Übersetzung E.Z.)[49]

Primärmetaphern sind also strukturell einfach. Sie verbinden einzelne Konzepte zweier Domänen miteinander und also nicht, wie bisher angenommen, zwei vollständige, komplexe Domänen. Diese Verbindung zweier Konzepte ist direkt über unsere physisch-wahrnehmbaren Erfahrungen motiviert[50].

Beispiele für Primärmetaphern sind Grady (1997) zufolge etwa Mehr ist Oben, Ursachen sind Kräfte und Wichtigkeit ist Größe.

Mehr ist oben

Die Preise/Chancen/Gewinne steigen.
Der Aktienkurs geht durch die Decke.

---

[49] „The target concepts lack the kind of perceptual basis which characterizes the source concepts [...] Change, for instance, can be detected in any number of realms, including non-physical ones (e.g., a change in the emotional tone of a conversation), whereas the detection of physical motion is based on physical perception. Desire is an affective state while hunger is a physical sensation." (Grady 1997: 152–153)
[50] Eine graphische und daher besonders anschauliche Darstellung der unterschiedlichen Arten von Erfahrungen, die Primärmetaphern motivieren können, bietet Müller (2008: 73, Fig. 13).

Er klettert die Karriereleiter empor.
Sein Aufstieg ist unaufhaltsam.

Die konzeptuelle Metapher MEHR IST OBEN hat eine klare physische Grundlage, die aus unserer Erfahrung mit der Interaktion mit Dingen resultiert: Wenn man eine Substanz in ein Gefäß gießt oder Objekte aufeinanderstapelt, erhöht sich der Mengenstand (vgl. Lakoff & Johnson 1980: 24).

URSACHEN SIND KRÄFTE

Die Scheidung hat ihn in den Wahnsinn getrieben.
Eitelkeit hat mich dazu gebracht, die OP machen zu lassen (aus Evans & Green 2004: 305).
Die Anfeuerungsrufe seiner Fans ließen ihn über sich hinauswachsen und trieben ihn zum Sieg.

Dass die Ausübung physischer Kraft auf einen Gegenstand Auswirkungen auf diesen Gegenstand hat (z.B. er beginnt sich zu bewegen oder verformt sich) ist eine grundlegende Erfahrung, die wir bereits als Babys machen, sobald wir beginnen, mit Gegenständen zu hantieren. Auch die Metapher URSACHEN SIND KRÄFTE ist also direkt über unsere sensorisch-physische Erfahrungen in und mit der Welt motiviert.

WICHTIGKEIT IST GRÖßE

Das ist eine große Prüfung.
Das ist eine Riesenaufgabe.
Die Politik vergisst die kleinen Leute.

Die Primärmetapher WICHTIGKEIT IST GRÖßE scheint wiederum ihren Ursprung v.a. in unserer visuellen Wahrnehmung zu nehmen. Große Objekte ziehen im Allgemeinen unsere Aufmerksamkeit auf sich. Aus diesem Grund schreiben wir ihnen Wichtigkeit zu (=subjektive Reaktion auf sensorische Wahrnehmung).

Komplexe Metaphern, und dazu zählt Grady KOMMUNIKATION IST DER TRANSFER VON OBJEKTEN, verknüpfen hingegen **mehrere Primärmetaphern** miteinander. Sie sind selbst nicht direkt über konkrete sensorisch-physische Erfahrungen motiviert. Dieser wesentliche Unterschied hilft bei deren Unterscheidung bzw. der

Kategorisierung von Metaphern als primär oder komplex (Grady spricht von „compound metaphors").

Für die Metapher KOMMUNIKATION IST TRANSFER VON OBJEKTEN postuliert Grady die Beteiligung der folgenden Primärmetaphern, die jeweils – und auch das ist ein wichtiger Punkt – auch viele andere Metaphern strukturieren:

INFORMATION IST INHALT
EIN ZIEL ZU ERREICHEN IST EIN BEGEHRTES OBJEKT ZU ERLANGEN
ÜBERTRAGUNG VON ENERGIE IST TRANSFER
KONZEPTE/BEDEUTUNGEN SIND BESITZTÜMER
LERNEN IST ERHALTEN/IN-BESITZ-NEHMEN

Grady[51] (1998: 14) konstatiert dazu:

> Die Mappings [der beteiligten Metaphern] sind unabhängig voneinander; sowohl was ihre Erfahrungsbasis als auch die sprachlichen Ausdrücke, die sie lizensieren, betrifft. Außerdem betreffen fast alle von ihnen Zieldomänen, die weit umfassender sind als sprachliche Kommunikation; sie zeichnen aber ein gutes Bild dieser Domäne, wenn man sie alle zusammennimmt. Dieses Bild ist quasi eine Kollage von Einzelstücken, die ganz unterschiedliche Quellen haben. (Übersetzung E.Z.)[52]

Ungeachtet der Tatsache, dass also Grady einige Grundannahmen (v.a. das in dieser Übersicht nur kurz angerissene Invarianzprinzip, vgl. Evans & Green 2004: 301–302) der Theorie der Konzeptuellen Metapher in ihrer ursprünglichen Konzeption von Lakoff und Johnson in Zweifel gezogen hat und auch zahlreiche andere KritikerInnen nachfolgend Abänderungen der Theorie angemahnt und vorgeschlagen haben (u.a. Ruiz de Mendoza & Mairal 2007, Steen 2011, Gibbs 2011),

---

51 In seiner Dissertation (Grady 1997) illustriert er seine Theorie der Primärmetaphern v.a. an der von Lakoff & Johnson (1980) vorgeschlagenen Metapher THEORIEN SIND GEBÄUDE, die ihm zufolge auf dem Zusammenwirken (*unification*) der beiden Primärmetaphern SICH DURCHSETZEN IST AUFRECHTBLEIBEN und ORGANISATION IST PHYSISCHE STRUKTUR beruht. Zusammenfassungen seiner Theorien finden sich auch in Evans & Green (2004: 304–310) und in Dancygier & Sweetser (2014: 25–30).

52 „The mappings [of the various metaphors involved] are independent of one another, with respect to both their experiential bases and the particular linguistic expressions they license. Furthermore, nearly all of them apply to target domains much broader than linguistic communication; they form a relatively rich picture of this domain when taken together. In a sense this picture is like a patchwork or collage, with the pieces coming from very different sources." (Grady 1998: 14)

hat die Grundaussage der Konzeptuellen Metapherntheorie bis heute in der Kognitiven Linguistik (und darüber hinaus) Bestand: Metaphern sind konzeptueller Natur. Sie sind kein rein sprachliches Phänomen bzw. die Metapher ist ein **allgemeiner, nicht sprachspezifisch Denkmechanismus.** Das Verhältnis von konzeptuellen Metaphern und Sprachstrukturen ist somit „top-down", d.h., konzeptuelle Metaphern generieren oder lizensieren verbal-sprachliche, metaphorische Ausdrücke (vgl. Müller 2008: 46). Evidenz für diese Grundaussage bieten einige Studien aus dem Bereich der Kognitionswissenschaften.

5.4 Evidenz für die Metapher als Denkmechanismus

Die Theorie der Konzeptuellen Metaphern wurde vielfach dafür kritisiert, ausschließlich sprachliche Beispiele als Beleg für nicht-sprachliche, konzeptuelle Metaphern heranzuziehen. Diese Argumentationsweise sei zirkulär: Sie drehe sich im Kreis (Murphy 1996). Diese Kritik betraf auch die Grundannahme, dass die Produktion bzw. das Verstehen hoch konventionalisierter metaphorischer Ausdrücke wie etwa *Zeitverlauf* oder *die Preise steigen ständig* immer den kognitiven Prozess eines **Mappings von Quell- und Zieldomänen** impliziert. Viele LinguistInnen kritisieren dies für hoch konventionalisierte („tote") Metaphern als kognitiv nicht plausiblen Aufwand.

Unterstützung für die Theorie der konzeptuellen Metapher liefern jedoch einige **experimentelle Studien**, so etwa Boroditsky (2000), Broditsky & Ramscar (2002), Matlock (2004), Williams & Bargh (2008), Jostman et al. (2009) und Casasanto & Dijkstra (2010). Alle diese Studien werden auch mehr oder weniger ausführlich in Dancygier & Sweester (2014: 376–38) besprochen. Wir konzentrieren uns hier vor allem auf die Studie von William und Bargh zur Metapher SYMPATHIE IST WÄRME und die Studien, die unter der Leitung von Lera Boroditsky durchgeführt wurden und sich mit der kognitiven Realität der Metapher ZEIT IST RAUM beschäftigen.

Die Frage, die sich Williams & Bargh (2008) stellten, war, ob die Assoziation der Domäne SYMPATHIE mit der Domäne WÄRME kognitiv real ist, d.h., ob auch losgelöst von sprachlichen Manifestationen der Metapher, die Aktivierung der Domäne WÄRME eine Aktivierung der Domäne SYMPATHIE nach sich ziehe. Mit anderen Worten, sie untersuchten die Frage, ob in unserer Erfahrung Wärme mit Sympathie verbunden ist[53].

---

53 Sprachliche Instanziierungen der Metapher im Deutschen sind etwa: *Mir wird warm ums Herz* oder *Er bereitete mir einen warmen Empfang.*

Genau dies scheint tatsächlich der Fall zu sein, denn ihre Experimente ergaben, dass ProbandInnen, die vor dem Experiment eine Tasse warmen Kaffee in der Hand gehalten hatten, im nachfolgenden Experiment Testpersonen als sympathischer (freundlicher, intelligenter) einstuften als ProbandInnen, die davor nicht der Empfindung von „physischer Wärme" ausgesetzt waren, sondern ein Glas kalte Cola in der Hand hielten. *Physische Wärme* förderte (oder triggerte) demnach *soziale Wärme*. Umgekehrt zeigt eine ähnliche Studie von Zhong & Leonardelli (2008), dass ProbandInnen, die sich sozial ausgeschlossen fühlten, die Temperatur im Raum kälter einschätzten bzw. aus einer Auswahl von Speisen signifikant öfter warme Speisen wählten als die Kontrollgruppe. Dieser Effekt bestand unabhängig davon, ob ProbandInnen sich lediglich an eine Situation in ihrer Vergangenheit erinnern, in der sie sich ausgeschlossen gefühlt hatten, oder in einem realen Interaktionskontext als Teil des Experiments ausgeschlossen wurden. Auch hier führte also eine subjektive, soziale Empfindung zur Aktivierung der Domänen WÄRME bzw. KÄLTE, ohne dass ein sprachlicher Stimulus die Metapher aufgerufen hätte. Interessant ist, dass, wie die beiden Studien im Vergleich zeigen, diese Aktivierung in beide Richtungen funktioniert. Wärme aktiviert Sympathie (Williams & Barg 2008) und das Gefühl der Isolation aktiviert das Kälteempfinden (Zhong & Leonardelli 2008).

Andere Art der Evidenz für die Realität von Metaphern als Denkstrukturen kommt aus der Gestenforschung und hier vor allem von Studien von Cornelia Müller (2008, Müller & Tag 2010) und von Alan Cienki (2008, 2013, 2017). Wir widmen uns diesen Studien gesondert in Teil 4 dieser Einführung, in der wir einige interdisziplinäre Anwendungsfelder der Kognitiven Linguistik beleuchten.

Die Studien von Lera Boroditsky (2000, auch Boroditsky & Ramscar (2000)) bieten Evidenz für die Verankerung unseres Zeitkonzepts in unserem räumlichen Denken, also für die kognitive Realität der Metaphern ZEIT IST RAUM und ZEIT IST BEWEGUNG. Wie bereits erwähnt ist die Domäne ZEIT in unserem Denken mit verschiedenen Quelldomänen verknüpft. Zeit kann also über mehrere Metaphern beschrieben werden.

Dazu gehören die **ego-bewegende Zeitmetapher** (*ego-moving-metaphor*) und die **Zeitbewegungsmetapher** (*time-moving-metaphor*). Der Unterschied wird in Abbildung 16 aus Boroditsky (2000: 5) graphisch dargestellt. Im ersten Fall, (a) in Abb. 16, steht die Zeit still und das Ego, d.h. ein Handelnder oder ein Objekt, bewegt sich in der Zeit. Die Vergangenheit liegt räumlich hinter ihm, die Zukunft vor ihm. Im Falle der Darstellung (b), die die Zeitbewegungsmetapher illustriert, steht das Ego, in diesem Fall das Männchen, das sitzt, still, während sich die Zeit bewegt.

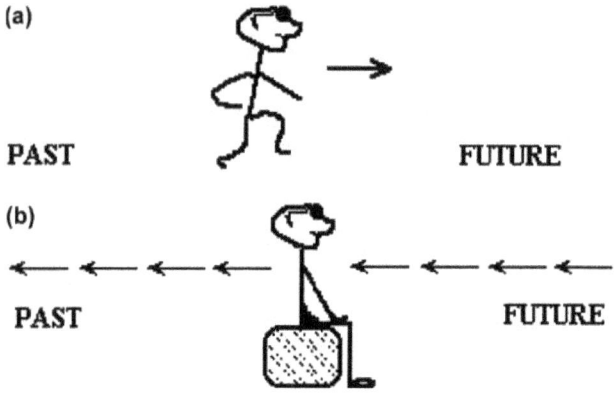

Abb. 16: Unterschiede der räumlichen Lokalisierung von Zeit in ego-bewegenden und zeit-bewegenden Zeitmetapher (aus Boroditsky 2000: 5)

Diese beiden unterschiedlichen Metaphern finden ihren Ausdruck in den unterschiedlichen Konzeptualisierungsperspektiven, die die Beispiele in (21) evozieren.

Beispiel (21)

a. Wir bewegen uns in riesen Schritten auf Weihnachten zu. (*ego-moving*)
b. Weihnachten kommt näher und näher. (*time-moving*)

Boroditsky (2000) ging der Frage nach, ob die Verarbeitung eines Stimulus mit einer ego-bewegenden Metapher im Vergleich zur Konfrontation mit einem Stimulus einer Zeitbewegungsmetapher einen Primingeffekt nach sich ziehe und uns daraufhin ein und dieselbe Frage zur zeitlichen Situierung eines bestimmten Events anders beantworten lässt.

Abbildung 17 zeigt zwei der benutzten Stimuli. Abbildung (a) mit der dazugehörigen Beschreibung „The dark can is in front of me" ist ein Stimulus, der die *ego-moving* Metapher instanziiert. Abbildung (b) instanziiert in Verbindung mit der Beschreibung „the light widget is in front of the dark widget" hingegen keine Zeit-Metapher, sondern zeigt eine rein räumliche Szene.

(a)

The dark can is in front of me.

(b)
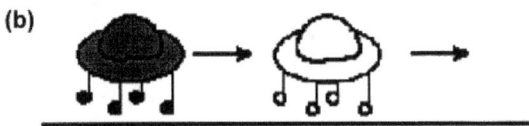

The light widget is in front of the dark widget.

Abb. 17: Zeit-Raum-Stimulus und reiner Raum-Stimulus der Studie von Boroditsky (2000)

Den ProbandInnen, die an Boroditskys Experiment teilnahmen, wurden Abbildung wie jene in (17) (a) bzw. (b) gezeigt, die jeweils einen Satz als Beschreibung der Szene enthielten. Als Teil des Experiments mussten sie für jede Abbildung beantworten, ob die gezeigte Szene zu dem dazugehörigen Satz passe oder nicht. Danach wurden sie mit zeitlich ambigen, d.h. nicht eindeutigen, Sätzen konfrontiert. Einer dieser Sätze lautete: „Next Wednesday's meeting has been moved forward two days". Die ProbandInnen mussten daraufhin angeben, auf welchen Tag das Meeting verschoben wurde. Das Experiment ergab, dass 73,3% der Gruppe, die mit ego-bewegenden Metaphern wie in Abbildung (17) (a) geprimt wurde, angaben, das Meeting sei auf Freitag verschoben worden (26,7% gaben „Montag" zur Antwort). Von jenen ProbandInnen, die zuvor räumliche Bewegungsstimuli wie in Abbildung 17 (b) verarbeitet hatten, die keinerlei Referenz auf die Domäne ZEIT enthielten, antworteten hingegen 69,2% „Montag" und 30,8% „Freitag". Boroditsky schließt daraus, dass sich die (statistisch hochsignifikanten) Unterschiede in der Beantwortung der Frage zur zeitlichen Situierung des Meetings dadurch erklären lassen, dass die beiden Typen von Stimuli eine andere kognitive Konzeptualisierung von Zeit aufgrund einer anderen räumlichen Metapher aktiviert haben. Dies zeige, dass die Metapher ZEIT IST RAUM kognitiv real ist, also konzeptueller und nicht rein sprachlicher Natur ist.

In einer weiteren, auf den Ergebnissen des ersten Experiments aufbauenden Studie ging Boroditsky darüber hinaus der Frage nach, ob die Aktivierung der beteiligten Domänen in ZEIT IST RAUM-Metaphern tatsächlich unidirektional ist, d.h. nur von der Quelldomäne RAUM auf die Zieldomäne ZEIT wirkt. Auch diese Basisannahme der Theorie der Konzeptuellen Metapher, nämlich deren Unidirektionalität, konnte bestätigt werden, da in einem zweiten Experiment gezeigt werden konnte, dass temporale Primes bei den ProbandInnen zu keiner Veränderung ihrer räumlichen Konzeptualisierungen führten. Die Quelldomäne ZEIT evoziert somit keine Zieldomäne RAUM (vgl. hierzu auch die Ergebnisse in Casasanto & Boroditsky 2008, die ein Experiment zur metaphorischen Verknüpfung von ZEIT und RAUM durchgeführt haben, das ohne sprachliche Stimuli auskommt, gleichzeitig jedoch für die Theorie der Konzeptuellen Metaphern auch ein paar Fragezeichen aufwirft). Einen Überblick über die inzwischen recht große Fülle an experimentellen Studien zur mentalen Verknüpfung von ZEIT und RAUM bieten Gijssels & Casasanto (2017). Sie diskutieren auch die Frage, ob die unterschiedlichen Konzeptualisierungen von ZEIT als RAUM, die für verschiedene Sprach- und Kulturgemeinschaften beschrieben und experimentell nachgewiesen wurden, auf eine Prägung durch sprachspezifische Metaphern zurückzuführen sind, mit der Schreib- und Leserichtung korrelieren oder andere kulturspezifische Erfahrungen wie etwa eine unterschiedliche kulturelle Ausrichtung auf Vergangenheit oder Zukunft prägender sind (vgl. etwa De la Fuente et al. 2014).

5.5 Die kognitive Verarbeitung von Metaphern

Nach diesem Überblick über die Basisannahmen der Theorie der Konzeptuellen Metapher, ihrer Kritik und Ausdifferenzierung durch Grady sowie dem kurzen Überblick zu experimentellen Studien aus dem Bereich, stellt sich die Frage, wie Metaphern kognitiv verarbeitet werden und welche Faktoren eine Rolle spielen, ob wir für einen bestimmten Ausdruck eine wortwörtliche und/oder eine metaphorische Bedeutung aktivieren. Dazu gibt es unterschiedliche Modelle und Erklärungsansätze. Wir stellen hier zwei der einflussreichsten Ansätze vor, nämlich die **direct acces view** von Raymond Gibbs (1994, 2002b) und die **graded salience hypothesis** von Rachel Giora (1999). Sie bieten Antworten auf die Frage, ob im Metaphernverstehen nicht-metaphorische (literale) Bedeutungen mitaktiviert werden oder nicht. Diese Frage hat ihren Ursprung im sogenannten **standard pragmatic model,** das aufbauend auf der Sprechakttheorie von Searle, davon ausging, dass wir für jede metaphorische Äußerung zunächst die wortwörtliche Bedeutung aktivieren, diese dann als kontextuell unangemessen und unpassend verwerfen, und erst danach, in einem zweiten Schritt, die metaphorische Bedeutung aktivieren. Gibbs und Giora widerlegen diese Annahme. Ihre Studien zeigen klar, dass wir bei der Verarbeitung von Metaphern nicht immer diesen Umweg über die wörtliche Bedeutung gehen. Die von ihnen entwickelten Modelle zum Metaphernverstehen basieren auf der Auswertung experimenteller Studien, darunter Leseexperimente mit Reaktionszeiterfassung und Erfassung des Blickverhaltens mittels Eye Tracking, sowie auf lexikalischen Klassifikationsexperimenten.

Wie der Name bereits impliziert, argumentiert die *direct acces view*, dass wir **metaphorische Bedeutung direkt aktivieren** können. Eine maßgebliche Rolle spielt dabei der Kontext, aber auch die Konventionalität einer Metapher. So zeigen die Experimente von Gibbs, dass SprecherInnen bzw RezipientInnen hoch konventionelle und kontextuell adäquat eingebettete metaphorische Ausdrücke genauso schnell bzw. auch oft schneller verarbeiten als konkrete, wörtliche Instanziierungen. Dies zeigt, dass die These des zwingenden Umwegs über die wörtliche Bedeutung kognitiv nicht plausibel ist.

Auch Gioras Arbeiten zum Metaphernverstehen stützen diese Erkenntnis (Giora 1999). Sie argumentiert auf der Basis ihrer experimentellen Studien, dass die größte Rolle für die Entscheidung, ob wir zuerst eine metaphorische Bedeutung oder eine nicht-metaphorische Bedeutung aktivieren, in der **Salienz** der Bedeutungen liegt. Diese Salienz wird von Faktoren wie der Konventionalität und der Frequenz eines Ausdruck und ihrer Bedeutungen bestimmt. Die salienteste Bedeutung eines Ausdrucks kann also prinzipiell sowohl eine wörtliche Bedeutung als auch eine metaphorische sein. Mit anderen Worten: es ist möglich, dass die salienteste Bedeutung eines Ausdrucks eine metaphorische Bedeutung ist. In jedem Fall wird der *graded salience hyopthesis* zufolge angenommen, dass die salienteste Bedeutung eines Ausdrucks immer zuerst aktiviert wird. Ist diese Bedeutung nicht passend, werden Kontextinformationen hinzugezogen, um die passende Bedeutung zu konstruieren. So wird also im Falle eines wörtlichen Gebrauchs eines Ausdrucks, dessen salienteste Bedeutung eine metaphorische Bedeutung ist, diese metaphorische Bedeutung zuerst aktiviert. Ist die salienteste Bedeutung eine literale Bedeutung, wird diese Bedeutung zuerst aktiviert. Der Verwendungskontext entscheidet darüber, welche Bedeutung als passend akzeptiert wird. Er kann aber in keinem Fall die Aktivierung der salientesten Bedeutung verhindern.

Nach dieser recht ausführlichen Beschreibung der konzeptuellen Metapher möchten wir uns nun ihrer „kleinen Schwester" widmen: der konzeptuellen Metonymie. Ihr wurde in der Kognitiven Linguistik bisher weit weniger Beachtung geschenkt als der Metapher, obwohl manche Autoren sie sogar als den zentraleren, weil im Sprachgebrauch präsenteren Mechanismus sehen (u.a. Panther & Radden 1999, Radden 2000, Barcelona 2003).

5.6 Konzeptuelle Metonymien

Die Metonymie wird aus kognitiv-semantischer Sicht als ein **kognitiver Prozess** verstanden, bei dem eine konzeptuelle Entität, das **Vehikel**, mentalen Zugang zu einer anderen konzeptuellen Entität, dem **Ziel**, innerhalb **einer kognitiven Domäne** erlaubt (Radden & Kövecses 1999: 21). Dies ist ein entscheidender Unterschied zur konzeptuellen Metapher, die zwei unterschiedliche Domänen miteinander in Verbindung bringt. Während also für die konzeptuelle Metapher ein domänenüberschreitendes bzw. domänenverbindendes Mapping konstituierend ist, liegt die kognitive Leistung der Metonymie darin, dass sie bestimmte Aspekte *einer* Domäne hervorhebt bzw. aktiviert. Der Unterschied lässt sich graphisch wie in Abbildung 18 verdeutlichen (angelehnt an Evans & Green 2006: 313, Fig. 9.3).

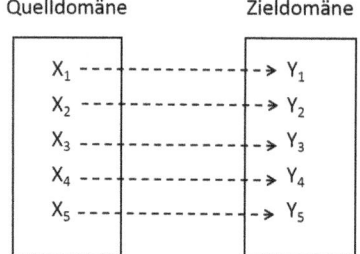
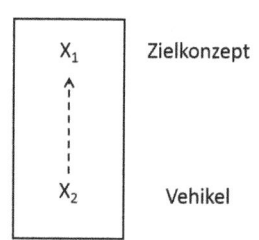

Cross-domain mapping als kognitiver Mechanismus der **konzeptuellen Metapher**

Konzeptuelle Metonymie: Aktivierung eines Zielkonzepts mittels eines Vehikels innerhalb derselben Domäne

Abb. 18: kognitive Basismechanismen der Metapher und der Metonymie im Vergleich

---

Genauso wie die Metapher wurde auch die Metonymie (Altgriechisch *metonymía;* Lateinisch: *denominatio*) bereits in der klassischen Rhetorik als Stilfigur beschrieben. Ihrer Funktion nach wird sie dort als „Umbenennung oder Wortersetzung" angesehen, bei der „eine Sache oder ein

Wort durch den Namen einer anderen Sache bezeichnet bzw. ersetzt wird, welche in topischem Zusammenhang dazu steht" (vgl. Weinrich 1987). In dieser klassischen Definition referiert also ein benanntes Konzept A auf ein damit in konventionalisierter Beziehung stehendes Konzept B. Die Metonymie wurde analog dazu deshalb auch oft als „A steht für B"-Beziehung zwischen benachbarten (*contiguous*) Konzepten beschrieben. Man spricht in diesem Zusammenhang von der **„Substitutionstheorie der Metonymie"**.

In der Sichtweise der Kognitiven Semantik liegt das Wesen der Metonymie also nicht in der „Umbenennung" oder „Wortersetzung" (Substitution, siehe Info-Box), sondern sie bewirkt eine **Fokusverschiebung vom genannten Quellkonzept A zum Zielkonzept B innerhalb einer Domäne.** Dabei erfüllt sie eine ähnliche Funktion wie die Metapher, indem sie den mentalen Zugriff auf ein schwieriger zugängliches Zielkonzept erleichtert. Während bei der Metapher jedoch Ähnlichkeiten zwischen konzeptuellen Domänen ausgenutzt bzw. etabliert werden, beruhen Metonymien darauf, dass Quell- und Zielkonzept in einem **konzeptuellen Näheverhältnis** (*conceptual contiguity*) zueinander stehen.

Die Beispiele (22) bis (31) zeigen konventionalisierte sprachliche Ausprägungen unterschiedlicher konzeptueller Metonymien.

(22) Produzent für Produkt

a. Ich lese gerade *Thomas Mann*. (=Buch, das Thomas Mann geschrieben hat)
b. Im Louvre hängen überraschender Weise fast keine *Impressionisten*. (=Bilder von dem Impressionismus zugeordneten MalerInnen)
c. Ich fahre einen alten *Volkswagen*. (=Auto, das vom Volkswagenkonzern hergestellt wurde)

(23) Bestellung für Besteller

a. Hat *das Gulasch von Tisch 3* schon bezahlt? (=der Restaurantgast, der ein Gulasch bestellt/konsumiert hatte)

(24) Objekt für Objektnutzer

a. *Die erste Violine* musste absagen, sie ist krank. (=Violinespielerin)
b. *Der Mercedes* da hinten hat falsch geparkt. (=der Fahrer/die Fahrerin des Mercedes)

(25) BEHÄLTER FÜR INHALT VON BEHÄLTER

a. Ich nehme auch *eine Tasse*. (=eine mit Kaffee gefüllte Tasse)

(26) INSTITUTION FÜR HANDELNDE AKTEURE EINER INSTITUTION

a. *Der UN-Sicherheitsrat* hat die Resolution abgelehnt. (=die Personen, die im UN-Sicherheitsrat stimmberechtigt sind)

(27) ORT FÜR DORT BEFINDLICHE INSTITUTION

a. *Downing Street* schweigt zu den Anschuldigungen. (=die in Downing Street 10 residierende Premierministerin Großbritanniens).
b. *Berlin* hat keinen direkten Kontakt mehr zu *Moskau*. (=die deutsche Regierung; die russische Regierung)

(28) ORT FÜR EREIGNIS

a. *Paris* war ein Tiefpunkt in seiner Karriere. (=die Niederlage in der ersten Runde des Grand Slam-Tennisturniers von Paris)

(29) TEIL FÜR GANZES

a. Ich sehe da hinten in der letzten Reihe *ein neues Gesicht*. (=eine unbekannte Person)
b. Wir können jede *helfende Hand* gebrauchen. (=helfende Person)
c. Er hat *kein Dach über dem Kopf*. (=Haus/Wohnung)
d. *Das Auto* verpestet die Luft in unseren Städten. (=Summe der Abgase von Autos)

(30) GANZES FÜR TEIL

a. *Mein Auto* ist rot. (=Teile der Karosserie)
b. Ich wohne in *einem gelben Haus*. (=Haus mit gelber Fassade)
c. *Kalifornien* hat Hillary Clinton gewählt. (=Mehrheit der Wähler in Kalifornien)

Der wohl bekannteste Subtyp der Metonymie sind TEIL-GANZES-Relationen. Er wird auch als *Synekdoche* bezeichnet. Die Beispiele in (29) sind Ausprägungen dieses Metonymietyps. Sie beruhen darauf, dass ein salienter, d.h., ein konzeptuell besonders prominenter Teilaspekt eines Konzepts herangezogen wird, um auf jenes größere Konzept zu referieren, dessen Bestandteil das metonymisch Genannte ist. In (29) a. wird zum Beispiel mit *das (neue) Gesicht* auf eine (unbekannte) Person referiert. Gesichter sind saliente Teile von Menschen und das Gesicht ist ein inhärenter Teil des Körpers. Die Metonymie ist somit über ein konzeptuelles Näheverhältnis von Gesicht und Körper motiviert, d.h., sie funktioniert, weil sie die Voraussetzung der *conceptual contiguity* zwischen Quell- und Zielkonzept erfüllt. Gesichter sind außerdem salientere Körperteile als zum Beispiel Zehen. Diese eignen sich aus diesem Grund weit weniger gut, um als Quellkonzept auf die Person in ihrer Gesamtheit zu referieren (?Ich sehe da hinten in der letzten Reihe eine neue Zehe[54]).

Auch Metonymien des Typs GANZES FÜR TEIL sind in sprachlichen Ausdrücken hochfrequent, wie etwa in (30) a. und b., wenn SprecherInnen ihrem Auto oder ihrem Haus in deren Gesamtheit eine bestimmte Farbe zuordnen, tatsächlich aber nur ein bestimmter Teil des Autos oder des Hauses diese Farbe hat (vgl. hierzu auch Langacker (1987a) und sein Konzept der *aktiven Zone*, Kapitel 4.1.). Auch für diese Metonymien gilt, dass Quell- und Zielkonzept einander konzeptuell nahestehen und der Teil ein salienter Aspekt des Ganzen ist. Die Beispiele der Metonymien in (22)–(30), z.B.: PRODUZENT FÜR PRODUKT, BESTELLER FÜR BESTELLUNG, OBJEKT FÜR OBJEKTNUTZER etc. sind hingegen Untergruppen von Metonymien, die als TEIL FÜR TEIL-Metonymien beschrieben werden können. Ein Quellkonzept ist Teil einer Domäne, z.B. Bestellung eines Gulaschs als Teil der RESTAURANT-Domäne und wird genutzt, um auf ein anderes Konzept zu referieren, das ebenfalls Teil dieser Domäne ist, wie z.B. der Gast, der ein Gulasch bestellt. Eine ausführlichere und anschauliche Darstellung zu den Subtypen dieser Teil für Teil-Metonymien bietet Kövecses (2010: 181–184).

5.7 Zur Interaktion von Metapher und Metonymie

Eine Reihe von AutorInnen stellt fest, dass es zwischen den Phänomenen der **konzeptuellen Metapher** und der **konzeptuellen Metonymie** zahlreiche **Interaktionen** gibt und eine klare Abgrenzung der beiden kognitiven Mechanis-

---

54 In einem bestimmten Kontext kann aber unter Umständen auch diese metonymische Referenz funktionieren (z.B.: in einer chirurgischen Praxis, in der sich an einem bestimmten Tag Patienten mit verletzten Zehen besonders häufen).

men in vielen Fällen schwierig ist (Ruiz de Mendoza 2000, Barcelona 2000, Radden 2000). Eine dieser Interaktionen betrifft die mögliche metonymische Basis konzeptueller Metaphern. Kövecses (2010: 184–187) erklärt dies am Beispiel der Metapher WUT IST HITZE (ANGER IS HEAT, vgl. Lakoff 1987: 380–396), die eine spezifischere Metapher der übergeordneten, allgemeineren Metaphernkategorie EMOTIONALE INTENSITÄT IST TEMPERATUR ist. Für diese Metapher können im Deutschen leicht sprachliche Instanziierungen gefunden werden.

WUT IST HITZE

a. Er kochte vor Wut.
b. Du bringst mein Blut zum Kochen/ins Wallen.
c. Er bringt das Fass zum Überlaufen.
d. Er ist ein Hitzkopf.

Die metonymische Basis dieser Metapher sehen Lakoff und Kövecses in der Idee bzw. der subjektiven Erfahrung, dass Emotionen physiologische Effekte auslösen. Konkret assoziieren wir die Emotion der Wut in unserer Erfahrung mit ansteigender Körpertemperatur (und also z.B. mit Schwitzen). Das metonymische Verhältnis von WUT und KÖRPERTEMPERATUR beruht also zunächst auf der Konzeptualisierung des Anstiegs der Körpertemperatur als Effekt der Ursache Wut (*effect for cause-metonymy*, Kövecses 2010: 182). In der Metapher WUT IST HITZE wird dieser Anstieg der Körpertemperatur zur Hitze allgemein generalisiert, wodurch die metonymische Motivierung der Metapher etwas ausbleicht. Nachdem in der Theorie der Konzeptuellen Metapher angenommen wird, dass zumindest Primärmetaphern ihren konzeptuellen Ursprung direkt in unseren sensomotorischen Wahrnehmungen haben, geht Kövecses (ebenso wie Lakoff 1987 und Feyaerts 1999) davon aus, dass eine Vielzahl von Metaphern eine metonymische Basis haben.

Darüber hinaus kann für spezifische sprachliche Ausdrücke auch nicht immer zweifelsfrei entschieden werden, ob sie als Metaphern oder als Metonymien einzustufen sind. Goossens (1990) spricht deshalb von **Metaphtonymien** und postuliert vier Typen der Verschränkung von Metaphern und Metonymien: Metaphern-aus-einer-Metonymie (*metaphor from metonymy*), Metonymien-in-einer-Metapher (*metonymy within metaphor*), Metaphern-in-einer Metonymie (*metaphor within metonymy*) und schließlich Demetonymisierung in einer Metapher (*demetonymization within a metaphor*), wobei die beiden letzten Kategorien mit nur jeweils einem Beispiel belegt werden und hier nicht weiter besprochen werden. Der erste Typ **Metaphern-aus-einer-Metonymie** entspricht dem bereits beschriebenen Fall, dass Metaphern metonymisch motiviert sein können. Der zweite Fall der **Metonymien-in-einer-Metapher** liegt zum Beispiel Ausdrücken wie „sich die Zunge abbeißen" (für „bereuen etwas gesagt zu haben"; vgl. die englischen Beispiele in Goossens 1990) zugrunde. Goossens argumentiert, dass die Zunge metonymisch für *sprechen* steht. Hier besteht ein Kontiguitätsverhältnis. Der Akt, sich die Zunge abzubeißen (was physiologisch ziemlich unmöglich ist), ist eine hyperbolische Form der Selbstbestrafung, die hingehen metaphorisch zu verstehen sei.

Goossens Arbeiten zur Interaktion von Metaphern und Metonymien wurde von zahlreichen anderen Forschern aufgegriffen und weiterentwickelt. Weiterführende Studien sind z.B. Radden (2000), Geeraerts (2002) und Pathner & Thornburg (2002).

5.8 Aktuelle Forschungsfragen und neue methodische Zugänge

War die Studie der Metapher aus kognitiv-linguistischer Perspektive in der Anfangsphase der späten 1970er Jahre bis in die 1990er Jahre hinein vor allem von der Analyse sprachlicher Beispiele getragen, die als Beleg für metaphorische/metonymische Denkstrukturen dienen sollten, zeichnet sich die neuere Forschung durch eine größere Methodenvielfalt und eine multi- und interdisziplinäre Herangehensweisen aus. Überblicksdarstellungen zu dieser Forschungsrichtung an der Schnittstelle von Kognitiver Semantik und Kognitionswissenschaften finden sich in dem allgemein gut verständlichen Buch „Interpreting figurative meaning" von Raymond W. Gibbs und Herbert Colston (2012). Auch die Übersichtsartikel von Gibbs & Matlock (2008) und Coulson (2008) bieten Einblicke in diese neuere Entwicklung der Theorie der konzeptuellen Metaphern und Metonymien. Neben Experimenten spielen zudem auch **korpuslinguistische Methoden** eine große Rolle in der Metaphernforschung.

Mit der **Identifikation von Metaphern** hat sich zudem im ersten Jahrzehnt der 2000er Jahre eine Gruppe von Metaphernforschern beschäftigt, die sich Pragglejaz-Gruppe nannte (der Name setzt sich aus den Anfangsbuchstaben der Nachnamen der Mitwirkenden zusammen). Sie haben 2007 die „Metapher Identification Method" publiziert, die Steen et al. (2010) später noch erweitert haben. Einen weiteren sehr produktiven Forschungsschwerpunkt innerhalb der Kognitiven Linguistik und insbesondere der kognitiv-linguistischen **Multimodalitäts-**

forschung stellt die Studie der Metapher und der Metonymie in anderen Ausdrucksmodalitäten da. Dazu gehört Gestik (v.a. Müller 2008, Müller & Cienki 2008, 2014, Cienki 2013, 2017, Mittelberg 2006), Bild (Forceville 2008) und Musik (Zbikowski 2008). Mit den Möglichkeiten, Annahmen der Theorie der konzeptuellen Metaphern und Metonymien über die Studie von Gesten zu überprüfen, beschäftigt sich ganz explizit Kapitel 11 dieser Einführung.

Einen vertiefenden Einblick in die Entwicklung des Forschungsgebiets und der vielfältigen Herangehensweisen an die Untersuchung der Metapher bietet außerdem das von Raymond Gibbs editierte *Cambridge Handbook of Metaphor and Thought* (2008).

Die wichtigsten Punkte nochmal

- Metaphern sind nicht rein sprachlicher, sondern konzeptueller Natur.
- Sie beruhen auf einem konzeptuellen Mapping zwischen zwei unterschiedlichen Domänen.
- Eine Quelldomäne dient der Konzeptualisierung einer Zieldomäne.
- In vielen Fällen ist diese Quelldomäne konkreter bzw. unmittelbar sensomotorisch wahrnehmbar. Zieldomänen sind dahingegen abstrakter bzw. nicht direkt sensomotorisch erfassbar.
- Das Mapping ist unidirektional von der Quelldomäne zur Zieldomänen. Diese Richtung des Mappings kann nicht umgekehrt werden.
- Eine Weiterentwicklung der Theorie der Konzeptuellen Metaphern von Lakoff & Johnson bietet Grady mit seiner Unterscheidung von Primärmetaphern und komplexen Metaphern.
- Konzeptuelle Metonymien unterscheiden sich von konzeptuellen Metaphern darin, dass sie innerhalb einer Domäne agieren.
- Bei Metonymien dient ein Quellkonzept der Identifikation eines Zielkonzepts innerhalb derselben konzeptuellen Domäne.
- Quell- und Zielkonzept stehen in einem konzeptuellen Näheverhältnis zueinander.
- Einige Metaphern sind metonymisch motiviert.
- In sprachlichen Ausdrücken können Metaphern und Metonymien miteinander verschränkt sein.
- Evidenz für die Annahme, Metaphern und Metonymien seien konzeptueller Natur, d.h. Denkmechanismen, bieten einige experimentelle Studien sowie Studien aus dem Bereich der Gestenforschung (vgl. Kapitel 11).

Übungen

- Versuchen Sie Kurzdefinitionen der konzeptuellen Metapher und der konzeptuellen Metonymie zu geben. Worin liegt der wesentliche Unterschied zwischen konzeptuellen Metaphern und konzeptuellen Metonymien? Welche kognitive Funktion haben Metaphern bzw. Metonymien?
- In der kognitiv-semantischen Forschungsliteratur oft zitierte Beispiele für konzeptuellen Metaphern sind THEORIEN SIND GEBÄUDE, ARGUMENTIEREN IST KRIEG und ZEIT IST GELD. Geben sie jeweils sechs sprachliche Beispiele, die diese konzeptuellen Metaphern instanziieren.

- Die Theorie der konzeptuellen Metaphern geht in ihrer ursprünglichen Konzeption von Lakoff & Johnson (1980) davon aus, dass Quelldomänen konkreter bzw. sensomotorischer fassbarer sind als Zieldomänen. Diskutieren Sie in diesem Zusammenhang die Metaphern ARGUMENTIEREN IST KRIEG und ZEIT IST GELD und nehmen Sie dabei auf Gradys Unterscheidung von Primärmetaphern und komplexen Metaphern Bezug.
- Der folgende Ausschnitt ist dem Roman von Joachim Meyerhoff „Die Zweisamkeit der Einzelgänger" (2017) entnommen. Der Autor erzählt von Ilse, einer Bäckerin, deren Bäckerei schlecht läuft, seitdem in unmittelbarer Umgebung eine neue, modernere Bäckerei eröffnet würde:

Seit die neue Bäckerei aufgemacht hatte, kamen nur die alten Kunden, und auch die würden nach und nach wegsterben. „Wenn ich in der Zeitung die Todesanzeigen durchlese", erklärte sie mir, „und sehe, dass wieder einer von meiner Kundschaft hin ist, denke ich: Oh Gott, das Mehrkornbrot ist tot".

Handelt es sich bei dem unterstrichenen Ausdruck um einen metonymischen oder einen metaphorischen Ausdruck? Gibt es die Möglichkeit, ihn sowohl als Metonymie als auch als Metapher zu interpretieren? Auf welches Konzept referiert dann „das Mehrkornbrot" jeweils? Welche konzeptuelle Metonymie oder Metapher wird instanziiert?

Weiterführende Literatur

- Einführungen in die Theorie der Konzeptuellen Metaphern und Metonymien: Evans & Green 2006: Kapitel 9, Kövesces 2002, Croft 1993
- Theorie der Primärmetaphern: Grady 1997, 1998
- Vergleich von Metaphern und Metonymien: Barcelona 2000, Kövesces 2010: Kapitel 12

6 Die Theorie der mentalen Räume

Die **Theorie der mentalen Räume** (*mental space theory*) geht auf die Arbeiten von Gilles Fauconnier ([1985] 1994, 1997) zur **Online-Bedeutungskonstitution** zurück. Damit sind die Prozesse der Produktion, des Verstehens und der Verarbeitung von Sprache in der Echtzeit gemeint, also während wir sprechen, zuhören, interagieren, schreiben oder lesen. Sie ist als Reaktion auf die wahrheitskonditionale Semantik und ihrem Zugang zur Satzbedeutung zu verstehen. Diese war in den vom Generativismus geprägten 1970er und 1980er-Jahren die vorherrschende Strömung in der stark formal orientierten Semantik. Fauconniers Kritik an diesem Ansatz, der von einer objektivierbaren Bedeutung von Sätzen ausgeht, ist fundamental und in seinem Grundverständnis von **Semantik** als eine Frage der **Konzeptualisierung** verankert. Impulse für die Entwicklung der Theorie der mentalen Räume gehen dabei insbesondere von der die Kognitive Linguistik allgemein konstituierenden Sicht auf sprachliche Strukturen als „prompts to construct meaning" (*Anstöße, Bedeutung zu konstituieren*) sowie ebenso von der Tatsache, dass Bedeutungskonstitution vor allem „backstage" abläuft, aus. Das heißt, die kognitiven Prozesse der Konzeptualisierung und der Bedeutungsgenerierung werden nicht versprachlicht und dadurch sichtbar, sondern sie laufen im Hintergrund der fortschreitenden Kommunikation ab (***backstage cognition***).

Zwei Zitate sind in diesem Zusammenhang erhellend (beide sind Evans & Green 2006: 366–367 entnommen). Das erste Zitat ist von Mark Turner, der mit Gilles Fauconnier zusammen die auf die Mental Space Theory aufbauende Blending Theorie entwickelt hat (vgl. Kapitel 7).

> [Sprachliche] Ausdrücke haben keine Bedeutung; sie sind Anreize für uns, Bedeutung zu konstruieren, indem wir mit den Prozessen arbeiten, die wir bereits kennen. In keinem Fall ist die Bedeutung [einer] Äußerung ‚in den Wörtern'. Wenn wir eine Äußerung verstehen, verstehen wir nicht ‚einfach was die Wörter aussagen'; die Wörter selbst bedeuten gar nichts ohne das sehr detaillierte Wissen und die kognitiven Prozesse, die wir mitbringen. (Turner 1991: 26, Übersetzung E.Z.)[55]

---

55 „Expressions do not mean; they are prompts for us to construct meaning by working with processes we already know. In no sense is the meaning of [an]…utterance 'right there in the words'. When we understand an utterance, we in no sense are understanding 'just what the words say'; the words themselves say nothing independent of the richly detailed knowledge and powerful cognitive processes we bring to bear." (Turner 1991: 26)

Gilles Fauconnier elaboriert diese Position und betont dabei die Dynamizität ebenso wie die „Unsichtbarkeit" der kognitiven Prozesse der Online-Bedeutungskonstitution:

> Wenn wir Sprache gebrauchen, ist der sprachliche Output nur die Spitze des Eisbergs der kognitiven Konstruktion. Während der Diskurs voranschreitet, passiert ganz viel hinter der Bühne: neue Domänen treten auf, Verbindungen werden gelegt, interne Struktur entsteht und verbreitet sich, Perspektive und Fokus verschieben sich. Alltagssprache und Denken werden von unsichtbaren, hoch abstrakten mentalen Operationen unterstützt, die helfen ... [Sprache] ... zu steuern, sie aber nicht definieren. (Fauconnier 1994: xxii–xxiii, Übersetzung E.Z.)[56]

Fauconnier postuliert im Wesentlichen zwei kognitive Prozesse der Bedeutungskonstitution: 1. Die Bildung von mentalen Räumen und 2. die Verknüpfung von mentalen Räumen über „Mappings".

6.1 Was sind mentale Räume?

Fauconnier (2007: 351) definiert mentale Räume als „partielle Strukturen, die zum Zweck des lokalen Verstehens und Handelns, während wir denken und sprechen, konstruiert werden"[57]. Zwei Elemente dieser Kurzdefinition sind zentral: Erstens, mentale Räume sind **lokale Vorstellungsräume**. Ehmer (2011: 32), der die Theorie der mentalen Räume zur Studie des gemeinsamen Fantasierens in der Interaktion herangezogen hat, spricht von „**szenischen Vorstellungen**", die „ad hoc im Gespräch" aufgebaut werden. Zweitens, mentale Räume selektieren aus konzeptuellen Domänen bzw. Frames (vgl. Kapitel 5 und 9) einzelne Elemente, und zwar nur jene, die für die Konzeptualisierung der imaginierten Szene in diesem Moment relevant sind. Schreitet der Diskurs fort, verändert sich der mentale Vorstellungsraum in einem oder mehreren Details, während andere Elemente relevant bleiben. Dies ermöglicht Kohärenz zwischen Diskursbeiträgen. Ehmer (2011: 35) spricht von einem Netzwerk mentaler Räume mit hierarchischer Struktur.

---

56 „Language, as we use it, is but the tip of the iceberg of cognitive construction. As discourse unfolds, much is going on behind the scenes: New domains appear, links are forged, abstract meanings operate, internal structure emerges and spreads, viewpoint and focus keep shifting. Everyday talk and commonsense are supported by invisible, highly abstract, mental creations, which ... [language]...helps to guide but does not by itself define."(Fauconnier 1994: xxii–xxiii)
57 „[..] partial assemblies constructed as we think and talk, for purpose of local understanding and action." (Fauconnier 2007: 351)

Wir illustrieren dies am folgenden Beispiel (31).

> Hans ist 12 Jahre alt. Er ist der Sohn von Martha und Norbert. Die Familie hatte lange in einem großen Haus am Stadtrand gewohnt. Jeden Tag fuhr Hans mit dem Fahrrad zur Schule ins Nachbardorf. Vor drei Jahren wurde Norbert jedoch arbeitslos und sie mussten das große Haus verkaufen. Im Moment wohnen sie bei einer Tante Marthas und teilen sich zu dritt ein Zimmer.

Wenn wir diese kurze Erzählsequenz lesen/hören oder schreiben bzw. erzählen, stellen wir uns zunächst einmal einen Jungen vor, der Hans heißt, und 12 Jahre alt ist. Die Nennung des Alters konkretisiert dabei die Vorstellung bzw. das zunächst wahrscheinlich ansonsten wenig detaillierte mentale Bild des Jungen Hans. Wir aktivieren aus unserer Erfahrung ein ungefähres Bild eines zwölfjährigen Jungen (und stellen uns also weder ein Baby oder Kleinkind noch einen Erwachsenen vor). Dieses mentale Bild ist Teil des ersten mentalen Raums, den wir aufrufen, um uns die erzählte Szene vorzustellen, d.h. um eine Bedeutung des sprachlichen Inputs zu konstruieren. Fauconnier spricht hier vom „base space" (**Basisraum**), weil er der Ausgangspunkt ist für die darauf aufbauenden, in einer Kohärenzrelation zu ihm stehenden mentalen Vorstellungsräume, in denen die Erzählung elaboriert wird. Dieser Basisraum steht zunächst im Aufmerksamkeitsfokus. Er ist mit den Worten Fauconniers also auch **Fokusraum** (*focus space*). Im Laufe der Erzählung wird dieses Zusammenfallen von Basis- und Fokusraum notwendigerweise aufgelöst.

Im nächsten Satz (*Er ist der Sohn von Martha und Norbert*) erfahren wir mehr über Hans, denn in den mentalen Vorstellungsraum, den wir im Basisraum aufgebaut haben, treten nun auch Martha und Norbert ein. Wir aktivieren den FAMILIEN-Frame und aktivieren schematische mentale Bilder für die Eltern von Hans. Der Basisraum wird also erweitert. Der darauffolgende Satz (*Die Familie hatte lange in einem großen Haus am Stadtrand gewohnt*) eröffnet sodann einen neuen Vorstellungsraum, der ein Szenario aus der Vergangenheit beschreibt. Fauconnier spricht von einem „Past Event Space". In diesem Vorstellungsraum ist Hans nicht mehr 12 Jahre alt, sondern jünger. Wir situieren also die im Satz beschriebene Szene in der Vergangenheit und als Situation, die für den 12-jährigen Hans aus dem Basisraum nicht mehr gilt. Dieser *Past Event Space* ist der neue Fokusraum. Er ist mit dem Basisraum dadurch verbunden, dass die Akteure Hans, Martha und Norbert identisch sind mit den im „Past Event Space" in der Kategorie Familie zusammengefassten Akteuren. Es besteht also eine sogenannte **Identitätsverbindung** (*identity link*) zwischen Elementen in beiden mentalen Vorstellungsräumen. *Jeden Tag fuhr Hans mit dem Fahrrad zur Schule ins Nachbardorf* elaboriert wiederum diesen *Past Event Space* und fügt ihm neue Informationen hinzu. „Vor drei Jahren" eröffnet hingegen einen neuen Fokusraum. Dieser ist ebenfalls – im Verhältnis zum Basisraum – in der Vergangenheit situiert. In diesem neuen Fokusraum imaginieren wir ein neues Event, nämlich den Beginn der Arbeitslosigkeit von Hans Vater, der als Ursache für das im Verhältnis dazu später stattfindende Event präsentiert wird, dass die Familie das Haus verkaufen musste (vgl. die Koreferenz, die in der Abbildung 19 über Identitätsverbindungslinien zum *großen Haus am Stadtrand* aus dem ersten *Past Event Space* (,Vergangenes Event' in Abb. 19) dargestellt wird). Zum Ende der Erzählung kehren wir zur Gegenwart des Basisraums zurück und elaborieren diesen mit dem Wissen um die aktuelle Wohnsituation von Hans, Martha, Norbert (und der Tante von Hans).

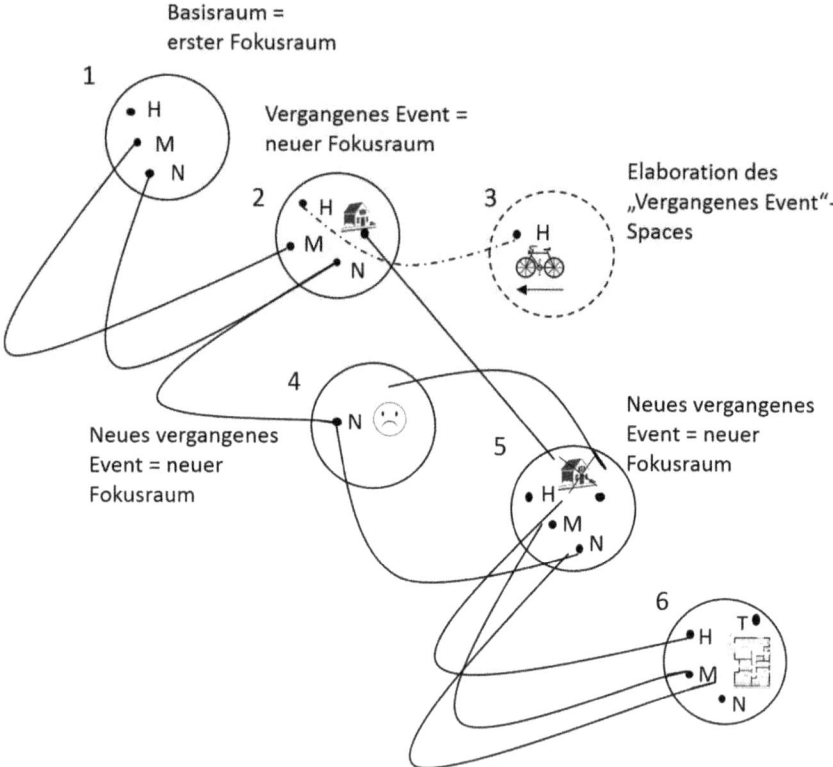

Abb. 19: Entwicklung der Vorstellungsräume für die Erzählsequenz (31)

In Abbildung 19 ist die Abfolge der Konstruierung und Elaboration von mentalen (Vorstellungs-)räumen im Laufe der mentalen Verarbeitung und also der Bedeutungskonstitution für diese Erzählsequenz mittels Nummerierungen der mentalen Räume angedeutet. Der erste Satz der Erzählung konstituiert somit den Basisraum, im dem zunächst nur Hans (abkürzt als H) enthalten ist. Martha (M) und Norbert (N) werden in ihrer Funktion als Eltern von Hans diesem Basisraum im zweiten Satz hinzugefügt. Dieser Basisraum mit den drei Akteuren der Erzählung bildet den ersten Fokusraum, denn auf ihn richtet sich zunächst die Aufmerksamkeit der Konzeptualisierenden. Auf diesen ersten Fokusraum folgt die Konstituierung eines mentalen Raums, der die Vorstellung eines vergangenen Events beinhaltet. Die geschwungenen Linien von den Elementen H, M und N des Basisraums zu den gleich benannten Elementen im neuen Fokusraum verdeutlichen im Sinne Fauconniers, dass es sich hier um dieselben Akteure handelt. Es besteht also Ko-Referenz bzw. eine Identitätsverbindung. Der dritte mentale Vorstellungsraum elaboriert den zweiten. Er ist ebenfalls in der Vergangenheit (ausgehend vom Basisraum) situiert und bezieht sich nur auf Hans. Es wird also ein Element des mentalen Raums, auf den der dritte Vorstellungsraum aufbaut, herausgegriffen und fokussiert sowie nur ihn betreffende, neue Information hinzugefügt. Der Vorstellungsraum 3 ist ebenso wie die Verbindungslinie zu Raum 2 graphisch mit gestrichelten Linien markiert, um anzudeuten, dass es sich um eine Elaboration von Raum 2 handelt. Der zeitlich nachfolgende Vorstellungsraum 4 greift aber vor allem auf Vorstellungsraum 2 zurück, in dem er Angaben zu Norbert, Hans Vater, und ein wiederum in der Vergangenheit situiertes Event, das als Ursache für die zu imaginierende Szene im Vorstellungsraum 5 präsentiert wird, macht. Diese Ursache-Folge-Beziehungen zwischen der Arbeitslosigkeit von Norbert (in der Abbildung graphisch über das unglückliche Gesicht symbolisiert) und dem Verlust des Hauses bzw. dem Endzustand in der Erzählung, nämlich dass im ‚Hier-und-Jetzt' der Erzählung alle in einer zu kleinen Wohnung der Tante wohnen, werden ebenfalls mit geschwungenen Linien angedeutet[58].

In diesem ersten Beispiel, das tatsächlich schon recht komplex ist, werden bereits einige unterschiedliche Arten von mentalen Räumen genannt, wie der Basisraum und der **Vergangenes-Event-Raum** (*Past Event Space*). Diese sind nur zwei der möglichen Kategorien von mentalen (Vorstellungs-)räumen. Die weiteren Möglichkeiten schauen wir uns nun im folgenden Abschnitt an.

---

[58] Für die Abbildung 19 weichen wir von den Notationskonventionen Fauconniers etwas ab, um die Darstellung dieser bereits recht komplexen Analyse zu vereinfachen.

6.2 Einige Kategorien von mentalen (Vorstellungs-)räumen

In diesem Kapitel stellen wir einige Arten von mentalen Räumen vor. Einen Sonderstatus nimmt dabei der sogenannte „reality space" ein.

- **Reality Space**: Dieser Begriff bezeichnet nach Fauconnier die von den Konzeptualisierenden einer Szene „geteilte mentale Repräsentation der aktuellen Kommunikationssituation" (Ehmer 2011: 35). Diese schließt die räumlich-physische Konstellation[59] der an der realen Diskurssituation Beteiligten ebenso wie ihre sozialen Rollen, Annahmen über geteiltes kulturelles Wissen etc. mit ein. Er umfasst mit anderen Worten die Interaktions-/DiskurspartnerInnen und die Umstände ihrer Interaktion.

Ausgehend vom *Reality Space* wird sodann vom Sprecher/der Sprecherin die Konzeptualisierung eines bestimmten Basisraums (*base space*) initiiert.

- **Basisräume**: Sie enthalten Informationen zu den Akteuren der konzeptualisierten Szene sowie die sie betreffenden Informationen, die Teil des zu konzeptualisierenden „Pakets" sind. Sie sind jeweils der Ausgangspunkt, von dem aus andere mentale Räume entwickelt werden können.

Wie sich Basisräume konstituieren und welche Informationen sie enthalten, haben wir bereits in der Besprechung des ersten Beispiels skizziert. Ähnlich verhält es sich bei Beispiel (32). Susanne und Stefan werden im ersten Satz eingeführt, zusammen mit der Information, dass sie verheiratet sind, was wir vor dem Hintergrund des Frames EHE interpretieren können. Der zweite Satz elaboriert den Basisraum, um die Information, dass sich Susanne und Stefan seit 10 Jahren kennen. Hier wird der allgemeinere Frame BEZIEHUNGEN als Interpretationsbasis besonders relevant.

Beispiel (32)

    Susanne und Stefan sind verheiratet. Sie kennen sich seit 10 Jahren.

---

[59] Andere Autoren sprechen beispielsweise vom *real space* (u.a. Coulson 2000, Sweetser 2000) oder auch vom *here and now space* (Hougaard & Oakley 2008). Vgl. hierzu auch Ehmer (2011: 34). Der Reality Space ist außerdem äquivalent zum *Ground*-Begriff der Kognitiven Grammatik (Kapitel 9).

In der Notation Fauconniers sieht eine Analyse des Beispiels (32) folgendermaßen aus (vgl. Abb. 20):

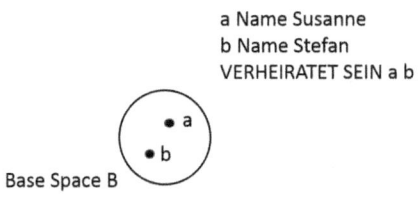

[erster Satz] *Susanne und Stefan sind verheiratet.*

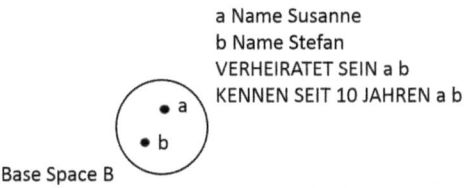

[zweiter Satz] *Sie kennen sich seit zehn Jahren.*

Abb. 20: Darstellung der Erweiterung des Basisraums durch den zweiten Satz in Beispiel (32)

Aus dem Beispiel (31) kennen wir auch bereits den *Past Event Space* (Vergangenes-Event-Raum).

- **Vergangene-Event-Räume** *(past event spaces):*

Beispiel (33)

> Deutschland ist ein Bundesstaat mit sechzehn Bundesländern. Am 3.Oktober 1990 wurde das Land nach 51 Jahren Trennung in BRD und DDR wiedervereinigt.

Dieses Beispiel basiert zunächst ebenfalls auf der Konstruierung eines Basisraums. Von ihm ausgehend evoziert der zweite Satz einen neuen mentalen Raum, denn er beschreibt ein Ereignis, dass relativ zum Basisraum in der Vergangenheit situiert ist. Dabei fungiert die temporale Konstruktion „am 3. Oktober 1990" als sogenannter **space builder** (Fauconnier [1985]1994), also als sprachlicher

Prompt, d.h. als initiierendes Element, um einen neuen mentalen Raum zu konstruieren. Auf die Funktionen und lexikalischen und grammatischen Eigenschaften von *space builder*-Konstruktionen gehen wir nach dieser Übersicht zu verschiedenen Typen von mentalen Räumen noch genauer ein.

- **Zukünftige-Event-Räume** *(future event spaces):*

Beispiel (34)

> Dieses Jahr habe ich Urlaubssperre, aber nächstes Jahr fahren wir alle zusammen in den Urlaub.

Analog zu Beispiel (33) funktioniert Beispiel (34). Hier wird ausgehend vom Basisraum, der vom Matrixsatz „Dieses Jahr habe ich Urlaubssperre" gefüttert wird, ein in der Zukunft liegender Event Space konstruiert. Die Funktion des *space builders* übernimmt hier „nächstes Jahr".

Die nächsten drei Arten von mentalen Räumen – *belief space, hypothetical space* und *counterfactual space* – ähneln einander insofern, dass sie eine Szene so konstruieren, dass sie mit dem Basisraum potentiell oder tatsächlich im Konflikt steht.

- **Glaubensräume** *(belief spaces)* und **Gedankenräume** *(thought spaces)*

Beispiel (35)

> Susanne glaubt, dass Stefan sie nicht mag.

Beispiel (36)

> Susanne glaubt, dass Stefan sie nicht mag, dabei ist er schwer in sie verliebt.

Im Beispielsatz (35) evoziert „Susanne glaubt" einen Vorstellungsraum, in dem die Vorstellungen (das, was sie glaubt) Susannes situiert sind. Aus Erfahrung wissen wir, dass Dinge, die man glaubt, unter Umständen nicht der Wirklichkeit entsprechen. Aus diesem Grund ist die Annahme Susannes, dass Stefan sie nicht mag, nicht Teil des Basisraums. Wie Stefan zu Susanne steht, ist in diesem Basisraum nicht spezifiziert. In diesem Punkt unterscheiden sich die Beispiele (35) und (36) voneinander.

Einige Kategorien von mentalen (Vorstellungs-)räumen — 111

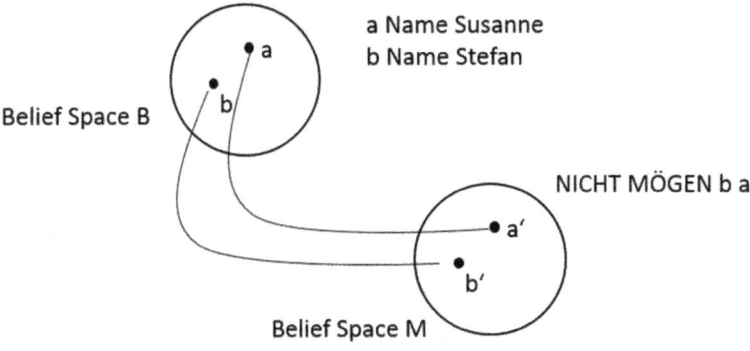

Abb. 21: Mental Space-Analyse für „Susanne glaubt, dass Stefan sie nicht mag"

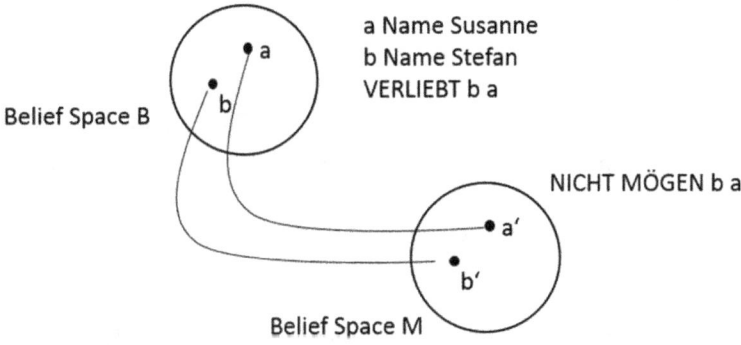

Abb. 22: Mental Space-Analyse für „Susanne glaubt, dass Stefan sie nicht mag, dabei ist er schwer in sie verliebt."

Eine Abwandlung von Glaubensräumen sind Gedankenräume (*thought spaces*). Auch sie situieren Annahmen über bzw. Gedanken zu etwas oder jemanden in einem vom Basisraum abhängigen, aber mit ihm nicht identischen Vorstellungsraum. In (37) wird beispielsweise Bill im Denken Marks die Eigenschaft, brillant zu sein, zugeschrieben.

Beispiel (37)

    Mark denkt, Bill ist brillant.

Ein grundsätzlich anderes Verhältnis zum Basisraum haben hingegen narrative Vorstellungsräume.

- **Narrative Räume** *(narrative spaces)*

Narrative Räume entstehen prototypisch aus dem Hier-und-Jetzt der Konzeptualisierenden (also dem *reality space*, s.o.), wenn SprecherInnen über einen geeigneten *space builder,* also eine sprachliche Konstruktion, die markiert, dass eine Erzählung folgt, anzeigen, dass eine Erzählaktivität beginnt. Klassische Erzähleinleitungskonstruktionen sind „es war einmal ein XY" oder auch „habe ich euch schon erzählt?", „da habe ich auch schon mal etwas Ähnliches erlebt" u.Ä. (vgl. als Überblick zu Erzählungseinleitungssequenzen in der Interaktion z.B. Sacks 1992, Mandelbaum 2012; zu narrativen Texten aus Sicht der Blending- und der Mental Space Theory: Dancygier 2007, 2012)

- **Fiktionale Räume** *(fictional spaces)*

Narrative Räume können, aber müssen nicht fiktional sein. Berichtet ein Sprecher/eine Sprecherin von einer wahren Begebenheit, die ihm/ihr widerfahren ist, wird ein narrativer Raum (der zudem in der Vergangenheit situiert ist) eröffnet. Dieser ist aber nicht fiktional. Ist die erzählte Begebenheit erfunden, trifft beides zu: Der narrative Raum ist gleichzeitig ein fiktionaler Raum. Das trifft auf Beispiel (38) zu. Es handelt sich um einen recht konventionell aufgebauten Witz. Die beschriebene Handlung ist klar fiktional, und dieser fiktionale Vorstellungsraum wird über die konventionalisierte Witzeinleitungsformel „Geht ein X zu Y" initiiert.

Beispiel (38)

> Geht eine Frau zum Arzt und sagt: „Oh, Herr Doktor, wenn ich hier auf mein Bein drücke, tut es weh, wenn ich auf meiner Schulter drücke, tut es auch weh, und wenn ich auf meine Stirn drücke, tut es ja auch weh. Was ist das nur?" Der Doktor stellt mit ernster Miene die Diagnose: „Klarer Fall, ihr Finger ist gebrochen!"

- **Hypothetische Räume** *(hypothetical spaces):*

Beispiel (39)

> Wenn ich Bildungsministerin wäre, würde ich den Universitäten 10 Milliarden Euro zusätzlich geben.

Hypothetische Aussagen situieren in einem Vorstellungsraum eine im Basisraum nicht reale Annahme, von der der Sprecher weiß und klar zu erkennen gibt, dass sie nicht der Wirklichkeit im Basisraum entspricht. In diesem Sinne sind sie auch fiktional.

- **Kontrafaktische Räume** *(counterfactual spaces)*
und
- **Negierte Räume** *(negated spaces)*

Beispiel (40)

> Hätte es nicht geregnet, wäre ich ins Schwimmbad gegangen.

Kontrafaktische Szenen stimmen ebenfalls nicht mit der Realität des Basisraums überein bzw. sie stehen im offenen Widerspruch dazu, sind also inkompatibel. Während eine Bedingung auf ein Element im Basisraum explizit zutrifft, wird diese Bedingung für das korrespondierende Element im kontrafaktischen Vorstellungsraum nicht erfüllt. In Beispiel (40) ist dieser kontrafaktische Vorstellungsraum in der Vergangenheit situiert *(counterfactual past event space)*. Seine kognitive Verarbeitung beruht auf der Konstruierung zweier mentaler Repräsentationen: (1) Die Szene, die auf der faktisch falschen Annahme basiert, dass es nicht geregnet hat und in der der Sprecher/die Sprecherin also ins Schwimmbad gegangen ist und (2) die Szene, die faktisch wahr ist, wonach der Sprecher/die Sprecherin nicht im Schwimmbad war, weil es geregnet hat. Das Verstehen von kontrakfaktischen Aussagen wie in (40) setzt also sowohl die mentale Vorstellung von zwei unterschiedlichen Szenarien voraus als auch das Erkennen der Inkompatibilität der beiden.

Beispiel (41)

> Es hat nicht geregnet.

Die Verarbeitung negierter Äußerungen ähnelt der von kontrafaktischen insofern, dass wir zwei Szenen mental abrufen, nämlich die Szene, die negiert wird (für Beispiel (41) entspricht dies einer Szene, in der Regen fällt) und die Szene, die propositional ausgedrückt wird (es regnet nicht, ergo das Wetter ist gut bzw. „regenlos").

6.3 Space builder

An mehreren Stellen haben wir bereits gesehen, dass in diesem Verstehensprozess, sogenannte **space builder**, d.h. sprachliche Elemente, die die Eröffnung eines neuen mentalen Raums initiieren, eine entscheidende Rolle spielen.

Verschiedene sprachliche Konstruktionen fungieren als *space builder*, so zum Beispiel:

- Präpositionalphrasen (*im Jahr 1990, in dem Gemälde, in Frankreich, in ihren Augen*)
- Adverbien (*vielleicht, angenommen, theoretisch, tatsächlich, ...*)
- Konjunktionen (*wenn - dann; einerseits - andererseits*)
- Verba sentiendi (*Erika glaubt, hofft, vermutet, behauptet...*)
- Phraseme, die als Einleitungsformel für bestimmte ritualisierte Aktivitäten oder Textgattung konventionalisiert sind, z.B. eine Erzählaktivität (*es war einmal ein...*; vgl. hierzu spezifisch Dancygier 2012)

Auch Modus spielt eine Rolle für die Evozierung und Ausgestaltung von mentalen Räumen. So initiiert der Konjunktiv in „ich würde nach Amerika fliegen" die Herstellung eines hypothetischen mentalen Raums, während der Imperativ des Verbs „vorstellen" in „Stell dir vor, du wärst in Amerika" die Konstituierung eines fiktionalen Gedankenraums bewirkt. Das Tempus ist wiederum vor allem entscheidend für die Herstellung von mentalen Räumen, in denen vergangene oder zukünftige Szenen imaginiert werden.

6.4 Mentale Räume und Frames

Entscheidend für die jeweilige Ausgestaltung mentaler Räume ist, wie bereits zu Beginn dieses Kapitels erwähnt wurde, die Aktivierung von semantischen Frames. Mentale Räume sind ihrer Konzeption nach **lokale, temporäre** und notwendigerweise **partielle** und **unterspezifizierte Vorstellungsräume**, in denen ausgehend von den sprachlichen Prompts (=den sprachlichen Strukturen) komplexe szenische Bedeutungen generiert werden. Diese nähren sich aus unserem in Frames (oder Domänen) organisierten, erfahrungsbasierten Weltwissen. Ehmer illustriert dieses Verhältnis von Frames und mentalen Räumen anhand der Graphik in Abbildung 23. Er bezieht sich darin auf Fauconnier (1997: 12) und den ‚commercial event frame', den wir bereits in 4.3 kennengelernt haben und den wir uns im Kapitel 8 noch im Detail ansehen werden.

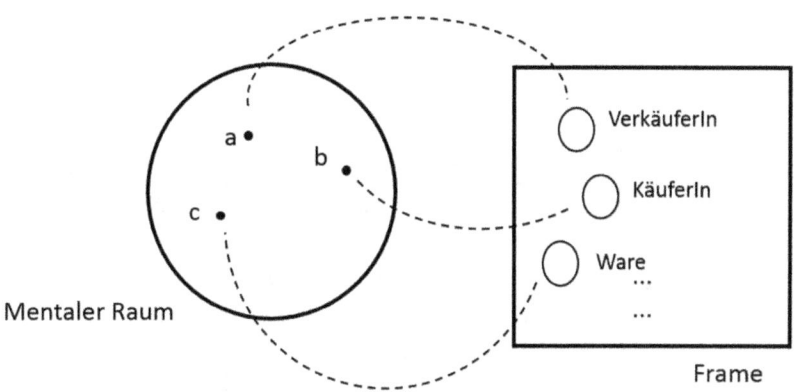

Abb. 23: zum Verhältnis von mentalen Räumen und Frames (nach Ehmer 2011: 33)

So basiert die Konzeptualisierung einer konkreten Einkaufsszene in einem konkreten Diskurskontext (z.B. *Paul kauft Maria ihr altes Handy ab*) auf der Aktivierung von Hintergrundwissen zu den Abläufen und Akteuren von (Ein-)Kaufszenarien. Dabei werden nur bestimmte Aspekte dieses breiten framesemantischen Wissens aktiviert, nämlich jene, die für die Vorstellung der spezifischen Szene, die diskursiv beschrieben wird, relevant sind. In diesem Fall sind das die Rollen *Käufer*, *Verkäufer* und *Ware*. Sie werden im mentalen Raum mit bestimmten Werten, nämlich *Paul*, *Maria* und *Handy* besetzt. Frames sind somit (relativ) stabile, komplexe Wissensstrukturen, die mentalen Räumen Struktur geben (Näheres dazu in Kapitel 8). Mentale Räume sind hingegen lokale, kurzlebige Vorstellungsräume, die wir ohne Rückgriff auf Frames nicht konstruieren könnten.

6.5 Mentale Räume in der Interaktion

Die Theorie der mentalen Räume eignet sich mit ihrem Fokus auf die kognitiven Prozesse der Online-Bedeutungskonstitution im besonderen Maße für die Studie der **Bedeutungsherstellung und dynamischen Entwicklung in Interaktionen.** In diesem Abschnitt behandeln wir zunächst ein kognitiv-grammatisches Diskursmodell, nämlich das „Current Discourse Space Model" von Ronald Langacker, das in vielerlei Hinsicht mit dem Modell der Mentalen Räume kompatibel ist.

6.5.1 Langackers Current Discourse Space Modell

Mit seinem Aufsatz „Discourse in Cognitive Grammar" aus dem Jahr 2001 präsentiert Langacker den ersten programmatischen Ansatz zur Integration von Diskurs(analyse) und Kognitiver Grammatik (siehe explizit dazu Kapitel 9), den er später (Langacker 2008, 2016b) punktuell erweitert hat.

Der zentrale Begriff in Langackers Ansatz und dem von ihm vorgestellten Diskursmodell ist der **aktuelle Diskursbereich** (*current discourse space*, CDS). Er ist definiert als „mentaler Raum, der jene Elemente und Beziehungen enthält, die vom Sprecher und dem Hörer geteilt werden und die Basis für die Kommunikation zu einem gewissen Moment im Diskursverlauf bilden" (Langacker 2001: 144, Übersetzung E.Z.)[60].

Der aktuelle Diskursbereich als mentaler Bereich umfasst also einen gewissen zeitlich begrenzten Diskursabschnitt, d.h. eine kohärente Abfolge von Gebrauchsereignissen (*a series of usage events*). Das **Gebrauchsereignis** (*usage event*) stellt im gebrauchsbasierten Modell der Kognitiven Grammatik gleichsam die Basiseinheit dar. Intrinsische Bestandteile eines Gebrauchsereignisses und Basis für die Interpretation der sprachlichen Elemente eines Gesprächs/Diskurses ist das Verständnis der Interaktanten der Kommunikationssituation. Diese Kommunikationssituation nennt man den **Ground** (dt. auch *Grund*). Er setzt sich aus den Elementen InteraktionsteilnehmerInnen, deren Interaktion sowie den unmittelbaren äußeren, räumlichen und zeitlichen Interaktionsumständen zusammen. Der *Ground* entspricht damit dem *reality space* der Theorie der mentalen Räume.

---

60 „[The] mental space comprising those elements and relations construed as being shared by the speaker and hearer as a basis for communication at a given moment in the flow of discourse." (Langacker 2001: 144)

Langacker spricht in seinen Arbeiten zur Kognitiven Grammatik immer von Sprechern und Hörern. Das ist aus gesprächsanalytischer Sicht eine unglückliche Wahl, weil der Begriff „Hörer" impliziert, dass man nur passiv agiert. Den wahren Charakter von Interaktionen viel besser abbildende Bezeichnungen wären „GesprächsteilnehmerInnen" oder „InteraktionsteilnehmerInnen" bzw. „RezipientInnen", wenn man explizit auf den/die gerade nicht sprechende Teinehmerin verweisen möchte.

Gebrauchsereignisse (*usage events*) werden als **bipolare Strukturen** konzeptualisiert (vgl. Abbildung 24). Langacker spezifiziert dabei zwei Pole oder Kanäle: einen **Konzeptualisierungskanal** und einen **Vokalisierungskanal**. Diese beiden Kanäle umfassen Informationen aus jeweils drei Sub-Kanälen. Auf der Konzeptualisierungsseite spielen die **Informationsstruktur** (Betonung, Topikalisierung, neue vs. bekannte Informationen), die **Gesprächskoordination** (Verteilung des Rederechts, Sprecherwechsel etc.) sowie das **Konzeptualisierungsobjekt** eine Rolle.

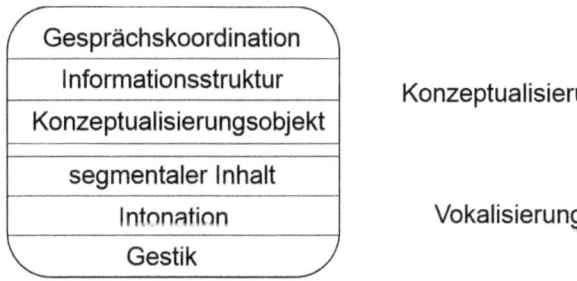

Abb. 24: die bipolare Struktur des Gebrauchsereignisses (aus Zima 2013a, basierend auf Langacker 2001)

Das **Konzeptualisierungsobjekt**, also die zu imaginierende Szene, stellt Langacker zufolge den wichtigsten Informationskanal der Konzeptualisierungsseite dar, denn er geht davon aus, dass es sich hierbei um den Kanal mit der größten Salienz und Autonomie handelt. Dies wird damit begründet, dass SprecherInnen generell in der Interaktion dem Akt des Sprechens und Verstehens die meiste (bewusste) Aufmerksamkeit widmen, während andere Informationen tendenziell eher unbewusst produziert bzw. verarbeitet werden (Langacker 2001: 146; 2008: 461). Der Gegenpol, den Langacker **Vokalisierungskanal** (oder auch den expressiven Kanal) nennt, vereint wiederum die Subkanäle **Gestik, Intonation** und **segmentaler Inhalt**, womit die auditiv wahrnehmbare Abfolge von Phonemen gemeint ist. Während sich traditionelle Grammatikmodelle zumeist auf eine Analyse des segmentalen Kontexts und/oder des Konzeptualisierungsobjekts beschränken, ist Langackers Konzeption des *Usage Events* also explizit **multimodal**. GesprächsteilnehmerInnen können prinzipiell ihre Aufmerksamkeit auf alle Aspekte des Gebrauchsereignisses lenken und diese als Fokus konstruieren. Auch Intonation oder Gestik können somit zum fokussierten Diskursobjekt werden.

Erfolgreiches Kommunizieren, d.h. der Prozess des einander Verstehens, impliziert in Langackers Modell, dass SprecherInnen und HörerInnen (S und H in Abb. 25) **annähernd gleiche Repräsentationen** eines fokussierten Konzeptualisierungsobjekts aufbauen (visualisiert mittels des dick umrandeten Rechtecks in Abb. 25).

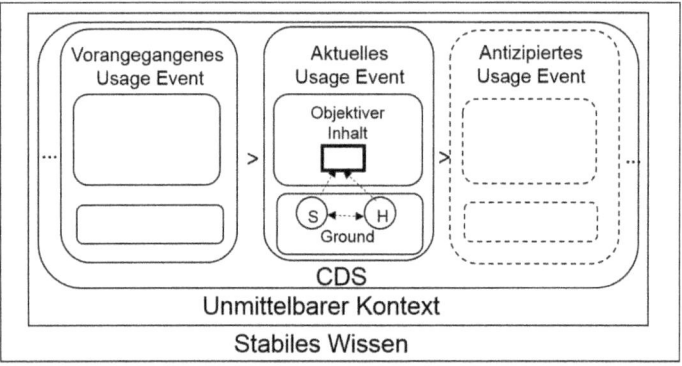

Abb. 25: das CDS-Modell (aus Zima 2013a: 51, basierend auf Langacker 2008: 466)

Diese Repräsentationen sind aufgrund des enzyklopädischen und erfahrungsbedingten Charakters von Bedeutung tatsächlich nie deckungsgleich. Vielmehr findet Kommunikation im Schnittbereich der individuellen Konzeptualisierungen statt. Dabei kommt dem Sprecher/der Sprecherin eine Führungs- oder Vorreiterrolle zu, indem er/sie eine bestimmte Konzeptualisierung vorgibt (oder eher vorschlägt) und dabei die Aufmerksamkeit des Hörers/der Hörerin auf das profilierte Objekt zu lenken versucht. Der **Aufmerksamkeitssteuerung** wird demnach in diesem Modell eine zentrale Rolle in der Diskursproduktion und -rezeption zugeschrieben:

> Der Sprecher (s) agiert initiativ, der Hörer (H) ist responsiv; aber egal ob die Rolle aktiv oder reaktiv ist, [...] die Handlungen von Sprecher und Hörer implizieren immer Aufmerksamkeitslenkung und -fokussierung. (Langacker 2001: 144, Übersetzung E.Z.)[61]

Dabei muss betont werden, dass Konzeptualisierung immer im Kontext einer konkreten Sprechsituation stattfindet. Gebrauchsereignisse setzten sich mit anderen Worten nicht aus losen Sprachinstanziierungen zusammen, sondern sie bilden kohärente Abfolgen:

> Ein Gebrauchsereignis findet in einem unmittelbaren Sprechkontext statt, den man breit definieren kann als die physischen, mentalen, sozialen und kulturellen Umstände. Der *Ground* steht im Zentrum dieses Sprechkontexts und ein Element dieses Kontexts ist die Tatsache, dass Sprecher und Hörer damit beschäftigt sind, die gemeinsame Betrachtung irgendeines Ausschnitts der Welt zu koordinieren. In diesem Sinne ist das „Fenster", durch das sie schauen, Teil des Sprechkontexts. Dabei ist es wichtig zu betonen, dass das, was in diesem Fenster erscheint – der Inhalt der koordinierten Betrachtung – alles sein kann. Wir können über jede erdenkliche Situation in jeder erdenklichen Welt (real oder vorgestellt), zu jeder Zeit und an jedem Ort sprechen. Der „Viewing Frame" kann überallhin ausgerichtet werden. (Langacker 2001: 145, Übersetzung E.Z.)[62]

Ein weiterer wichtiger Aspekt des **aktuellen Diskursbereichs (CDS)** ist das von den Interaktanten geteilte Wissen, der **Common Ground**, ein Konzept, das vor allem auf den Psychologen Herbert Clark (1996) zurückgeht. Er sieht diesen Common Ground als die Basiseinheit der Kommunikation an. Teilen KommunikationspartnerInnen keinen gemeinsamen Wissensfundus, machen sie falsche Annahmen über den Wissensstatus anderer oder rekurrieren sie auf andere Wissensbestandteile, missglückt die Kommunikation und gegenseitiges Verstehen wird unmöglich. Ein Teil dieses Common Grounds ist geteiltes Wissen über den bisherigen Verlauf eines Gesprächs. Dies bedingt, dass die gemeinsam im Diskursverlauf konstruierten Äußerungen als Ressourcen für neue Gebrauchsereignisse dienen. Dies bringt uns zur Frage der **Diskursdynamik**.

---

61 „The speaker (S) acts in an initiative capacity, the hearer (H) being responsive; but whether their role is active or reactive, [...] the speakers and hearer's action involves the directing and focusing of attention." (Langacker 2001: 144)

62 „A usage event takes place in an immediate context of speech, interpreted broadly as including the physical, mental, social, and cultural circumstances. The ground is at the center of the context of speech, and one element of this context is the very fact that the speaker and hearer are engaged in a coordinated viewing of some facet of the world. In this sense the "window" they are looking through is part of the speech context. Crucially, however, what appears in this window – the content of the coordinated conception – can be anything at all. We are able to conceive and talk about situations in any world (real or imagined), at any time, in any place. The viewing frame can be directed anywhere." (Langacker 2001: 145)

Langackers Modell sieht Diskurs als eine Aufeinanderfolge von **Konzeptualisierungsfenstern** (*viewing frames*) mit jeweils unterschiedlichem Fokus. Jedes Konzeptualisierungsfenster aktualisiert bzw. modifiziert dabei den aktuellen Diskursbereich in einem bestimmten Aspekt im Vergleich zu vorangegangenen Fenstern. Gleichzeitig eröffnet er Erwartungen hinsichtlich zukünftiger, noch nicht realisierter Gebrauchsereignisse. Im CDS-Modell werden Diskursdynamik und -kohärenz somit als **Fokusverschiebungen** verstanden.

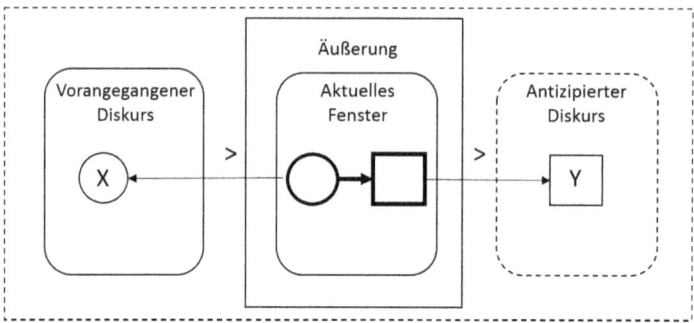

Abb. 26: Diskursdynamik als Fokusverschiebungen

Es stellt sich die Frage nach den möglichen Inhalten dieser Fenster oder anders formuliert: Wie viel Information passt in einen Viewing Frame? Langacker führt die Intonationseinheit als relevante Kategorie an:

> Die Rahmen [Fenster], mit denen ich mit beschäftigen werde, entsprechen tatsächlichen oder wahrscheinlichen Intonationseinheiten im Sinne Chafes. Sie sind Ausdrücke bescheidenen Umfangs, beinhalten typischerweise ein bis mehrere Wörter; diese sind phonologisch zusammenhängend und oft von kurzen Pausen voneinander abgesetzt; konzeptuell stellen sie Information dar, die in diesem Moment kognitiv präsent sind; grammatisch tendieren sie dazu, mit Teilsätzen zusammenzufallen. (Langacker 2001: 154, meine Übersetzung)[63]

---

[63] „The frames that I will be dealing with correspond to actual or likely substantive intonation groups, in Chafe's terms. They are expressions of modest size, typically comprising one to several words; these are phonologically cohesive, often set off by slight pauses; conceptually they consist of information fully active in the mind at one time; grammatically they tend to coincide with single clauses." (Langacker 2001: 154)

Als Beispiele für sprachliche Einheiten, die als Teil ihrer konventionalisierten Bedeutung eine Verbindung zwischen Konzeptualisierungsfenstern profilieren, zeigen Langackers (2001, 2008) Beispielanalysen von *wenn-dann*-Verbindungen (if-then clauses) und kausalen Konjunktionen wie *deshalb* (therefore). Dabei argumentiert er, dass *wenn* als Teil des Fokus eines aktuellen Fensters einen mit *dann* eingeleiteten Nebensatz im darauf folgenden Fokus antizipiert. Analog dazu wird im anaphorischen Gebrauch von *deshalb* in (42) a. die semantische Verbindung zum vorangegangenen Fokus (dem *minus frame* in Langacker 2001) spezifiziert, während (42) b. kataphorisch auf den nachfolgenden Frame (*plus frame*) verweist.

Beispiel (42)

a. Du bemühst dich nicht genug. Deshalb hast du so schlechte Noten.
b. Du hast deshalb so schlechte Noten, weil du dich nicht genug bemühst.

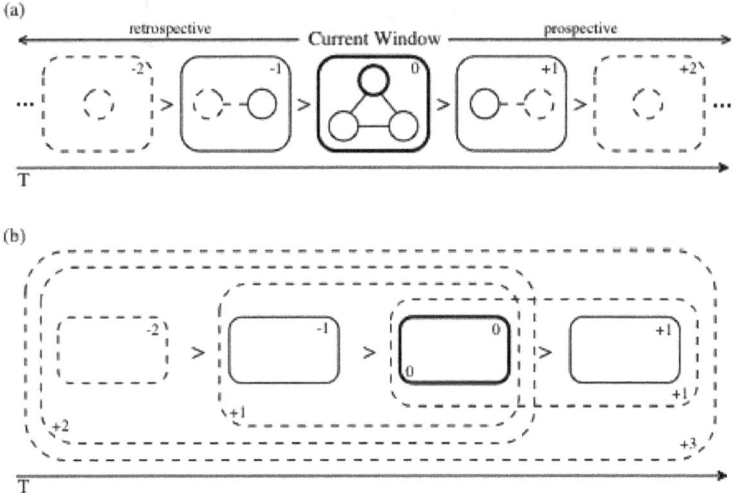

Abb. 27: (a) der Aktivierungsstatus des aktuellen Aufmerksamkeitsfensters im Vergleich zu vergangenen und antizipierten Fenstern, (b) Definition des Skopus einer Äußerung mit Referenz zu Plus- und Minus-Frames

Die Abbildungen 27 (a) und (b) (Langacker 2015) beleuchten Retrospektivität und Prospektivität im Diskurs aus zwei Perspektiven. Abbildung 27 (a) fokussiert auf den Aktivierungsstatus vergangener, d.h. retrospektiver und antizipierter (prospektiver) Aufmerksamkeitsrahmen, wobei angenommen wird, dass der Aktivierungsstatus zeitabhängig ist. Der Aktivierungsstatus länger zurückliegender Fenster ist somit niedriger als der von kürzer zurückliegenden Fenstern. Abbildung 27 (b) betrachtet dieselben Phänomene aus der Sicht einer bestimmten, in einem Diskurs gebrauchten Äußerung bzw. der konventionalisierten Bedeutung mancher Konstruktionen, die entweder kataphorisch oder anaphorisch Aufmerksamkeitsrahmen antizipieren oder erweitern.

Seit seiner Einführung im Jahre 2001 wurde das CDS-Modell in einigen kognitiv-grammatischen Studien aufgegriffen (Steen 2005, Cap 2009) und vereinzelt auf Interaktionsdaten angewendet (Pascual 2006, Veale & Feyaerts & Brône 2006, Brône 2008, 2010, Zima 2013a, b, Cienki 2015, Langlotz 2015).

Eine nicht zuletzt aus germanistischer Perspektive besonders interessante Arbeit aus diesem Bereich ist Ehmers 2011 erschienene Dissertation zu Imagination und Animation in der Interaktion. In ihr wird das Modell der mentalen Räume allerdings nicht in seiner ursprünglichen Konzeption angewandt, sondern in ihrer Weiterentwicklung durch Mark Turner und Gilles Fauconnier im Rahmen der Blending-Theorie. Die Grundzüge dieses Modells stellen wir nun im folgenden Kapitel vor.

Die wichtigsten Punkte nochmal

- Mentale Räume sind temporäre, im *online* Prozess der Bedeutungskonstitution konstruierte Vorstellungsräume.
- In kohärenten Diskurssequenzen bauen Vorstellungsräume aufeinander auf. Zwischen Elementen, die in miteinander verbundenen Vorstellungsräumen wiederkehrend vorkommen, bestehen Identitätsverbindungen. Sie stellen Kohärenz her.
- Mentale Räume sind jedoch *per defintionem* flüchtig und nicht konventionalisiert (im Gegensatz zu Frames, deren Wissensstrukturen für die Konstruierung von mentalen Räumen herangezogen werden).
- *Space Builder* sind sprachliche Konstruktionen, die die Konstruierung eines mentalen Raums initiieren.
- Diskursdynamik entsteht durch Fokusverschiebungen, d.h. die Aufmerksamkeit wandert von einer imaginierten Szene (=einem Konzeptualisierungsobjekt im Aufmerksamkeitsfenster) zur nächsten.
- Verstehen in der Interaktion setzt voraus, dass Sprechende und Rezipierende diese Konzeptualisierungsobjekte annähernd gleich bzw. ähnlich genug konstruieren. Kommunikation ist somit nicht „Transfer von Bedeutungen vom Sender/der Senderin (SprecherIn, AutorIn) zum Empfänger/zur Empfängerin (RezipientIn)", sondern sie funktioniert an der Schnittstelle geteilter Konzeptualisierungen.

Übungen

- Was versteht man unter *online* Bedeutungskonstitution? Welche Rolle spielen mentale Räume der Theorie nach in dieser *online* Bedeutungskonstitution?
- Welche Arten von mentalen Räumen gibt es? Geben Sie für jeden Typ zusätzlich zu den im Text aufgeführten Beispielen jeweils ein weiteres Beispiel.
- Erarbeiten Sie eine Analyse im Sinne der Theorie der Mentalen Räume der folgenden narrativen Sequenz (inklusiver graphische Darstellung) aus Stephan Thome „Der Gott der Barbaren" (2018: 8):

Shanghai im Sommer 1860

Als ich noch eine Frau und zwei Hände hatte, war ich ein glücklicher Mensch. Das wird mir erst bewusst, seit ich in Shanghai bin und viel Zeit habe nachzudenken. Der Juni neigt sich dem Ende zu, und in dem Haus, in dem ich liege, stöhnt das Gebälk unter der Hitze. Vom nahen Hafen dringt das Gebrodel der Massen herüber, die Shanghai verlassen wollen, bevor die Rebellen kommen. Bis zu zehn Silberdollar, wurde mir erzählt, verlangen die Bootsbetreiber, nur um Passagiere auf die andere Seite des Flusses zu bringen, wo sie keineswegs sicher, sondern sich selbst überlassen sind. Aus dem Yangtze-Tal strömen immer neue Flüchtlinge herbei, wie eine riesige Bugwelle treibt sie der Krieg vor sich her. Wäre mir unterwegs nicht das Unglück zugestoßen, das mich seit einem Dreivierteljahr ans Bett fesselt, wäre ich längst in Nanking, der himmlischen Hauptstadt am Unterlauf des großen Flusses. Oder nicht? Wäre etwas anderes dazwischenkommen, das mich mehr als die linke Hand gekostet hätte?

- Welche sprachlichen Konstruktionen fungieren hier jeweils als *Space Builder*?

Weiterführende Literatur

- Überblicksdarstellungen zur Theorie der Mentalen Räume: Fauconnier 2007, Faucconnier & Turner 2002, Evans & Green 2006: Kapitel 11
- Zum CDS-Modell: Langacker 2001, 2008, 2016b
- Anwendungen der Theorie der mentalen Räume und des CDS-Modells auf Interaktionsdaten: Ehmer 2011, Zima 2013a

7 Konzeptuelles Blending

Die von Gilles Fauconnier und Mark Turner entwickelte Theorie des konzeptuellen Blendings, auf die in der Literatur auch als „Theorie der konzeptuellen Integration" referiert wird, baut auf Fauconniers Konzept der mentalen Räume auf. Sie ist gleichzeitig aber auch eine Weiterentwicklung von Lakoff & Johnsons Theorie der Konzeptuellen Metaphern, an der sie jedoch kritisiert, dass sie zu stark auf systematischen, stabilen, d.h. konventionalisierten Mappings zwischen zwei – und nur zwei! – konzeptuellen Domänen fokussiert sei. Das Verständnis von Metaphern im kontextualisierten Sprachgebrauch basiere jedoch nicht nur auf der Aktivierung mental verankerter, d.h. im Langzeitgedächtnis als Teil des Sprachsystems abgespeicherter Domänenmappings, sondern das Mapping findet oft erst in dem Moment statt, in dem die Metapher kognitiv verarbeitet werden muss[64]. Dabei werden keine ganzen Domänen oder Frames miteinander verbunden, sondern für das Verständnis einer konkreten Äußerung und der zu konzeptualisierenden Szene werden **temporäre, ad hoc zu konstituierende mentale Räume** aufgebaut und **miteinander überblendet**.

Fauconnier und Turners Blending Theorie beschäftigt sich somit – ähnlich wie bereits die Theorie der mentalen Räume – mit der **online Bedeutungskonstitution** und der Frage, welche kognitiven Prozesse dabei *backstage* ablaufen. Im Zentrum stehen aber nicht mehr einzelne mentale Räume bzw. ihre kohärente Verbindung im Diskurs, sondern die **Überblendung** (in der Literatur auch vereinzelt als ‚Vermischung' bezeichnet, Skirl 2009) von **mindestens zwei mentalen Räumen oder Input Spaces** in einem neuen *blended space* (dt. **Blend**). In diesem Blend entsteht (*emergiert*) **neue Bedeutung**, d.h., er enthält Bedeutung(en), die in keinem der Input Spaces enthalten ist, sondern allein durch deren Überblendung entsteht (vgl. die Visualisierung in Abbildung 28).

Dadurch ist das Blendingmodell prädestiniert für die Analyse kreativen Sprachgebrauchs, wo es auch tatsächlich ein breites Anwendungsfeld gefunden hat (z.B. für die Analyse verbalen Humors: u.a. Coulson 2000, Feyaerts & Brône 2005, Fujii 2008, Brône & Coulson 2010; oder zu Blending in der Werbung: Joy et al. 2009, Dynel 2011, Forceville 2012).

---

[64] Dies evoziert die Unterscheidung von toten und lebenden Metaphern. Tote Metaphern sind vollständig lexikalisiert. Sie werden nicht mehr als Metaphern im Sinne eines Domänenmappings von der Quelle zum Ziel interpretiert (z.B. Tischbein). Müller (2008) schlägt eine feinere Klassifizierung vor, die je nach Kontext von unterschiedlichen Graden an Metaphorizität ausgeht und dementsprechend von „toten, lebendigen, erwachenden und schlafenden" Metaphern spricht (vgl. den Buchtitel ihrer Monographie: Metaphors dead and alive, sleeping, and waking).

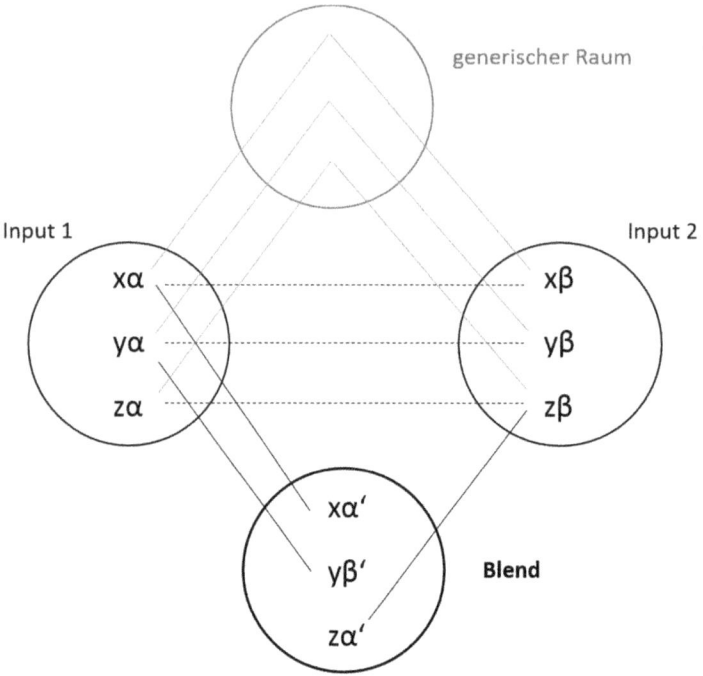

Abb. 28: die Basiskonfiguration des Blendingmodells (adaptiert nach Oakley & Pascual 2017)

Blending als kognitiver Mechanismus kommt jedoch tatsächlich bei Weitem nicht nur im Prozess der Sinnerschließung bzw. der Schöpfung des Außergewöhnlichen und Kreativen zum Einsatz, sondern immer dann, wenn in unserem Denken *ad hoc* zwei oder mehrere Konzepte aus unterschiedlichen Domänen miteinander in Verbindung gesetzt werden. Die Funktion dieses Blendingprozesses beschreiben Fauconnier & Turner (2002: 346) mit den Worten **„to achieve human scale"**. Blending helfe mit anderen Worten, die Komplexität, die viele Abläufe in unserer Welt auszeichnet, zu reduzieren, um sie dadurch kognitiv leichter fassbar zu machen.

7.1 Blending – das Basismodell

Die Basisidee des Blendingmodells kann gut an einem Satz erklärt werden, der zu einem der Standardbeispiele der Blending-Theorie geworden ist:

Beispiel (43)

> Dieser Chirurg ist ein Metzger/Fleischer.
> (*This surgeon is a butcher*, Grady, Oakley & Coulson (1999))

Beispiel (43) ist offensichtlich nicht wortwörtlich gemeint. Es drückt nicht aus, dass ein bestimmter Chirurg tatsächlich auch Metzger/Fleischer (im Nebenberuf) ist, sondern die Interpretation des Satzes setzt den Vergleich des Konzepts des Chirurgen mit dem des Metzgers (Fleischers) und die Suche nach Ähnlichkeiten, Unterschieden und Möglichkeiten der metaphorischen Übertragung voraus. Eine Analyse im Sinne der Theorie der Konzeptuellen Metaphern von Lakoff & Johnson würde so aussehen, dass bestimmte Elemente der Zieldomäne CHIRURGIE auf ihre Gegenstücke in der Quelldomäne FLEISCHER-/METZGERHANDWERK „gemappt" würden (vgl. Abbildung 29). Das Problem mit dieser Analyse ist allerdings, dass die inferierte Bedeutung, nämlich, dass der Chirurg ein schlechter oder, um mit den Worten von Grady, Oakley & Coulson (1999) zu sprechen, ein „inkompetenter" Chirurg ist, nicht erfasst werden kann. Über eine zwei-dimensionale Mappinganalyse kann mit anderen Worten die Bedeutung des Satzes nicht wirklich erschlossen werden, denn Inkompetenz ist weder Teil der Domäne, d.h. unseres erlernten Wissens, über CHIRURGIE noch der Domäne FLEISCHER-/METZGERHANDWERK. Auch kann die Existenz einer konventionalisierten konzeptuellen Metapher ?CHIRURGIE IST FLEISCHER-/METZGERHANDWERK nur schwerlich mittels anderer sprachlicher oder außersprachlicher Beispiele belegt werden. Die Theorie der Konzeptuellen Metapher stößt hier also offensichtlich an ihre Grenzen. Die Analyse im Sinne der Blendingtheorie ist im Vergleich dazu wesentlich erhellender.

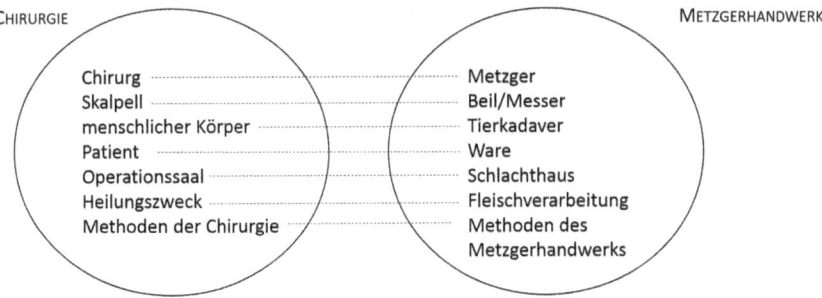

Abb. 29: Analyse des Beispiels (43) als Mapping zwischen den Domänen CHIRURGIE und METZGERHANDWERK

Ihr zufolge werden für die Interpretation des Satzes zwei mentale Räume ad hoc miteinander verbunden und in einem lokal emergierenden mentalen Raum „überblendet" bzw. *integriert* (deshalb **konzeptuelle Integration**). Ein mentaler Raum, **Input Space 1** (vgl. Abb. 30), enthält Informationen zu einem Chirurgen und seinem Arbeitsalltag. Er greift auf Domänenwissen über Chirurgie zurück und **selektiert** daraus relevante Aspekte. Ein zweiter mentaler Raum, **Input Space 2**, enthält Information zum Metzgerhandwerk und den typischen Tätigkeiten von Metzgern. Bis zu diesem Punkt ist die Blendinganalyse also äquivalent zur Analyse im Sinne der Theorie der Konzeptuellen Metaphern, wie sie Abbildung 29 zeigt, wenn man von dem allerdings entscheidenden Punkt absieht, dass im Blendingmodell mentale Räume und nicht konzeptuelle Domänen miteinander verbunden werden.

An dieser Stelle gehen Fauconnier und Turner aber noch einen Schritt weiter, indem sie argumentieren, dass nun die beiden mentalen Räume miteinander verschmolzen bzw. in einem neuen mentalen Raum, dem Blend, integriert werden. Dabei werden aus dem Input Space 1 alle in Abbildung 29 angeführten Elemente übernommen, außer dem letzten: die Methoden der Chirurgie. Diese werden im Blend durch die Methoden des Metzgerhandwerks ersetzt. Im Zuge dieser Integration oder Fusion der beiden Input Spaces entsteht neue Bedeutung: Der Chirurg ist inkompetent[65], weil er operiert, wie ein Metzger Fleisch zerteilt. Dem Chirurgen wird also mit anderen Worten im **Blend** zugeschrieben, dass er inkompetent sei, weil er seinen Chirurgenberuf zwar mit den Werkzeugen der Chirurgie und mit dem Ziel der Heilung von PatientInnen ausführe, allerdings mit den – unangebrachten – Methoden des Metzgersberufs, worunter der Patient zu leiden habe. Diese Inkompetenz-Bedeutung ist weder Teil der Domäne CHIRURGIE noch Teil unseres Wissens über das Metzgerhandwerk. Erst wenn beide Konzepte und ihrer relevanten **konzeptuellen Gegenstücke** (*counterpart connectors*, Agens: Chirurg – Metzger, Instrument: Skalpell – Beil/Messer, Patiens: menschlicher Körper – Patient vs. Tierkadaver – Ware etc.) miteinander überblendet (bzw. aufeinander gemappt) werden, **entsteht lokal und ad hoc** die Lesart der Inkompetenzzu-

---

[65] So argumentieren zumindest einige ProponentInnen der Blendingtheorie (Grady, Oakley & Coulson 1999, Brône 2010). Die Frage, ob die Bedeutung des Satzes tatsächlich darin liegt, dass dem Chirurgen Inkompetenz zugeschrieben wird, wird allerdings kritisch diskutiert (vgl. v.a. Brandt & Brandt 2005, die argumentieren, das Blendingnetzwerk sei viel komplexer, da dem Chirurgen nicht Inkompetenz, sondern unethisches Verhalten attestiert werde; davon wiederum divergierende Analysen bieten Lakoff 2008 und Kövescses 2011).

schreibung. Die Interpretation des Satzes setzt also den Vergleich und die Bewusstmachung von Gemeinsamkeiten, aber vor allem auch von Unterschieden zwischen den beiden Professionen voraus.

Die Struktur dieses Blends bzw. des Netzwerks mentaler Räume zur konzeptuellen Integration (***conceptual integration network***) zeigt Abbildung 30. Sie umfasst vier mentale Räume: den generischen Raum, zwei Input Spaces und den Blend. Die gestrichelten Verbindungslinien zwischen den beiden Input Spaces illustrieren das Mapping der konzeptuellen Gegenstücke in beiden Räumen.

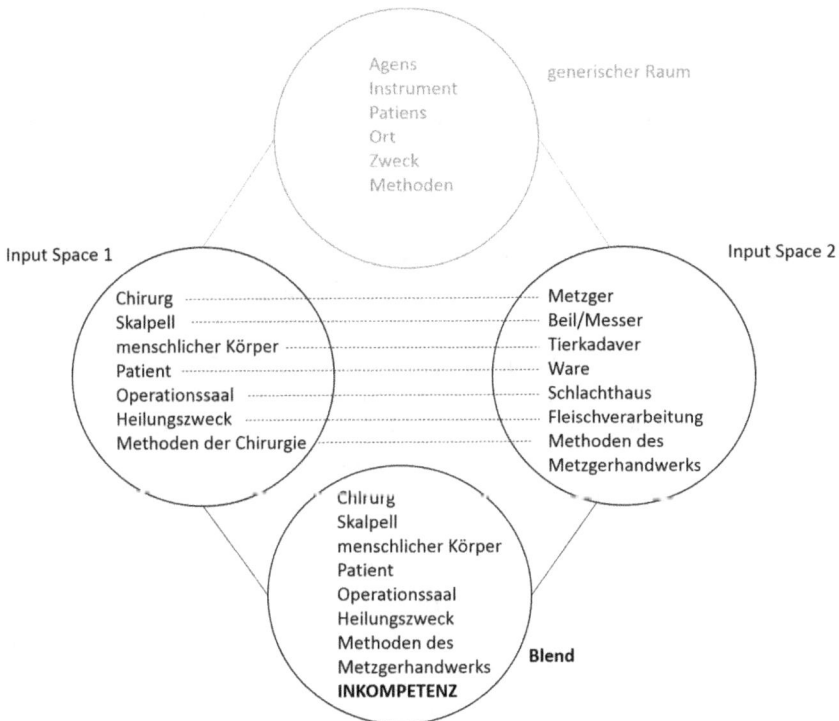

Abb. 30: *der Chirurg ist ein Metzger*-Blend

Der **generische Raum** enthält in der Konzeption des Blendingmodells von Fauconnier und Turner jene Elemente, die die jeweiligen Input Spaces auf einer abstrakten Ebene gemein haben. Durch diese übergeordneten Elemente werden die Input Spaces miteinander vergleichbar bzw. „blendbar". Für Beispiel (35) enthält dieser generische Raum demzufolge die Informationen, dass es in beiden Domänen einen Agens gibt, der mit Instrumenten, einen Patiens an einem bestimmten

Ort zu einem bestimmten Zweck mit bestimmten Methoden behandelt (bzw. schneidet). Fauconnier & Turner (2002) sehen die Funktion des generischen Raums darin, dass er den Blend strukturiert bzw. „das Mapping der Elemente aufeinander ‚definiert'" (Ehmer 2011: 175). In diesem Sinne liefert der generische Raum ebenfalls Input für den Prozess des Blendings. Dies sehen allerdings einige Autoren kritisch (Brandt & Brandt 2005, Oakley & Pascual 2017). Sie argumentieren, dass Blending zwischen mentalen Räumen *ad hoc* stattfindet und somit der generische Raum nicht die Voraussetzung, sondern das Ergebnis des Blendingprozesses sein müsste (vgl. auch die kurze Diskussion in Oakley & Pascual 2017). Einige ProponentInnen der Blendingtheorie verzichten deshalb auf den generischen Raum in ihren Analysen. In diesem Überblickskapitel werden wir auf diese Diskussion nicht näher eingehen. Wir versuchen dem ungeklärten kognitiven Status des generischen Raums dadurch Rechnung zu tragen, dass wir ihn in den Abbildungen in diesem Kapitel in einer helleren Grauschattierung einfärben.

Die Verbindungslinien zwischen den einzelnen Elementen in den Input Spaces zeigen an, dass es sich hier um konzeptuelle Gegenstücke handelt. Ihre Verbindungen erfolgt über sogenannten **vital relations**, d.h. über die Aktivierung von konzeptuellen Beziehungen zwischen Elementen in unterschiedlichen Input Spaces. Im Falle der konzeptuellen Gegenstücke Chirurg und Metzger nehmen beispielsweise beide Konzepte die gleiche *Rolle* ein, nämlich die des Agens. Die vital relation *Rolle* bietet also die Möglichkeit, zwei Elemente aufgrund der Tatsache zu verbinden, dass sie beide eine bestimmte Rolle innerhalb eines Frames besetzen. Fauconnier & Turner bezeichnen diese konzeptuellen Beziehungen als „vital", weil sie sehr häufig an Blendingprozessen beteiligt sind. Sie haben eine ganze Reihe dieser möglichen Verbindungen identifiziert (Fauconnier & Turner 2002): Veränderung (*change*), Identität (*identity*), Zeit (*time*), Raum (*space*), Ursache-Wirkung (*cause-effect*), Teil-Ganzes (*part-whole*), Darstellung (*representation*), Rolle (*role*), Analogie (*analogy*), Disanalogie (*disanalogy*), Eigenschaft (*property*), Ähnlichkeit (*similarity*), Kategorie (*category*), Intentionalität (*intentionality*) und Einzigartigkeit (*uniqueness*). Dabei gibt es in jedem Blendingprozess Elemente in den Input Spaces, die nicht miteinander verbunden werden und auch nicht in den Blend übernommen werden. Blending ist also mit anderen Worten immer **selektiv**. Aus der großen Fülle denkbarer Aspekte der am Blending beteiligten mentalen Räume werden zumeist nur wenige Aspekte herangezogen.

An dieser Stelle ist es auch wichtig zu betonen, dass die Inkompetenz-Bedeutung, die in Beispiel (43) als Vorwurf vorgebracht wird, im Satz „Dieser Chirurg ist ein Metzger" **keinesfalls enkodiert** ist, sondern **aktiv konstruiert** werden muss. Dieser Online-Prozess der konzeptuellen Integration, aus dem heraus die Inkompetenz-Lesart als Resultat emergiert, umfasst drei Phasen:

(1) **Komposition** oder Zusammenführung (*composition*)
(2) **Vervollständigung** oder Ergänzung (*completion*)
(3) **Fortführung** (*elaboration*)

Unter Komposition oder auch Zusammenführung (*composition*) wird jener Prozess verstanden, bei dem Elemente aus den Input Spaces miteinander in Beziehung gesetzt und im Blend zusammengeführt werden und miteinander verschmelzen. Dabei wird aus unserem Langzeitgedächtnis Hintergrundwissen aktiviert, das nicht bereits Teil der beiden Input Spaces war. Der Blend wird also ergänzt. Im Falle unseres Chirurg/Metzger-Beispiels wird folglich das Wissen aktiviert, dass ein Chirurg, der mit den Methoden des Metzgerhandwerks operiert, ein schlechter, „inkompetenter" Chirurg ist. Ist dieser Blend mit seiner emergenten Bedeutung erstmal etabliert, kann er elaboriert werden. Dabei bleiben wir in der lokalen „Logik des Blends". Das heißt, wir können uns vorstellen – und z.B. in einer Erzählung fortführen –, dass der Chirurg für sein Leben gern Körperteile abtrennt und seine PatientInnen verstümmelt, amputierte Körperteile im Operationssaal aufhängt u.v.m.

Beispiel (43) zeigt also zunächst, dass nicht jede metaphorische Äußerung Instanziierung einer konventionalisierten konzeptuellen Metapher ist und durch einen einfachen Mappingprozess zwischen zwei Domänen (Quelle und Ziel) erklärt werden kann. Die Blendingtheorie modelliert den kognitiven Prozess der Bedeutungserschließung in Beispielen wie (43) als **spontane und lokale Verbindung** von mindestens zwei mentalen Räumen und deren **Verschmelzung zu etwas Neuem** „as we think and talk for local purposes of understanding and action" (Fauconnier & Turner 2003: 58). Dabei ist das für Beispiel (43) skizzierte Blendingnetzwerk mit zwei Input Spaces konzeptuell tatsächlich recht einfach. Die Anzahl der beteiligten mentalen Räume ist aber *per definitionem* nicht von Vornherein begrenzt und in der recht umfangreichen Blendingliteratur finden sich auch Analysen mit fünf oder mehr Input Spaces (sogenannte **multiple Blends**; z.B. Fauconnier & Turners (2002: 291ff.) Analyse vom Tod als der Sensenmann; *Death, the Grim Reaper*). An der Interpretation des Beispiels (44) sind beispielsweise drei Input Spaces beteiligt. Dennoch ist auch dieser Blend insgesamt recht einfach strukturiert.

Beispiel (44)

Mit Grippe wird schon der Gang zum Kühlschrank zur Alpenüberquerung.

Wie Abbildung 31 zeigt, werden hier drei Input Spaces evoziert:

- Input Space 1: der Gang zum Kühlschrank, den wir als eher wenig anstrengende, kurze, gewöhnliche Alltagshandlung kennen;
- Input Space 2: Grippe, die mit einem Krankheitsgefühl und Schwäche assoziiert wird;
- Input Space 3: Alpenüberquerung: eine lange, anstrengende, sehr außergewöhnliche Aktivität.

Im Blend werden nun Elemente aus all diesen Input Spaces zusammengeführt: Aufgrund der Schwäche (Grippe), wird die kurze Aktivität des Gangs zum Kühlschrank außergewöhnlich anstrengend.

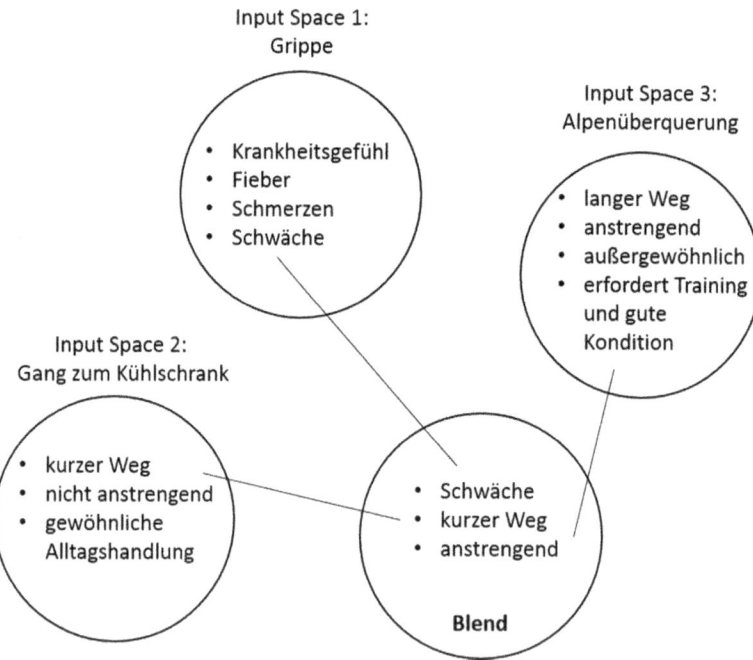

Abb. 31: Blending-Netzwerk für Beispiel (44)

Fauconnier & Turner haben eine Typologie von Blending-Netzwerken vorgeschlagen, die sich allerdings nicht an der Anzahl der beteiligten Input Spaces orientiert, sondern an der Frage, ob im Blend ein oder mehrere Framestrukturen integriert werden müssen. Sie ponieren vier Möglichkeiten bzw. Arten von Integrationsnetzwerken:

(1) **Simplexblends** (simplex blends)
(2) **Spiegelblends** (mirror blends)
(3) **Einfache-Frame-Blends** (single-scope blends)
(4) **Gemischte-Frame Blends** (double-scope blends)

7.2 Zur Typologie von Blending-Netzwerken

Simplexblends zeichnen sich dadurch aus, dass ein Input Space von einem Frame strukturiert wird und der zweite Input Space den abstrakten Rollen in diesem Frame lediglich konkrete Werte zuordnet. Ein Beispiel ist (45), das Turner (1991) als Instanziierung der grammatischen **Konstruktion XYZ** („X ist Y von Z") analysiert.

Beispiel (45)

   Hans ist der Vater von Thomas.

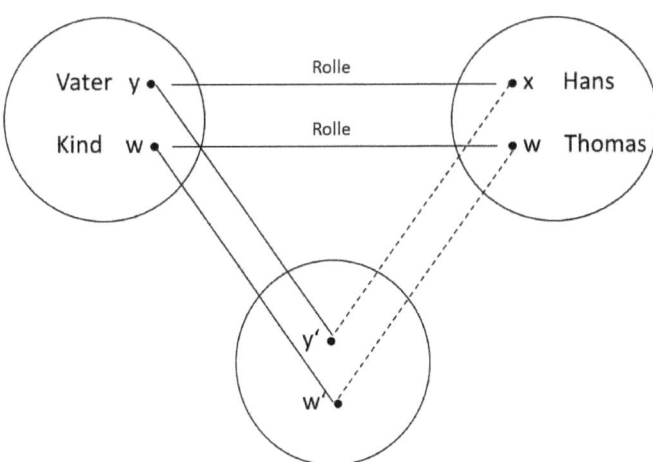

Abb. 32: Simplexblend des Beispiels (45)

Der Satz in (45) erscheint wahrscheinlich völlig konventionell, sogar kompositionell zu sein. Dass seiner Verarbeitung derselbe Blendingprozess wie etwa in (43) oder (44) unterliegen soll, mag deshalb zunächst vielleicht eher wenig einleuchten. Turner argumentiert folgendermaßen: Der Blend wird vom FAMILIEN-Frame strukturiert. Er wird durch den ersten Input Space (links in Abbildung 32) aufgerufen, konkret durch die Nennung des Lexems „Vater". Teil unseres Framewissens über Familien sind Rollen wie Vater und Kind, sie sind im Input Space 1 aktivierte Elemente des Frames. In (45) werden diesen beiden Rollen Werte zugeordnet, nämlich Hans und Thomas. Diese Rollen-Werte-Zuordnung ist Fauconnier & Turner zufolge die denkbar einfachste Form eines Blends.

Nicht alle Instanziierungen der „X ist Y von Z"-Konstruktion evozieren jedoch Simplexblends. Der Blendingprozess, der den metaphorischen Instanziierungen wie (46) und dessen Elaboration in (47) unterliegt, ist weitaus komplexer.

Beispiel (46)

Die Migration ist die Mutter aller Probleme.

(Horst Seehofer, Innenminister, CSU, 6.9.2018, https://www.sueddeutsche.de/politik/horst-seehofer-chemnitz-1.4118883)

Die Aussage in (38), die Innenminister Horst Seehofer im September 2018 getätigt hat, aktiviert zunächst auch den FAMILIEN-Frame und dazugehörige Rollen. Die Mutter besetzt in der Konstruktion den Y-Slot. Muttersein setzt voraus, dass man ein Kind hat. Diese Rolle, die in (46) nicht verbalisiert wird, besetzt nach Turner (1991) den – ungenannten – W-Slot in der Konstruktion. Die kognitive Aktivierung dieses W-Slots ist notwendig, um das Mapping mit dem korrespondierenden Element „Probleme" durchführen zu können. Turner (2015: 224) beschreibt die kognitive Leistung, die bei der Verarbeitung von XYZ-Konstruktionen vollbracht werden muss folgendermaßen:

> Wir verstehen eine XYZ-Konstruktion als Anreiz, ein nicht genanntes w in einem mentalen Raum, der y enthält, zu suchen und den x-z mentalen Raum mit dem y-w mentalen Raum zu überblenden. (Turner 2015: 224, Übersetzung E.Z.)[66]

---

[66] „We understand an xyz construction as prompting us to find an unmentioned w in the mental space containing y, and to blend the x-z mental space with the y-w mental space." (Turner 2015: 224)

Übertragen auf das Beispiel (46) bedeutet dies, dass im Zuge des Blendingprozesses (Phase der Komposition, s.o.) also den Rollen Y (Mutter) der Wert X (Migration) und der Rolle W (Tochter) der Wert Z (alle Probleme) zugeteilt werden müssen.

Dies führt jedoch noch nicht zur Ursache-Wirkungs-Lesart (Migration=Ursache, Probleme=Wirkung) der Aussage Horst Seehofers. Diese basiert auf der Aktivierung des Wissens um Vererbungsbeziehungen im FAMILIEN-Frame und deren, auf Analogie beruhenden (Re-)Interpretation als Ursache-Wirkungs-Beziehung. Das Framewissen gibt dabei die Direktionalität der Ursache-Wirkungs-Beziehung vor, denn Mütter vererben ihr genetisches Material an ihre Kinder, nicht umgekehrt. Somit kann Migration als metaphorische Mutter als Ursache konstruiert werden, die die Töchter „alle Probleme" als Folge verursacht hat.

Die Aussage Seehofers wurde in den Tagen, nachdem die Medien darüber berichtet hatten, in vielfacher Weise aufgegriffen und teilweise kreativ weiterentwickelt. Ein Beispiel ist die Replik des SPD-Außenministers Heiko Maas in (39). Im Sinne der Blendingtheorie entspricht diese Phase der der Elaboration. Für alle Elaborierungen dient der Blend aus (47) als ein Input Space.

Beispiel (47)

   Nicht Migration, sondern Nationalismus ist die Mutter aller Probleme.

   (Heiko Maas, Außenminister, SPD, 14.9.2018, https://www.welt.de/politik/deutschland/article181531208/Heiko-Maas-Nationalismus-ist-die-Mutter-aller-politischen-Probleme.html)

XYZ-Konstruktionen gehören zu den im Rahmen der Blending- und Metaphern-Theorie am intensivsten studierten grammatischen Konstruktionen. In fast jedem Übersichtsartikel zur Blendingtheorie finden sich Beispielanalysen zu Sätzen wie „Vanity is the Quicksand of Reason" (*Eitelkeit ist der Treibsand der Vernunft*), „Children are the riches of the poor" (*Kinder sind der Reichtum der Armen*), „Sex is the poor man's opera" (*Sex ist die Oper des armen Mannes*) oder „Bakersfield is the Alaska of California" (*Bakersfield ist das Alaska von Kalifornien*). Ausführliche Analysen finden sich vor allem in Turner (1991, Kapitel 9) und Fauconnier & Turner (1994). Andere grammatische Konstruktionen, die Turner und Fauconnier als Templates für einen kognitiven Blendingprozess beschreiben sind u.a. Komposita, die zwei Konzepte aus unterschiedlichen, eigentlich inkompatiblen Frames zusammenfügen (z.B. *Landyacht*), Verbindung von Adjektiven und Nomina wie "likely candidate" oder "guilty pleasure", Konstruktionen der Verursachten-Bewegung (z.B. *Sie schrie ihn aus ihrem Büro*), Ditransitivkonstruktion (z.B. *Sie schenkte ihm ein Buch*) und Resultativkonstruktionen (z.B. *Sie redete mich ganz schwindelig*).

Wir gehen an dieser Stelle nicht ausführlicher auf die diesbezüglichen Argumente und Analysen ein, sondern widmen uns dem nächsten Blendingsubtyp: **Spiegelblends.** Sie unterscheiden sich von Simplexblends dadurch, dass sie zwei oder mehrere Input Spaces miteinander verbinden, wobei alle Input Spaces und auch der Blend vom selben Frame strukturiert werden. Ein kognitiv recht komplexes Beispiel für einen solchen Spiegelblend ist die folgende Graphik aus dem Spiegel-Magazin.

Beispiel (48)

Abb. 33: Graphik aus dem Spiegel (31/2018) zur "Tour-de-France-Bestenliste für den Anstieg nach Alpe d'Huez"

Die Graphik zeigt eine von links nach rechts ansteigende Linie auf der siebenmal das gleiche Symbol, eine schematische Darstellung eines Radfahrers, abgebildet ist. Den Symbolen sind kurze Legenden zugeordnet. Sie nennen jeweils eine Platzierung, ein Jahr, den Namen eines Radrennfahrers und eine Zeitangabe in Minuten und Sekunden. Das Symbol ganz rechts ist mit "Platz 1 bis 3" beschriftet, während dem Radfahrersymbol ganz links der "Platz 109" zugeordnet ist. Die Graphik ist betitelt mit "Tour-de-France-Bestenliste für den Anstieg nach Alpe d'Huez* *13,8 Kilometer, 1119 Höhenmeter".[67] Was macht unser Gehirn aus einer solchen Graphik? Welche Bedeutung konstruiert es daraus?

Darstellungen dieser Art sind in unserer (Medien-)Kultur recht frequent und werden von uns zumeist schnell und mühelos erfasst, obwohl das Geschehen, das sie uns konstruieren lassen, nicht nur nie stattgefunden hat, sondern auch faktisch gar nicht stattfinden kann. Abbildung 33 **komprimiert** nämlich nicht weniger als sieben verschiedene Tour-de-France-Etappen, in denen der Anstieg nach Alpe d'Huez zu bewältigen war, aus sieben verschiedenen Jahren mit unterschiedlichen Teilnehmerfeldern zu einem einzigen Radrennen (wobei manche Radrennfahrer in mehreren Jahren diese Etappe bestritten haben). Es werden also mit anderen Worten sieben unterschiedliche Ereignisse, die real stattgefunden haben, in die Vorstellung eines Ereignisses aus der Vergangenheit, das aber tatsächlich nie stattgefunden hat, integriert. In diesem Radrennen sind die in der Graphik herausgegriffenen Fahrer – und mindestens 101 andere Fahrer – gegeneinander angetreten und gleichzeitig zum Anstieg nach Alpe d'Huez gestartet. Aus diesem Rennen geht Marco Pantani als Sieger hervor. Er erreicht Alpe d'Huez 4 Minuten und 36 Sekunden vor dem letzten, Geraint Thomas, dem Sieger der Tour de France im Jahr 2018, also dem Jahr, in dem diese Graphik im Spiegel publiziert wurde. In diesen etwas mehr als viereinhalb Minuten haben 107 weitere Fahrer das Ziel erreicht. Darunter Christopher Froome, an 78. Stelle, Udo Bölts als 40., Andreas Klöden auf Platz 12, Jan Ullrich als Fünfter und Lance Armstrong als Vierter. Doch wer belegt Platz 3? Marco Pantani! Platz 2 geht ebenfalls an Marco Pantani, den wir ja auch bereits als Gewinner identifiziert hatten. Im Blend wird also das Unmögliche wahr, nämlich, dass der Marco Pantani aus dem Jahr 1997 gegen sein Alter Ego aus dem Jahr 1995 und sich selbst im Jahr 1994 um die Wette fährt. Die Graphik geht mit diesem kognitiv nicht trivialen Umstand, dass wir dieselbe Person dreimal in dieses neue, fiktive Ereignis integrieren müssen, so um, dass sie Pantani nur ein Radfahrersymbol zuordnet. Damit trägt sie der **Identitätsgleichheit** des besagten Radrennfahrers in den drei Events aus den Jahren 1994, 1995 und 1997 Rechnung. Wir illustrieren den kognitiven Prozess der **Komprimierung** (*compression*) von drei Input Spaces zu einem Blend, in dem Marco Pantani gegen sich selbst fährt, anhand der Abbildung 34.

---

67 In der Druckfassung der Graphik im Spiegel war links im Bild außerdem ein schwarz-weiß Foto des Radrennfahrers Geraint Thomas mit der Bildunterschrift „Geraint Thomas bei der Zieleinkunft in Alpe d'Huez 2018" zu sehen. Für dieses Lehrbuch wurden nur die Bildrechte an der Graphik erworben, deswegen ist dieses Foto hier nicht abgebildet.

Die drei Input Spaces enthalten jeweils *einen* Anstieg nach Alpe d'Huez als Teil *einer* Tour de France-Etappe aus *einem* Jahr: 1994, 1995 und 1997. In der Abbildung 34 werden jene Elemente, die in allen Input Spaces den gleichen Wert haben mit durchgezogenen Linien verbunden. Sie werden komprimiert zu **einem Wert im Blend**, wobei Unterschiede zwischen den Events in den Input Spaces nivelliert bzw. ausgeblendet werden, wie z.B. die Tatsache, dass Marco Pantani nicht in allen drei Events gleich alt war, mit einem anderen Rad gefahren ist, auch nicht exakt auf derselben Strecke gefahren ist etc.

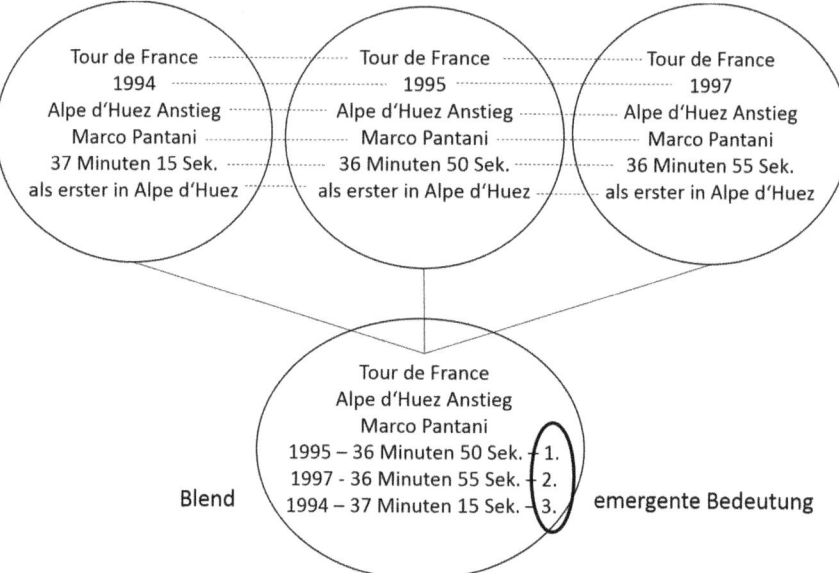

Abb. 34: Kompression dreier Einzelradrennen von Marco Pantani zu einem Rennen gegen sich selbst

Die Jahresangaben werden deshalb in der Graphik mit gestrichelten Linien verbunden. Sie zeigen die konzeptuelle Verbindung (***vital relation***, s.o.) zwischen den Jahresangaben an: Zeit. Fauconnier & Turner (2002) sprechen bei solchen kognitiven Prozessen von einer sich daraus ergebenden „inner-space vital relation of scaled time", d.h., **Zeit wird im Blend komprimiert**. Das ist nicht die einzige Möglichkeit, mit Zeitunterschieden in verschiedenen Input Spaces umzugehen. Eine andere – hoch konventionalisierte – Möglichkeit ist eine **synkopische Darstellung**, die Zeitspannen zwischen Events ausblendet. Dies geschieht zum Beispiel in jedem Lebenslauf, wenn man nur spezielle Zeitspannen und Ereignisse aufführt, wie etwa das Geburtsdatum und dann die schulische Ausbildung und dabei den gesamten Zeitraum von Geburt bis Schulantritt ausblendet.

Darüber hinaus wird die Dauer der Einzelfahrten nach Alpe d'Huez in den Blend integriert und in eine Reihenfolge gebracht, wobei die kürzeste Zeitdauer mit dem ersten Platz im Rennen gleichgesetzt wird, die zweitkürzeste mit dem zweiten Platz etc. Dies ist die Leistung des Blends: Es entsteht neue Bedeutung, indem die Einzelfahrten in Relation zueinander gesetzt werden und in diesem einen – imaginierten, tatsächlich fiktiven – Radrennen, dem Radrennfahrer Marco Pantani der erste, zweite und dritte Platz zugeordnet wird.

Betrachtet man schließlich den vollständigen Blend für dieses Beispiel, der alle Informationen aus der Graphik des Spiegels integriert, sehen wir einen ähnlichen Prozess der kognitiven Komprimierung, wobei hier auch die Aktivierung von Hintergrundwissen für die Komplementierung des Blends (vgl. Phase der *completion*, s.o.) eine große Rolle spielt.

Zunächst werden im Blend alle in der Graphik angegebenen Einzelergebnisse der Radrennfahrer aus den unterschiedlichen Jahren in eine Reihenfolge gebracht, wobei die angebenden Platzierungen als Platzierungen in einem einzelnen Rennen, also als Platzierungen im Blend, interpretiert werden. Dabei bleiben Lücken, etwa zwischen dem 5. und 12. und auch zwischen dem 78. und dem 108. Platz. Betrachtet man die Graphik, stellt sich also die Frage, warum manche Namen und Platzierungen genannt werden und andere nicht. Hier muss der Blend also durch Hintergrundwissen ergänzt werden. Dieses Hintergrundwissen fließt in Abbildung 35 in die einzelnen Input Spaces mit ein, so etwa im Input Space zur Etappe aus dem Jahr 1997, der die Information enthält, dass Jan Ullrich in diesem Jahr die Tour de France gewonnen hat und Udo Bölts sein „Wasserträger" war, also einer der Fahrer, die die primäre Aufgabe hatten, Ullrich auf seinem Weg zum Tour-Sieg zu unterstützen, selbst aber nicht um den Sieg mitzufahren. Nur über die Aktivierung dieses Hintergrundwissens kann die emergente Bedeutung im Blend aktiviert werden, nämlich, dass Geraint Thomas im Jahr 2018 im Vergleich sehr langsam gefahren ist, denn selbst der „Wasserträger" von Jan Ullrich, nämlich Udo Bölts, dessen Aufgabe im Jahr 1997 ja nicht darin lag, selbst möglichst schnell zu fahren, würde ihn im imaginierten Rennen um die schnellste Fahrt nach Alpe d'Huez klar besiegen. Im Blend fährt der Toursieger im Jahr 2018 also langsamer als ein Wasserträger im Jahr 1997.

Der Input Space zum Rennen von 2015 enthält die Information, wie schnell Christopher Froome, späterer Sieger der Tour de France in diesem Jahr, den Anstieg nach Alpe d'Huez bewältigt hat und der Input Space zur Tour im Jahr 2018 enthält die Zeit von Geraint Thomas, der wie gesagt zum Zeitpunkt der Publikation der Graphik im Spiegel als Sieger der Tour de France 2018 de facto feststand. Die Aktivierung dieses Hintergrundwissens ist mindestens nötig, um die emergente, primäre Bedeutung des Blends aktivieren zu können, nämlich, dass die Radrennfahrer in den letzten Jahren, verglichen mit den Hochzeiten des Dopings Mitte der Neunziger bis Ende der 2000er-Jahre, entschieden langsamer geworden sind. Der Abstand zwischen Marco Pantanis Bestzeit und der Zeit des Toursiegers aus dem Jahr der Spiegel-Publikation, Geraint Thomas, beträgt auf der 13,8 Kilometer langen Strecke immerhin 4 Minuten 26 Sekunden.

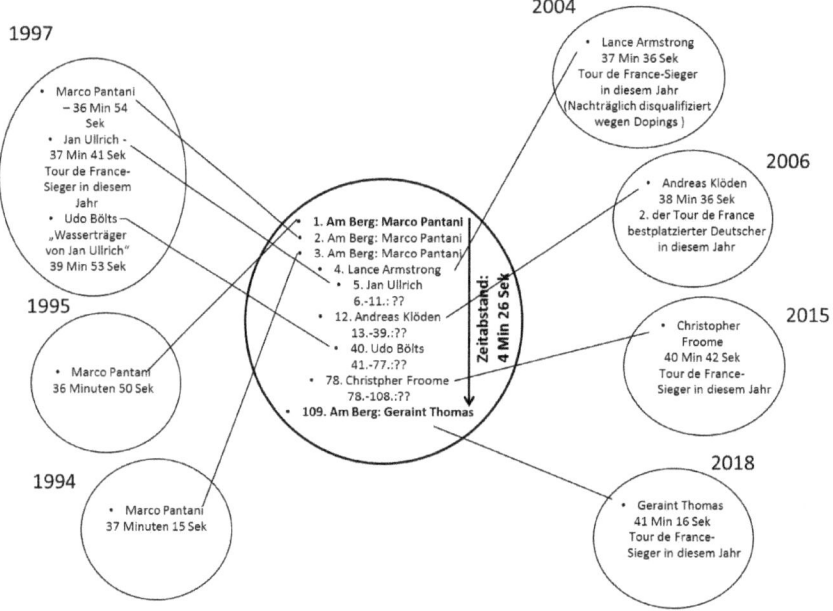

Abb. 35: Kompression von sieben Tour de France-Teiletappen aus sieben Jahren in einem imaginierten Wettbewerb „Wer ist am schnellsten in Alpe d'Huez?", in dem gleichzeitig alle genannten Radrennfahrer sowie bis zu 101 nicht genannte und somit in ihrer Identität (bzw. Identitätsgleichheit) unbekannte Fahrer gleichzeitig starten und gegeneinander antreten.

Was diesen doch schon recht komplexen Blend zum Spiegelblend macht, ist also die Tatsache, dass alle Input Spaces ebenso wie der Blend vom selben Frame, RADRENNEN, strukturiert werden. Ähnliche berühmte Beispiele der Blendingliteratur sind „the riddle oft he Buddhist Monk" (Fauconnier & Turner 2002: Kapitel

3), „the record in the mile" (Fauconnier & Turner 2003) and „the boat race" (Fauconnier 1997: 156–157; auch in Fauconnier & Turner (2002: 63–65) unter dem Titel „Regatta" analysiert).

Grundsätzlich anders funktionieren **Einfache-Frame-Blends** (*single-scope networks*), denn hier werden alle beteiligten Input Spaces von **unterschiedlichen Frames** strukturiert. Nur einer dieser Frames strukturiert jedoch den Blend.

Beispiele für einfache Frame-Blends sind die Sätze (49) und (50).

(49) Revolte gegen Merkel. Die Kanzlerin ist angezählt. (Die Zeit, 28.09.2018)

(50) Jogi Löw vor Nations-League-Spiel in Frankreich angezählt. (Focus Online, 16.10.2018)

In beiden Fällen wird über die Verwendung der Konstruktion „angezählt sein" Hintergrundwissen zum Boxen aufgerufen. Ein Input Space enthält also das vom BOXEN-Frame strukturierte Szenario, in dem ein Boxer einem anderen einen Schlag verpasst hat, infolgedessen dieser zu Boden gegangen ist und der Ringrichter von 1 bis 10 zu zählen begonnen hat. Den Boxregeln nach gilt der niedergeschlagene Boxer als k.o., wenn er nicht innerhalb dieser 10 Sekunden aufsteht. Das Wissen, dass diese 10-Sekunden-Regel gilt, ist für die Komposition des Blends allerdings wohl keine Voraussetzung, wohl aber, dass man verliert, wenn man „ausgezählt" ist. Der zweite Input Space ist im Falle des Beispiels (49) ein Szenario, das vom POLITIK-Frame strukturiert wird, in (50) wird Fußball-Wissen aktiviert. Im Blend wird Angela Merkel bzw. Jogi Löw zum am Boden liegenden Boxer, der vom Ringrichter angezählt wird und also nur mehr wenige Sekunden hat, um aufzustehen und weiterzuboxen. Das Integrationsnetzwerk enthält also zwei Input Spaces, die auf unterschiedliche Frames zurückgreifen, der Blend wird jedoch nur von einem dieser Frames strukturiert, in diesen Fällen dem BOXEN-Frame.

Auch bei **Gemischten-Frame-Blends** rekurrieren alle Input Spaces auf unterschiedliche Frames. Der Blend vermischt diese Frames jedoch zu neuer Struktur. Fauconnier & Turner (2002: 131–132) illustrieren die Struktur solcher Integrationsnetzwerke unter anderem anhand eines nicht-sprachlichen Beispiels, nämlich des Computer-Desktops. Er verbindet zwei Input Spaces mit unterschiedlicher Frame-Struktur: auf der einen Seite BÜROARBEIT mit (physisch realen) Akten, Ordnern, einem Papierkorb etc., auf der anderen Seite der COMPUTER als Rechenmaschine mit Eingabe- und Visualisierungsgeräten (Bildschirm, Maus, Tastatur) und Eingabefunktionen wie „finden", „suchen", „ersetzen", „drucken" etc., die bestimmten Rechenoperationen entsprechen. Der Desktop-Blend übernimmt Teile des BÜRO-Frames. Es gibt Ordner und Dateien und einen Papierkorb. Speichert man eine Datei in einem Ordner, ist sie „in diesem Ordner" wie eine Akte, die physisch in einem Ordner abgelegt wird. Zieht man mit der Maus eine Datei in den Papierkorb wird diese „weggeworfen". Sie ist allerdings nicht zerstört – nicht etwa wie ein zerknülltes oder zerrissenes Stück Papier – und sie wird erst unwiederbringlich gelöscht, wenn der Papierkorb „geleert" wird. Zwar kann ich auch ein zerrissenes Papier aus dem Papierkorb herausnehmen und wieder zusammensetzen, das Resultat ist aber nicht das Papier im Originalzustand. Das ist bei Dateien im Papierkorb anders. Solange der Papierkorb nicht geleert wurde, kann die Datei ohne Schaden oder Zustandsveränderung wieder herausgeholt und weiterverwendet werden. Es gibt hier also einen sogenannten „Clash" zwischen den beiden Frames, d.h., die Elemente in den beiden Input Spaces sind nicht voll kompatibel.

Der Prozess, den ein Computer tatsächlich ausführt, wenn wir etwa den Papierkorb löschen, d.h. die Rechenoperation, hat natürlich nichts mit der physischen Tätigkeit des Leerens eines Papierkorbs gemein. Der Desktop als Benutzeroberfläche integriert also zwei völlig unterschiedliche Frames miteinander und vereint sie zu einem Blend, indem Elemente aus diesen beiden Frames so miteinander verschmelzen, dass neue Struktur entsteht, die dann in weiterer Folge konventionalisieren kann. Dies ist im Falle des Computer-Desktops sicherlich eingetreten. Das Bedienen von Computern oder Handy-Benutzeroberflächen ist für uns eine kognitiv völlig unproblematische, anspruchslose Alltagshandlung geworden. Ihre innovative Konzeption, die Fauconnier & Turner hier rekonstruieren, war aber kognitiv durchaus anspruchsvoll. Andere Beispiele für Gemischte-Frame-Blends finden sich u.a. in Fauconnier & Turner (2002: 221–223 und 274–275). Die Tabelle 2 fasst die wesentlichen Unterschiede der vier Blending-Subtypen noch einmal zusammen.

Tab. 2: Typologie der Integrationsnetzwerke (nach Evans & Green (2006: 431))

Netzwerk	Input	Blend
Simplexblend	Nur einer der Input Spaces wird von einem Frame strukturiert	Blend wird von diesem Frame strukturiert
Spiegelblend	Beide Input Spaces werden von demselben Frame strukturiert	Blend wird vom selben Frame strukturiert wie Input Spaces
Einfacher-Frame-Blend	Beide Input Spaces werde von unterschiedlichen Frames strukturiert	Blend wird von einem der Frames strukturiert

Netzwerk	Input	Blend
Gemischter-Frame-Blend	Beide Input Spaces werden von unterschiedlichen Frames strukturiert	Im Blend werden diese beiden Frames miteinander vermischt

Ein weiteres nicht-sprachliches Beispiel konzeptioneller Integration ist auch die Analyse von Seana Coulson (2002) zum Papierbasketball, ein Bürospiel, in dem der Papierkorb die Funktion eines Basketballkorbs übernimmt und die Büroangestellten mit Papierkugeln (statt Basketbällen) versuchen, in den Papierkorb (=Basketballkorb) zu treffen. Parill & Sweetser (2004) und Williams (2008) zeigen außerdem Blendinganalysen zu ko-verbaler Gestik, Lidell (2003) für Gebärden und Sweetser (2000) für kulturelle Rituale (zahlreiche Beispiele auch in Fauconnier & Turner 2002).

Diese nicht-sprachlichen Beispiele werden – ähnlich wie in der Theorie der Konzeptuellen Metapher – gerne als Beleg dafür herangezogen, dass es sich beim Blending tatsächlich um einen allgemeinen, nicht-sprachspezifischen kognitiven Mechanismus handelt. Dieser Anspruch wird aber innerhalb der kognitiv-linguistischen Forschungsgemeinschaft auch kritisch diskutiert.

7.3 Kritik an der Blending-Theorie

Die Blending-Theorie gehört ohne Zweifel zu den einflussreichsten Theorien innerhalb der Kognitiven Semantik und stellte in vielerlei Hinsicht nach der Theorie der Konzeptuellen Metapher einen wichtigen Schritt in der Weiterentwicklung der Kognitiven Semantik dar. Sie hat deren Eindimensionalität (eindimensionale Mappings von einer Quelledomäne auf eine Zieldomäne) überwunden und einen Analyserahmen für ein weit breiteres Spektrum kreativen Denkens und figurativen Sprachgebrauchs geschaffen, als dies die Theorie der konzeptuellen Metapher in ihrer ursprünglichen Konzeption vermochte. Die gewaltige Vielfalt der Phänomene, die Fauconnier & Turner über Blendingprozesse zu erklären versuchen, sowie die Tatsache, dass der Ablauf distinktiver kognitive Prozesse zwar poniert wird, sie diese aber nicht – beispielsweise über experimentelle Studien – *stricto sensu* belegen, stieß und stößt jedoch auf Kritik. Einige dieser Kritikpunkte werden von Glebkin (2015: 102–103) zusammengefasst (und hier in deutscher Übersetzung wiedergegeben):

- Moderne Wissenschaft zeichnet sich dadurch aus, dass ihre Theorien falsifizierbar sind. Diese Falsifizierbarkeit muss im Falle der Blending-Theorie

stark angezweifelt werden. Sie kann zwar eine große Anzahl von Phänomenen *post factum* „erklären" (sic, Anführungszeichen aus dem Original übernommen), aber keine exakten Voraussagen zum Ablauf eines Blendingprozesses treffen. Es scheint sich deshalb um eine „Ad hoc-Theorie" zu handeln (vgl. Gibbs 2000a: 349–350).
- Der genaue Status von mentalen Räumen und Blends im Modell ist unklar. Es ist nicht geklärt, ob es sich um abstrakte theoretische Konstrukte oder reale kognitive Prozesse handelt (Oakley & Hougaard 2008: 12; Ferguson & Sanford 2008: 610).
- Der Fokus der Blendingtheorie liegt auf Unterschieden zwischen Konzepten oder mentalen Räumen und also weniger auf Ähnlichkeiten [wie in der Metaphernthorie, Ergänzung E.Z.]. Dadurch können Blending-Analysen keine tatsächlich online ablaufenden kognitiven Operationen zu Tage bringen, sondern lediglich recht unpräzise Darstellungen [möglicher] Abläufe offerieren. Andere Ansätze würden viel genauere Analysen derselben Phänomene liefern (Ruiz de Mendoza 1998, Brandt 2005, Geeraerts 2009, Kövesces 2011).

Die drei Kritikpunkte basieren im Wesentlichen auf demselben Argument: die Blending-Theorie macht Aussagen über angeblich real ablaufende kognitive Prozesse. Die Grundlage dazu sind Analysen von Kognitionsprodukten, also sprachlichen Äußerungen, Konstruktionen, Bilder, graphische Darstellungen etc., deren Entstehungsprozesse man zu rekonstruieren versucht. Etwas plakativ ausgedrückt, könnte man also die Argumentationslogik folgendermaßen zusammenfassen: Wir haben ein Produkt Z. Wenn man X und Y auf die Art und Weise W zusammenfügt, kommt man zu Z. Die Zusammenfügung/das Blending von X und Y ist also jener Prozess, der zu Z führt. Er ist zwar nicht direkt beobachtbar, aber am Schluss stimmt die Rechnung, also muss es so abgelaufen sein.

Diese Kritik, die zunächst tatsächlich recht vernichtend klingt[68], kann tatsächlich auf einige Theorien der Kognitiven Linguistik zumindest in Teilbereichen ausgeweitet werden, darunter auch die Kognitive Grammatik (Kapitel 9). Im Grunde genommen ist das jedoch unproblematisch, wenn man sie als das nimmt, was sie in großen Teilen sind: Theorien. Theorien sind auf Empirie basierte Annahmen, deren Gültigkeit zu testen ist. Dies setzt allerdings voraus, dass die Theorien in testbare Hypothesen umformuliert werden können. Die Aufgabe der Kognitiven Linguistik müsste also darin liegen, Theorien zu liefern, die in einem zweiten Schritt einer Testung zu unterziehen sind. Eine zentrale Rolle spielt hier-

---

68 Eine interessante Verteidigung gegen diese Kritik bieten Coulson & Oakley (2000).

bei sicherlich die interdisziplinäre Zusammenarbeit mit den Kognitionswissenschaften bzw. der kognitiven Psychologie. Genau diesen Punkt mahnt Gibbs (2002a) in seinem recht kritischen Beitrag aus der Sicht der Psychologie an: Die Kognitive Linguistik stellt den Anspruch, dass ihre Forschungsergebnisse, Methoden und Theorien kompatibel mit unserem Wissen (aus anderen Bereichen und Forschungsdisziplinen) über menschliche Kognition sind (*cognitive commitment*; vgl. Kapitel 3.). Sie orientiert sich aber in der Praxis viel zu wenig an den kognitiven Disziplinen. Kognitive LinguistInnen müssen ihren Blick also über die Disziplingrenzen hinweg richten und mit Erkenntnissen experimenteller Kognitionsforschung abgleichen bzw. daran anknüpfen. Vor allem mit Hinblick auf den Vorwurf, den die Kognitive Linguistik an den Generativismus richtet, nämlich, dass dieser unplausible und empirisch nicht begründete Aussagen zur Kognition mache, muss sich die Kognitive Linguistik als Disziplin besonders darum bemühen, sich nicht denselben Vorwurf gefallen lassen zu müssen. In einigen Bereichen sehen wir hier in den letzten zwei Jahrzehnten sehr ermutigende Entwicklungen, allen voran im Bereich der Konstruktionsgrammatik und der Spracherwerbsforschung (im Detail dazu Teil 3, Kapitel 11.). Im Bereich der Blendingtheorie kann man allerdings tatsächlich im Moment nur von einer Theorie sprechen, deren Falsifizierung noch weitestgehend aussteht. Fauconnier & Turner selbst begegnen der Kritik in erster Linie mit dem Verweis auf eine Reihe von Beschränkungen (*constraints*) und Prinzipien, die dem Blendingprozess unterliegen sollen.

7.3.1 Beschränkungen und Prinzipien von Blendingprozessen

Wie bereits mehrfach erwähnt und anhand der diskutierten Beispiele illustriert wurde, ist Blending selektiv. Nicht alle Informationen eines Frames oder von Input Spaces fließen in einen Blend ein. Das ist intuitiv einleuchtend, es stellt sich aber die Frage, was diesen Blendingprozess beschränkt. Mit anderen Worten, was bestimmt, welche Elemente in den Blend miteinfließen und welche nicht? Fauconnier & Turner (2002: 327–334) postulieren hier eine Reihe von Prinzipien (*governing principles*), die dem Blendingprozess unterliegen sollen. An dieser Stelle gehen wir nur auf eines dieser Prinzipien ein: **das topologische Prinzip**.

Es besagt, dass ein Blend die Struktur der Verbindungen innerhalb und zwischen den Input Spaces bewahren sollte/muss, um kognitiv leichter verarbeitet werden zu können. Hier nehmen wir also die Produzentenperspektive ein und das Prinzip nimmt die Form von Anweisungen oder Empfehlungen ein. Betrachten wir zum Beispiel noch mal das Tour-de-France Beispiel im Lichte des topologischen Prinzips. Die interne Struktur der einzelnen Input Space, d.h. ihre Elemente und deren konzeptuellen Verbindungen untereinander, ist in allen Input Spaces ähnlich und wird im Blend zu einem Event komprimiert (ein Radrennen). Einige Aspekte bleiben dabei über alle Input Spaces und im Blend konstant, etwa die Streckenführung und ihre Länge und dass die Strecke als Teil einer Tour de France-Etappe befahren wird. Diese gleichbleibenden Parameter führen dazu, dass die Unterschiede (Jahr, Fahrer, Zeit) besonders in den Vordergrund treten und die Kreativität des Blends „optimal" (man spricht auch von *optimality principles*) zur Geltung kommt. Wäre die Strecke, die die Radrennfahrer befahren hätten nicht gleich, also würden zum Beispiel ganz unterschiedliche Etappenabschnitte miteinander verglichen werden, würde der Blend hingegen scheitern. Die topologische Struktur zwischen den verschiedenen Input Spaces wäre zu unterschiedlich und könnte nicht friktionsfrei in den Blend projiziert werden. Der Blendingprozess unterliegt hier also klaren Restriktionen und basiert auf vergleichbaren und somit projizierbaren Elementen in den Input Spaces.

Wie bereits erwähnt, hat das Blendingmodell nach Fauconnier & Turner vor allem in der Kreativitäts- und Humorforschung, aber auch in der Kognitiven Poetik (siehe Kapitel 13) breite Anwendung gefunden. Der zum gegenwärtigen Zeitpunkt produktivste Ansatz der Kognitiven Semantik ist aber die Framesemantik. Ihr widmet sich das nächste Kapitel.

Die wichtigsten Punkte nochmal

- Blending ist ein allgemeiner kognitiver, nicht-sprachspezifischer Mechanismus.
- Blending (auch konzeptuelle Integration) beruht auf der Integration von Informationen aus mindestens zwei Input Spaces in einem Blend.
- Input Spaces und Blends sind mentale Räume, die von Frames strukturiert werden.
- Im Blend entsteht (*emergiert*) neue Bedeutung, die nicht bereits Teil der Input Spaces ist.
- Blending ist selektiv. Nicht alle Elemente der Input Spaces werden in den Blend übertragen.
- Der Blending-Prozess besteht aus mehreren Phasen: Komposition, Vervollständigung und Fortführung.
- Es werden verschiedene Typen von Integrationsnetzwerken unterschieden (Simplexblends, Spiegelblends, Einfache-Frame-Blends und Gemischte-Frame-Blends).
- Blends können spontan und kreativ sein, aber auch *entrencht* und konventionalisiert werden.
- Die Funktion des Blendings liegt nach Fauconnier & Turner darin, die Komplexität vieler Abläufe unserer Efahrungswelt zu reduzieren, um sie dadurch kognitiv leichter fassbar zu machen („achieve human scale").
- Kritiker der Blendingtheorie mahnen jedoch an, dass die Theorie nicht falsifizierbar sei, Blends nicht vorhersehbar, sondern nur post hoc rekonstruierbar sind und der Eindruck entstehe, Blending wäre inflationär als Erklärung für alles herangezogen („anything goes").

Übungen

- Geben Sie eine Definition von Blending. Gehen Sie dabei auch auf den Unterschied der Begriffe des „mentalen Raums" und des „Frames" ein. Warum spricht man beim Blending alternativ auch von konzeptueller Integration?
- Gehen Sie in aktuellen Printmedien (oder auch im Internet) auf die Suche nach drei Graphiken, deren Interpretation Ihrer Meinung nach Blendingprozesse voraussetzt. Beschreiben Sie diese Blendingprozesse und erstellen Sie außerdem Abbildungen der Blendingprozesse, wie Sie sie in diesem Einführungskapitel an mehrfacher Stelle vorfinden. Um welchen Typ von Blendingnetzwerk handelt es sich jeweils?

Weiterführende Literatur

- Ausführliche Darstellung der Blending-Theorie: Fauconnier & Turner 2002
- Überblicksdarstellungen zur Theorie der Konzeptuellen Integration: Fauconnier & Turner 2003, Turner 2007, Evans & Green 2006: Kapitel 12, Birdsell 2014, Oakley & Pascual 2017
- Vergleich der Blending-Theorie mit der Theorie der Konzeptuellen Metapher: Grady, Oakley & Coulson 1999, Evans & Green 2006: 435–438.

8 Framesemantik

Die Framesemantik ist das aktuell wahrscheinlich produktivste Forschungsfeld innerhalb der Kognitiven Semantik. Sie ist tief verwurzelt im enzyklopädischen Semantikverständnis der Kognitiven Linguistik (vgl. Kapitel 3) und hat dieses gleichzeitig entscheidet mitgeformt. Wir beginnen unseren Ausflug in die Framesemantik mit einem kurzen Überblick zu ihrer Entstehungsgeschichte und ihren Zielen.

8.1 Entstehung und Ziele der Framesemantik

In Kapitel 4, in dem wir einige der Grundbegriffe der Kognitiven Semantik kurz umrissen haben, haben wir mit Ziem (2008: 2) **Frames** – das Kernkonzept der Framesemantik – als „**konzeptuelle Wissenseinheiten**, die sprachliche Ausdrücke beim Sprachverstehen evozieren, die also Sprachbenutzerinnen und Sprachbenutzer aus ihrem Gedächtnis abrufen, um die Bedeutung eines sprachlichen Ausdrucks zu erfassen" definiert. Ziem (2008: 2) führt ergänzend dazu weiter aus: „Zu wissen, was ein Ausdruck bedeutet und wie ein Ausdruck zu verwenden ist, heißt demnach, über eine bestimmte kognitive Struktur zu ‚verfügen', die mit einem Ausdruck konventionell assoziiert ist." Frames sind also Wissensstrukturen, die wir durch unsere Erfahrungen, die wir in und mit der Welt machen, aufbauen und die mit lexikalischen Ausdrücken, die wir in diesen Kontexten verwenden, verbunden sind. Sie dienen ihnen als **Verstehens- und Deutungsrahmen**. Unser Erfahrungswissen ist mit anderen Worten Teil der Bedeutung lexikalischer Strukturen. Jede Verwendung eines lexikalischen Ausdrucks aktiviert Teile dieses erworbenen Wissens. Diese Definition des Frames bzw. die enzyklopädische Auffassung der lexikalischen Bedeutung ist heute in der Kognitiven Linguistik Allgemeingut. Der Verdienst der Framesemantik ist es insbesondere, Modelle dieser Wissensstrukturen und der Zusammenhänge zwischen Frames entwickelt zu haben. Diese Entwicklung ist dabei zum gegenwärtigen Zeitpunkt keineswegs abgeschlossen, sondern sie wird vor allem im Rahmen des **FrameNet**-Projekts und seinen Ablegern aktuell sehr aktiv betrieben (vgl. dazu explizit Abschnitt 8.3).

Begründet wurde die Framesemantik in ihrer heute vorwiegenden Ausprägung in der Linguistik von **Charles J. Fillmore** und als wichtigste Publikationen der frühen Phase gelten zwei seiner Publikationen aus den 1980er-Jahren: „Frame semantics" (1982) und „Frames and the semantics of understanding" (1985). Fillmores Konzeption von Frames (dt. auch „**semantischer Rahmen**" und „**(Be-)Deutungsrahmen**") und der Framesemantik sind bis heute für die Kognitive Linguistik prägend. Der Begriff bzw. die Idee des Frames wurde aber auch von anderen SemantikerInnen, die sich nicht unbedingt der Kognitiven Linguistik zurechnen, aufgegriffen und teilweise unterschiedlich ausgelegt und weiterentwickelt, nicht zuletzt im deutschsprachigen Raum durch Konerding (1993).

Eine ebenfalls einflussreiche Verwendung des Frame-Konzepts, das allerdings nicht wie das Konzept Fillmores aus der Linguistik, sondern aus der Kognitiven Psychologie heraus entwickelt wurde, geht auf **Lawrence Barsalou** zurück[69]. Auch der in Kapitel 4 schon kurz umrissene **Skript**-Begriff von **Schank & Abdelson** (1977) ist mit dem linguistischen Frame-Konzept Fillmores verwandt, aber ebenfalls nicht in der Linguistik, sondern in der Kognitiven Psychologie verankert. Der Bereich, den Skripts abdecken, ist darüber hinaus weitaus kleiner als der des Frames. Wir werden uns mit den Unterschieden und Gemeinsamkeiten der verschiedenen Konzeptionen des Framebegriffs und dem Einfluss ihrer unterschiedlichen fachlichen und erkenntnistheoretischen Wurzeln sogleich in Kapitel 8.2 etwas näher befassen. Zunächst gilt es zu klären, was in der Kognitiven Semantik nun unter Frames verstanden wird.

Die Idee, die dem linguistischen Framebegriff zugrunde liegt, ist in den späten 1970er und 80er Jahren keineswegs vollkommen neu. Als theoretische Wegbereiterin der Frame-Idee gilt die Schema- und Gedächtnistheorie des britischen Psychologen Frederic Bartlett, die dieser in den 1920er und 30er Jahren entwickelt hat (vgl. dazu Busse (2012, Kapitel 4) und Ziem (2008, Kapitel V, 2.1)). Fast zeitgleich zu Charles Fillmore entwickelte außerdem auch der Künstliche-Intelligenz-Forscher Marvin Minsky (1975) eine allgemeine, stark kognitiv ausgelegte Frame-Theorie.

Alexander Ziem (2008: 7ff.), einer der bekanntesten deutschsprachigen Forscher auf dem Gebiet der Framesemsemantik, beginnt seine framesemantische Dissertation mit drei kurzen Einstiegsbeispielen, darunter ein Witz, um die Relevanz von Frames für die Bedeutung lexikalischer Ausdrücke zu illustrieren. Wir tun es ihm hier gleich, weil sich an einem bestimmten Typ von Witz gut zeigen lässt, dass wir für ein und dasselbe Wort eine andere Bedeutung aktivieren, wenn wir anderes Hintergrundwissen aufrufen, d.h. einen anderen Frame oder auch andere Aspekte desselben Frames heranziehen. Der folgende Witz basiert auf genau diesem Wechsel von einem Frame als aktivierte Wissensstruktur zu einem anderen:

---

69 Eine gute Einführung in das Frame-Konzept von Barsalou gibt Löbner (2015, Kapitel 12).

> Ich lasse meinen Steuerberater meine Steuererklärung machen, weil das Zeit spart: Letztes Frühjahr hat mir das zehn Jahre erspart. (Coulson & Kutas 1999: 4, Übersetzung E.Z.)[70]

Vor welchem Hintergrund interpretieren wir die Wörter „Zeit" und „sparen" bei ihren ersten Vorkommen in diesem Witz und welches Erfahrungswissen wird schließlich aktiviert, wenn wir den Witz als solchen verstanden haben?

Bevor man zur „Punch line" in diesem Witz kommt, stellt man sich mental wohl eine Szene vor, in der jemand eine/n SteuerberaterIn hat und sie/ihn beauftragt, die Steuererklärung für einen zu machen. Als Grund wird Zeitersparnis genannt. Es wird also Wissen darüber aktiviert, was SteuerberaterInnen tun, was eine Steuererklärung ist, dass ihre Erstellung recht zeitaufwändig ist und dass man SteuerberaterInnen damit beauftragen kann, dies für einen gegen Bezahlung zu erledigen, sodass man sich damit nicht beschäftigen muss und die Zeit, die man nicht in die Steuererklärung investieren muss, anderwärtig nutzen kann. Wir wissen außerdem, dass diese Zeitersparnis vielleicht ein paar Stunden oder Tage beträgt, jedoch keinesfalls „zehn Jahre". Um das Konzept „Zeit sparen" (durch den Einsatz eines/r SteuerberaterIn) mit der Information, dass einem dadurch „zehn Jahre erspart wurden" in Einklang zu bringen und zu einer kongruenten Interpretation zu kommen, muss hier also zusätzliches Hintergrundwissen aktiviert werden, nämlich das Steuervergehen bzw. Steuerhinterziehung strafbare Handlungen sind und im schlimmsten Fall einen langen Gefängnisaufenthalt zur Folge haben. SteuerberaterInnen haben die Aufgabe, KlientInnen vor einem Steuervergehen und einer Verurteilung mit einem Gefängnisaufenthalt als Folge zu bewahren. „Zehn Jahre" wird hier also bei Hinzuziehen dieser Wissensbestände interpretierbar als „zehn Jahre im Gefängnis" und diese Reinterpretation ist nur möglich, wenn wir dieses Hintergrundwissen über Steuererklärungen, SteuerberaterInnen, Steuervergehen und ihre Ahndung durch den Staat etc. aktivieren (können). Der witzige Effekt beruht also auf der Reinterpretation von „Zeit sparen", um zu einer mit „zehn Jahre ersparen" kongruenten Interpretation zu gelangen. Dazu ziehen wir kompatibles Framewissen heran. Coulson & Kutas (1999) sprechen von einem Prozess des ***frame-shiftings***.

---

[70] „I let my accountant do my taxes because it saves time: last spring it saved me ten years." (Coulson & Kutas 1999: 4). Im Deutschen funktioniert das Beispiel allerdings nur mit einem Wechsel des Verbs von *sparen* zu *ersparen*. Ein weiteres Beispiel, das in Coulson et al. (2006) analysiert wird, ist der folgende Witz: „When I asked the bartender for something cold and full of rum, he recommended his wife" („Als ich den Barkeeper nach etwas Kaltem und voll mit Rum fragte, empfahl er seine Frau.", Übersetzung E.Z.). Auch hier basiert die Interpretation des Satzes als Witz auf dem Wechsel des Frames, vor dessen Hintergrund man „cold and full of rum" interpretiert.

Die grundlegende Frage der Framesemantik ist deshalb: Welche Wissensstrukturen evozieren lexikalische Strukturen, wenn wir sie gebrauchen und sie interpretieren, ihnen also Bedeutung zuerkennen? Diese Frage wird grundsätzlich in der Kognitiven Linguistik damit beantwortet, dass lexikalische Einheiten (ebenso wie Konstruktionen, dazu mehr in Kapitel 10) immer in Bezug zu komplexen, **erfahrungsbasierten Wissensstrukturen** interpretiert werden. Das impliziert, dass wir für lexikalische Einheiten nur dann eine Bedeutung – oder die kontextuell passende Bedeutung – aufrufen können, wenn wir über das nötige Erfahrungswissen verfügen. Wenn Sie also beispielsweise zwar schon mal das englische Wort „Impeachment" gehört haben, aber nicht wissen, was ein Impeachment-Prozess genau ist, wie er abläuft, wen er betrifft, wer entscheidet und welche Konsequenzen er hat, dann verbinden Sie mit den Begriff keine oder bestenfalls nur eine sehr vage Bedeutung. Der Grund dafür ist, dass das Weltwissen fehlt, das aber Teil der Bedeutung des Wortes ist. Genau diese Frage nach der Rolle des Weltwissens in der Bedeutungskonstitution steht im Mittelpunkt der Framesemantik. Busse (2008: 11) beschreibt deshalb das Anliegen der Framesemantik folgendermaßen:

> Frame-Semantik ist eine Form der (linguistischen) Semantik, die überhaupt zum ersten Mal explizit und gezielt die Frage nach der Rolle der Form und des Umfangs des für das Verstehen eines sprachlichen Ausdrucks (eines Wortes, Satzes, Texts) relevanten Wissens auch jenseits der Grenzen des rein „linguistischen" Wissens gestellt hat, wie es in gängigen Grammatikmodellen (oder grammatiktheoretisch oder logik-theoretisch dominierten „Semantik"-Konzeptionen) beschrieben und theoretisch expliziert wurde/wird. Sie ist daher eine Form der Semantik, die die Grenzen geläufiger Modelle deutlich überschreitet.

Da es in der Framesemantik also zunächst um die Frage geht, welches Wissen Teil der Bedeutung von lexikalischen Ausdrücken ist, befinden wir uns im Kernbereich der lexikalischen Semantik. Die Entwicklung der Framesemantik ist dabei ganz zentral mit dem Ziel verbunden gewesen, Schwächen der strukturalistischen Merkmalsemantik (vgl. Kapitel 3.2) sowie der generativistischen Ansätze und der Logischen Semantik zu überwinden und die lexikalische Bedeutung in unserem nicht-sprachbasierten Wissen zu verankern, d.h. in unseren Erfahrungen und unserem Wissen über Zusammenhänge und Abläufe in der Welt. Die Entwicklung der Framsemantik hin zu einer vollwertigen semantischen Theorie nimmt dabei in den 1960ern ihren Ursprung und wird vor allem aktuell mit der Arbeit an den bereits erwähnten FrameNet-Projekten intensiv weiterbetrieben. Die Entwicklung kann also auch heute sicher nicht als abgeschlossen gelten. Auf aktuelle Entwicklungen und Desiderate der Weiterentwicklung der Framesemantik werden wir zu Abschluss dieses Überblickskapitels noch etwas genauer eingehen. An dieser Stelle scheint aber zunächst ein Blick auf die Frage relevant zu sein, welche konkreten Probleme der damals vorherrschenden semantischen Theorie Charles Fillmore dazu veranlasst hat, die Idee einer frame-basierten Semantik zu verfolgen.

Die Entwicklung der Fillmorschen Framesemantiktheorie war kein einstufiges Verfahren, sondern ein in mehreren Phasen ablaufender Prozess. Dietrich Busse (2008: 25) skizziert in seinem Kompendium zur Framesemantik – dem bei Weitem umfangreichsten und am tiefsten gehenden deutschsprachigen Werk zu dem Thema – die Stufen in der Entwicklung zur Framesemantik hin zur vollwertigen semantischen Theorie. Er sieht dabei im Wesentlichen fünf Phasen in der Arbeit Fillmores:

(1) die Phase der Kasus-Grammatik
(2) die Entwicklung der Theorie des „Tiefen-Kausus" und des „Kasus-Rahmens"
(3) die Phase des „Szenen-und-Rahmen Modells"
(4) den „Vollausbau" der Framesemantik
(5) die Umsetzung des Modells der Framesemantik im FrameNet-Projekt

Ausgangspunkt von Fillmores Interesse an einer Neukonzeption des Bedeutungsbegriffs ist zunächst die ganz grundlegende Beobachtung gewesen, dass Wörter und Sätze immer viel mehr Bedeutung aktivieren, als man gemeinhin, d.h. in den in den 1960er Jahren vorherrschenden Semantiktheorien, allen voran der Merkmalsemantik, zur lexikalischen Wort- oder Satzbedeutung zählen würde. Das kann an einem ganz einfachen Beispiel illustriert werden (Fillmore 1965; vgl. auch Busse 2008: 27):

Beispiel (51)

John ist groß.

Wenn wir einen Satz wie „John ist groß" interpretieren und annehmen, dass John auf einen erwachsenen Mann referiert, dann aktivieren wir automatisch erworbenes Erfahrungswissen darüber, wie groß erwachsene, ausgewachsene Männer *im Durchschnitt* sind und verorten dann John als Referent des Satzes irgendwo in einem Bereich oberhalb dieses Durchschnittswerts. Fillmore argumentiert also, dass Teil der Semantik von *groß* eine „skalare Abweichung nach ‚oben' in der Dimension ‚räumliche Erstreckung'" (Busse 2008: 27, Hervorhebungen im Original) ist. Die mentale Modellierung des erfahrungsbasierten Durchschnittswerts ist inhärenter Teil der Bedeutung von *John ist groß*. Greifen wir hier nicht auf unsere Welterfahrung zurück, ist der Satz demzufolge schlichtweg nicht interpretierbar. Anders gesagt: unsere Interpretation des Adjektivs *groß*, d.h. welche ungefähre Größe wir John in unserer Vorstellung zuschreiben, wird von unseren Erfahrungen mit der Durchschnittsgröße von Menschen in unserem Umfeld, d.h. in Deutschland/Mitteleuropa, sowie nicht zuletzt auch von der eigenen Körpergröße beeinflusst.

ℹ️ Der Duden (online, abgerufen am 14.01.2021) führt nicht weniger als zehn Bedeutungen für das Adjektiv „groß" an. Die Grundbedeutung wird als „in Ausdehnung [nach irgendeiner Richtung] oder Umfang den Durchschnitt oder einen Vergleichswert übertreffend" umschrieben.

Das DWDS (digitale Wörterbuch der Deutschen Sprache, abgerufen am 15.01.2021) gibt für „groß" hingegen als Grundbedeutung „von ausgedehntem Ausmaß, umfangreich an räumlicher und zeitlicher Ausdehnung, an Höhe, Gewicht, Zahl und Wert" an. Ein Bezug zu einem Durchschnittswert ist hier nicht Teil der Bedeutungsumschreibung.

Aus der Sicht von heute und dem Wissen, dass es zu den Grundannahmen der Kognitiven Linguistik gehört, dass Bedeutung enzyklopädisch ist, erscheint diese Feststellung der erfahrungs- und wissensgebundenen Semantik wahrscheinlich eher unspektakulär. Die sogenannte **„Zwei-Ebenen-Semantik"**, die zwischen sprachlicher, semantischer Bedeutung und nicht-sprachlicher Bedeutung unterscheiden will, wurde an mehrfacher Stelle in dieser Einführung bereits zurückgewiesen. In diesem Licht erscheint Fillmores Argument vollkommen evident und wenig kontrovers, sie muss jedoch im zeitlichen Kontext der damals vorherrschenden Auffassung zum Gegenstandsbereich der Semantik gesehen werden. Dazu gehören vor allem der strukturalistische Ansatz der **Merkmalsemantik** sowie die **Logische Semantik**.

ℹ️ Die Merkmalsemantik postuliert, dass man die Bedeutung von Wörtern über semantische Merkmale bestimmen kann. Wörter ähneln sich semantisch, wenn bestimmte Merkmale auf sie gleichermaßen zutreffen. In anderen Merkmalen unterscheiden sie sich aber zwingend; nur bei Synonymen sind alle semantischen Merkmale gleich. Die Bedeutung eines Lexems lässt sich also prinzipiell immer nur in Abgrenzung zu anderen Lexemen bestimmen. Dies lässt sich zum Beispiel mittels einer Merkmalsanalyse von *Keiler*, *Bache* und *Frischling* zeigen. Sie deckt die semantischen Unterschiede zwischen den Lexemen auf. Auf *Keiler* treffen die semantischen Merkmale +WILDSCHWEIN +MÄNNLICH, +ERWACHSEN zu. *Bache* unterscheidet sich von *Keiler* in genau einem Merkmal: -MÄNNLICH. Die Bedeutung von *Frischling* ist hingegen bezüglich der Geschlechtszugehörigkeit nicht festgelegt (+/- MÄNNLICH). Sie unterscheidet sich aber von *Keiler* und *Bache* im Merkmal -ERWACHSEN. Diese Analyse erscheint wohl zunächst einleuchtend. Sie funktioniert allerdings nur für einen sehr kleinen Teil des Lexikons. Komplexe, abstrakte Konzepte können nicht sinnvoll beschrieben werden. Die Merkmalsanalyse kann auch nicht mit der Tatsache umgehen, dass SprecherInnen oft keine klare Entscheidung dazu treffen können, ob ein Merkmal zutrifft oder nicht, sondern Abstufungen vornehmen (Merkmal X trifft ganz gut zu, trifft eher nicht zu). Dieses Problem wird bei prototypisch organisierten Kategorien besonders sichtbar (vgl. Kapitel 3).

Die Logische Semantik beschäftigt sich mit dem logischen Verhältnis, in dem Bedeutungen zueinander stehen. Das entscheidende Kriterium zur Analyse dieses Verhältnisses sind Wahrheitsbedingungen. Bedeutungen verschiedener Ausdrücke können beispielsweise logisch äquivalent sein, dann ist Ausdruck A als Bezeichnung eines Referenten ebenso „wahr" wie Ausdruck B (Synonymie!). Sie können aber auch z.b. logisch inkompatibel sein. In diesem Fall haben zwei Ausdrücke nicht dieselbe deskriptive Bedeutung. Die Logische Semantik liefert wichtige Erkenntnisse zu Beziehungen zwischen Bedeutungen. Ihr Fokus auf Wahrheitsbedingungen ist allerdings sehr eingeschränkt.

So unterschiedlich diese Ansätze auch sind, sie eint die Überzeugung, dass man immer eine klare Trennlinie zwischen sprachlicher, d.h. lexikalischer, und nichtsprachlicher Bedeutung ziehen kann. Die Annahme, dass eine solche Trennung möglich ist, wird auch heute noch in der in der Semantik gängigen Unterscheidung von **Ausdrucksbedeutung** und **Äußerungsbedeutung** transportiert. In seinem Einführungswerk „Semantik" definiert Löbner (2003: 13) die Ausdrucksbedeutung als Bedeutung eines lexikalischen Ausdrucks „für sich genommen", ohne konkrete kontextuelle Einbettung[71]. Im Fall des Beispiels (51) könnte man sich also etwa die Frage stellen, was die Ausdrucksbedeutung von *groß* ist. Diese könnte man wohl definieren als „Punkt oder Bereich", der auf einer Skala oberhalb eines Durchschnittswerts angesiedelt ist (siehe die Infobox für eine ähnliche Bedeutungsumschreibung aus dem Duden). Diesen Durchschnittswert kann es aber nur geben, wenn eine tatsächliche Kategorie als Referenz herangezogen wird (z.B. MENSCHEN, MÄNNER, HÄUSER, SCHULDEN etc.). Der Punkt oder der Bereich, den wir mental annehmen, ist also intrinsisch abhängig von der Bezugskategorie.

Groß bezieht sich in Beispiel (51) auf John, also einen männlichen Referenten. Wenn wir annehmen, dass John erwachsen ist, wird unsere erfahrungsbasierte Skala zur Durchschnittsgröße von Männern aktiviert und hier als Ausgangspunkt zur Konstruierung von *groß* auf dieser Skala konstruiert. Wenn wir wissen oder annehmen, dass John ein Kind ist, ziehen wir hingegen eine andere Bezugskategorie und einen anderen Durchschnittswert bzw. eine andere Skala heran. Diese Skala und dieser Durchschnittswert verändern sich wiederum er-

---

71 Auch Löbner (2015: 4) weist aber darauf hin, dass die Ausdrucksbedeutung eine „Abstraktion" und „ein theoretisches Konstrukt" ist, weil wir uns immer einen Kontext vorstellen und ihn mitkonstruieren, auch wenn keiner gegeben ist.

neut, wenn wir annehmen, dass John ein sechsjähriger Junge ist. Dadurch verändert sich zwangsläufig auch der Bereich auf der Skala, dem wir den Wert „groß" zuschreiben. Hier kommt die Äußerungsbedeutung ins Spiel. Sie ist bei Löbner (2015: 5) definiert als „die Bedeutung, die ein einfacher oder zusammengesetzter Ausdruck durch die Festlegung seiner Referenz in einem gegebenen Äußerungskontext erhält". Mit anderen Worten, erst wenn Satz (51) in einen konkreten Verwendungskontext eingebettet ist, wird für John ein Referent festgelegt und die Bedeutung von *groß* mit diesem Referenten und unserem Wissen über die Kategorie, der dieser Referent angehört (z.B. ERWACHSENE MÄNNER), in Einklang gebracht. Die Bedeutung von *groß* erschließt sich aber auch auf der Ebene der Ausdrucksbedeutung also erst, wenn wir nicht nur einen Referenten festlegen, sondern diesen zu einem Frame (MÄNNER, KINDER, SECHSJÄHRIGE JUNGEN) in Bezug setzen bzw. vor dessen Hintergrund interpretieren.

Dieser Versuch, die Ausdrucksbedeutung von *groß* und die Satzbedeutung des Satzes in (51) zu erfassen, geht aber im Grunde, so Fillmore, an dem, was Bedeutung für SprachnutzerInnen tatsächlich ist, völlig vorbei. Ihm zufolge sollte die Semantik nicht fragen, was genau die Bedeutung eines Wortes ist, sondern die weitaus interessantere Fragestellung ist: was muss ein Sprecher/eine Sprecherin alles wissen, um ein Wort situationsadäquat zu benutzen[72]. Das ist eine radikal andere Perspektive als die ausdruckszentrierte Perspektive der klassischen lexikalischen Semantik. Die Framesemantik stellt den Sprachnutzer/die Sprachnutzerin, sein/ihr Wissen und seine/ihre Wege der Bedeutungskonstitution in den Mittelpunkt. Sie ist somit eine **interpretative Semantiktheorie**.

Es ist deshalb nicht verwunderlich, dass die enzyklopädische Semantik der Kognitiven Linguistik und mit ihr die Framesemantik unter den Semantiktheorien die weitaus größte Anziehungskraft auf die Interaktionale Semantik als Teil der Interaktionalen Linguistik ausübt, aber auch in den Kommunikationswissenschaften auf großes Interesse stieß (wenn auch nicht in einer mit der Fillmoreschen Konzeption deckungsgleichen Verwendung). Gleichzeitig findet das Frame-Konzept aber auch in computationellen Ansätzen sowie in der Kognitiven Psychologie Anwendung, aber auch hier in abgeänderter Bedeutung. Auch die Framesemantik ist also – wie die Kognitive Linguistik allgemein und insbesondere auch die in Kapitel 10 präsentierte Konstruktionsgrammatik – keine einheit-

---

72 „I think it is misleading to separate a word from its context just for the sake of capturing in one formulation the common features of these two kinds of scenes. It is misleading, that is, if we are trying to capture by the semantic description of a word what it is that a speaker of the language needs to know in order to use the word appropriately." (Fillmore 1977: 68)

liche Theorie, sondern ein Konglomerat miteinander mehr oder weniger eng verwandter Ansätze. Die folgende Tabelle (basierend auf Ziem 2018: 10) gibt einen Überblick zu den verschiedenen Vertretern framesemantischer Ansätze.

Tab. 3: Vertreter unterschiedlicher framsemantischer Theorien und Ansätze (nach Ziem 2018: 10)

Vertreter	Ausrichtung	Fachdisziplin
Frederick Bartlett	kognitiv	Psychologie
Erving Goffman	interaktional/soziokognitiv	Anthropologie/Soziologie
Marvin Minsky	computationell	KI-Forschung
Roger Schank & Roger Abdelson	kognitiv/computationell	Kognitive Psychologie
Charles Fillmore	linguistisch/kognitiv	Linguistik
Lawrance Barsalou	kognitiv	Kognitive Psychologie
Robert Entman	medienwissenschaftlich/sprachlich	Kommunikations- und Medienwissenschaften

Doch was genau sind denn nun Frames und wie werden sie modelliert?

8.2 Was sind Frames?

Wir illustrieren den Framegedanken zunächst an zwei bekannten Beispielen, die allerdings unterschiedlichen framesemantischen Ansätzen zuzurechnen sind: dem „CAR frame" (Barsalou 1992) und dem „COMMERCIAL EVENT frame" (Fillmore 1977).

Abbildung 36 zeigt eine Darstellung des CAR-Frames. Sie stammt nicht von Fillmore, sondern von Lawrence Barsalou, einem Vertreter der kognitiven Psychologie (vgl. Tabelle 3). Sein Framekonzept weicht in einigen Punkten von der Konzeption des Frames in der Framesemantik ab und wir werden auf diese Unterschiede sogleich eingehen (siehe dazu auch im Detail Busse 2012: Kapitel 5 und dabei insbesondere Kapitel 5.3). Dennoch eignen sich das Beispiel und die Visualisierung gut als Einstieg. Wichtig ist zu betonen, dass die Modellierung des CAR-Frames in dieser Abbildung den Frame nicht in seiner Gänze abdeckt. Es werden hier lediglich ein paar wenige Elemente angeführt, nämlich DRIVER, FUEL, ENGINE, TRANSMISSION und WHEELS (*Fahrer, Treibstoff, Motor, Getriebe und Reifen*). Unser Wissen über Autos schließt also typischerweise Wissen darüber mit ein, dass

Autos von FahrerInnen bewegt werden, dass man Treibstoff kaufen muss, man das Auto betanken muss, dass Autos einen Motor haben, der nur funktioniert, wenn genügend Treibstoff im Tank vorhanden ist, dass Autos einen Antrieb und Räder haben und vieles mehr. DRIVER, FUEL, ENGINE, TRANSMISSION und WHEELS (vgl. Abb. 36) sind in Barsalous Konzeption sogenannte **Attribute**. Sie können bestimmte **Werte** annehmen, etwa *Diesel* als Wert des Attributs TREIBSTOFF. In der Darstellung in Abbildung 36 sind den Attributen sogenannte Standardwerte zugeordnet, also saliente Möglichkeiten zur Besetzung der Attribute. Diese Salienz ergibt sich aus den Erfahrungswerten, welche Stoffe man beispielsweise als Treibstoff verwenden kann (hier Benzin, Diesel und Erdgas; Strom wäre heute sicher auch ein solcher Standardwert). Barsalou spricht bei Attribut-Wert Relationen von **Typ-Relationen**, d. h., Diesel und Benzin sind Typen von Treibstoffen. Jedes Attribut nimmt in der konkreten Äußerung nur einen Wert an. Mit anderen Worten, wenn ein konkretes Auto mit Diesel betrieben wird, schließt das Gas und Benzin aus. Diese möglichen Werte werden nicht instanziiert. Werte können selbst aber wiederum Attribute sein für spezifischere Werte, etwa im Falle von Benzin, das den Wert bleifrei und nichtbleifrei annehmen kann.

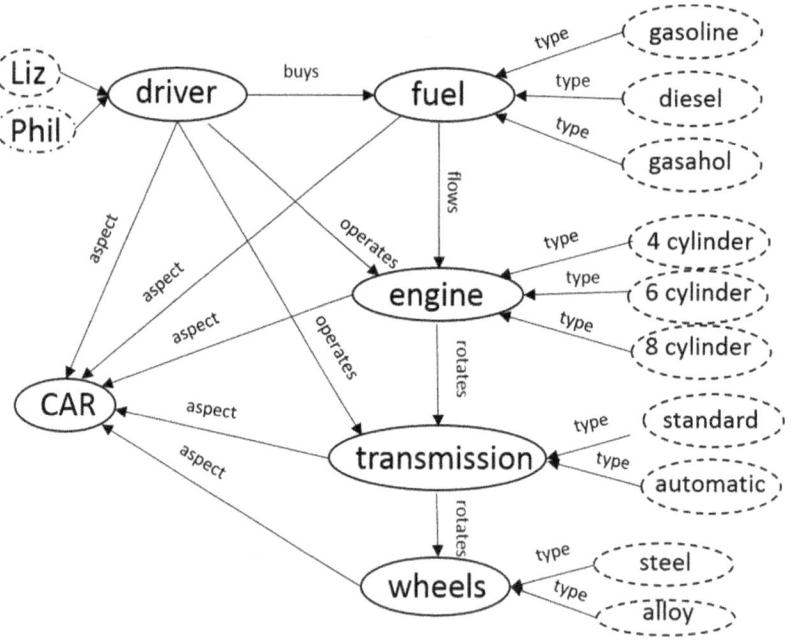

Abb. 36: graphische Darstellung des (partiellen) CAR-Frames nach Barsalou (1992: 30), basierend auf Evans & Green (2006: 224)

Der CAR-Frame ist also eine stabile, erfahrungsbasierte Repräsentation unseres Wissens über die Kategorie AUTO. (An dieser Stelle lassen wir der Einfachheit halber außer Acht, dass Frames zumeist nicht ohne Weiteres einfach von einer Sprache in eine andere übertragen werden können und nehmen also an, dass diese Darstellung des CAR-Frames auch für den AUTO-Frame im Deutschen Relevanz hat). Was die Darstellung nicht enthält, ist eine Modellierung der möglichen **Handlungen**, die wir mit Autos verbinden, z.B. dass wir, wenn wir mit dem Auto fahren, zunächst die abgeschlossene Fahrertür entriegeln, dann die Fahrertüre öffnen, uns in den Fahrersitz setzen, den Schlüssel in den Zünder stecken, vorglühen lassen und dann den Motor mittels Drehen des Schlüssels starten etc. Diese Handlungen, die Teil der komplexen Handlung Autofahren sind, spielen aber in der Framesemantik Fillmorescher Prägung eine große Rolle, denn diese ist stark in der **Valenzgrammatik** verankert. Diesem linguistischen Framebegriff wollen wir uns nun im Detail widmen.

Einer der Frames, die zu Beginn der Arbeiten Fillmores zur Framesemantik besonders im Fokus standen, ist der COMMERCIAL EVENT Frame (dt. HANDELSSZENARIO-Frame). Wir sehen uns diesen Frame nun im Detail an und gehen auch der Frage nach, warum es sich bei der Fillmoreschen Konzeption – im Gegensatz zu den anderen Ansätzen aus Tabelle 3 – um ein klar linguistisch-orientiertes Modell handelt.

Denken Sie zu diesem Zweck kurz an Ihren letzten Einkauf bzw. der Einfachheit halber vielleicht an Ihren letzten Lebensmitteleinkauf im Supermarkt. Würde man Sie nun auffordern aufzuschreiben, was Sie da genau getan und erlebt haben, würde vielleicht ein kurzer Text entstehen, der dem folgenden zumindest auf lexikalischem Niveau wohl nicht unähnlich wäre:

Gestern war ich noch schnell nach der Arbeit im Supermarkt einkaufen. Ich hatte eine kleine Liste geschrieben, der Dinge, die ich benötigte, diese aber wie fast immer dann gar nicht benutzt. Vor dem Geschäft war eine kleine Schlange, aber es ging schnell voran. Zuerst habe ich mir einen Einkaufswagen geschnappt und dann habe ich eingekauft, was ich für mein geplantes Abendessen brauchte: Zwiebel, Tomaten, Nudeln, Käse und eine Flasche Wein. Man gönnt sich ja sonst nichts. Allerdings habe ich mich beim Weinregal wohl im Preis geirrt, denn als die Rechnung dann 40 Euro betrug, bin ich dann doch ziemlich erschrocken. Trotzdem habe ich den Wein genommen und die 40 Euro bezahlt. Am Nachhauseweg habe ich mich dann allerdings über mich ziemlich geärgert, weil ich so viel Geld ausgegeben hatte. Der Wein hat mir dann auch gar nicht mehr richtig geschmeckt.

Es scheint zunächst wohl intuitiv plausibel, dass die in dieser kurzen Erzählung instanziierten Wörter *Supermarkt, einkaufen, Geschäft, Einkaufswagen, kaufen, bezahlen, Preis, Rechnung, ausgeben* und *Geld* in irgendeinem semantischen Zusammenhang stehen. Fillmore (1977, 1982) argumentiert, dass für das Verstehen all dieser Wörter der Zugang zum COMMERCIAL EVENT Frame (dt. HANDELSSZENARIO-Frame) als akkumuliertes, mental abgespeichertes Wissen darüber, wie Handel funktioniert, gegeben sein muss. Der Frame bietet also „den Hintergrund und die (semantische) Motivation für die Kategorien, die die Wörter repräsentieren[73]" (Fillmore 1982: 116–117, Übersetzung E.Z.), in diesem Fall die genannten Lexeme, die den HANDELSSZENARIO-Frame evozieren. Wie sieht dieser Frame aus und welche Elemente interagieren in ihm miteinander?

Wir machen an dieser Stelle eine kleine Vorwegnahme eines Konzepts, das wir uns später in Kapitel 8.3 noch genauer ansehen werden, und übernehmen zwei Begrifflichkeiten aus dem FrameNet-Projekt. Demzufolge bestehen Frames grundsätzlich aus **Kernelementen** *(core elements)* und **Nicht-Kernelementen** *(non-core elements)*. Kernelemente sind elementare Elemente eines Frames. Das heißt, sie sind für die Grundbedeutung eines Frames konstitutiv (Fillmore 2007: 133). Kernelemente des COMMERCIAL EVENT-Frames sind: BUYER (KÄUFER), SELLER (VERKÄUFER), GOODS (WAREN) und MONEY (GELD). Nicht-Kernelemente sind MANNER (ART UND WEISE), MEANS (MITTEL), PURPOSE (ZWECK), RATE (PREIS) und UNIT (EINHEIT).

Der Begriff des Frameelements wird oft synonym zum Begriff der semantischen Rolle oder auch zum Tiefenkasus *(deep case)* verwendet. Letzterer ist der Begriff den Fillmore (1969, 1971) in seiner Kasusgrammatik verwendet, aus der heraus er dann die Framesemantik entwickelt hat. Ausgangspunkt ist die Beobachtung, dass Konstituenten wie Nominal- und Verbalphrasen im Satz nicht nur eine grammatische Funktion haben, also etwa das Subjekt oder das Objekt eines Satzes enkodieren, sondern dass jeder Satz eine semantische Tiefenstruktur hat. Zu dieser Tiefenstruktur zählt Fillmore (1971) die semantischen Rollen *Agent, Experiencer, Instrument, Object, Source, Goal, Location, Time* und *Path* (dt. *Agens, Patiens, Instrument, Objekt, Quelle, Ziel, Lokation, Zeit* und *Weg*).

Dass bestimmte Rollen Teil eines Frames sind, ergibt sich daraus, dass sie in konkreten Äußerungen instanziiert werden. Die Framesemantik postuliert also nicht einfach introspektiv irgendwelche Frameelemente, sondern sie geht korpusanalytisch vor. Frameelemente werden mit anderen Worten aus dem tatsächlichen

---

73 „ [The] background and motivation for the categories which the words represent." (Fillmore 1982: 166–167)

Sprachgebrauch abgeleitet. Kernelemente sind besonders frequent und salient. Sehen wir uns dazu die folgenden Beispielsätze an:

Beispiel (52)

a. Athen kauft von Frankreich 18 moderne Rafaele-Kampfflugzeuge und verlängert die Wehrpflicht von neun auf zwölf Monate. (www.sueddeutsche.de, 14.01.2021, abgerufen am 15.01.2021; Hervorhebung im Original)
b. Chip-Hersteller kauft Start-up Nuvia für 1,4 Milliarden US-Dollar. (www.computerbild.de 14.01.2021, abgerufen am 15.01.2021)
c. Vor Impfstart am 27. Dezember: Bund kauft mehr Impfdosen. (www.tagesschau.de, 21.12.2020, abgerufen am 15.01.2021)
d. Fußball-Star kauft sich eigenen Wald zum Jagen und Fischen. (www.jagderleben.de, 14.01.2021, abgerufen am 15.01.2021)

In Beispiel (52) a. besetzt Athen – als metonymische Referenz auf die in Athen ansässige Regierung – die Rolle des KÄUFERS. Frankreich erfüllt die Rolle des VERKÄUFERS. Die WARE sind die 18 Rafaele-Kampfflugzeuge. Ein Preis wird nicht genannt. Unser Erfahrungswissen sagt uns aber, dass trotzdem ein Preis für die Ware bezahlt wurde oder werden wird, denn der Transfer von Waren ist in unserem mental abgespeicherten COMMERCIAL EVENT- Frame an einen Geldtransfer vom Käufer zum Verkäufer geknüpft. Transfer von Dingen kann natürlich auch ohne Geldtransfer ablaufen, etwa wenn wir ein Tauschgeschäft eingehen oder etwas verschenken. Dann wird allerdings nicht der COMMERCIAL EVENT- Frame, sondern der TAUSCH-Frame oder der SCHENKEN-Frame aktiviert.

Wie bereits erwähnt, spricht man im Kontext der Framesemantik nach Fillmore im Falle von Instanziierung von Frameelementen in konkreten Kontexten von **Werten**, die den Frameelementen zugeordnet werden bzw. von semantischen **Rollen**, die sie besetzen. Frameelemente sind also konzeptuelle Leerstellen, die im tatsächlichen Sprachgebrauch bzw. in einer Situation unterschiedlich besetzt werden können, also unterschiedliche konkrete Werte annehmen können. In der englischsprachigen und teilweise auch in der deutschsprachigen Literatur wird als Synonym für das Frameelement auch der Begriff des **Slots** (auch: **Leerstellen**) gebraucht. Werte werden auch **Fillers** oder **Füllelemente** genannt. Mit anderen Worten, Fillers (z.B. Athen in (52) a.) sind konkrete Instanziierung von Slots (z.B. VERKÄUFER).

In (52) b. instanziiert „Chip-Hersteller" das Kernelement KÄUFER, die Leerstelle WARE ist mit dem Start-up Nuvia besetzt und auch ein Preis wird genannt. In (2) c. werden nur die Rollen KÄUFER und WARE besetzt, während in (2) d. auch das

Nicht-Kernelement ZWECK besetzt wird (er kauft sich einen Wald, um in der Zukunft dort jagen und fischen zu können). Außerdem wird ein Nutznießer (Benefaktiv) der Handlung des Kaufens angeführt, denn der Agens kauft *für sich*.

! Spätestens an dieser Stelle wird die Verwurzelung der Framesemantik in der **Valenzgrammatik** deutlich. Die Grundannahme der Valenzgrammatik ist, dass der (syntaktisch-semantische) Bauplan von Sätzen (oder Phrasen) vom Verb abhängt. Lucien Tesnière führt in diesem Zusammenhang 1959 in seinem Buch *Eléments de syntaxe structurale* den Begriff der Valenz (=Wertigkeit) ein, der auf einer Analogie mit dem Modell des Atoms basiert:

Man kann das Verb mit einem Atom vergleichen, an dem Häkchen angebracht sind, so dass es je nach Anzahl der Häkchen eine wechselnde Zahl von Aktanten an sich ziehen und in Abhängigkeit halten kann. Die Anzahl der Häkchen, die ein Verb aufweist, und dementsprechend die Anzahl der Aktanten, die es regieren kann, ergibt das, was man die Valenz des Verbs nennt. (Tesnière 1959: 161, zitiert in Öhl & Seiler 2013: 154).

Ein einwertiges Verb wie etwa *schlafen* bindet demzufolge nur ein weiteres Satzelement (=Argument) an sich: einen Agens in der syntaktischen Rolle des Subjekts, z.B.: *sie schläft*. Zweiwertige Verben binden zwei Argumente an sich und dreiwertige Verben drei (z.B. *Wir essen Kekse; Ich gebe ihm das Buch*). In neueren Versionen der Valenzgrammatik spricht man auch von semantischen Rollen, die das Verb an seine Argumente vergibt (Öhl & Seiler 2013: 157). Auf ebendiese semantischen Rollen stützt sich auch Fillmores (1971) Konzept der Tiefenstruktur (siehe die Info-Box in Kapitel 8.2.), aus dem heraus das Framekonzept entwickelt wurde.

Eine wichtige Erkenntnis der Framesemantik ist auch, dass Wörter desselben Frames unterschiedliche Aspekte dieses Frames profilieren. Das lässt sich zum Beispiel an Verben illustrieren, die alle den Frame HANDEL_VERKAUFEN aufrufen, aber andere Aspekte in den Aufmerksamkeitsfokus rücken. Mit Langacker (1987a) gesprochen: Sie *profilieren* andere Frameelemente (vgl. zum Begriff des Profils Kapitel 4 und im Detail Kapitel 9). Wir illustrieren das an den folgenden Verben:

- *verkaufen*: VERKÄUFER und WAREN, z.B. ich verkaufe meinen Laptop.
- *in Rechnung stellen*: VERKÄUFER und GELD, z.B. die Werkstatt hat mir 300 Euro für die Reparatur in Rechnung gestellt.

Darüber hinaus unterscheiden sich lexikalische Einheiten auch bezüglich der **Standardwerte**, die Frameelementen zugeordnet sind (Ziem 2020). Wenn wir den Frame HANDEL_VERKAUFEN heranziehen und dabei die lexikalischen Einheiten *verscherbeln* und *Wucher treiben* betrachten, so stellt man zunächst fest, dass beide in einer antonymischen Relation zueinander stehen. Die Framesemantik modelleiert diesen semantischen Gegensatz als Unterschied in den Standardwerten, die die Leerstelle GELD besetzt. Auch diese Standardwerte basieren selbstverständlichen auf erworbenem Wissen zum Gebrauch der beiden lexikalischen Einheiten.

- *verscherbeln*: Standardwert für das Frameelement/die Leerstelle GELD: (zu) wenig, z.B. Bevor er zu seiner Weltreise aufgebrochen ist, hat er seinen gesamten Besitz verscherbelt.
- *Wucher treiben*: Standardwert für GELD: (zu) viel, z.B. Mit den neu erschlossenen Baugründen treibt die Stadt Wucher.

Wir halten also zu Abschluss dieses einführenden Kapitels zum Framebegriff fest, dass die Framesemantik als interpretative Semantiktheorie das Ziel verfolgt, das Wissen, das lexikalische Ausdrücke aufrufen und das wir für ihre Interpretation brauchen, vollumfänglich zu modellieren. Das erinnert uns an ein Grundprinzip der Kognitiven Semantik. In Kapitel 4 haben wir mit Referenz auf Langacker festgestellt, dass „die Bedeutung eines Wortes zu aktivieren [...] gleichbedeutend mit dem **Eindringen in dieses Wissensnetzwerk an einer bestimmten Stelle** [ist], wodurch Teile des Netzwerks automatisch mitaktiviert werden bzw. deren Aktivierung erleichtert wird" (Langacker 1987a: 161). In der Framsemantik gehen wir davon aus, dass wir, wenn wir ein Wort verstehen, immer den gesamten Frame aufrufen. Dieses Wissen, das wir im Frame abgespeichert haben, wird somit kognitiv präsent und verfügbar. Die Tatsache, dass es sich bei dem in Frames strukturierten Wissen um Erfahrungswissen handelt, impliziert auch, dass Frames dynamische Repräsentationen sind. Zwar sind sie in ihrem Aufbau und den sie konstituierenden Elementen relativ stabil, denn unsere Welt ändert sich ja nicht täglich in vielen grundlegenden Aspekten, prinzipiell sind sie aber wandelbar in dem gleichen Maße wie sich unsere Erfahrungen mit der Welt ändern. Analog dazu evozieren lexikalische Einheiten andere Frames, wenn sich ihre Bedeutung im Zuge von Sprachwandelprozessen verändert. Frames sind also stabile, aber prinzipiell wandelbare Wissensstrukturen. Diese bestehen grundsätzlich nicht losgelöst voneinander, sondern sie sind miteinander in einem Netzwerk verbunden. Die Modellierung dieses Netzwerks ist insbesondere das Ziel des FrameNet-Projekts zum Englischen und ihren Ablegern (German FrameNet, FrameNet Brasil, Chinese FrameNet, French FrameNet u.a.), die wir nun in den folgenden Kapitel vorstellen wollen. FrameNet gibt eine sehr konkrete Antwort auf die Frage, wie Frames strukturiert sind und vor allem, wie sie zusammenhängen und ein Netzwerk von Wissensstrukturen bilden.

8.3 FrameNet

Das FrameNet-Projekt wurde von Charles Fillmore 1997 am International Computer Science Institute in Berkeley, Kalifornien, ins Leben gerufen. Ziel des Projekts war und ist es, eine umfassende lexikalische Datenbank für das Englische zu entwickeln, die von jedem Interessierten konsultiert werden kann und zudem auch maschinenlesbar ist. Diese Datenbank, die zu Beginn des Jahres 2021 Einträge zu fast 14 000 lexikalischen Einheiten des Englischen umfasst, ist im Internet unter https://framenet.icsi.berkeley.edu/fndrupal/ frei verfügbar. Auf der Webseite des FrameNet-Projekts wird der potentielle Nutzen für verschiedene Gruppen von AnwenderInnen beschrieben:

> Aus Studierendensicht ist es ein Wörterbuch mit mehr als 13.000 Wortbedeutungen; die meisten von ihnen enthalten auch annotierte Beispiele, die Bedeutung und Gebrauch exemplifizieren. Für ForscherInnen aus dem Bereich „Natural Language Processing" [Anmerkung E.Z.: eine geläufige Abkürzung ist NLP; NLP beschäftigt sich mit der maschinellen Verarbeitung natürlicher Sprache] bieten die mehr als 200.000 händisch annotierten Sätze, die mit mehr als 1.200 Frames verlinkt sind, einen einzigartigen Datensatz, um Maschinen im Bereich der Zuweisung semantischer Rollen zu trainieren; gebraucht wird dies in Bereichen wie der Informationsextraktion, der maschinellen Übersetzung, der Ereignisinstanzerkennung, der Sentimentanalyse etc. Für Lernende und Lehrende dient es als Valenzwörterbuch, das in seiner Detailfülle einzigartige Evidenz für die kombinatorischen Eigenschaften eines zentralen Teils des Englischen Wortschatzes bietet. (https://framenet.icsi.berkeley.edu/fndrupal/about, abgerufen am 18.01.2021; Übersetzung E.Z.)[74]

FrameNet ist also gewissermaßen Datenbank, Valenzwörterbuch und Repräsentation unseres lexikalischen Wissens in einem. Die empirische Basis von FrameNet sind Textkorpora. Die für die englische Version von FrameNet annotierten Beispiele entstammen zu einem großen Teil dem British National Corpus, aber auch andere Korpora werden als Datengrundlage benutzt. Die relevante semantische Einheit, also jene Einheit, die Frame evoziert, ist dabei die sogenannte **lexikalische Einheit (LE)** und nicht das Wort. Das ist der Tatsache geschuldet,

---

74 „From the student's point of view, it is a dictionary of more than 13,000 word senses, most of them with annotated examples that show the meaning and usage. For the researcher in Natural Language Processing, the more than 200,000 manually annotated sentences linked to more than 1,200 semantic frames provide a unique training dataset for semantic role labeling, used in applications such as information extraction, machine translation, event recognition, sentiment analysis, etc. For students and teachers of linguistics it serves as a valence dictionary, with uniquely detailed evidence for the combinatorial properties of a core set of the English vocabulary."

dass die allermeisten Lexeme polysemantisch sind. Sie haben mehr als eine Bedeutung. Diese unterschiedlichen Bedeutungen evozieren unterschiedliche Frames. Um dieses Problem zu umgehen, wird jede Wortbedeutung in FrameNet als eigene lexikalische Einheit erfasst.

Ein entscheidender Aspekt ist dabei der Netzwerkgedanke, der in FrameNet aufgegriffen wird. So geht die Framesemantik davon aus, dass zwischen Frames Beziehungen bestehen. Schematischere Frames, die mit einer recht großen Zahl von Lexemen verbunden sind, sind mit kleineren, konkreteren Frames verlinkt. Dazu kommen wir gleich. Zunächst zeigt Ihnen Abbildung 38 einen Ausschnitt aus FrameNet und des dortigen Eintrags zum Frame COMMERCE_SCENARIO. Dies ist die Bezeichnung in FrameNet für den besprochenen COMMERCIAL EVENT-Frame.

Links in der Abbildung sehen Sie zunächst einen Ausschnitt der alphabetischen Liste zu allen aktuell in FrameNet verfügbaren Frame-Einträgen. Jeder dieser Einträge kann angeklickt und der betreffende Frame eingesehen werden. Diese Einzeleinträge sehen dann aus wie in der Abbildung 37 ersichtlich. Zunächst wird eine Definition des Frames gegeben. Es fällt auf den ersten Blick auf, dass diese Definition hier für den COMMERCE_SCENARIO-Frame recht umfangreich ist und sehr anders aussieht als Bedeutungsdefinitionen, wie wir sie aus Wörterbüchern kennen. In diesem Fall wird das Szenario beschrieben. Dabei werden die Spezifika der Rollen, die darunter als Kernelemente aufgeführt werden, definiert. Dazu gehören BUYER, GOODS, MONEY und SELLER. Diese Kernelemente des Frames sind jeweils farbkodiert.

Nach dieser Definition werden die Elemente des Frames (Frameelemente, kurz: FE) gelistet. Zunächst werden die Kernelemente angeführt. Sie werden jeweils definiert und mit einem konkreten Korpusbeispiel exemplifiziert. Die Instanziierung des jeweiligen Elements im Beispiel ist in derselben Farbe wie das relevante Kernelement unterlegt.

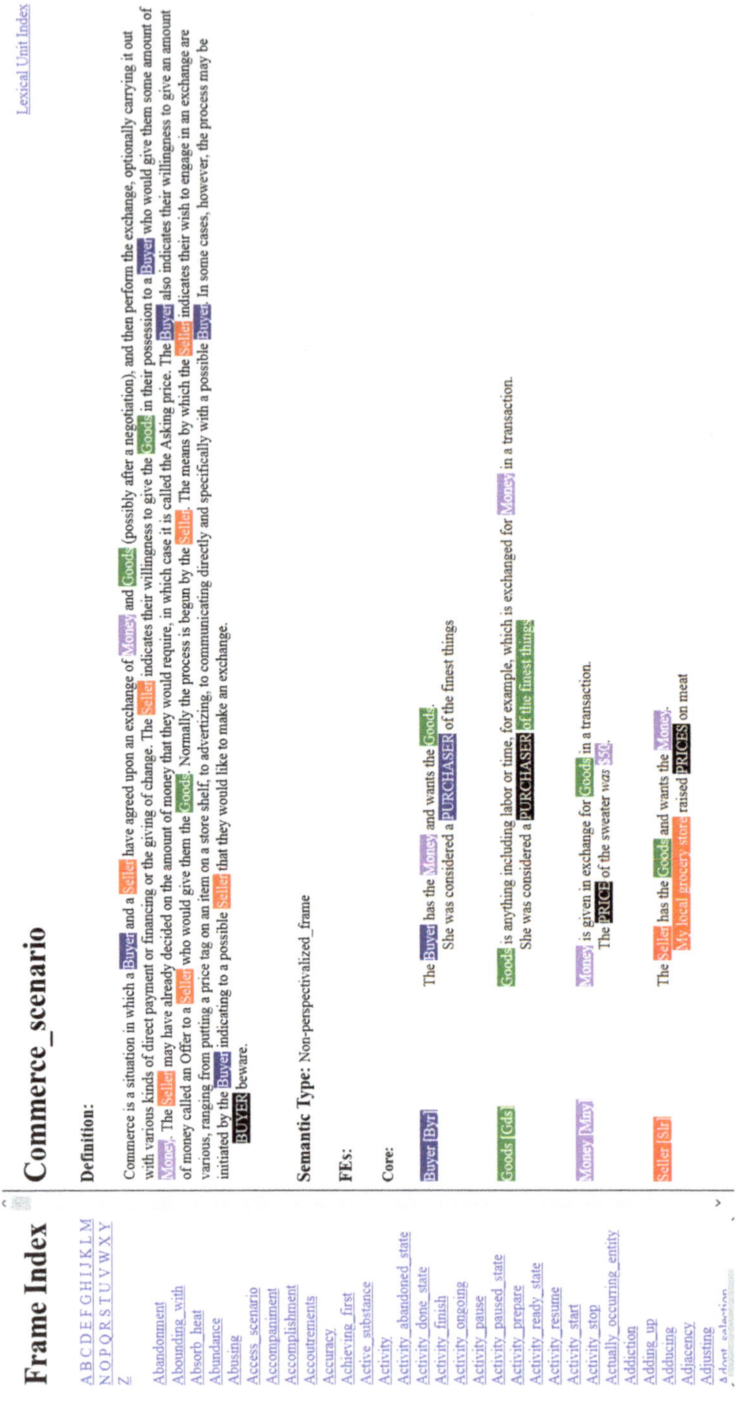

166 — Framesemantik

Frame Index

A B C D E F G H I J K L M
N O P Q R S T U V W X Y
Z

Abandonment
Abounding_with
Absorb_heat
Abundance
Abusing
Access_scenario
Accompaniment
Accomplishment
Accoutrements
Accuracy
Achieving_first
Active_substance
Activity
Activity_abandoned_state
Activity_done_state
Activity_finish
Activity_ongoing
Activity_pause
Activity_paused_state
Activity_prepare
Activity_ready_state
Activity_resume
Activity_start
Activity_stop
Actually_occurring_entity
Addiction
Adding_up
Adducing
Adjacency
Adjusting
Adopt_selection

Lexical Unit Index

Commerce_scenario

Definition:

Commerce is a situation in which a Buyer and a Seller have agreed upon an exchange of Money and Goods (possibly after a negotiation), and then perform the exchange, optionally carrying it out with various kinds of direct payment or financing or the giving of change. The Seller indicates their willingness to give the Goods in their possession to a Buyer who would give them some amount of Money. The Seller may have already decided on the amount of money that they would require, in which case it is called the Asking price. The Buyer also indicates their willingness to give an amount of money called an Offer to a Seller who would give them the Goods. Normally the process is begun by the Seller. The means by which the Buyer indicates their wish to engage in an exchange are various, ranging from putting a price tag on an item on a store shelf, to advertising, to communicating directly and specifically with a possible Buyer. In some cases, however, the process may be initiated by the Buyer indicating to a possible Seller that they would like to make an exchange. BUYER beware.

Semantic Type: Non-perspectivalized_frame

FEs:

Core:

Buyer [Byr]
  The Buyer has the Money and wants the Goods.
  She was considered a PURCHASER of the finest things

Goods [Gds]
  Goods is anything including labor or time, for example, which is exchanged for Money in a transaction.
  She was considered a PURCHASER of the finest things.

Money [Mny]
  Money is given in exchange for Goods in a transaction.
  The PRICE of the sweater was $50.

Seller [Slr]
  The Seller has the Goods and wants the Money.
  My local grocery store raised PRICES on meat

Abb. 37: FrameNet-Eintrag für den COMMERCE_SCENARIO-Frame

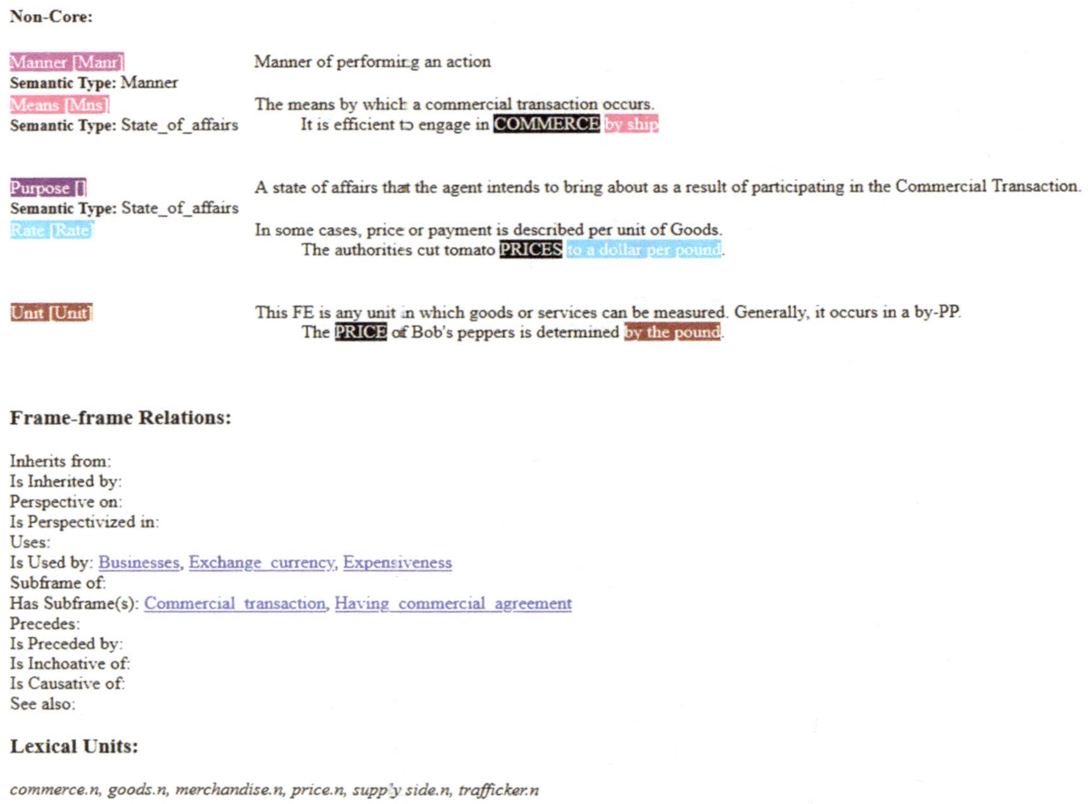

Non-Core:

Manner [Manr] Manner of performing an action
Semantic Type: Manner
Means [Mns] The means by which a commercial transaction occurs
Semantic Type: State_of_affairs It is efficient to engage in COMMERCE by ship.

Purpose [] A state of affairs that the agent intends to bring about as a result of participating in the Commercial Transaction.
Semantic Type: State_of_affairs
Rate [Rate] In some cases, price or payment is described per unit of Goods.
 The authorities cut tomato PRICES to a dollar per pound.

Unit [Unit] This FE is any unit in which goods or services can be measured. Generally, it occurs in a by-PP.
 The PRICE of Bob's peppers is determined by the pound.

Frame-frame Relations:

Inherits from:
Is Inherited by:
Perspective on:
Is Perspectivized in:
Uses:
Is Used by: Businesses, Exchange currency, Expensiveness
Subframe of:
Has Subframe(s): Commercial transaction, Having commercial agreement
Precedes:
Is Preceded by:
Is Inchoative of:
Is Causative of:
See also:

Lexical Units:

commerce.n, goods.n, merchandise.n, price.n, supply side.n, trafficker.n

Abb. 38: FrameNet-Eintrag für den COMMERCE_SCENARIO-Frame (Fortsetzung)

Abbildung 38 zeigt die Fortsetzung dieses Eintrags. Sie enthält die Auflistung der Nicht-Kernelemente[75]. Unterhalb dieser Liste der Frameelemente finden sich Angaben zu den Verbindungen dieses Frames zu anderen Frames. Hier sind alle prinzipiellen Möglichkeiten von Frame-Frame-Relationen angeführt. Im Falle des COMMERCE_SCENARIO-Frames gibt es Einträge zu „is used by" und „has subframe(s)". „Is used by" trifft dabei auf Frames zu, deren Bedeutung in Teilen auch den übergeordneten Frame evozieren. Der Frame, der beispielweise unser Wissen zu „teuer" umfasst (EXPENSIVENESS-Frame, siehe Abbildung 38), nutzt also auch Wissen dazu, was kommerzieller Handel ist, denn Waren sind ja nur dann teuer, wenn sie (zumindest hypothetisch) gehandelt werden. Subframes sind spezifischere Frames die Teilaspekte des übergeordneten Frames behandeln. So ist der HAVING_COMMERCIAL_AGREEMENT-Frame ein Subframe des COMMERCE_SCENARIO-Frames, weil Handel nur dann auch tatsächlich zustande kommt, wenn es eine Übereinkunft zwischen Verkäufer und Käufer gibt. Im HAVING_COMMERCIAL_AGREEMENT Frame ist dieser Aspekt profiliert. Der Frame spezifiziert also einen Ausschnitt des übergeordneten Frames.

Mit dem Begriff des FrameNets wird prinzipiell auf dieses Frame-Repositorium zum Englischen referiert. Es gibt aber zahlreiche Ableger des FrameNet-Projekts, die das Modell auf andere Sprachen übertragen. Dazu gehören das FrameNet Brasil, das Chinese FrameNet, das French FrameNet, das Japanese, Korean, Swedish und das Spanish FrameNet sowie das German FrameNet. Letzteres wollen wir uns nun etwas genauer ansehen.

8.3.1 FrameNet des Deutschen

Auf den Seiten der Universität Düsseldorf findet man den Link zum FrameNet des Deutschen: www.german-framenet.de[76]. Das Projekt wird von Alexander Ziem

---

75 Die Hinweise zu „semantic type", die bei einigen dieser Elemente angeführt sind, beachten wir an dieser Stelle nicht. Es handelt sich dabei um einen internen Verweis auf eine Information, die im momentanen Design des FrameNets noch nicht angezeigt werden kann. (vgl. Glossar zum FrameNet, https://framenet.icsi.berkeley.edu/fndrupal/glossary). Im FrameNet des Deutschen ist diese Informationen hingegen bereits abrufbar. Wir gehen auf ihre Bedeutung aber nicht näher ein.
76 Eine Ressource, auf die hier auch zurückgegriffen wird und deren Konsultation ebenfalls sehr empfohlen werden kann, ist das „German Frame-semantic Online Lexicon" (G-FOL) (https://coerll.utexas.edu/frames/), das an der University of Texas in Austin angesiedelt ist und von Hans Boas betreut wird. Es ist als framebasiertes Online Lernerwörterbuch für DaF-Anfänger

betreut und in Zusammenarbeit mit einigen anderen Universitäten und dem IDS Mannheim ausgeführt. Die Datenbank der FrameNet-Einträge wird laufend erweitert. Methodisch geht man dabei so vor, dass die Einträge zum Englischen zunächst übersetzt werden, aber dann in einem weiteren Schritt bezüglich ihrer Relevanz für das Deutsche überprüft werden, aber auch andere Ressourcen wie die das elektronische Valenzwörterbuch E-VALBU (https://grammis.ids-mannheim.de/verbvalenz) werden schrittweise integriert. Aktuell sind rund 1.200 Frames des Deutschen erfasst, beschrieben und miteinander verknüpft. In naher Zukunft soll es außerdem möglich werden, nicht nur nach Frames, sondern auch nach lexikalischen Einheiten zu suchen. Jedem Studierenden der Germanistik ist eine Durchforstung des FrameNets des Deutschen sehr ans Herz gelegt. Wie auch die englische Version ist die deutsche Version intuitiv bedienbar. Man muss keine speziellen Vorkenntnisse mitbringen, um sich hier zurechtzufinden. Zielsetzung und Methoden des Projekts sind auf den Projektseiten auch recht detailliert beschrieben. Auf eine Besonderheit des FrameNets des Deutschen sei an dieser Stelle aber noch hingewiesen: Die Webseite bietet eine besonders gelungene, dynamische Darstellung der Frame-Frame-Relationen für alle abrufbaren Frames und bietet somit besonders faszinierende Einblick in die Netzwerkstrukturen von Frames, d.h. ihren Verknüpfungen miteinander. Hier wird der Unterschied zu klassischen Wörterbuchdarstellungen von isolierten Wortbedeutungen noch einmal besonders deutlich.

Abbildung 39 zeigt beispielsweise die Beziehungen des ABREISEN-Frames, die er zu anderen Frames aufweist (der ABREISEN-Frame ist zur besseren Lesbarkeit der Graphik in Abbildung 39 eingekreist). Wir besprechen an dieser Stelle nicht alle Relationen, die hier angeführt werden, sondern konzentrieren uns auf jene, die in einem direkten Zusammenhang zum ABREISEN-Frame stehen. Das sind die Frames BEWEGUNG, AUSSTEIGEN, ORT_VERLASSEN, ÜBER_DURCHQUEREN, ENTKOMMEN, BESUCHEN_SZENARIO_ABREISEN, ANKOMMEN und EREIGNISHAFT_AUSWIRKEN. Die Tabelle 4 listet einiger dieser Beziehungen auf.

Demnach wird der sehr schematische Frame BEWEGUNG im ABREISEN-Frame perspektiviert. Es wird mit anderen Worten eine bestimmte Perspektive auf Bewegung geworfen, weil z.B. der Pfad weg von einem Ursprungspunkt profiliert wird. Die gleiche schematische Beziehung besteht zwischen dem ABREISEN und dem AUSSTEIGEN-Frame. Aussteigen ist eine Teilhandlung im ABREISEN-Szenario

---

konzipiert und bietet viele Anwendungsmöglichkeiten für den DaF-Unterricht. Mit diesen möglichen Anwendungen kognitiv-linguistischer Theorien und Methoden beschäftigt sich auch noch expliziter Kapitel 12.

und rückt einen bestimmten Aspekt in den Fokus. *Vererbt an*-Relationen bestehen dann, wenn ein spezifischerer Frame von einem schematischeren Frame Struktur übernimmt. Im Falle der Frames ORT_VERLASSEN und ABREISEN sind das z.B. die Frameelemente *Ausgangspunkt* und *Objekt*.

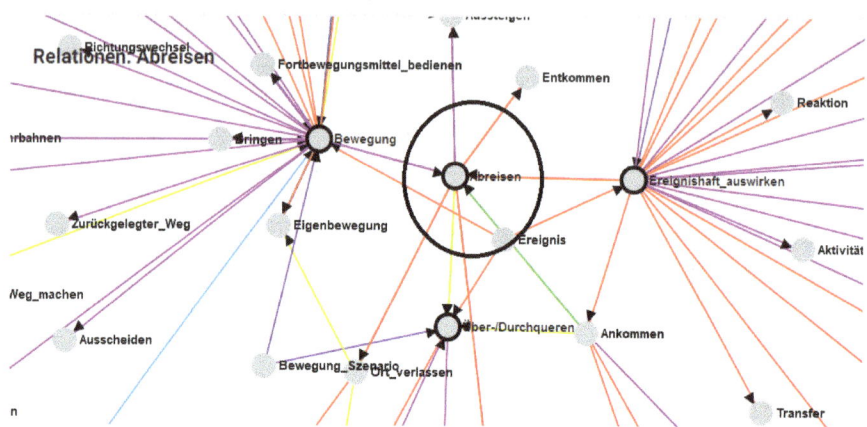

Abb. 39: Frame-to-Frame-Beziehungen des Frames ABREISEN; abgerufen am 19.01.2021

Tab. 4: Frame-to-Frame Relations des ABREISE-Frames

Frame	Beziehung	Frame
BEWEGUNG	wird perspektiviert von	ABREISEN
ABREISEN	wird perspektiviert von	AUSSTEIGEN
ORT_VERLASSEN	vererbt an	ABREISEN
BESUCHEN_SZENARIO_ABREISE	vererbt an	ABREISEN
ABREISEN	vererbt an	EREIGNISHAFT AUSWIRKEN
ENTKOMMEN	vererbt an	ABREISEN
ABREISEN	Subframe von	ÜBER-/DURCHQUEREN

Eine Besonderheit des FrameNet Projekts zum Deutschen ist auch die Koppelung an ein anderes Projekt: die Erstellung eines Konstruktikons des Deutschen. Mit dem Begriff des Konstruktikons wird in der Konstruktionsgrammatik das Netzwerk von Konstruktionen bezeichnet. Was darunter genau zu verstehen ist, wird uns in Kapitel 10 beschäftigen. Nähere Informationen zu dem Projekt an der Universität Düsseldorf sind auf https://gsw.phil.hhu.de/ zu finden.

Darüber hinaus muss an dieser Stelle betont werden, dass der Begriff des Frames prinzipiell nicht auf lexikalische Einheiten beschränkt ist. Um die Komplexität des Begriffs und seiner Ausarbeitung in der Framesemantik im Sinne dieses einführenden Kapitels etwas zu reduzieren, haben wir unseren Blick auf lexikalische Einheiten und insbesondere Einzellexeme fokussiert, aber auch Mehrworteinheiten, Bildschemata und Metaphern werden als Frames modelliert. Auch dazu wird im Kontext des German FrameNet aktuell geforscht.

Zum Abschluss unseres Ausflugs in die Framesemantik wollen wir uns nun noch einen Begriff ansehen, der mit dem linguistischen Framebegriff Fillmores verwandt ist und in den letzten Jahren auch Einzug in die öffentliche Debatte genommen hat, der aber aus kognitiv-linguistischer Perspektive nicht völlig unkritisch zu sehen ist: Framing.

8.4 Framing

Der Begriff des **Framing** kommt eigentlich nicht aus der Linguistik, sondern aus den Kommunikationswissenschaften (z.B. Etman 1993). Er basiert auf einer sehr einfachen Definition von Frames als Deutungsrahmen. Man hört diesen Begriff oft dann, wenn es darum geht, welche Bedeutungen und welches Erfahrungswissen man zwangsläufig mitaktiviert, wenn man einen bestimmten Ausdruck hört oder liest. Ein vieldiskutiertes Beispiel ist „die Flüchtlingswelle", die Europa „überrollt" habe. Hier wird argumentiert, dass Flüchtlingswelle, v.a. in Verbindung mit „überrollen" den NATURKATASTROPHEN-Frame aktiviert. Um den Ausdruck zu interpretieren, aktiviere man also zwangsläufig diesen NATURKATASTROPHEN-Frame und schaffe eine Verbindung zwischen dem FLUCHT-Frame und dem NATURKATASTROPHEN-Frame, die sich über den häufigen Gebrauch mental verankert. Besonders relevant sind in diesem Frame die Frameelemente DISASTER/KATASTROPHE, also das Event, dass die Katastrophe darstellt, und OPFER (vgl. die FrameNet-Einträge zu CATASTROPHE und DISASTER). Diese Elemente werden in einer solchen Äußerung dann mit einerseits Flüchtlingen und anderseits der ansässigen Bevölkerung gefüllt. Flüchtlinge werden also als Katastrophe *geframt* und die Bevölkerung als Opfer. An dieser Stelle ist es wichtig zu betonen, dass aus framesemantischer Perspektive hier eigentlich ein Mapping zwischen Frames vollzogen wird. Alexander Lasch (2018) spricht in diesem Zusammenhang von einer Frame-Metaphorisierung[77], denn es werden Frames und ihre Elemente aufeinander übertragen (für den Basisprozess der konzeptuellen Metapher siehe Kapitel 5).

Die Framing-Theorie scheint allerdings – zumindest in ihren populärwissenschaftlichen Schriften – zu suggerieren, dass wir dieser Metaphorisierung, die Konzepte zusammenbringt, die in unserer Erfahrungswelt nicht miteinander verbunden sind, aber durch die Metapher miteinander verbunden werden, quasi schutzlos ausgeliefert sind (z.B. Lakoff & Wehling 2016). Wenn man das weiterdenkt, kommt man auch dazu, dass mentale Verbindungen zwischen diesen Frames entrencht, also kognitiv verankert, werden. Das würde bedeuten, dass, wenn wir das Wort Flüchtling aktivieren, irgendwann automatisch den Frame NATURKATASTROPHE mitaktivieren. Mit anderen Worten: Die Metapher ist ein kognitiver Basismechanismus und Frames werden automatisch und unbewusst aufgerufen und deswegen führt uns Framing zu bestimmten Konzeptualisierungen der Welt. Diese Position vertreten vor allem George Lakoff und Elisabeth Wehling, die sich sehr intensiv dem Framing in der politischen Debatte widmen. Das ist aus kognitiv-linguistischer Sicht aber durchaus fragwürdig, denn Lexeme evozieren prinzipiell immer nur einen Frame und nicht mehrere. Auch ist anzumerken, dass wir ja durchaus in der Lage sind Konzeptualisierungen zu hinterfragen und Konzeptualisierungspfade zu analysieren.

Ein anders gelagertes Beispiel diskutiert Fillmore (1982, 1985). Er erläutert den semantischen Unterschied im Gebrauch der Konzepte *Fötus* bzw. *ungeborenes Baby* in Abtreibungsdebatten, mit denen unterschiedliche Standpunkte und Meinungen kommuniziert werden (vgl. auch Croft & Cruse 2004: 19). Der Referent der beiden Konzepte ist derselbe, jedoch liegt ein entscheidender, zu argumentativen Zwecken einsetzbarer Unterschied in der Profil/Basis-Struktur (oder Profil/Frame-Struktur) vor. Während *Fötus* den neutraleren, weil allgemeineren Frame SÄUGETIER aktiviert, profiliert *Baby* dieselbe objektive Gegebenheit im MENSCH-Frame. Ungeboren evoziert die Idee der Zeit nach der Geburt, d.h. der LEBEN-Frame wird also aktiviert. Während *Fötus* also eine allgemeine, nicht spezifisch menschliche und daher neutralere Framestruktur aktiviert und Abtreibung damit als moralisch vertretbar profiliert, konstruiert *ungeborenes Baby* Abtreibung als Tötung eines Kindes. Hier findet also kein frameübergreifendes Mapping statt, sondern es werden von unterschiedlichen Lexemen jeweils unterschiedliche Frames aktiviert. Ähnliches gilt beispielsweise auch für den

---

[77] Siehe dazu eine Aufzeichnung seiner Vorlesung zum Thema „Framesemantik" vom 15.06.2018, abrufbar auf: https://www.youtube.com/watch?v=bUdJue9aCpA (zuletzt abgerufen am 19.01.2021).

semantischen Unterschied zwischen z.B. *Rogen* und *Kaviar*. Das Designatum der beiden Lexeme ist dasselbe, nämlich Fischeier. Rogen aktiviert allerdings den Frame BIOLOGISCHE REPRODUKTION und Kaviar denn ESSEN-Frame.

Wir beenden an dieser Stelle unseren Ausflug in die Framesemantik und mit ihr den kognitiv-semantischen Teil dieses Lehrbuchs. Im folgenden Teil 3 stehen nun grammatische Modelle, die in der Kognitiven Linguistik entwickelt wurden, im Mittelpunkt. Im Kapitel 10 zur Konstruktionsgrammatik kommen wir aber auf den Frame-Begriff zurück und beleuchten die Schnittstelle zwischen Konstruktionsgrammatik und Framesemantik.

Die wichtigsten Punkte nochmal

- Die Framesemantik ist aus dem Bedürfnis heraus entstanden, das enzyklopädische Wissen, das wir mit Lexemen verbinden zu modellieren und als inhärenten Teil von Wortbedeutungen zu fassen. Ihre Entstehung ist mit der Einsicht verknüpft, dass Wortbedeutung keinesfalls auf ein begrenztes Set von semantischen Eigenschaften reduzierbar ist (Kritik an der Merkmalsemantik).
- Frames sind Bedeutungsrahmen, die von lexikalische Ausdrücken und anderen bedeutungstragenden Einheiten evoziert werden. Lexikalische Strukturen sind ohne Framewissen nicht interpretierbar.
- Frames sind strukturierte Wissensbereiche. Sie leiten sich aus unseren Erfahrungen mit und in der Welt ab.
- Im Sprachgebrauch werden Rollen (bzw. Frameelementen) konkrete Werte zugeordnet.
- Frames sind miteinander in einem Netzwerk verbunden. Ein Versuch der Modellierung dieses Netzwerks und somit unseres lexikalischen Wissens ist das FrameNet-Projekt und seine Ableger.
- Das FrameNet-Projekt geht davon aus, dass manche Elemente (Rollen) für einen Frame salienter sind als andere. Im FrameNet spricht man deshalb von Kernelementen und Nicht-Kernelementen.
- FrameNet operiert korpusbasiert. Frameelemente werden nicht proklamiert, sondern aus authentischen Sprachdaten extrahiert.

Übungen

- Versuchen Sie für den Beispielsatz *Maria ist talentiert* aufzuzeigen, warum das Adjektiv *talentiert* ohne Bezugnahme auf einen Referenzbereich nicht interpretierbar ist (analog zur Analyse von *John ist groß*). Gehen Sie der Frage nach, ob es denn überhaupt Adjektive gibt, deren Semantik objektivierbar, d.h. über ein Set von semantischen Eigenschaften definierbar ist. Geben Sie Beispiele.
- Konsultieren Sie im FrameNet den Frame EXCHANGE. Welche sind seine Kernelemente? Welche Nicht-Kernelemete werden gelistet? Versuchen Sie, die Struktur des Frames ins Deutsche zu übertragen und gehen Sie dann auf die Suche nach Korpusbelegen (sprachlichen Beispielen), in denen den Frameelementen konkrete Werte zugeordnet werden. Finden Sie in den deutschsprachigen Beispielen Frameelemente, die im Eintrag zum Englischen nicht aufgeführt werden?

- Denken Sie darüber nach, warum Frameeinträge nicht immer problemlos aus der einen in die andere Sprache übertragen werden können. Denken Sie dabei daran, wie und in welchen Kontexten wir Framewissen erwerben.

Weiterführende Literatur

- Eine sehr ausführliche Diskussion des Frame-Begriffs, der Zielsetzungen der Framesemantik sowie eine Anwendungsstudie bietet Ziem 2008.
- Ein tatsächlich nahezu alle Aspekte der Framesemantik abdeckendes Werk ist außerdem Busse 2012. Vor allem Kapitel 7 ist zu empfehlen, denn es enthält zahlreiche Beispiele zur Illustration von Frames und ihrer internen Struktur.
- Zum Framing in politischen Debatten: Lakoff 2004, Lakoff & Wehling 2016, Wehling 2016

Teil 3: Kognitiv-linguistische Grammatikmodelle

9 Kognitive Grammatik

Nachdem die gebrauchsbasierte Kognitive Linguistik eine strikte Trennung von syntaktischem Wissen und Wissen auf anderen Sprachebenen (Phonologie, Morphologie, Semantik etc.) ablehnt, beschränken sich kognitiv-linguistische Grammatikmodelle auch generell nicht auf die Beschreibungsebene der Syntax. Dies zeigt am deutlichsten das Beispiel der **Kognitiven Grammatik** von **Ronald W. Langacker**. Sie ist nicht weniger als ein alle Ebenen sprachlicher Organisation umfassendes, in sich kohärentes **Sprachmodell**. Es wurde in den 1970ern als radikale Alternative zum damals vorherrschenden generativen Modell konzipiert und im Laufe der Jahrzehnte in zwanzig Monographien und über 180 Forschungsartikeln stetig erweitert, ohne jedoch in seinen Grundfesten revidiert zu werden. Langacker selbst hat seine ursprüngliche Motivation für die Entwicklung der Kognitiven Grammatik mit folgenden Worten beschrieben:

> Was die Kognitive Grammatik betrifft, begann die Arbeit im Frühling 1976. Sie wurde von der Erkenntnis angestoßen, dass den damals rivalisierenden linguistischen Theorien (in der Ära der "linguistischen Kriege") fast alles fehlte, was essentiell für Sprache zu sein schien. Was die theoretische Formulierung anbelangte, hielt ich es für nötig, alles beiseitezuschieben und von Neuem zu beginnen. Die grundlegenden Ideen waren innerhalb von zwei, drei Jahren entwickelt und wurden in Publikationen, die in den Jahren 1981 und 1982 erschienen sind, präsentiert. In den darauffolgenden Jahrzehnten wurden sie stark ausgeweitet und ausformuliert, aber ich kann ehrlich sagen, dass es keine fundamentalen Änderungen gab (abgesehen von dem Namen, der ursprünglich Space Grammar lautete). (Langacker 2005: 157–158, Übersetzung E.Z.)[78]

Tatsächlich war die Kognitive Grammatik innerhalb der kognitiv-linguistischen Ansätze lange der einzige programmatische Ansatz, der den Anspruch stellte, ein wirklich umfassendes Sprachmodell zu sein. So nimmt es nicht nur **alle Ebenen sprachlicher Organisation** (von der Phonologie, zur Morphologie, der Lexik und der Syntax bis zum Diskurs) in den Blick, sondern es wird darüber hinaus

---

[78] „As for Cognitive Grammar, research began in the spring of 1976. It was prompted by the realization that the competing linguistic theories at that time (the era of 'linguistic wars') were missing most of what seemed essential to language. In terms of theoretical formulation, I deemed it necessary to jettison everything and start from scratch. The basic ideas were in place within two or three years, and were presented in publications appearing in 1981 and 1982. During the intervening decades they have been greatly expanded and articulated, but I can honestly say that there have been no fundamental changes (apart from the name, originally Space Grammar)." (Langacker 2005: 157–158)

gleichermaßen versucht, sowohl **kognitive Prozesse** der Konzeptualisierung als auch **sprachstrukturelle Fragen** innerhalb eines theoretischen Rahmens zu modellieren. Heute erhebt auch die Konstruktionsgrammatik den Anspruch, zumindest in der Langzeitperspektive zu einem solch umfassenden Modell reifen zu können. Sie erfüllt ihn zum gegenwärtigen Zeitpunkt aber wohl eher noch nicht (Genaueres dazu in Kapitel 10).

Die bis heute grundlegenden Werke der Kognitiven Grammatik sind die beiden Bände der „**Foundations of Cognitive Grammar**". Im ersten, 1987 publizierten Band stellt Langacker sein Sprachmodell und die damit verbundenen theoretischen Grundannahmen vor. Diese stehen ganz im Sinne des „cognitive commitment". Langacker liefert in seinem Buch eine äußerst detaillierte und in sich außergewöhnlich kohärente Argumentation für die Basisannahme der KL, wonach sich Sprache, allgemeine, nicht-sprachspezifische kognitive Fähigkeiten zunutze macht und also kein „biologisches Organ" ist, wie dies im Generativismus Chomskys angenommen wird. Der 1991 publizierte zweite Band der *Foundations* trägt den Zusatztitel „Descriptive Applications" und bietet zahllose Analysen grammatischer Phänomene (allen voran zum Englischen), die die im ersten Band entworfene Theorie exemplifizieren und vertiefen.

Man kann wohl ohne zu übertreiben feststellen, dass in Bezug auf diese beiden Bände bzw. Ronald Langackers Gesamtwerk die Begriffe des Sprachmodells bzw. der Sprachtheorie fast zu kurz greifen. Tatsächlich hat Langacker nicht weniger als ein kleines Universum geschaffen, das zu ergründen und zu durchdringen allerdings ausgesprochen schwierig ist und auch den auf dem Gebiet bewanderten LeserInnen einiges abverlangt. Dies liegt tatsächlich nicht nur an der Komplexität der Theorie, sondern auch an der **spezifischen Terminologie** und den für die Kognitive Grammatik so typischen **Diagrammen**, in denen sehr spezifische graphische Konventionen zur Anwendung kommen, mit denen man bis ins kleinste Detail vertraut sein muss, um sie nachvollziehen zu können.

Das wahrscheinlich zugänglichste Übersichtswerk zur Kognitiven Grammatik, das Langacker selbst verfasst hat, ist sein 2008 publiziertes Buch „Cognitive Grammar: a basic introduction". Eine sehr gute Einführung hat außerdem John R. Taylor vorgelegt (2002, *Cognitive Grammar*). Obwohl ebenfalls recht ausführlich und punktuell in die Tiefe gehend, ist sie für Einsteiger auf dem Gebiet wahrscheinlich die beste Alternative zu den Primärtexten Langackers.

Die erschwerte Zugänglichkeit stellt sicherlich einen der Gründe dafür da, warum die Kognitive Grammatik zwar sehr breit rezipiert wurde und wird, allerdings im Wesentlich nur von Langacker selbst weiterentwickelt wurde. In der aktuellen Entwicklung der Kognitiven Linguistik scheint sie zudem graduell an Bedeutung zu verlieren und zunehmend von der Konstruktionsgrammatik als vorherrschendes grammatisches Modell verdrängt zu werden. Dies liegt auch an der mangelhaften empirischen Grundlage der Kognitiven Grammatik. So zeichnet sie sich zwar durch unzählige extrem detaillierte Analysen der unterschiedlichsten Phänomene vom Phonem bis zum Satz aus, doch ein Großteil dieser Beispielanalysen beruht auf erdachten oder eigens selektierten Beispielsätzen. Die Basis der Theorie sind also nicht – wie in anderen Strömungen der KL schon lange üblich – authentische Korpusdaten. Eine Folge davon ist, dass die Komplexität realer (nicht zuletzt gesprochensprachlicher und interaktionaler Daten!) nur in Ansätzen gestreift wird (für eine ausführlichere Stellungnahme zu dieser Problematik siehe Zima 2013a und b).

Trotz dieser Einschränkungen haben die Arbeiten zur Kognitiven Grammatik die Entwicklung des gebrauchsbasierten Paradigmas der Kognitiven Linguistik wie kein anderes Modell geprägt. Im folgenden Kapitel stellen wir einige der Grundpfeiler und Begrifflichkeiten vor, die ihre Wurzeln in der Kognitiven Grammatik haben und heute in der KL Allgemeingut sind.

9.1 Das symbolische Prinzip

Zu den Eckpfeilern der Kognitiven Grammatik und mit ihr der Kognitiven Linguistik gehört die im Saussureschen Strukturalismus gründende Annahme des symbolischen Prinzips (*symbolic thesis*)[79]. Ihr zufolge ist Sprache symbolisch, weil sie auf **symbolische Einheiten von Form und Bedeutung** rekurriert. Diese symbolischen Einheiten sind die grundlegenden Einheiten der Grammatik („the fundamental units of grammar", Evans, Bergen & Zinken 2007: 21).

Zwar ist dieses symbolische Prinzip in der Kognitiven Linguistik und all ihren Subdomänen als Grundprinzip etabliert, was jedoch genau als symbolische Einheit oder Form-Bedeutungspaar gilt, ist nicht in allen der Kognitiven Linguistik zuzurechnenden Ansätzen deckungsgleich. Auch innerhalb eines Paradigmas, wie etwa der Konstruktionsgrammatik, existieren leicht unterschiedliche Konzeptionen nebeneinander her. Was versteht man also in der Kognitiven Grammatik unter einer „symbolischen Einheit"?

Die Kognitive Grammatik betrachtet symbolische Einheiten als **bipolare Form-Bedeutungspaare**. Sie setzen sich aus einem semantischen und einem

---

[79] Die Verwendung des Symbolbegriffs in der Kognitiven Linguistik und im europäischen Strukturalismus ist miteinander verwandt, aber nicht deckungsgleich. Wir gehen auf diesen Punkt hier nicht näher ein und verweisen auf die ausführlichere Diskussion in Taylor (2002: 38–58).

phonologischen Pol bzw. einem **Konzeptualisierungspol** und einem **Vokalisierungspol** zusammen (Langacker 2001: 144). Beide Pole sind untrennbar miteinander verbunden, sie bilden eine Einheit. Ein Pol evoziert demnach zwangsläufig seinen Gegenpol. Beide Pole sind reale kognitive Einheiten. Sie sind Teil der mentalen Grammatik eines Sprechers/einer Sprecherin bzw. des Sprachinventars einer Sprachgemeinschaft. Dazu Langacker (1987a: 11):

> Sprache ist symbolisch. Sie stellt dem Sprecher – für den persönlichen oder kommunikativen Gebrauch – ein unbegrenztes Inventar von sprachlichen Zeichen und Ausdrücken zur Verfügung, wobei jedes eine semantische Repräsentation mit einer phonologischen Repräsentation verknüpft. (Übersetzung E.Z.)[80]

Wichtig ist dabei, dass symbolische Einheiten unterschiedlich komplex sind und zu größeren Einheiten verbunden werden können. Dieses unterschiedlich komplexe Verhältnis von einfachen und miteinander verbundenen symbolischen Einheiten wird in den Abbildungen 40 (a) bis (c) dargestellt. Abb. 40 (a) zeigt die Basiskonstellation, wonach ein Symbol (∑) eine semantische Struktur (S) mit einer phonologischen Struktur (P) verbindet. Beispiele für solche **strukturell einfachen Symbole** sind etwa primäre Substantive wie *Pferd*, *Haus* oder *Zelt*. Diese minimalen symbolischen Einheiten können zu **komplexeren Symbolen** verbunden werden (Abb. 40 (b) und (c)). Langacker spricht in diesem Fall von „higher-level symbolic structure". Beispiele sind etwa Komposita wie *Pferdeschwanz* oder *Haustür*. *Higher-level* (Abb. 40 (b)) und *lower-level*-Strukturen (Abb. 40 (a)) können wiederum zu einem **symbolischen Verbund** (*symbolic assembly*) zusammenfügt werden (Abb. 40 (c)). Komposita wie etwa „Großgrundbesitzer" stellen einen solchen symbolischen Verbund dar. Ihre symbolische Struktur wird folgendermaßen notiert: [[[GROß]/[groß]]-[[GRUND]/[grund]]-[[BESITZER/[besitzer]]]. Die Notation in Blockbuchstaben (z.B. [GRUND]) bezieht sich auf den semantischen Pol des Symbols, [grund] auf dessen phonologische Realisierung.

---

[80] „Language is symbolic in nature. It makes available to the speaker – for either personal or communicative use – an open-ended set of linguistic signs or expressions, each of which associates a semantic representation of some kind with a phonological representation." (Langacker 1987: 11)

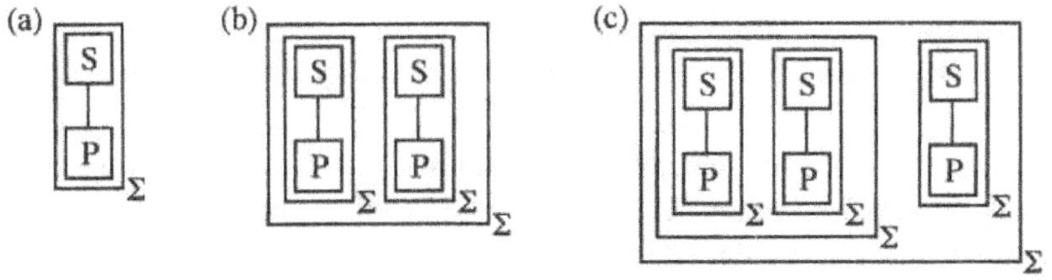

Abb. 40: einfache symbolische Struktur (a), kompositionelle symbolische Struktur (b) und deren Integration in einem sogenannten „symbolic assembly" höherer Komplexität (c) (Langacker 2008: 15)

Kritische Stimmen führen jedoch an, dass der Begriff des **phonologischen Pols** auf der Formseite des Symbols potentiell zu eng gefasst ist, vor allem im Sinne eines **multimodalen Symbolbegriffs**, in dem auch Gestik und Mimik, d. h., nicht verbalisierte Form-Bedeutungspaare als vollwertige Symbole verstanden werden (vgl. Zima 2014, Cienki 2015).

Beispiele für Symbole ohne phonologische Strukturkomponente sind etwa sogenannte emblematische Gesten (McNeill 1992) wie etwa die OK-Geste, die mit einer geschlossenen Faust und nach oben weisenden, ausgestreckten Daumen gebildet wird und auch ohne verbale Komponente als vollwertiges sprachliches Symbol verwendet werden kann (vgl. dazu auch Kapitel 11). Langacker selbst sieht keine terminologischen Unklarheiten, sondern will andere Ausdrucksmodi als gesprochene Sprache in dem Oberbegriff der „phonologischen Einheit" integriert wissen: „I would of course generalize this to include other symbolizing media, notably gesture and writing" (Langacker 2005: 104).

Ziem (2008: 183) gibt außerdem zu bedenken, dass nicht die Einheiten im eigentlichen Sinn symbolisch sind, sondern vielmehr die Verbindung zwischen den beiden Polen, denn sie ist arbiträr und muss erlernt werden (auch Taylor 2002: 56–58). Dieser Lernprozess ist inhärent gebrauchsbasiert. Seine Antriebsfedern sind die kognitiven Mechanismen der **Schematisierung,** der **Instanziierung** und der **Extension.** Deren Zusammenwirken illustriert Langackers Netzwerkmodell.

9.2 Zur Herausbildung symbolischer Einheiten: das Netzwerkmodell

Langacker (1988b: 133) versteht das **Netzwerkmodell** der Kognitiven Grammatik als Synthese der Erkenntnisse der Prototypentheorie mit seiner Theorie der Kategorisierungs- und Schematisierungsmechanismen. Ein zentraler Begriff ist darin das **Schema**. Schemata sind Muster, die von konkreten Instanziierungen, also konkreten Sprachgebrauchsevents (**Usage Events**), abstrahiert werden und als Schablonen für den zukünftigen Sprachgebrauch zur Verfügung stehen. Sie sind **symbolische Einheiten** des Sprachinventars im Sinne mental verankerter **kognitiver Routinen**. Ein Schema ist demzufolge immer weniger spezifisch als dessen Instanziierung im konkreten Gebrauch. Es vereint all jene Aspekte von Instanziierungen, die über die unterschiedlichen Gebrauchsevents und Kontexte hinweg rekurrent, d.h. wiederkehrend, sind:

> Schemata emergieren aus Äußerungen, indem Gemeinsamkeiten, die sie auf irgendeiner Abstraktionsebene teilen, verstärkt werden. Oder um es genauer zu sagen: Sie entstehen in Ausdrücken als rekurrierende Aspekte der Verarbeitungsprozesse, die sie konstituieren. Sie unterscheiden sich von diesen Ausdrücken nur im Grad der Spezifizität. Sie enthalten nur die gröberen Ähnlichkeiten, die sich herauskristallisieren, wenn man von den detaillierten Instanziierungen abstrahiert. (Langacker 2008: 219, Übersetzung E.Z.)[81]

Symbole werden also **gebrauchsbasiert erlernt**. Das heißt, sie werden aus dem Sprachgebrauch herausgelöst, ihre wiederkehrenden Elemente abstrahiert und als Schema mental abgespeichert. Eine wesentliche kognitive Voraussetzung dieses gebrauchsbasierten Lernens ist also die allgemeine kognitive Fähigkeit zur Erkennung von Ähnlichkeiten und Unterschieden zwischen Instanziierungen und somit die **Mustererkennung**.

Auf ein sprachliches Beispiel angewandt, bedeutet dies, dass SprachlernerInnen, d.h. in erster Linie Kinder, wenn sie mit Sätzen wie etwa (53) a.–c. konfrontiert werden, im Laufe der Zeit ein Schema abstrahieren und als Teil ihrer Grammatik abspeichern. In diesem Fall handelt es sich dabei um das Schema für Transitivkonstruktionen{[N_{Nom} V N_{Akk}]/[Subj V Obj]}. Steht Ihnen dieses Schema

---

[81] „Schemas emerge from expressions through reinforcement of the commonalities they exhibit at some level of abstraction. Or to phrase it more accurately, they arise within expressions, as recurring aspects of the processing activity that constitutes them. They differ from the expressions they characterize only in level of specificity, representing the coarse-grained similarities revealed by abstracting away from fine-grained detail." (Langacker 2008: 219)

einmal zur Verfügung, ist es Teil ihres erlernten Repertoires sprachlicher Symbole und sie können es selbst in immer neuen Instanziierungen anwenden.

Beispiel (53)

a. Er sieht den Hund.
b. Die Mutter küsst das Kind.
c. Wir überqueren die Straße.

Dazu analog vollzieht sich auch der Erwerb der Bedeutung von Lexemen. Dies illustriert Langacker (2008: 17) am Konzept *Ring* (Langacker 2008: 17). Eine der Grundbedeutungen lässt sich als „rundes Schmuckstück, das man am Finger trägt" umschreiben. Dieses Schema ist nicht spezifiziert in puncto Größe des Objekts, Farbe, rituelle Bedeutung u.Ä. Die Bedeutung des Schemas ist daher weniger spezifisch als alle konkreten Instanziierungen eines Ringes, die in die durch das Schema definierte Kategorie passen, wie etwa der eigene Ehering oder der Krönungsring der britischen Monarchie. Ringe werden allerdings keineswegs nur am Finger getragen, eine noch schematischere Bedeutung ist „rundes, am Körper getragenes Objekt". Dieses Schema ist für eine größere Anzahl von Instanziierungen zutreffend. Relativ zu diesem abstrakteren Schema ist das zuvor benannte Schema „rundes Schmuckstück, das man am Finger trägt" eine **Elaboration**, d.h. eine Spezifizierung des Schemas. Auf einem noch abstrakteren Niveau sind die Schemata „rundes Objekt" (z. B. Gymnastikring) oder „rundförmige Entität" (z. B. der Kölner Ring) angesiedelt. Die Kognitive Grammatik spricht in diesem Zusammenhang von *high-level* und *low-level schemes* (Langacker 1991: 299–300), wobei *high-level schemes* (wie etwa „rundes Objekt") schematischer sind und mehr Instanziierungen unter ihrem Dach vereinen als dies bei spezifischeren *low-level schemes* („rundes Schmuckstück, das man am Finger trägt") der Fall ist. Schema und Instanziierungen bilden also Taxonomien. Im Erwerbsprozess nimmt die mittlere taxonomische Ebene (die Basisebene, vgl. Kapitel 3) einen besonderen Stellenwert ein, denn die Lexeme dieser Ebene werden zuerst gelernt.

An dieser Stelle muss betont werden, dass Schemata-Instanziierungsbeziehungen auf allen sprachlichen Ebenen bestehen. Auf der phonologischen Ebene bestehen taxonomische Verhältnisse etwa zwischen Silbenstrukturmustern [z.B. CCVCC] und den Instanziierungen dieses Musters [z.B. [tʁaxt] (Tracht)].

Es folgt daraus, dass sich **Schema und Instanziierung wechselseitig bedingen**. Dies illustriert Abbildung 42. Es gilt, dass, wenn eine Kategorie A ein Schema für einen Teil der Kategorie B ist, B auch gleichzeitig eine Instanziierung bzw. Elaboration von A ist. Mit anderen Worten, A, B und C stehen in einem taxonomischen Verhältnis zueinander. A befindet sich auf einer taxonomisch höheren Stufe als B und C, die auf derselben taxonomischen Ebene angesiedelt sind. Instanziierungen eines Schemas (B und C in Abb. 41) weisen untereinander **Ähnlichkeiten** auf.

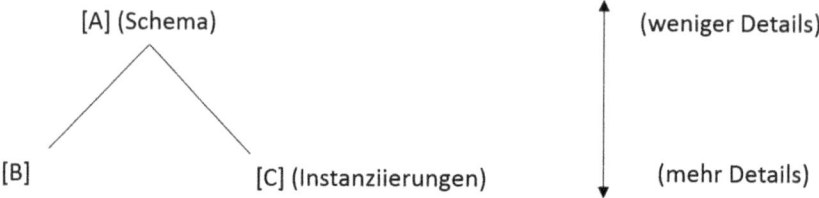

Abb. 41: Schema-Instanziierungs-Beziehungen in der Kognitiven Grammatik (basierend auf Taylor 2002: 24)

Diese **Schema-Instanziierung-Beziehungen** stehen an der Basis des kognitivgrammatischen Netzwerkmodells (Abb. 42).

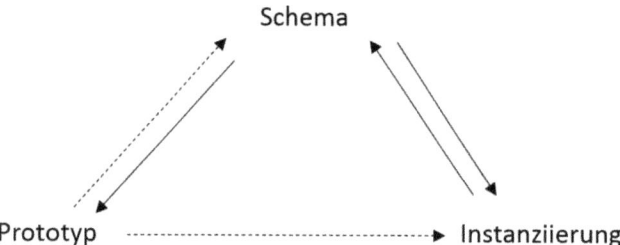

Abb. 42: das Netzwerkmodell der Kognitiven Grammatik

Demzufolge werden aus konkreten Gebrauchsereignissen (*Usage Events*) schematische Konstruktionen und Bedeutungen abstrahiert (illustriert in Abb. 42 durch den Pfeil von der Instanziierung zum Schema). Diese Schemata stehen wiederum als Vorlagen für neue Instanziierungen zur Verfügung (Pfeil vom Schema zur Instanziierung). Dabei sind manche Instanziierungen prototypischer als andere. Diese Prototypen einer Kategorie teilen besonders viele Eigenschaften mit anderen Mitgliedern der Kategorie. Sowohl der Prototyp als auch das Schema sind intrinsisch an Instanziierungen gebunden, denn sie leiten sich von ihnen ab. Zwischen dem Prototyp einer Kategorie und einer konkreten Instanziierung besteht somit eine Ähnlichkeitsrelation (dargestellt im Sinne der piktographischen Normen der Kognitiven Grammatik mittels eines gestrichelten Pfeils vom Prototyp zur Instanziierung). Dieser Prototyp ist wiederum eine Extension des Schemas und weist mit diesem Schema ebenfalls Merkmalsähnlichkeiten auf.

Die intrinsische Koppelung von Sprachgebrauch und Sprachsystem macht das Netzwerkmodell gleichsam zum Herzstück des **gebrauchsbasierten** Modells der Kognitiven Linguistik:

> Das Netzwerkmodell entspricht klar dem maximalistischen, nicht-reduktiven und bottom-up Geist des gebrauchsbasierten Ansatzes. Tatsächlich macht genau dieses Modell der Kategorisierungsprozesse die Kognitive Grammatik zu einem solchen gebrauchsbasierten Ansatz. (Langacker 1988b: 141, Übersetzung E.Z.)[82]

Dabei muss bedacht werden, dass auch einzelne, konkrete Instanziierungen den Status symbolischer Einheiten haben können. Langacker macht dies von deren Grad an **Entrenchment** bzw. **Konventionalität** abhängig. Diese Unterscheidung trägt der Tatsache Rechnung, dass das Sprachsystem sowohl individuelles als auch von einer Sprachgemeinschaft geteiltes Wissen ist. Während *Entrenchment* die mentale Verankerung eines Symbols als Teil des Langzeitgedächtnisses eines individuellen Sprachnutzers/einer Sprachnutzerin bezeichnet, bezieht sich der Begriff der *Konventionalität* auf den Grad der Verankerung dieses Symbols in einer Sprachgemeinschaft. Beide Faktoren reduzieren den kognitiven Aufwand im Produktions- und Verstehensprozess und begünstigen die „routinized nature of execution" (Langacker 2008: 17) von Symbolen. Symbolische Einheiten sind demnach **kognitive Routinen** und haben **Gestalt-Charakter**, d.h., sie sind „gebrauchsfertige" Einheiten des Sprachsystems.

Als entscheidenden Faktor für die Herausbildung kognitiver Routinen betrachtet Langacker die Gebrauchsfrequenz:

> Semantische Einheiten werden aus dem kontextuellen Verständnis real getätigter Äußerungen abstrahiert, phonologische Einheiten aus der Analyse ihrer phonetischen Eigenschaften und symbolische Einheiten aus der Verbindung der beiden. In jedem Fall entstehen Einheiten dadurch, dass Konfigurationen, deren Vorkommen in Gebrauchsevents

---

82 „Clearly, the network model conforms to the maximalist, non-reductive, and bottom-up spirit of the usage-based approach. In fact, it is by adopting this model of categorization that cognitive grammar achieves and implements its usage-based character." (Langacker 1988b: 141)

ausreichend frequent ist, um zu kognitiven Routinen zu werden, zunehmend entrencht werden. (Langacker 2008: 220, Übersetzung E.Z.)[83]

Geeraerts, Grondelaers & Bakema (1994) argumentieren jedoch, dass diese strikte Koppelung von Entrenchment an Gebrauchsfrequenz, also die Auftretenshäufigkeit eines Schemas, nicht ausreichend ist. In einer groß angelegten Korpusstudie zur Benennung von Kleidungsstücken in niederländischsprachigen Zeitungen gehen sie der Frage nach, wie oft ein Kleidungsstück mit bestimmten Merkmalen (z.B. enganliegende, bis zu den Waden reichende Hose) durch einen bestimmten Ausdruck benannt und somit mit einem Konzept verbunden wurde. Dieser Zugang ermöglicht einen nuancierten Blick auf das Phänomen des Entrenchments (bzw. der onomasiologischen Salienz, wie die Autoren es nennen), der nicht nur die absolute Gebrauchsfrequenz berücksichtigt, sondern **die relative Gebrauchsfrequenz im Verhältnis zu Kategorisierungsalternativen** misst. Sie kommen zu dem Schluss, dass u.a. die Kategorisierung eines Referenten als Mitglied einer Kategorie sowohl von dessen zugeordneter Position in der Prototypenstruktur der Kategorie abhängt, d.h. der Frage, ob X ein zentrales Mitglied einer Kategorie ist oder nicht, als auch vom Entrenchment dieser Kategorie in einer Sprachgemeinschaft. Der letzte Punkt bedeutet, dass sowohl onomasiologische als auch semasiologische Salienz stark kontextabhängig sind. Manche Zeitschriften (flämische vs. niederländische, Modezeitschriften vs. nicht spezialisierte Zeitschriften etc.) bevorzugen den Gebrauch eines bestimmten Lexems zur Benennung eines Referenten. Entrenchment impliziert darüber hinaus Konventionalität in einer Sprachgemeinschaft. Dies erklärt, weshalb bei synonymen Ausdrücken in einer Sprachgemeinschaft eine Variante bevorzugt gebraucht wird (siehe wikkelrok vs. plooirok, wobei beide Ausdrücke dasselbe Konzept (Wickelrock) benennen). Darüber hinaus stimme Entrenchment nicht notwendigerweise mit taxonomischen Hierarchien überein. So sind beispielsweise jeans und broek (Hose) ähnlich stark „entrencht", obwohl sie zwei unterschiedlichen taxonomischen Niveaus angehören. All diese Faktoren und somit nicht Gebrauchsfrequenz allein entscheiden den Autoren zufolge demnach also über den bevorzugten Gebrauch eines Lemmas zur Benennung eines Konzepts bei gleichzeitigem Bestehen von Benennungsalternativen.

Sowohl Entrenchment als auch Konventionalisierung sind graduelle und **dynamische Phänomene**. Häufiger Gebrauch führt demnach zu stärkerem Entrenchment, während längerer Nicht-Gebrauch tendenziell die kognitive Verankerung abschwächt oder gar aufhebt. Analog dazu können Symbole in einer Sprachgemeinschaft zunächst hoch konventionell sein, mit der Zeit jedoch aus der Mode geraten. Ihre aktive und passive Gebrauchsfrequenz sinkt und sie büßen schritt-

---

83 „Semantic units are abstracted from the contextual understanding of occurring expressions, phonological units from apprehension of their phonetic properties, and symbolic units from the pairing of the two. In each case, units emerge via the progressive entrenchment of configurations that recur in a sufficient number of events to be established as cognitive routines." (Langacker 2008: 220)

weise ihren hohen Grad an Konventionalität ein (z.B. *Fräulein, Backfisch* (als Bezeichnung für männliche Jugendliche), *Sommerfrische*). Ebenso sind Neologismen zunächst nicht konventionell in einer Gemeinschaft verankert, ihre Konventionalität steigt jedoch mit zunehmendem Gebrauch.

Der Verstehensprozess konkreter Instanziierungen im Sprachgebrauch impliziert den Abgleich mit dem mentalen Repertoire entrenchter, also mental verankerter Schemata. Je besser eine konkrete Instanziierung und ein entrenchtes Schema zusammenpassen – Langacker spricht davon, dass ein Schema einen Gebrauch *sanktioniert* – desto leichter wird die Instanziierung verarbeitet, also verstanden. Langacker sieht dies auch als Grundlage für unsere Urteile zur **grammatischen Wohlgeformtheit** an:

> Schemata sind die Basis für Urteile zur sprachlichen Wohlgeformtheit. Ein Ausdruck wird als wohlgeformt angesehen, insofern als er Elaborationsbeziehungen unterhält [...] zu den Schemata, die aufgerufen werden, um ihn zu kategorisieren. (Langacker 2008: 57, Übersetzung E.Z.)[84]

Darin versteckt sich auch eine Kritik am Generativismus und der Methode des Grammatikalitätsurteils (vgl. Kapitel 2), denn die Sicht Langackers impliziert graduelle Abstufungen im Bereich der Grammatikalität bzw. der grammatikalischen Wohlgeformtheit und ein prinzipiell dynamisches System. Dies ist schwer zu vereinbaren mit kategorischen Ja-/Nein-Urteilen und dem Zugang des Generativismus, wonach eine syntaktische Regel entweder Teil der – hochabstrakten, reduktionistischen – mentalen Grammatik ist oder eben nicht. Aus kognitivgrammatischer Sicht sind Grammatikalitätsentscheidungen eine Frage der Konventionalität, d.h., wie gebräuchlich ist eine Konstruktion in einer Sprachgemeinschaft und wie gut passt sie zu den konventionalisierten Schemata (=den Symbolen) eines Sprachsystems. Auch Instanziierungen, die klar nicht Teil des Symbolinventars sind, können grammatisch relativ wohlgeformt und für SprecherInnen mehr oder weniger akzeptabel/unproblematisch sein. Eine entscheidende Rolle spielt dabei der Kontext. Wenn etwa ein zweijähriges Kind meint, seine Strumpfhose sei viel zu *stichelig*, um sie anzuziehen, dann fällt uns zwar auf, dass es ein Wort gebraucht, dass nicht Teil des konventionalisierten Lexikons des Deutschen ist, wir haben aber eher keine Verständnisprobleme, weil wir „stichelig" in diesem Kontext leicht als Extension eines Adjektivschemas mit Suf-

---

84 „Schemas provide the basis for assessing linguistic well-formedness. An expression is judged well-formed to the extent that it bears relationships of elaboration [...] to the schemas invoked to categorize it." (Langacker 2008: 57)

fix -ig (instanziiert etwa in *putzig, kratzig, lausig*) konstruieren können. Wohlgeformtheit oder Grammatikalität liegt also in der Frage begründet, wie gut Schema und Elaborierung jeweils zusammenpassen. Diese Einschätzungen sind individuell und dynamisch, d.h. veränderbar in der Zeit und im Kontext.

Das symbolische Prinzip stellt also einen der Grundpfeiler der Kognitiven Grammatik dar. Einen anderen solchen Grundpfeiler stellt die Annahme dar, dass Bedeutung nicht *enkodiert* und auch nicht *übermittelt* wird, sondern **konstruiert**. Was darunter zu verstehen ist, sehen wir uns im folgenden Kapitel genauer an.

9.3 Konstruierung

In Kapitel 3 zum Bedeutungsbegriff der Kognitiven Linguistik sind wir bereits auf eine ihrer Grundprämissen eingegangen, wonach Bedeutung keine Eigenschaft sprachlicher Ausdrücken ist, d.h. Bedeutung in ihnen nicht *enkodiert* ist, sondern eine Frage der **Konstruierung** durch Konzeptualisierende, also durch SprachnutzerInnen ist. Bedeutung wird im kognitiv-grammatischen Ansatz also nicht als von seinen ProduzentInnen bzw. RezipientInnen losgelöst oder lösbar verstanden, sondern im Verhältnis von einem **Konzeptualisierungssubjekt** (SprachnutzerIn, d.h. SprecherIn oder Rezipierende) zu einem **Konzeptualisierungsobjekt** (das Ding, Objekt oder die Situation, über die gesprochen wird) situiert. Bedeutung impliziert somit die kognitive Strukturierung von Erfahrungen oder mit anderen Worten, **Bedeutung ist Konzeptualisierung**. Darunter ist folgendes zu verstehen:

> Jeder sprachliche Ausdruck strukturiert in seinem semantischen Pol eine wahrgenommene Situation (oder Szene) über ein bestimmtes Bild. Im Prozess der Konzeptualisierung einer Szene und deren Versprachlichung muss der Sprecher (und in weiterer Folge auch der Hörer, der die Intentionen des Sprechers rekonstruiert) Auswahlentscheidungen treffen. [...] Der Sprecher (oder Hörer) konstruiert ein bestimmtes Verhältnis zwischen sich und der Situation, über die er spricht. Dabei wird ein bestimmter Fokus eingenommen und die Situation in einer ganz bestimmten Art und Weise strukturiert [und gleichzeitig nicht auf andere mögliche Arten und Weisen, Anmerkung E.Z.]. Dieses Konstruierungsverhältnis besteht zwischen dem Konzeptualisierenden einer sprachlichen Konstruktion und der Konzeptualisierung, die diese Konstruktion hervorruft. (Langacker 1987a: 128, Übersetzung E.Z.)[85]

---

85 „Every linguistic expression, at its semantic pole, structures a conceived situation (or scene) by means of a particular image. In conceptualizing a scene for expressive purpose, the speaker (and secondarily the hearer, in reconstructing the speaker's intent) is obliged to make choices

Sprachliche Ausdrücke spiegeln somit immer ein spezifisches **Konzeptualisierungsverhältnis** (*Viewing Arrangement*) wider. Es ist definiert als „the overall relationship between the 'viewers' and the situation being 'viewed' "(Langacker 2008: 73). Abbildung 43 stellt dieses schematische Viewing Arrangement aus der Perspektive *eines* Konzeptualisierungssubjekts dar. V steht dabei für *Viewer* oder Betrachter. Die beiden Kreise auf der Ebene des Konzeptualisierungsobjekts, also des „thing talked about", symbolisieren eine Figur-Grund Beziehung.

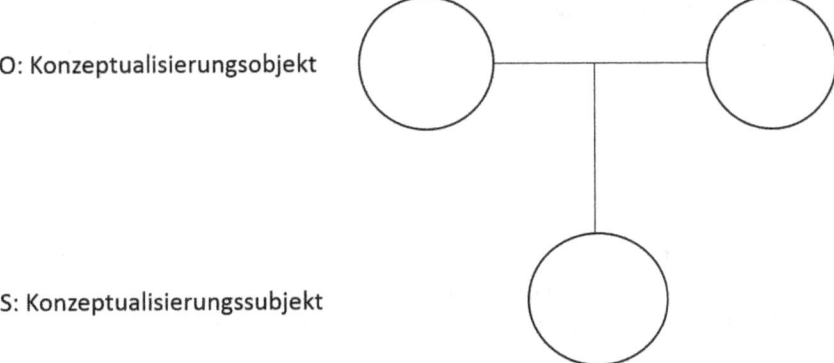

O: Konzeptualisierungsobjekt

S: Konzeptualisierungssubjekt

Abb. 43: das Viewing Arrangement nach Langacker (1987a); Abbildung übersetzt aus Verhagen (2005: 5) und übernommen aus Zima (2013a: 24)

In der englischsprachigen Forschungsliteratur spricht man vom **construal relationship** und einer Reihe von **construal operations** (Konstruierungsmechanismen)[86]. Langacker postuliert in diesem Zusammenhang vier größere Klassen von Parametern, die Einfluss auf das Konstruierungsverhältnis nehmen: **Spezifizi-**

[...] I will say that the speaker (or hearer), by choosing appropriate focal "settings" and structuring a scene in a specific manner, established a construal relationship between himself and the secene so structured. The construal relationship therefore holds between the conceptualizer of a linguistic predication and the conceptualization that constitutes this predication." (Langacker 1987a: 128)

86 Eine andere, sehr differenzierte Typologie, die sowohl auf Langacker als auch die Studien von Talmy aufbaut, stellen Croft & Cruse (2004: 46) auf. Sie unterscheiden die vier übergeordneten Klassen *Attention/Salience, Judgment/Comparision, Perspective/Situatedness, Constitution/Gestalt*. Die Lektüre des Kapitel 3 von Croft & Crise (2004), in dem die verschiedenen kognitiven Konstruierungsmechanismen erklärt und anhand von Beispiele illustriert werden, ist sehr zu empfehlen.

tät, Fokussierung, Prominenz und **Perspektive**. Sie beziehen sich auf die Möglichkeiten der Konzeptualisierung, d.h. die Möglichkeiten, die SprecherInnen und Rezipierende haben, um einen bestimmten objektiven Sachverhalt oder Gegenstand *auf eine bestimmte Art und Weise* zu konstruieren. Die Ausführungen in den folgenden Kapiteln dienen also vor allem dazu, das zentrale Argument der Kognitiven Grammatik zu unterbauen: Bedeutung ist Konzeptualisierung und Konzeptualisierung liegt in der Hand von SprachnutzerInnen. Sie entscheiden, wie eine Szene/Situation, also ein Konzeptualisierungsobjekt, betrachtet und erfasst wird. Wir beginnen diese Übersicht zu den Konstruierungsalternativen, die SprecherInnen immer zur Verfügung stehen und aus denen sie wählen, mit dem Aspekt der Spezifizität.

9.3.1 Spezifizität

Unter Spezifizität versteht Langacker den Detailreichtum, mit dem eine bestimmte Situation über sprachliche Mittel konstruiert wird. So können wir zum Beispiel auf denselben Affen im Zoogehege vor uns mittels der Bezeichnung „Tier", „Affe", „Javaneraffe", „der kleine Javaneraffe", oder „der kleine Javaneraffe mit dem abgebissenen Schwanz" referieren. Ebenso können wir sagen, dass es heute „heiß" ist oder dass es „mehr als 30 Grad hat" oder „32 Grad" oder gar „32,2 Grad". Wir können also über die Wahl unserer sprachlichen Konstruktionen eine Beschreibung höherer Abstraktion geben oder in Details einer Situation quasi „hineinzoomen". Diese visuelle Metapher des Zoomens spiegelt sich auch in den in der Kognitiven Grammatik zur Spezifizität alternativ gebrauchten Begriffen der **Granularität** (*granularity*) und der **Auflösung** (*resolution*) wider. Konstruierungen einer höheren Auflösung (=Konstruierungen mit weniger Details) werden – analog zu unseren Ausführungen zum Netzwerkmodell Langackers – als *Elaborierungen* schematischerer Konstruktionen bezeichnet.

Im mentalen Lexikon bilden Lexeme mit schematischerer und spezifischerer Semantik taxonomische Beziehungen zueinander aus, wie in Beispiel (54). Elaborative Hierarchien bestehen aber nicht nur auf der Ebene kontextloser Lexeme, sondern auch auf der Äußerungsebene (vgl. Beispiel (55)). Beide Beispiele sind Langacker (2008: 56) entnommen. (Übersetzung E.Z.)

Beispiel (54)

Ding – Objekt – Werkzeug – Hammer – Klauenhammer

Beispiel (55)

Etwas ist passiert. – Eine Person hat ein Nagetier wahrgenommen. – Ein Mädchen sah ein Stachelschwein. – Ein aufmerksames kleines Mädchen mit Brille erhaschte einen flüchtigen Blick auf ein wildes Stachelschwein mit spitzen Stacheln.

Eng verwandt mit dem Konstruierungsparameter der Spezifizität ist das Phänomen der Fokussierung, also der Lenkung der Aufmerksamkeit auf bestimmte Teilaspekte eines Konzeptualisierungsobjekts.

9.3.2 Fokussierung

Aus kognitiv-semantischer Sicht enkodieren sprachliche Ausdrücke und Äußerungen keine Bedeutungen, sondern sie sind **Anreize, Bedeutung zu konstruieren** (*prompts to construct meaning*, vgl. Fauconnier 1997 in Kapitel 6). Dabei rufen sprachliche Formen konzeptuelle Strukturen auf, d.h., sie funktionieren als Eintrittsstellen in unser breites konzeptuelles Hintergrundwissen. Mit anderen Worten, sprachliche Konstruktionen zapfen unser Domänenwissen an einer bestimmten Stelle an und aktivieren zentrale und periphere Bereiche in der konzeptuellen Nähe dieser „Einstichstelle". Abbildung 44 ist eine Visualisierung davon.

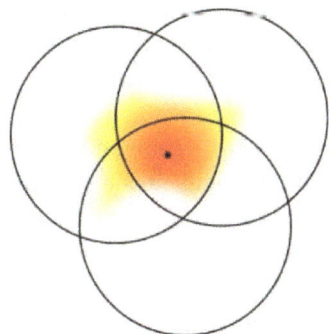

Abb. 44: Visualisierung der Konzeption von sprachlichen Ausdrücken als Eintrittsstellen in konzeptuelle Wissensbereiche an einer bestimmten Stelle

Analog zu Abbildung 13 zu Domänenmatrizen (Kapitel 4) illustriert sie eine Hintergrundwissensstruktur, die aus der Verknüpfung und teilweisen Überlappung von konzeptuellen Domänen besteht (visualisiert als Kreise). Ein sprachlicher

Ausdruck (symbolisiert über den schwarzen kleinen Punkt) aktiviert Teile dieser Matrix. Dunklere Bereiche sind stärker aktiviert. Sie sind zentrale Inhalte des aufgerufenen Konzepts. Periphere Bereiche sind in hellen Grautönen farbkodiert. Die Ränder sind ausgefranzt, denn konzeptuelle Aktivierung ist graduell und nicht binär (also nicht „aktiviert vs. nicht aktiviert", sondern „stärker aktiviert vs. weniger stark aktiviert"). Konstruierung bedingt also, dass wir aus dem breiten relevanten Hintergrundwissen immer nur einen kleinen Teil *selektieren*, wobei bestimmte Aspekte dieses Wissens als im Vordergrund befindlich konstruiert werden und andere als konzeptueller Hintergrund fungieren. Konstruierung ist also immer und grundsätzlich auch eine Frage der Vordergrund-Hintergrund- bzw. Figur-Grund-Einteilung.

9.3.2.1 Vordergrund – Hintergrund

In den einführenden Bemerkungen zu den Grundprämissen der Kognitiven Linguistik und insbesondere zum „cognitive commitment" (Kapitel 3) sind wir bereits dem Figur-Grund-Konzept der Gestaltpsychologie und ihrer Anwendung auf sprachliche Konstruierungen begegnet. Es besagt im Wesentlichen, dass sprachliche Konstruierungen immer bestimmte Aspekte einer Szene/Situation oder eines Objekts als im Vordergrund befindlich konstruieren, während andere als Hintergrund für diese Figur fungieren. In Kapitel 3 haben wir dieses Zusammenspiel von Figur und Hintergrund anhand einiger konkreter sprachlicher Beispiele betrachtet. Langacker (2008: 58) führt darüber hinaus einige sprachliche und diskursive Beispiele an, für die der Figur-Grund-Mechanismus auf einer abstrakteren Ebene Relevanz hat und die über die Beispiele, die wir gesehen haben, hinausgehen.

Das sind zum einen konzeptuelle Metaphern. Langacker argumentiert diesbezüglich, dass im metaphorischen Mappingprozess die Quelldomäne eine gewisse Vorrangstellung gegenüber der Zieldomäne einnehme. Aufbauend auf Lakoff & Johnsons Beobachtungen (vgl. Kapitel 5.2), wonach Quelldomänen konkreter sind und direkter in unseren unmittelbaren physischen Erfahrungen verankert sind als Zieldomänen, postuliert er, dass die **Quelldomäne** den **konzeptuellen Hintergrund** liefert, vor dem die Zieldomäne verstanden wird. Analog dazu fungieren im Blending Input Spaces als (Hinter-)Grund für einen Blend, der dann als Resultat des Blendingprozesses als Figur in den Vordergrund tritt.

Als ein weiteres Beispiel führt Langacker Erzählungen an[87]. Aus kognitiv-grammatischer Perspektive zeichnen sich Erzählungen oft durch statische Beschreibungen von Akteuren und Orten aus, die als konzeptueller Hintergrund dienen für die „dynamischeren" Aspekte der Erzählung, in denen die Handlung vorangetrieben wird (Langacker 2008: 58).

Auf einer noch schematischeren Ebene spielt die Figur-Grund-Unterscheidung außerdem eine sehr basale Rolle im Diskursverstehen. So wird im kognitiv-grammatischen Diskursmodell (*Current Discourse Space-Model*, vgl. Kapitel 6.5) Diskurs als kohärente Abfolge von **Konzeptualisierungsfenstern** (*viewing frames*) mit jeweils unterschiedlichem Fokus gesehen. Jedes Konzeptualisierungsfenster aktualisiert bzw. modifiziert dabei den aktuellen Diskursbereich in einem bestimmten Aspekt im Vergleich zu vorangegangenen Fenstern. Diese vorangegangenen Fenster bilden den konzeptuellen Hintergrund für aktuelle Fenster. Sie sind unabdingbare Voraussetzung zur Schaffung von Kohärenz und somit zentral für den Verstehensprozess. Auch im Verhältnis von neuer und alter Information und ihrer Einführung im Diskurs kommt der Aspekt der Figur-Grund-Organisation zum Tragen, denn neue Information wird nie als vollkommen losgelöst von einem bereits etablierten Informationshintergrund präsentiert. All diese Beispiele illustrieren also, dass wir Informationen und Inhalte nicht als undifferenzierte Masse gleichzeitig und auf nur einer Ebene strukturieren bzw. wahrnehmen, sondern dass menschliche Wahrnehmung so funktioniert, dass manche Informationen als vordergründig konstruiert werden, die sich von Hintergrundinformationen bzw. Hintergrundwissen abheben.

Auch das Verhältnis von Lexemen, insbesondere Komposita, zu ihren morphologischen Bestandteilen wird in der Kognitiven Grammatik als Figur-Grund-Verhältnis verstanden. Der hier relevante Konstruierungsparameter ist die **Komposition**.

9.3.2.2 Komposition

Die Rolle von Figur und Hintergrund im Bereich der lexikalischen Komposition lässt sich besonders gut an Neologismen oder spontanen, kreativen Wortschöpfungen wie das in Abbildung 45 illustrierte Beispiel des *Kinderhandschuhfressmonsters* illustrieren. Wie stark die Hintergrundinformation in der Verarbeitung

---

[87] Dies ist im Kontext der Kognitiven Grammatik insofern recht überraschend, da sie sich allgemein eher nicht mit der Struktur oder Verarbeitungsprozessen von längeren Texten oder gar interaktionalen Aktivitäten auseinandergesetzt hat.

dieses Kompositums aktiviert ist, wird den kognitiv-grammatischen Notationskonventionen entsprechend über die Dicke der Umrandungslinien um die einzelnen Lexeme bzw. Morpheme angezeigt. So wird etwa in der Aussage „Jetzt sind deine Handschuhe schon wieder weg. Wohnt denn ein Kinderhandschuhfressmonster in unserem Schrank?" für die Verarbeitung des nicht-konventionalisierten Kompositums „Kinderhandschuhfressmonster" seine lexikalischen Komponenten Kinder, Handschuh und Fressmonster aktiviert. Kinder und Handschuh sind frequente, voll konventionalisierte Lexeme des Deutschen. Ein aktiver Rekurs auf ihre strukturellen Bestandteile [Kind + Suffix -er], [Hand] und [Schuh] ist kognitiv nicht nötig. Diese Information bleibt im Hintergrund. Bei [Fressmonster] ist dieses Hintergrundwissen zu den morphologischen Bestandteilen [Fress] und [Monster] hingegen wahrscheinlich aktiver, weil [Fressmonster] zwar regulär gebildet ist (also über ein etabliertes Schema sanktioniert wird), jedoch wenig frequent ist.

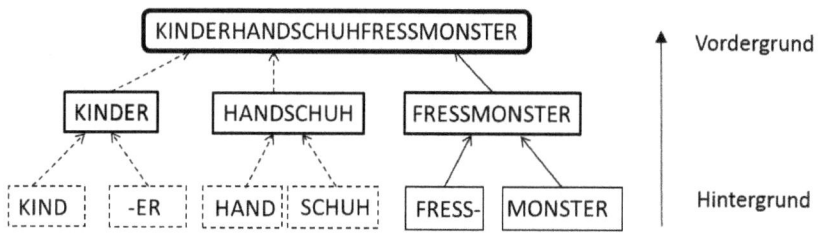

Abb. 45: Vordergrund-Hintergrund-Relationen in der lexikalischen Komposition

Dies illustriert, dass wir also in der lexikalischen Komposition morphologisch-lexikalisches Wissen in einem unterschiedlichen Maße mitaktivieren und als Hintergrund konstruieren. Den Weg zur Erschließung der Bedeutung von den als Figur profilierten Lexemen nennt Langacker den **kompositionellen Pfad** *(compositional path).*

Dieser kompositionelle Pfad ist konstitutiv für die Bedeutung der Figur. Langacker sieht unterschiedliche kompositionelle Pfade auch als einen Grund an für die semantische Nicht-Äquivalenz von Lexemen, die sich auf denselben Referenten beziehen. Er diskutiert dies in Langacker (2008: 61–62) am Unterschied von *pork* und *pig meat*. Ein gleich funktionierendes deutsches Beispiel wäre wieder *Kaviar, Fischeier, Rogen* und *Fischlaich*. Sie können sich auf denselben Referenten beziehen, die Konstruierung ihrer Bedeutung impliziert aber andere kompositionelle Pfade, weil *Fischeier* und *Fischlaich* die Bedeutungskomponente *Fisch* – viel stärker mitaktivieren als dies – zumindest im Laiensprachgebrauch

Kaviar oder *Rogen* tun. Dadurch werden andere kognitive Domänen aktiviert, wie die Nahrungsdomäne im Falle von Kaviar und die Fortpflanzungsdomäne im Falle von Fischeiern.

Eine weitere entscheidende Rolle in der Aktivierung von Hintergrundwissen und der Konstruierung von Figur und Hintergrund spielt außerdem der Skopus von sprachlichen Konstruktionen und Äußerungen.

9.3.2.3 Skopus

Sprachliche Strukturen und – in ihrer kontextuell eingebetteten Version – Äußerungen rekurrieren immer nur auf Teilaspekte der Domänen (oder Frames), die sie aufrufen. Auf diesen aktivierten Teilen der konzeptuellen Hintergrundstrukturen beruht ihre Bedeutung. Der Skopus sprachlicher Strukturen und Äußerungen erstreckt sich also immer nur über einen Teilbereich einer Domäne. Der Skopus ist somit immer begrenzt. So aktiviert zum Beispiel *Enkel* die Domäne VERWANDTSCHAFTSBEZIEHUNGEN, aber nur einen kleinen Teil davon. Dass es auch Großcousinen und Schwippschwager gibt, ist für die Konzeptualisierung von Enkel irrelevant. Lediglich das relationale Verhältnis zwischen Großeltern und ihren Enkeln (=Kinder der Kinder der Großeltern, wobei Kind und Großeltern intrinsisch relationale Bedeutung haben) liegt im Skopus des Begriffs. Skopusunterschiede sind entscheidend für konventionalisierte Bedeutungsunterschiede von Lexemen. In vielen Schriften des kognitiv-grammatischen Gesamtwerks Langackers wird zur Erklärung das Beispiel von *Ellenbogen* und *Hand* angeführt (vgl. Abbildung 46).

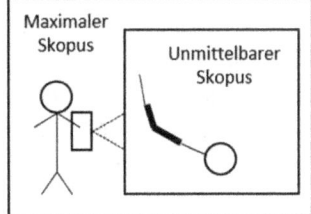
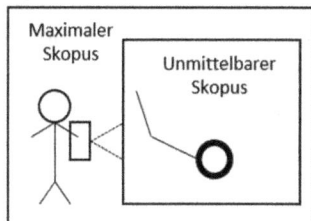

Abb. 46: Verhältnis von maximalen und unmittelbaren Skopus illustriert am Beispiel von *Ellenbogen* und *Hand* (in abgeänderter Form übernommen aus Langacker 2008: 64)

Beide Konzepte aktivieren die Domäne des KÖRPERS. Dieses Konzept stellt den maximalen Skopus da sowohl für das Konzept des *Ellenbogens* als auch für *Hand*. In beiden Fällen ist es allerdings klar, dass KÖRPER nicht die primäre Bezugsdomäne ist. Sie ist zu groß gewählt. Ein Körper besteht aus unterschiedlichen Teilen, wie etwa Kopf, Rumpf und Gliedmaßen. Kopf und Rumpf sind für die Bedeutung von *Ellenbogen* oder auch der *Hand* wenig vordergründig bzw. relevant. Gliedmaßen ist sicherlich relevanter, aber auch nicht alle Gliedmaßen, sondern insbesondere der Arm. Dieser Körperteil – ein Teil der Domäne KÖRPER – bildet den unmittelbaren Skopus sowohl für *Ellenbogen* als auch für *Hand*, also den konzeptuellen Hintergrund, den wir prioritär aktivieren, um die Bedeutung des Konzepts *Ellenbogen* bzw. der *Hand* zu konstruieren. Der **maximale Skopus** ist also für *Ellenbogen* und *Hand* gleich. Der **unmittelbare Skopus** ist ebenfalls gleich, nämlich der Arm. Hand und Ellenbogen profilieren jedoch einen anderen Teilbereich im unmittelbaren Skopus. Dieser wird in Abbildung 47 über die markierten Teilbereiche symbolisiert.

Zwischen dem unmittelbaren und dem maximalen Skopus besteht grundsätzlich ein Figur-Grund-Verhältnis. Es handelt sich also auch hier um eine Frage der Fokussierung. Der unmittelbarere Skopus wird auch gerne als „**onstage region**" bezeichnet, also als jener Aspekt konzeptuellen Wissens, der gerade im Konzeptualisierungsfenster (*Viewing Frame*) aktiv ist bzw. fokussiert wird. Besonders augenscheinlich ist dieses Figur-Grund Verhältnis zwischen maximalem und unmittelbarem Skopus für alle Teil-Ganzes-Relationen, wie eben im Falle von Körperteilen, aber auch etwa bei Haus-Tür-Klinke oder Baum-Ast-Blatt. In vielen Komposita steht zudem der Kopf (=das Rechtsglied) im unmittelbaren Skopus und das Determinans bildet den maximalen Skopus (z.B. Haustür – Türklinke – Autotür – Türschloss).

Zusammenfassend halten wir also fest, dass Fokussierung als ein Aspekt der Bedeutungskonstruierung immer ein bestimmtes Vordergrund-Hintergrund-Verhältnis impliziert. Dieses Verhältnis ist in vielen Fällen asymmetrisch, weil nicht alle Aspekte einer Szene/Situation oder eines Gegenstands gleich **prominent** bzw. **salient** sind und sich dadurch manche Aspekte oder auch Konzepte für eine Konstruierung als Figur im Aufmerksamkeitsfokus viel mehr anbieten als andere. Diese Dimension, die den Prozess der Fokussierung und die Auswahl fokussierten Inhalts maßgeblich beeinflusst, nennt die Kognitive Grammatik **Prominenz**.

9.3.3 Prominenz

In der Kognitiven Grammatik werden die Begriffe der Prominenz und der Salienz synonym verwendet (vgl. Langacker 2008: 66). Außerhalb der Kognitiven Grammatik wird häufiger von Salienz gesprochen. Dabei werden zumeist zwei Arten von Salienz unterschieden: **kognitive Salienz** und **ontologische Salienz** (vgl. dazu ausführlich auch Schmidt 2007). Der Begriff der *kognitiven Salienz* bezieht sich auf den Grad der Aktivierung von Konzepten *im Moment ihres Gebrauchs* bzw. ihrer kognitiven Verarbeitung. Konzepte, die aktiv aufgerufen und „onstage" gebracht werden, sind zu diesem Zeitpunkt kognitiv salient. Bewegt sich der Aufmerksamkeitsfokus von ihnen weg – und hin zu einem anderen Konzept – wird ihre kognitive Salienz abgeschwächt, bis das Konzept im Laufe eines fortschreitenden Diskurses irgendwann gar nicht mehr aktiviert ist. Die *ontologische Salienz* ist nicht an die Aktivierung zu einem bestimmten Zeitpunkt gebunden, sondern eine (relativ) stabile Eigenschaft von Konzepten an sich. Das liegt daran, dass manche Konzepte aufgrund ihrer Eigenschaften viel eher unsere Aufmerksamkeit auf sich lenken als andere. So sind zum Beispiel bewegende Entitäten in einer Szene ontologisch salienter als ruhende/statische. Ein Kind, das über eine Straße läuft, erweckt demgemäß unsere Aufmerksamkeit, die Straße bleibt im Hintergrund der Szene. Die parkenden Autos nehmen wir auch kaum wahr, das fahrende Auto, das sich auf das Kind zubewegt, hingegen schon. Analog dazu sind große Entitäten tendenziell salienter als kleinere, konkrete Konzepte salienter als abstrakte und reale salienter als imaginierte.

Allgemein geht man auch davon aus, dass der Prototyp einer Kategorie salienter als alle seine Extensionen ist. Man spricht in diesem Fall auch von **semasiologischer Salienz**, weil man von einem Konzept ausgeht und den dafür besten Vertreter sucht (=semasiologischer Ansatz von der Bezeichnung zum Konzept). Begriffe der Basisebene (*Hund, Blume, Auto*, vgl. Kapitel 3) sind hingegen **onomasiologisch salienter** als die Konzepte der ihr übergeordneten (hyperonymischen) und der untergeordneten (hyponymischen) Ebene (=onomasiologischer Ansatz vom Konzept zur Bezeichnung). D. h., der Basisebenenbegriff ist die salienteste Art und Weise, um auf einen bestimmten Referenten zu verweisen bzw. ihn zu benennen. Während also dem klassischen Experiment von Eleanor Rosch zufolge das *Rotkehlchen* die größte semasiologische Salienz für die Kategorie der Vögel hat (vgl. Kapitel 3.1), ist der Basisebenenbegriff *Vogel* onomasiologisch am salientesten zur Bezeichnung eines x-beliebigen Vogels. Die Kognitive Grammatik beschäftigt sich mit diesen Salienzasymmetrien vor allem unter dem Aspekt der **Profilierung** und der **Trajektor/Landmarke**-Dichotomie.

9.3.3.1 Profilierung

Profilierung und das dazugehörige Begriffspaar **Profil** und **Basis** gehören zum Basisvokabular der Kognitiven Grammatik. In Kapitel 4 haben wir die Begriffe des Profils und der Basis am Beispiel der *Hypotenuse* skizziert. Wir können an dieser

Stelle aber auch auf das im vorangegangen Kapitel gebrachte Beispiel von *Ellenbogen* und *Hand* zurückgreifen. Dort haben wir festgehalten, dass beide Konzepte auf den KÖRPER als maximalen Skopus und den ARM als unmittelbaren Skopus zurückgreifen. In der Abbildung 47 sind jedoch zur Illustration des Bedeutungsumfangs von Ellenbogen und Hand jeweils unterschiedliche Bereiche hervorgehoben, d.h. mit dickeren Linien versehen. Nur diese Bereiche bilden das jeweilige Profil der Konzepte. Der maximale und der unmittelbare Skopus bilden zusammen die konzeptuelle Basis für das Profil. Profil und Basis sind also wie Figur und Hintergrund relationale Begriffe, d. h., sie hängen voneinander ab und existieren nicht losgelöst voneinander.

Profil und Basis spielen in der Kognitiven Grammatik eine entscheidende Rolle in der semantischen Erfassung von Wortarten (dazu spezifisch auch das folgende Kapitel 9.4). Dabei führt Langacker ganz spezifische Kategorien semantischer Beschreibung ein, denn der kognitiv-grammatischen Sichtweise zufolge profilieren sprachliche Konstruktionen grundsätzlich immer entweder **Dinge** (*things*) oder **Beziehungen** (*relationships*). Diese ganz basale semantische Unterscheidung zwischen Ausdrücken/Wörtern/Konstruktionen, die entweder ein Ding oder eine Beziehung profilieren, korreliert mit den grammatischen Kategorien der Nominal- und der Verbalphrasen. Wir illustrieren dies an den Beispielen (56) und (57) (vgl. auch Langacker (2008: 67)).

Beispiel (56)

    Marcos Tante [lebt auf dem Land].

Beispiel (57)

    Marco hat eine Tante.

Der konzeptuelle Hintergrund, vor dem wir die Bedeutung von „Marcos Tante" in (56) konstruieren sind Verwandtschaftsbeziehungen (=maximaler Skopus) und insbesondere die Beziehung zwischen Erwachsenen, ihren Geschwistern und ihren Kindern (=unmittelbarer Skopus). Das Konzept TANTE profiliert aber nicht dieses Verhältnis zwischen Kindern und Geschwistern der Eltern, sondern nur die eine, konkrete Person, die diese bestimmte Rolle im Verwandtschaftsgefüge einnimmt. Sie bildet das Profil. Für dieses *Ding* im Profil fungiert das Verwandtschaftsverhältnis zu Marco als konzeptueller Hintergrund bzw. als Basis.

Anders verhält es sich mit der Verbalphrase „hat eine Tante" in (57). Hier wird ein sogenanntes **relationales Profil** konstruiert, also eine Beziehung zwischen Marco und seiner Tante. Diese Beziehung bildet das Profil der Äußerung. Abbildung 47 visualisiert die Unterschiede in der Profil-Basis-Relation der Nominalphrasen in (56) und der Verbalphrase in (57). Den piktographischen Konventionen der Kognitiven Grammatik folgend symbolisieren fett markierte Aspekte das semantische Profil von Ausdrücken. In Abbildung 48 (a) ist dies nur das Ding T (für Tante). In 48 (b) hingegen Marco und seine Beziehung zu seiner Tante T.

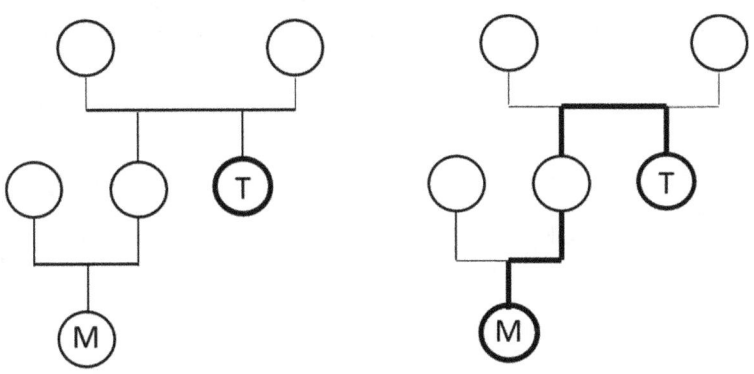

Abb. 47:   (56) Marcos Tante   (57) Marco hat eine Tante.

Auch der Unterschied zwischen Nomina und Verben des selben Wortstamms werden in der Kognitiven Grammatik als Unterschiede in der Profilstruktur verstanden. So profiliert etwa das Nomen *Auswahl* in (58) im Vergleich zu *auswählen* in (59) lediglich einen anderen Aspekt derselben konzeptuellen Basis, in diesem Fall der Szene auf einem Markt mit Gemüse/Obst-Ständen. *Auswahl* profiliert die Vielzahl an unterschiedlichen Entitäten in ihrer Gesamtheit und somit wiederum ein Ding. *Auswählen* profiliert den Prozess der Selektion eines oder mehrerer Einzelentitäten aus diesem Angebot, also die Beziehung zwischen einem Auswählenden und dem Ausgewählten.

Beispiel (58)

Auf dem Markt gibt es eine große Auswahl an Obst und Gemüse.

Beispiel (59)

> Auf dem Markt kannst Du aus einer großen Vielfalt an Obst und Gemüse wählen.

Analog dazu teilen sich auch die Verben *kommen* und *ankommen* (vgl. für die Englischen Pendants *come* und *arrive*, Langacker 2008: 69) eine konzeptuelle Basis, nämlich die Beziehung zwischen einem Ding (Kreis in Abb. 48), das sich auf einem räumlichen Pfad (Pfeil) zu einer Lokation als Ziel (Dreieck) hinbewegt. *Kommen* profiliert die Bewegung des Dings (oder **Trajektors** (tr)) auf dem gesamten Pfad. *Ankommen* profiliert nur jenen Teilabschnitt, in dem dieser Trajektor das Ziel erreicht.

Abb. 48: Profil/Basis-Konstellation für *kommen* vs. *ankommen*

All diese Beispiele implizieren somit ein bestimmtes Verhältnis zwischen einem Element der konzeptualisierten Szene als **primärem Fokus** (oder Trajektor) und einem **sekundären Fokus**, der sogenannten **Landmarke**. Auch dieses Verhältnis kann bedeutungsunterscheidend sein. So können Konstruktionen identische Basen und Profile haben, sich aber in der Zuweisung von primärem und sekundärem Referenzpunkt – oder eben Trajekor und Landmarke – unterscheiden.

9.3.3.2 Trajektor/Landmarke

Die Unterscheidung eines primären und eines sekundären Aufmerksamkeitsfokus zeichnet alle sogenannten **relationalen Profile** aus. Darunter versteht die Kognitive Grammatik die Profilierung der **Beziehung zwischen Entitäten,** wie sie etwa die Semantik von Verben bestimmt (vgl. „eine Tante haben", „ankommen", „kommen", „auswählen"). Aber nicht nur Verben konzeptualisieren relationale Profile, sondern ebenso Präpositionen, Adverbien und Adjektive. In den meisten Fällen besteht die Beziehung zwischen einer explizit verbal erwähnten Landmarke und einem ebenfalls verbalisierten Trajektor. Dabei muss erneut betont werden, dass Trajektor-Landmarke-Verhältnisse konstruiert werden. Sie sind nicht objektiv gegeben, sondern das Resultat der Entscheidung von SprecherInnen darüber, wie sie eine bestimmte Erfahrung/Situation beschreiben und also konzeptualisieren. Wir illustrieren dies zunächst an einem räumlichen Beispiel.

Beispiel (60)

    Das Bild (*tr*) über der Kommode (*lm*)

Beispiel (61)

    Die Kommode (*tr*) unter dem Bild (*lm*)

Die Nominalphrasen *das Bild* und *die Kommode* profilieren zunächst beide Dinge. Die Präpositionen *über* und *unter* profilieren eine Beziehung zwischen diesen Dingen und zwar eine bestimmte räumliche Anordnung. Beide Konstruierungsvarianten können prinzipiell genutzt werden, um dieselbe statische, objektiv gegebene Szene zu beschreiben. Sie unterscheiden sich semantisch aber darin, welchem Objekt der primäre Aufmerksamkeitsfokus zugewiesen wird und welches Objekt als sekundärer Referenzpunkt zur Konstruierung des räumlichen Verhältnisses gilt. In (60) ist das Bild im primären Aufmerksamkeitsfokus. Es ist in der Konzeptualisierung der Szene das dominierende Objekt und wird demnach als Trajektor (abgekürzt als tr) bezeichnet. Die Kommode fungiert dazu als Landmarke (lm). In (61) ist dieses Verhältnis umgekehrt (vgl. dazu die Abbildung 49).

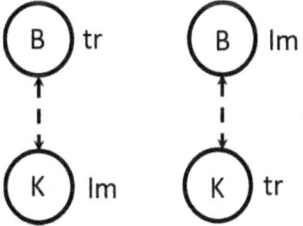

Abb. 49: profilierte Trajektor-Landmarke-Relation in (60) im Vergleich zu (61)

Auch in den Beispielen (62) bis (67) wird jeweils ein bestimmtes Verhältnis zwischen einer Landmarke und einem Trajektor profiliert. In all diesen Fällen sind die Entitäten, die als Landmarke bzw. Trajektor fungieren, auch verbalisiert, d.h. explizit genannt. Dass dies nicht zwingend notwendig ist, illustriert Beispiel (68).

Beispiel (62)

    Das Sofa (*tr*) steht vor dem Bücherregal (*lm*).

Beispiel (63)

    Ich mag das Bücherregal (*tr*) hinter dem Sofa (*lm*).

Beispiel (64)

    Das Auto (*tr*) fährt auf der Straße (*lm*).

Beispiel (65)

    Die Stewardess (*tr*) wartet im Flugzeug (*lm*).

Beispiel (66, aus Smirnova & Mortelmans (2010: 100))

    Bevor sie mich küsst (*lm*), sagt sie Hallo (*tr*)!

Beispiel (67, Smirnova & Mortelmans (2010: 100))

    Sie küsst mich (*tr*), nachdem sie Hallo! gesagt hat (*lm*).

Beispiel (68)

    Häng das Bild höher!

In Beispiel (68) ist die Landmarke nicht explizit erwähnt. Sie ist dennoch Teil der Konzeptualisierung, und zwar als die räumliche Position, an der das Bild im Moment der in (68) ausgedrückten Aufforderung hängt. Die imaginierte neue Position, an der sich das Bild nach der Ausführung der Handlung des Höherhängens befinden wird, bildet den Trajektor. Er wird relativ zur Landmarke konstruiert.

    Obwohl das Verhältnis von Trajektor und Landmarke eine Frage der Konstruierung *in situ* ist, spielen auch hier Prominenz bzw. Salienz eine Rolle. Wir haben bereits erwähnt, dass sich Objekte und Prozesse in ihrer ontologischen Salienz voneinander unterscheiden. So sind manche Konstruierungen salienter gegenüber ihren Alternativen, weil sie zum Beispiel frequenter oder mit unserer menschlichen Ausrichtung und Orientierung im Raum (stehend, vertikal orientiert) sowie unseren Wahrnehmungsprozessen leichter alignierbar sind, als andere. Das heißt, wir nehmen immer eine gewisse Perspektive ein, wenn wir die Welt wahrnehmen. Diese Perspektive ist zwar nicht fix, wir können sie aktiv verändern, aber dennoch sind bestimmte Perspektivierungen natürlicher und leichter zu verarbeiten als andere. Die Relevanz dieser Perspektiviertheit von Konstruierungen thematisiert Langacker unter dem Aspekt der **Perspektive.**

9.3.4 Perspektive

Eine Grundprämisse der Kognitiven Linguistik besagt, dass Bedeutung per definitionem *perspektiviert* ist. Das heißt, jeder Ausdruck und jede konkrete Äußerung konstruiert ein bestimmtes räumliches oder auch temporales Verhältnis des/der Konzeptualisierenden zum fokussierten Objekt. Räumliche Präpositionalphrasen *wie hinter dem Baum, vor dem Haus, schräg gegenüber der Kirche* etc. sind prototypische perspektivierende Konstruktionen. Sie konstruieren ein fokussiertes Objekt in Abhängigkeit von der räumlichen Position des Konzeptualisierenden.

9.3.4.1 Blickpunkt und Blickrichtung

Die Kognitive Grammatik unterscheidet in diesem Zusammenhang zwei Dimensionen: (1) **Blickpunkt** (*vantage point*, cf. Langacker 1987a; Croft/Cruse 2004) und (2) **Blickrichtung** (*orientation*). Blickpunkt bezieht sich dabei auf die – räumliche oder auch temporale – Position, von der aus eine Szene betrachtet wird. Langacker spricht von der „actual location of the speaker" (Langacker 2008: 75). Als prototypische Beispiele für Ausdrücke, die als inhärenter Teil ihrer Semantik einen bestimmten Blickpunkt mitkonstruieren, dienen die räumlichen Präpositionen *rechts* oder *links von*, denn sie sind lediglich in Abhängigkeit von einem bestimmten Blickpunkt, von dem aus das Objekt konstruiert wird, überhaupt interpretierbar. So kann etwa ein Baum aus der Sicht eines an der Vorderseite[88] eines Haus stehenden Konzeptualisierenden rechts von diesem Haus stehen (Abbildung 50, Satz (a)), aus der Sicht eines hinter dem Haus stehenden Konzeptualisierenden ist dieser Baum jedoch links vom Haus (Satz (b)).

---

[88] Auch der Begriff der Vorderseite ist natürlich perspektivisch und daher nicht unveränderbar und objektiv gegeben.

Der Blickpunkt-Konstruierungsmechanismus ist jedoch keineswegs nur für räumliche Konstellationen relevant, sondern er spielt auch in temporalen Relationen eine Rolle. So situiert beispielsweise der Ausdruck „nächste Woche" einen Sprecher/eine Sprecherin (bzw. eine(n) Konzeptualisierende(n)) auf einer Zeitachse. Das Hier und Jetzt, zu dem eine Äußerung getätigt wird, fungiert als temporaler Anker, d.h. als Ausgangspunkt, relativ zu dem das zukünftige Ereignis konstruiert wird. Während sich Blickpunkt also auf die spatiotemporale Position eines Konzeptualisierenden im Vergleich zum konzeptualisierten Objekt bezieht, erfasst der zweite Konstruierungsmechanismus dieser Kategorie die Blickrichtung im Raum in vertikaler und horizontaler Dimension. Diese Blickrichtung wird maßgeblich durch die aufrechte Position des Menschen vorgegeben, sodass bestimmte Konstruierungen räumlicher Verhältnisse (*oben – unten, vorne – hinten*) als natürlicher empfunden werden, d.h. konventionalisierter, frequenter und kognitiv stärker verankert sind als andere Konstruierungen.

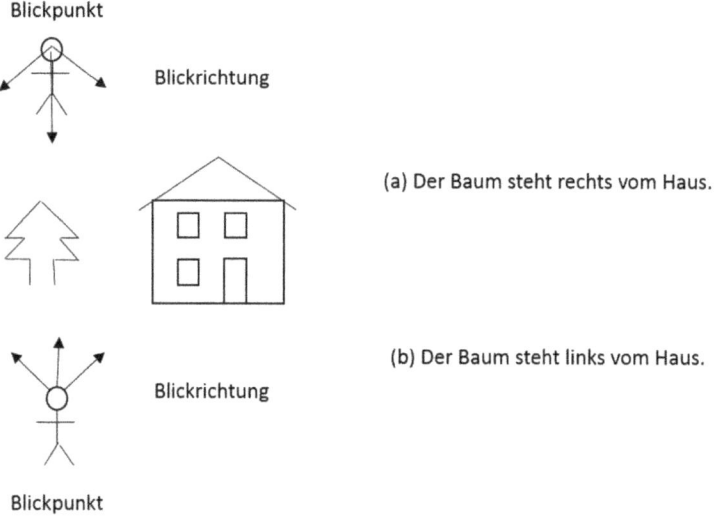

Abb. 50: Beispielillustration zum Einfluss von Blickpunkt und Blickrichtung auf die Konstruierung eines Objekts (aus Zima 2013a: 170)

Während Blickpunkt und Blickrichtung intuitiv wohl recht leicht verständliche Kategorien sind, ist das folgende Begriffspaar der **Subjektivität** und der **Objektivität** als Dimension der Perspektivierung nicht nur wenig intuitiv, sondern die

Verwendung der beiden Konzepte in der Kognitiven Grammatik unterscheidet sich tatsächlich erheblich von ihrem Gebrauch in der Alltagssprache.

9.3.4.2 Subjektivität – Objektivität

Das Begriffspaar „Subjektivierung und Objektivierung" spielt innerhalb der Theorie der Kognitiven Grammatik eine sehr entscheidende Rolle. Die Verwendung der beiden Begriffe unterscheidet sich dabei nicht nur stark von deren alltagssprachlichem Gebrauch, sondern auch von deren Verwendung in funktionalen Theorien zum Sprachwandel und zur Grammatikalisierung (eine kurze Gegenüberstellung bieten Athansiadou et al. 2006).

Unter der **Subjektivierung** von Konstruierungen versteht man **den Grad, zu dem Konzeptualisierende selbst Teil des Konzeptualisierungsobjekts**, also quasi Teil des Äußerungsinhalts sind. Die Kognitive Grammatik spricht demgemäß von **maximaler Objektivität**, wenn eine Entität, d.h. ein Objekt gänzlich unabhängig vom Konzeptualisierungssubjekt bzw. dem **Ground** konstruiert wird. Zur Erinnerung: Der sogenannte *Ground* umfasst die aktuelle Gesprächssituation und alle Elemente/Akteure, die zu dieser Gesprächssituation gehören, also u.a. SprecherIn und HörerIn [=die Interaktanten] sowie Ort und Zeitpunkt des Gesprächs (Langacker 1991: 548)[89].

Wird ein Konzeptualisierungsobjekt mit maximaler Objektivität konstruiert, bleiben all diese Elemente außerhalb des Fokus (*offstage*). Alle Aufmerksamkeit ist auf das Objekt gerichtet. Wer wann dieses Konzeptualisierungsobjekt aufgeworfen hat, ist nicht Teil von dessen Bedeutung. Abbildung 47 illustriert diese Konfiguration, bei der die ungeteilte Aufmerksamkeit dem fokussierten Objekt gilt und die Konzeptualisierungssubjekte – also SprecherInnen und Rezipierende – nicht Teil des fokussierten Objekts sind. Man spricht in diesen Fällen auch davon, dass die Asymmetrie zwischen Objekt und Subjekt hier am größten ist. Maximal objektive Konstruierungen gelten jedoch als selten, da SprecherInnen Sprache selten zur objektiven Beschreibung einer externen Wirklichkeit heranziehen, sondern Sprachgebrauch immer in Relation zu SprecherInnen, einem bestimmten Kontext und einer Situation steht. Sprachgebrauch ist mit anderen Worten primär in der Interaktion verankert und intersubjektiv. Ein Beispiel für

---

[89] Vgl. Langackers (2008: 9) Definition des Grounds: „The term ground is used in CG to indicate the speech event, its participants (speaker and hearer), their interaction, and the immediate circumstances (notably, the time and place of speaking). "

eine maximal objektive Konstruierung wäre aber etwa die allgemein kategorisierende Aussage in (69).

Beispiel (69)

Pinguine sind Vögel.

Das Gegenstück zur objektiven Konstruierung ist subjektive Konstruierung (Abb. 51). Ein Objekt wird subjektiv konstruiert, wenn es in seiner Interpretation auf Elemente des Grounds Bezug nimmt. Die folgenden Beispielsätze (70) a. bis c. illustrieren den Unterschied zwischen objektiver und subjektiver Konstruierung (cf. Langacker 1991: 328):

Beispiel (70)

    a. Vanessa sitzt gegenüber von Veronika.
    b. Vanessa sitzt mir gegenüber.
    c. Vanessa sitzt gegenüber.

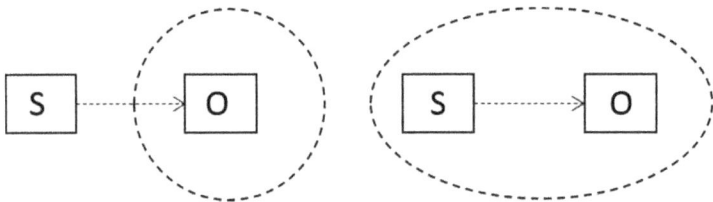

Abb. 51: Ein Objekt wird mit maximaler Objektivität (links) bzw. subjektiviert (rechts) konstruiert.

Beispiel (70) a. ist ein Fall von objektiver Konstruierung. Es werden keinerlei Groundelemente profiliert, denn es gibt keine Erwähnung des Sprechers/der Sprecherin oder der Rezipierenden und es wird nicht auf die Gesprächssituation verwiesen, z.B. mittels Deiktika. Es wird also eine klare Trennung zwischen Konzeptualisierungsobjekt und -subjekten vollzogen. In (70) b. konstruiert sich der Sprecher selbst als Teil des Objekts, nämlich als verbal enkodierter Referenzpunkt bzw. Landmarke. Die Konstruierung ist somit subjektiviert, denn ein Groundelement – der Sprecher oder die Sprecherin – ist Teil des Objekts und steht also mit im Aufmerksamkeitsfokus. In (70) c. referiert, ähnlich wie in a., ebenfalls kein sprachliches Element direkt auf ein Element des Grounds. Die Konzeptualisierungssubjekte (hier: SprecherIn (S) und HörerIn (H)) werden nicht als

Teil des Objekts profiliert, sie werden jedoch als **impliziter Referenzpunkt** angenommen, d.h., die räumliche Konstellation wird *von deren Perspektive aus* konzeptualisiert. Das Konzeptualisierungsobjekt ist demnach auch hier subjektiviert.

Langacker (2008: 77) erklärt den Unterschied zwischen Subjektivierung und Objektivierung folgendermaßen:

> Die Konzeptualisierungssubjekte sind Sprecher und Hörer, die Bedeutung von Ausdrücken erfassen. Wenn sie nur in dieser Rolle agieren, als eine stillschweigende, konzeptualisierende Entität, die selbst außen vor bleibt, werden sie mit maximaler Subjektivität konstruiert. Am anderen Extrempunkt befindet sich das fokussierte Aufmerksamkeitsobjekt, das maximal objektiv konstruiert wird: die Entität, die einen Ausdruck *onstage* bringt und profiliert. Objektive Konstruierung korreliert also mit Profilierung und expliziter Erwähnung und subjektive Konstruierung mit dem impliziten Bewusstsein [der Präsenz]. Implizit zu sein, ist aber nicht gleichbedeutend mit abwesend sein. Die Konzeptualisierung, die die Bedeutung eines Ausdrucks darstellt, inkludiert mehr als den Inhalt, der gerade *onstage* ist (der davon abgetrennt gar nicht existiert) [...]. In ihrer stillen Rolle als Konzeptualisierungssubjekte sind Sprecher und Hörer immer Teil des konzeptuellen Substrats der Bedeutung eines Ausdrucks. (Langacker 2008: 77, Übersetzung E.Z.)[90]

Maximale Objektivität bzw. Subjektivität stellen demgemäß jeweils Endpunkte eines Kontinuums dar. Anstatt starre Kategorien anzunehmen, argumentiert die Kognitive Grammatik für einen graduellen Übergang zwischen den beiden Konzeptualisierungsextremen.

Unmittelbar mit der Frage der Objektivität bzw. Subjektivität der Konstruierung ist das Konzept der **Deixis** verwoben. Als deiktisch sind all jene sprachlichen Elemente einer Äußerung anzusehen, die auf den Ground, d.h. die kommunikative Situation, verweisen. Die Möglichkeiten zur Verankerung einer Äußerung im Ground sind aber vielfältig und nicht a priori auf klassische Deik-

---

[90] „The subjects of conception are the speaker and hearer, who apprehend the meanings of expressions. When they function exclusively in this capacity, as a tacit conceptualizing presence that is not itself conceived, they are construed with maximal subjectivity. At the opposite extreme, construed with maximal objectivity, is the focused object of attention: the entity an expression puts onstage and profiles. Objective construal thus correlates with profiling and explicit mention, and subjective construal with an implicit locus of consciousness. Being implicit is not the same as being absent, however. The conceptualization constituting an expression's meaning extends beyond its onstage content (which does not exist in isolation), further encompassing its mode of apprehension by the offstage conceptualizers in the context of the overall viewing arrangement. In their tacit role as subjects of conception, the speaker and hearer are always part of the conceptual substrate supporting an expression's meaning." (Langacker 2008: 77)

tika begrenzbar. Wie Brône (2010) anmerkt, sind die meisten Äußerungen im natürlichen Sprachgebrauch in irgendeiner Weise in der Interaktion verankert (*grounded*, Langacker 1987a), d.h. sie konstruieren ein Objekt im Verhältnis zu den Interaktanten und der Sprechsituation. Zur Gruppe der sogenannten **„grounding predications"** (Langacker 1987a, 2002), also der sprachlichen Konstruktionen die den Ground als Teil des Objekts mitkonstruieren, gehören Personalpronomina (ich, du, wir), Demonstrativpronomina (diese(r), jene(r) etc.) und der bestimmte Artikel (vgl. *der* Hund, der auf ein im Ground bereits verankerten Referenten referiert, versus *ein* Hund). Auch Tempus fällt in diese Kategorie, denn es konstruiert das fokussierte Objekt oder Ereignis relativ zu Zeitpunkt und Lokation der aktuellen Sprechsituation (oder eines anderen, narrativen deiktischen Zentrums; Fillmore 1982: 262–63).

Die Dimension der Subjektivität/Objektivität von Konstruierungen hat sich vor allem für die Beschreibung von Sprachwandelphänomenen als besonders relevant erwiesen. An dieser Stelle gehen wir auf die Rolle der Subjektivierung in Grammatikalisierungsprozessen jedoch nicht näher ein. Interessierten ist der Grundsatzartikel von Ronald Langacker (1990) zu empfehlen sowie die Beiträge in Anthasiadou et al. (2006). Mortelmans (2004) bietet zudem einen Vergleich des Konzepts der Subjektivierung bei Langacker und dem im Vergleich noch einflussreicheren Subjektivierungskonzept von Elizabeth Closs Traugott.

9.4 Wortarten

Die vorangegangenen Erläuterungen zu den Konstruierungsmechanismen, die allgemeinen kognitiven Fähigkeiten entsprechen und in der Kognitiven Grammatik als entscheidende Dimensionen der Konstruierung und Konzeptualisierung und somit der Bedeutungskonstitution angesehen werden, haben bereits darauf hingedeutet, dass in der Kognitiven Grammatik klassische grammatikalische Kategorien wie Nomen, Adjektiv und Verb sehr anders begriffen werden, als dies in gängigen Grammatikbeschreibungen der Fall ist. Dies liegt daran, dass die Frage, zu welcher grammatikalischen Kategorie ein Wort gehört, in der Kognitiven Grammatik nicht über dessen konzeptuellen Inhalt beantwortet wird und auch nicht über dessen syntaktisches Verhalten, sondern darüber, was es auf einem schematischen Niveau profiliert (vgl. Langacker 2008: 98). Die Kategorisierung von Wortarten basiert also auf sehr abstrakten *semantischen* Ähnlichkeiten. Die Kognitive Grammatik geht also davon aus, dass „word classes can be described in terms of schematic meaning" (Evans & Green 2006: 555) und das ungeachtet der morphologischen, syntaktischen und nicht zuletzt semantischen Variation, die in jeder Wortartkategorie zu finden ist.

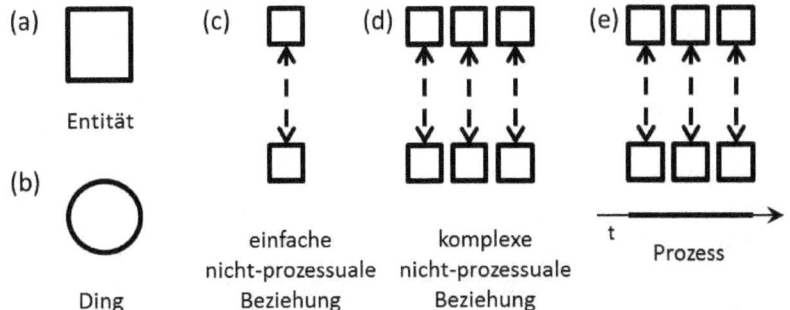

Abb. 52: schematische Darstellung der Semantik von Wortarten (basierend auf Langacker 2008: 99)

Dabei werden prinzipiell drei Möglichkeiten unterschieden. Wörter können entweder **Dinge** profilieren, **Beziehungen** zwischen Entitäten oder **Prozesse**. Die Abbildung 52 illustriert dies im Sinne der kognitiv-grammatischen Abbildungskonventionen. Der Begriff der **Entität** (*entity*, Abb. 52 (a), symbolisiert über ein Quadrat) ist ein Terminus technicus mit der kognitiv-grammatischen Bedeutung: „anything that can be conceptualized or conceived" (Taylor 2002: 221). Er ist demnach maximal abstrakt und Entitäten können sowohl **Dinge** (*things*) sein oder auch **Beziehungen** (*relations*). Das Konzept des Dings ist uns bereits mehrfach begegnet und wird zu Ende dieses Kapitels noch näher erläutert. Im Moment halten wir nur noch einmal fest, dass **Nomina** Dinge profilieren.

In der Kategorie der Beziehungen werden **nicht-prozessuale Beziehungen** von **Prozessen** unterschieden. Prozesse zeichnen sich dadurch aus, dass sie sich in der Zeit entwickeln bzw. eine Zeitspanne abdecken. Prozesse haben also eine temporale Komponente. Nicht-prozessuale Beziehungen nennt man analog dazu auch **atemporale Beziehungen**. Nicht-prozessuale oder atemporale Beziehungen können **einfach** (Abb. 52 (c)) oder **komplex** (Abb. 52 (d)) sein.

Im Deutschen profilieren **Präpositionen, Konjunktionen, Adjektive, Adverbien** und **Verbpartikel** atemporale Beziehungen. Beispiele für eine einfache atemporale (nicht-prozessuale) Beziehung sind etwa der Gebrauch des Adjektivs *schön* in (71) und dessen adverbialer Gebrauch in (72).

Beispiel (71)

Du hast ein schönes Bild gemalt.

Beispiel (72)

>Das hast Du aber schön gemacht.

In beiden Beispielsätzen profiliert *schön* eine Beziehung zwischen einem Trajektor und einer Landmarke. Im adjektivischen Gebrauch ist der Trajektor das Bild und somit ein Ding (Nomen). Im adverbialen Gebrauch ist der Trajektor hingegen selbst eine Beziehung, in diesem Fall eine temporale Relation, nämlich der Prozess des Herstellens des Objekts oder des Erbringens der Leistung, die als *schön* bewertet wird. In beiden Fällen ist die Landmarke nicht explizit erwähnt. Sie ist lediglich impliziter Bestandteil der Konstruierungsbeziehung. Im Falle des adjektivischen Gebrauchs in (71) konstituiert die Domäne der Werturteile und Normen dazu, was bei Bildern als schön gelten kann, die implizite Landmarke. Eine ähnliche Skala von „Schönheit" kann auch für den adverbialen Gebrauch in (72) als implizite Landmarke angenommen werden. Ein Beispiel für eine Verbpartikel und die atemporale Beziehung, die sie profiliert, ist (73). *Um* profiliert die Beziehung des Trajektors (=des/der Schauenden) und der auch hier impliziten Landmarke (der Raum, in dem sich der Trajektor bzw. dessen Blick bewegt).

Beispiel (73)

>Ich schaue mich nur um.

Bei Präpositionen und Konjunktionen ist die Landmarke hingegen prinzipiell explizit, d.h. verbalisiert. Bei Konjunktionen entspricht die Landmarke einer Beziehung, und zwar der Beziehung zwischen Teilsätzen (vgl. Beispiel (74)). Man spricht von einer **relationalen Landmarke**. Präpositionen profilieren hingegen die Beziehung zwischen einem Trajektor und einer **nominalen Landmarke** (vgl. (75)).

Beispiel (74)

>[Das hast Du schön gemacht (lm)], aber [es ginge noch besser (lm)].

Beispiel (75)

>Die Katze (tr) auf dem Sofa (lm)

Eine **komplexe nicht-prozessuale Beziehung** profiliert beispielsweise das Partizipialadjektiv *verwelkt* wie in *Die Tulpe ist verwelkt*. Das Verb *verwelken* profiliert einen Prozess, nämlich die Zeitspanne, in der eine Blume welk wird, also langsam schlaff wird und zunehmend ihre Farbe und ihre Blütenblätter verliert. *Verwelkt* profiliert aber nur das Endstadium dieses Prozesses.

Abbildung 52 zeigt die unterschiedlichen Möglichkeiten dessen, was sprachliche Konstruktionen auf einem schematischen Niveau profilieren können. Die folgende Abbildung 53 setzt diese schematischen Kategorien mit Wortarten in Beziehung. Diese Klassifikation ist allerdings sehr schematisch und lässt sich an allen Ästen noch weiter vertiefen. Vor allem der Ast „Ding" und die nun bereits wiederholt gemachte Feststellung, dass Nomina Dinge profilieren, mag angesichts der Bandbreite dessen, was als Nomen bzw. Nominalisierung im Deutschen gilt, doch arg unterspezifiziert erscheinen.

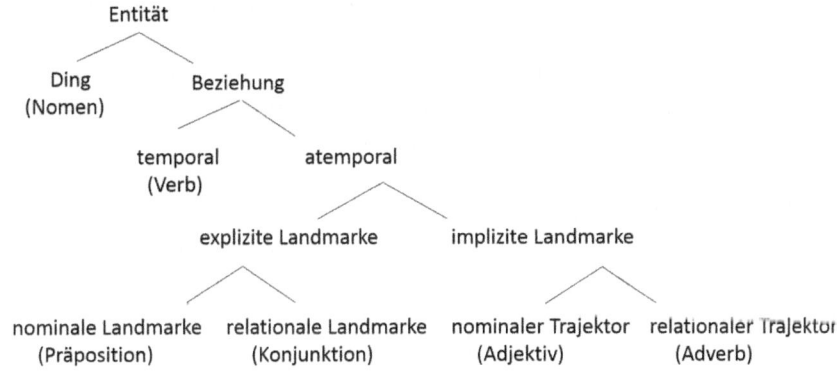

Abb. 53: Wortarten des Deutschen, kategorisiert nach ihrer Profilstruktur (adaptiert nach Taylor (2002: 221))

9.4.1 Nomina

Evans & Green (2006: 556) führen eine Reihe englischer Beispielsätze an, um die Bandbreite dessen, worauf Nomina verweisen können, zu illustrieren. Wir können diese Beispiele problemlos in deutscher Übersetzung übernehmen:

Beispiel (76)

a. Lily hat ihrem *Liebhaber* einen *Brief* geschickt.

b. Ihr *Auto* machte ein lustiges *Geräusch*.
c. Lily versuchte, George das arabische *Alphabet* beizubringen.
d. Das einzig *Gute* an George war seine *Größe*.
e. Die *Explosion* im Motor ihres Autos ließ sie zu spät zur *Arbeit* kommen.
f. Lilys *Liebe* zu George begann an einem *Dienstag*.

Die Nomina *Brief* und *Auto* referieren auf Objekte, *Liebhaber* auf eine Person und zudem auf eine Beziehung zwischen Personen. Ein *Geräusch* ist ein Schallereignis und auch eine *Explosion* ist ein Ereignis. *Alphabet* bezeichnet eine geordnete Gruppe von Einzelentitäten (Buchstaben). Das *Gute* ist eine Nominalisierung eines Adjektivs und hat eine skalare Dimension, ebenso wie *Größe*. Im Falle des *Guten* ist diese Skala allerdings nicht objektiv gegeben, *Größe* ist hingegen messbar. *Arbeit* wird hier metonymisch gebraucht und kann entweder auf den Arbeitsplatz, also einen Ort referieren oder auf einen Vorgang (Prozess), nämlich den des Arbeitens. *Liebe* ist ein Gefühl und *Dienstag* ein Zeitpunkt bzw. eine Zeitspanne.

Die Beispielsätze illustrieren nur einen kleinen Ausschnitt der Varianz der konzeptuellen Inhalte, die Nomina ausdrücken können. Auf dieser rein inhaltlichen Ebene lassen sich hier wohl eher keine Gemeinsamkeiten ausmachen. Die Kognitive Grammatik argumentiert deshalb auch nicht für inhaltliche Gemeinsamkeiten, die Wortklassen auszeichnen, sondern sie spricht von semantischen Ähnlichkeiten auf einem hochschematischen Niveau. Im Falle der Kategorie der Nomina liegt diese Gemeinsamkeit darin, dass Nomina **eine Region innerhalb einer Domäne** profilieren. Diese Region ist entweder begrenzt (*bounded*) oder unbegrenzt (*unbounded*). Zählbare Nomina (*count nouns*) denotieren eine begrenzte Region, unzählbare Nomina (*mass nouns*) eine unbegrenzte Region. Beispiele für zählbare Nomina im Deutschen sind *Hund, Tisch, Buch, Land, Idee, Krise, Name* etc. Unzählbare Nomina sind hingegen *Wasser, Gold, Glück, Furcht, Luft, Feuchtigkeit, Elektrizität* u.v.m. Zählbare Nomina können also gezählt werden (ein Hund, zwei Hunde) und es kann eine Pluralform gebildet werden. Bei nicht-zählbaren Nomina ist dies nicht möglich.

Langacker (1987b: 60) illustriert, was er unter einer „begrenzten Region innerhalb einer Domäne" versteht, mit einem interessanten Vergleich. Stellen wir uns vor, wir stehen in einem Museum ungefähr in zehn Meter Abstand vor einer großen weißen Wand. In der Mitte ist ein rot ausgemalter Kreis zu sehen, ungefähr eineinhalb Meter im Durchmesser. Sie nehmen diese rote Figur wahr, die sich abgrenzt vom weißen Hintergrund, d.h., Sie nehmen einen abgegrenzten Bereich der Szene als Figur wahr. Eine realistische Beschreibung dieser Szene wäre demnach etwa: „ich sehe einen roten Kreis oder Punkt". *Kreis* und *Punkt* sind beide zählbare Konzepte. Alle zählbaren Nomina denotieren eine solche begrenzte Region aus einer Domänenstruktur, die dessen konzeptuelle Basis stellt. Wenn Sie allerdings sehr dicht vor dieser Wand stehen und ihr Blickfeld nur die rote Fläche erfasst und keinen Hintergrund, dann würden Sie vermutlich sagen: „Ich sehe Rot". Sie nehmen keine Grenzen der Figur wahr, ja nicht einmal einen Hintergrund. Sprachlich drücken wir dies über nicht-zählbare Nomina aus, wie eben das substantivierte „Rot".

Das impliziert nicht, dass zählbare Nomina immer auf eine gleich scharf abgegrenzte Region referieren. So bezeichnet etwa *Montag* eine genau begrenzte Zeitspanne, der *Abend* hat hingegen viel unschärfere Grenzen.

Der Begriff der **Region** wird allgemein in der Kognitiven Grammatik definiert als „set of interconnected entities" (Langacker 2002: 67), also als Menge oder Zusammenstellung miteinander verbundener Entitäten. Nicht-zählbare Nomina können sich dahingehend voneinander unterscheiden, ob die Entitäten in der Menge, die sie profilieren, voneinander differenzierbar sind oder nicht. Ein Beispiel für ein Nomen, das nur in der Pluralform existiert und eine Menge von distinkten Entitäten bezeichnet (vgl. Abbildung 54 b.), ist im Deutschen *Leute*. Stoffbezeichnungen wie etwa *Wasser* oder *Gold* sind hingegen nicht pluralisch und die Masse, auf die sie jeweils referieren, ist auch nicht weiter differenziert. Schwieriger zu klassifizieren sind Kollektiva, also Nomen, die eine Menge bezeichnen, aber zählbar sind.

Wenn wir uns zum Beispiel überlegen, was ein *Orchester* ist, so wird deutlich, dass das Nomen eine Menge von Menschen, die gemeinsam musizieren, profiliert. *Orchester* ist also ein Kollektivum. Es bezeichnet eine Menge, ist aber zählbar. Die Musiker, die das Orchester bilden, werden dabei als voneinander differenzierbar (*individuated*) konstruiert. Das gleiche gilt zum Beispiel für *Alphabet*.

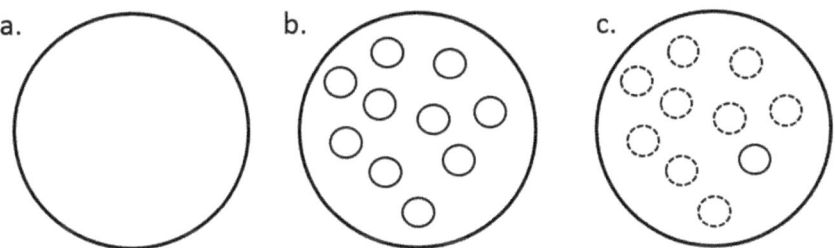

Abb. 54: Schematische Darstellung von zählbaren Nomen (a.) sowie pluralischen (b.) und nicht-pluralischen Massenbezeichnungen (c.) (=nicht-zählbare Nomen)

Auf weitere Einzelheiten des kognitiv-grammatischen Zugangs zu Wortarten und insbesondere auf die Frage der Konzeptualisierungen in größeren lexikalischen und syntaktischen Einheiten können wir in diesem Einführungskapitel nicht eingehen. Tatsächlich gibt dieser kurze Umriss der Grundpfeiler der Kognitiven Grammatik – Symbolisierung und Konzeptualisierung bzw. Konstruierung – und der kurze Exkurs zu einigen der Dimensionen, die in der Kognitiven Grammatik als für die Kategorienbildung von Wortarten relevant angesehen werden, nur einen recht schematischen Einblick in die Welt der Kognitiven Grammatik. Die Ausführungen in diesem Kapitel sollten jedoch dazu befähigen, sich gegebenenfalls tiefer einzuarbeiten. Die Literaturhinweise zu Ende dieses Kapitels können hier hilfreich sein. In Kapitel 12 zeigen wir außerdem eine Anwendungsmöglichkeit einiger Erkenntnisse der Kognitiven Grammatik und ihrer so typischen Diagramme und widmen uns Studien zum Einsatz der KG im DaF-Unterricht.

Die wichtigsten Punkte nochmal

- Kern der Kognitiven Grammatik nach Langacker ist das symbolische Prinzip. Es besagt, dass sich das Sprachsystem aus Form-Bedeutungspaaren zusammensetzt. Diese haben Symbolstatus. Das heißt, eine sprachliche Form ist jeweils über einen symbolischen Verbindungslink an eine Bedeutung gekoppelt. Diese sprachlichen Symbole sind *konventionell*, d.h. in einer Sprachgemeinschaft geteiltes Wissen.
- Sprachliche Symbole haben den Status von Schemata bzw. Mustern. Sie werden aus dem Sprachgebrauch heraus abstrahiert und als Schablone/Muster mental abgespeichert (*Entrenchment*). Sie stehen somit als Schablonen für den Sprachgebrauch zur Verfügung.
- Diesen Kreislauf von Verwendung, Abstrahierung/Verfestigung und neuerlicher Verwendung beschreibt das kognitiv-grammatische Netzwerkmodell. Eine der wichtigsten Triebfedern dieses Kreislaufes ist die Gebrauchsfrequenz.
- Sprachliche Bedeutung entsteht grundsätzlich im Spannungsfeld eines Profils und dem konzeptuellen Hintergrund, der Basis. Bedeutung ist somit immer konstruiert.
- Bedeutung ist immer eingebettet in ein konkretes Viewingarrangement zwischen dem Konzeptualisierungsobjekt und dem Konzeptualisierungssubjekt.
- Man unterscheidet vier Basiskonstruierungsmechanismen: Spezifizität, Fokussierung, Prominenz und Perspektive. Diese Mechanismen (oder auch Konstruierungsdimensionen) lenken die Aufmerksamkeit auf unterschiedliche Art und Weise auf bestimmte Aspekte einer sprachlichen Konstruierung.

Übungen

- Geben Sie in ihren eigenen Worten Definitionen der Begriffe *Konzeptualisierung* und *Konstruierung*.
- Was für Arten von sprachlichen Einheiten haben in der Kognitiven Grammatik Symbolstatus. Welche Faktoren sind für diesen Symbolstatus entscheidend?
- Worin liegt der Unterschied zwischen *Entrenchment* und *Konventionalität*?
- Im Deutschen unterscheiden wir Vorgangspassiv und Zustandspassiv. Informieren Sie sich zunächst in der Duden-Grammatik (oder einem anderen ein-

schlägigen Werk) über diese beiden Formen des Passivs. Versuchen Sie anschließend eine Analyse des Konstruierungsunterschieds zwischen Vorgangs- und Zustandspassiv. Enkodieren die beiden Passivformen eine atemporale oder eine temporale Beziehung? Worauf lenken sie jeweils die Aufmerksamkeit, d.h., welchen Aspekt der Beziehung zwischen der Landmarke und dem Trajektor profilieren sie? Versuchen Sie eine schematische Abbildung unter Anwendung der piktographischen Konventionen der Kognitiven Grammatik zu erstellen.
- Stellen Sie sich vor, Sie müssten einer/-m Deutschlernenden die Unterschiede zwischen dem Vorgangspassiv und dem Zustandspassiv erklären. Könnte es sinnvoll sein, hier auf die graphische Darstellung aus der vorangegangenen Übung zurückzugreifen? Wie könnte eine solche graphische Darstellung aussehen? Argumentieren Sie, warum Sie eine solche Vorgehensweise potenziell hilfreich oder auch nicht nützlich finden.

Weiterführende Literatur

- Schriften von Ronald W. Langacker, die sein Gesamtwerk vorstellen:
  Monographien:
  Foundations of Cognitive Grammar, Band I und II (1987, 1991)
  Cognitive Grammar: A Basic Introduction (2008)
  Handbuchartikel:
  Langacker (2007). Cognitive Grammar. In: The Oxford Handbook of Cognitive Linguistics
- Einführungen in die Kognitive Grammatik von anderen Autoren:
  Taylor 2002, Broccias 2006, Evans & Green 2006, Kapitel 15.3–17.4
- Zu Konstruierungsmechanismen: Croft & Cruse 2004, Kapitel 3

10 Konstruktionsgrammatik

Die Konstruktionsgrammatik (abgekürzt als KxG oder Englisch *Construction Grammar*, CxG) ist wie die Kognitive Linguistik im Allgemeinen kein einheitliches Paradigma, sondern ein Konglomerat miteinander verwandter Ansätze. Hoffmann (2017: 321) spricht in diesem Zusammenhang von der Konstruktionsgrammatik als „prototypisch organisierte Kategorie". Die unterschiedlichen konstruktionsgrammatischen Modelle und Theorien ähneln sich jeweils in einigen Punkten, während sie sich in anderen mehr oder weniger stark voneinander unterscheiden. Zum Verständnis der Diversität des Feldes trägt ein kurzer Blick auf die Entstehungsgeschichte der Konstruktionsgrammatik(en) bei.

10.1 Zur Entstehungsgeschichte der Konstruktionsgrammatik

Der Ursprung der Konstruktionsgrammatik liegt in der konzentrierten Beschäftigung mit **Idiomen** zu Beginn der 1980er Jahre und vor allem in dem wegweisenden Aufsatz von Fillmore, Kay & O'Connor (1988) zur englischen Konstruktion „let alone", wie sie zum Beispiel verwendet wird in: „I don't even want to read an article about, *let alone* a book written by, that swine" (ibid: 514; Ich möchte keinen Artikel über, *geschweige denn* ein Buch von diesem Schwein lesen). Unter Idiomen versteht man fixe lexiko-syntaktische Verbindungen mit eigenständiger Semantik und Pragmatik. Ihre Bedeutung lässt sich **nicht kompositionell** mittels Addition der Bedeutungen der einzelnen Lexeme, die im Idiom verwendet werden, und der Einbeziehung der Syntax des Idioms erschließen. Dies betrifft etwa Phraseologismen (*die Trennung riss mir den Boden unter den Füßen weg; er hat mich übers Ohr gehauen; ins Gras beißen* etc.), aber auch grammatische Phraseme (*nichtsdestotrotz; je X, desto Y; geschweige denn*). Diese fixen Verbindungen lassen sich auch nicht von anderen Lexemen oder Mehrworteinheiten ableiten. Sie müssen also als **eigenständige Einheiten des Sprachsystems** (=Symbole) gelernt werden.

Das Interesse an Idiomen, das am Beginn der Entwicklung der Konstruktionsgrammatik stand, gründete vor allem in deren genereller Nicht-Beachtung in der Generativen Grammatik. Wie wir bereits in Kapitel 2 gesehen haben, gilt das Erkenntnisinteresse der Generativen Grammatik dem grammatischen Regelapparat, d.h. den Tiefenstrukturen der Grammatik. Es wird angenommen, dass alle grammatischen Sätze einer Sprache auf der Kombination dieser hoch abstrakten

Regeln basieren. Der Bereich der Idiome als nicht ‚regelkonforme, nicht-kompositionelle' Einheiten wurde generell nicht als Teil der Grammatik angesehen, sondern der Lexik zugeordnet und infolgedessen aus dem Forschungsfokus weitestgehend ausgeklammert. Tatsächlich haben idiomatische, d.h. formal oder semantisch-pragmatisch nicht-regelmäßige Ausdrücke jedoch rein quantitativ einen bedeutenden Anteil an unserem Sprachsystem. Den ersten konstruktionsgrammatischen Studien ist es deshalb ein Anliegen gewesen, genau diesen Teil des Sprachsystems grammatiktheoretisch zu beschreiben und als **Teil eines gesamtgrammatischen Systems** zu modellieren:

> Es ist nicht übertrieben zu sagen, dass die Konstruktionsgrammatik aus dem Bedürfnis heraus entstanden ist, im Grammatikwissen von SprecherInnen einen Platz für idiomatische Ausdrücke zu finden. (Croft & Cruse 2004: 225, Übersetzung E.Z.)[91]

Die Grammatik wird in den konstruktionsgrammatischen Ansätzen folglich nicht länger in Kern- und Randbereiche unterteilt, sondern die einzig relevante Einheit der Grammatik ist forthin die **Konstruktion** und Konstruktionen sind Form-Bedeutungspaare. Was darunter genau verstanden wird, sehen wir uns sogleich näher an, wobei wir auch auf unterschiedliche Konzeptionen des Konstruktionsbegriffes in unterschiedlichen Ausprägungen der Konstruktionsgrammatik eingehen werden. Alle konstruktionsgrammatischen Ansätze teilen jedenfalls das Verständnis von Grammatik als strukturiertes (aber nicht in zentrale und periphere Teilbereiche unterteiltes) **Netzwerk von Konstruktionen**. Dieses Netzwerk wird als **Konstruktikon** bezeichnet, wobei der Name als Verschmelzung von „Konstruktion" und „Lexikon" bereits Programm ist, indem er gezielt die im Generativismus strikt getrennten Bereiche der Syntax und der Lexik zusammenführt bzw. als Einheiten betrachtet.

 Zu den bahnbrechenden Studien aus der frühen Phase der Konstruktionsgrammatik gehören die bereits erwähnte, 1988 publizierte Studie von Fillmore, Kay & O'Connor zu *let alone*, George Lakoffs Arbeiten zu *there*-Konstruktionen (1984), und Fillmores Studien zu Wh-Interrogativkonstruktionen (1985). Ein weiterer Impetus für die Entwicklung der Konstruktionsgrammatik(en) ging darüber hinaus von Ronald W. Langackers Arbeiten zur Kognitiven Grammatik aus (insbesondere von den beiden *Foundations*-Bänden von 1987 und 1991). Als Katalysator der Weiterverbreitung und Weiterentwicklung des Feldes wirkte zudem ab Mitte der 1990er Jahre die Publikation von Adele Goldbergs Dissertation zu Argumentstrukturkonstruktionen im Englischen (Goldberg 1995). Aufbauend auf den Arbeiten von George Lakoff entwickelte sich aus Goldbergs

---

91 „[I]t is not an exaggeration to say that construction grammar grew out of a concern to find a place for idiomatic expressions in the speaker's knowledge of a grammar of a language." (Croft & Cruse 2004: 225)

weiterführenden Untersuchungen die *Cognitive Construction Grammar*, die als gebrauchsbasierter Ansatz heute innerhalb der Konstruktionsgrammatik am weitesten verbreitet ist.

10.2 Zum Spektrum konstruktionsgrammatischer Ansätze

Das *Oxford Handbook of Construction Grammars* (Hoffmann & Trousdale 2013) listet und präsentiert sieben Ansätze, die der Konstruktionsgrammatik zugerechnet werden:

- die Berkeley Construction Grammar
- die Sign-Based Construction Grammar
- die Fluid Construction Grammar
- die Embodied Construction Grammar
- die Cognitive Grammar Langackers
- die Radical Construction Grammar
- die Cognitive Construction Grammar

Diese sieben verschiedenen Ansätze überlappen miteinander in jeweils unterschiedlichen Aspekten, während sie sich in anderen Bereichen voneinander abgrenzen. Unterschiedliche AutorInnen haben unterschiedliche Einteilung dieser verschiedenen Ansätze vorgenommen. *Eine* Möglichkeit der Einteilung ergibt sich beispielsweise aus der Antwort, die in den verschiedenen Ansätzen auf die Frage gegeben wird, ob das Sprachwissen *ausschließlich* aus Konstruktionen besteht, oder ob Konstruktionen *nur ein Teil* davon sind (Zeschel 2009). Eine andere Unterscheidung orientiert sich daran, welchen Stellenwert präzise Formalisierungen in dem jeweiligen Modell haben, bzw. ob sie davon ausgehen, dass konstruktionsübergreifende Formalisierungen überhaupt möglich sind oder nicht (cf. Ziem & Lasch 2013, Hoffmann 2017). Eine wieder andere Unterscheidungsmöglichkeit ergibt sich aus der Frage, ob das Konstruktikon – also das mentale Konstruktionsnetzwerk – maximal ökonomisch oder redundant strukturiert ist. In diesem Punkt lassen sich innerhalb dieser sieben koexistenten Ansätze grob zwei Ausrichtungen voneinander unterscheiden: die **gebrauchsbasierten Ansätze** und die sogenannten „**full** (oder auch: **complete**) **inheritance**"-Modelle.

Zu den gebrauchsbasierten Ansätzen innerhalb der KxG zählen die von George Lakoff und Adele Goldberg entwickelte **Cognitive Construction Grammar** (v.a. Goldberg 1995, 2006) sowie William Crofts **Radical Construction Grammar** (Croft 2001). In weiten Teilen sind diese beiden Ansätze deckungsgleich oder zumindest komplementär zur **Kognitiven Grammatik** Ronald Langackers, die bisweilen auch als eine eigenständige Version der Konstruktionsgrammatik angesehen wird, wie Langacker selbst bemerkt:

> Die Kognitive Grammatik ist sowohl Konstruktionsgrammatik als auch radikal, wird aber nicht so genannt. (Langacker 2005: 102, Übersetzung E.Z.) [92]

Auch die stark **formal-orientierten Ansätze** der **Fluid Construction Grammar** (Steels 2011, 2013) und der **Embodied Construction Grammar** (Bergen & Chang 2005, 2013) nehmen ihren Ausgangspunkt im gebrauchsbasierten Modell. Sie alle akzeptieren demnach Mehrfachabspeicherungen von Konstruktionen auf unterschiedlichen Abstraktionsniveaus. Das heißt, sie gehen davon aus, dass sowohl abstrakte Konstruktionen wie beispielsweise die Transitivkonstruktion mit dem syntaktischen Muster [NP$_{NOM}$ V NP$_{AKK}$] oder die Ditransitivkonstruktion [NP$_{NOM}$ V NP$_{DAT}$ NP$_{AKK}$] als auch frequente oder hochsaliente Instanziierungen dieser abstrakten Konstruktionen wie zum Beispiel „ich liebe dich" Konstruktionsstatus haben, also als Form-Bedeutungspaare mental abgespeichert sind. Wir werden uns sogleich noch näher mit der Motivation dieser Mehrfachabspeicherung von Konstruktionen beschäftigen. An dieser Stelle dient diese Feststellung vor allem als Kontrast zu den nicht-gebrauchsbasierten Ansätzen der KxG.

Diese nicht-gebrauchsbasierten Ansätze gehen nämlich davon aus, dass das Sprachwissen als Netzwerk von Konstruktionen (=das Konstruktikon) nur **maximal abstrakte Konstruktionen** enthält und keine Redundanzen, d.h. Mehrfachabspeicherungen von Konstruktionen auf abstrakteren und (syntaktisch-lexikalisch) spezifischeren Ebenen. Das Konstruktionsinventar umfasst demzufolge etwa nur die abstrakte Transitivkonstruktion [NP$_{NOM}$ V NP$_{AKK}$], aber keine Instanziierungen davon, wie etwa „ich liebe dich", unabhängig davon, wie frequent diese sind. Mit anderen Worten, während gebrauchsbasierte Ansätze auch hochfrequenten, aber semantisch und syntaktisch vollkommen regelmäßig gebildeten *Tokens* (=in der KxG **Konstrukte**) Konstruktionsstatus zuschreiben, führt hohe Gebrauchsfrequenz in nicht-gebrauchsbasierten Ansätzen nicht zur Annahme der kognitiven Verankerung (*entrenchment*) dieser hochfrequenten Tokens. Zu diesen nicht-gebrauchsbasierten Ansätzen zählen die **Sign-Based Construction Grammar** (Boas & Sag 2012, Michaelis 2010, 2013) und die **Berkeley Construction Grammar** (Fillmore 1982, 1985, 1988; Fillmore, Kay & O'Connor 1988).

---

[92] „Cognitive Grammar is both construction grammar and radical, but is called neither." (Langacker 2005: 102)

Tabelle 5 gibt eine Übersicht zu den verschiedenen Schulen innerhalb der Konstruktionsgrammatik und den definitorischen Merkmalen, die sie teilen bzw. voneinander unterscheiden. Zu diesen Distinktionsmerkmalen gehört neben **Gebrauchsbasiertheit** und die Gültigkeit des **Frequenzkriteriums** auch das Streben nach **Formalisierungen**. Damit sind formal möglichst präzise Erfassungen von Form- und Bedeutungsaspekten von Konstruktionen gemeint. In diesem Punkt unterscheiden sich auch gebrauchsbasierte Ansätze untereinander. Das **Intransparenzkriterium** wird wiederum in allen Ansätzen anerkannt. Das heißt: Alle Ausprägungen der KxG nehmen an, dass idiomatische Ausdrücke mit eigenständiger Syntax und/oder Semantik-Pragmatik (=intransparente Konstruktionen) als selbstständige Einheiten des Sprachsystems **erlernt** und abgespeichert werden müssen. Auf diesen Punkt gehen wir im nächsten Abschnitt noch genauer ein.

Tab. 5: Konstruktionsgrammatische Ansätze im Überblick (adaptiert nach Hoffmann 2017: 328)

	Kognitive Grammatik	Cognitive CxG	Radical CxG	Fluid CxG	Embodied CxG	Berkeley CxG	Sign-Based CxG
Gebrauchsbasiertheit	+	+	+	+	+	-	-
Frequenzkriterium	+	+	+	+	+	-	-
Intransparenzkriterium	+	+	+	+	+	+	+
Formalisierungen	-	-	-	+	+	+	+

Eine weitere, im angelsächsischen Raum nur wenig praktizierte und weitgehend unbekannte Strömung (siehe jedoch Thompson & Hopper 2001, Fox & Thompson 2007) innerhalb des konstruktionsgrammatischen Paradigmas, stellt darüber hinaus die Entwicklung einer **interaktionalen Konstruktionsgrammatik** dar. Vor allem im deutschsprachigen Forschungskontext gewinnt diese Forschungsausrichtung an der Schnittstelle von Interaktionaler Linguistik und der KxG zunehmend an Bedeutung. Wir widmen uns ihr gesondert in Kapitel 11.4.

Im Folgenden konzentrieren wir uns im Sinne des Fokus dieser Einführung in die gebrauchsbasierte Kognitive Linguistik auf die gebrauchsbasierten Ansätze innerhalb der Konstruktionsgrammatik und stellen zunächst ihre – weitestgehend – geteilten Grundprämissen vor.

10.3 Grundprämissen der gebrauchsbasierten Ansätze

Die gebrauchsbasierten Ausprägungen der Konstruktionsgrammatik teilen zumindest die folgenden sechs Basisprinzipien, die hier zunächst aufgelistet und im Anschluss kurz erläutern werden sollen[93]:

(1) Die grundlegende Einheit der Grammatik ist die Konstruktion.
(2) Die Form und/oder die Bedeutung von Konstruktionen sind nicht (ausschließlich) kompositionell und vorhersagbar.
(3) Konstruktionen sind erlernte Strukturen. Ihre Herausbildung als symbolische Einheiten beruht auf den kognitiven Mechanismen der Abstrahierung von Konstrukten zu Konstruktionen bzw. der Instanziierung von Konstruktionen als Konstrukte.
(4) Konstruktionen sind in unterschiedlichem Maße idiomatisch.
(5) Konstruktionen sind polyseme Kategorien.
(6) Das mentale Konstruktionsinventar – das Konstruktikon – ist als prototypisch organisiertes Netzwerk strukturiert, wobei Konstruktionen überlappende Eigenschaften haben können.

Wir sehen uns diese Grundprämissen im Folgenden genauer an.

(1) *Die grundlegende Einheit der Grammatik ist die Konstruktion.*

Wo die Kognitive Grammatik von symbolischen Einheiten spricht (vgl. Kapitel 9), spricht die Konstruktionsgrammatik von **Konstruktionen**. Sie haben den Status vollwertiger **Form-Bedeutungspaare**, d.h., sie sind Einheiten des Sprachsystems. Konstruktionen setzen sich aus einem Formpol und einem Bedeutungspol zusammen, die über einen symbolischen Link miteinander verbunden sind.

Der formale Pol vereint die syntaktischen, morphologischen und phonologischen Eigenschaften der Konstruktion. Er ist an eine konventionalisierte Bedeutung gekoppelt, die sich aus den semantischen, pragmatischen und diskursfunktionalen Eigenschaften der Konstruktion zusammensetzt. Eine häufig gebrauchte Darstellungsweise ist in Abbildung 55 zu sehen.

---

[93] Siehe hierzu auch die Überblicksdarstellungen in u.a. Ziem & Lasch (2013, Kapitel 4 und 5), Croft & Cruse (2004, Kapitel 10), Fischer & Stefanowitsch (2006), Schönefeld (2006), Deppermann (2006a), Smirnova & Mortelmans (2010, Kapitel 5) und Hoffmann (2017).

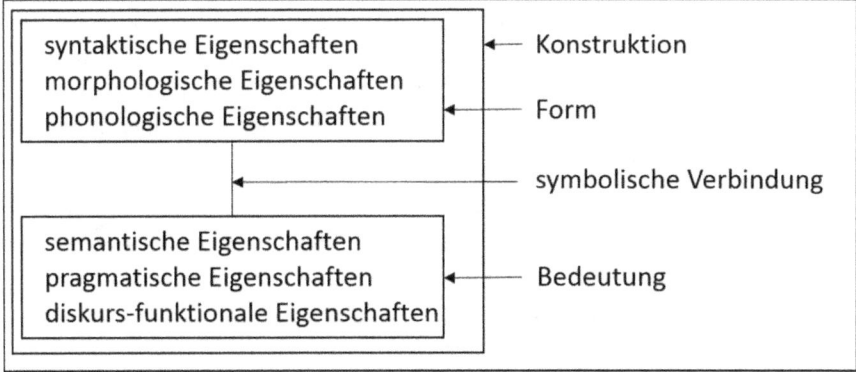

Abb. 55: die symbolische Struktur einer Konstruktion (nach Croft 2007: 472)

Im Vergleich zur schematischen Konzeption des Symbols in der Kognitiven Grammatik (vgl. 9.1), die nur recht grob von einem Vokalisierungs- und einem Konzeptualisierunsgpol spricht, ist die Formseite ebenso wie die Bedeutungsseite hier deutlich ausdifferenzierter. Dies spiegelt aber keinen grundsätzlichen Unterschied zwischen der konstruktionsgrammatischen und der kognitiv-grammatischen Sichtweise wider. Auch die Kognitive Grammatik zählt syntaktische, morphologische und phonologische Realisierungsmerkmale, sofern sie rekurrent sind, zur Formseite von Symbolen und auch die Konzeption des Bedeutungspols, wie sie hier Croft vorschlägt, ist kompatibel mit der kognitiv-grammatischen Sichtweise.

In Kapitel 2 haben wir erwähnt, dass die Kognitive Linguistik in vielerlei Hinsicht auf den Strukturalismus zurückgreift. Vergleicht man den Konstruktionsbegriff mit dem klassischen Symbolbegriff des Strukturalismus bzw. de Saussures (siehe auch die Info-Box), lassen sich aber eine ganze Reihe grundlegender Unterschiede ausmachen. Zu den wichtigsten gehört, dass Konstruktionen prinzipiell auf allen Abstraktionsebenen situiert sein können, von lexikalisch vollkommen spezifiziert und fixiert (auch „gefüllt", z.B. bei Wälcher & Ender 2013) bis maximal abstrakt. Dies illustrieren die Beispiele in Tabelle 6 (adaptiert nach Ziem & Lasch 2013: 19). Sie zeigt, dass Konstruktionen prinzipiell auf allen der in der linken Spalte aufgeführten Ebenen (Morphologie, Lexik, Syntax) angesiedelt sein können und auch bezüglich des Komplexitätsgrades gibt es keinerlei a priori Beschränkungen. Demzufolge können sowohl Morpheme, Wörter, Idiome als auch komplexe Schemata mit nur offenen syntaktischen/lexikalischen Slots Konstruktionsstatus erlangen (vgl. die Beispiele für das Ditransitivkonstruktionsmuster mit freiem oder spezifiziertem Verbslot)[94]. Das heißt, alle Konstruktionen aller dieser Ebenen müssen im Erwerbsprozess erlernt werden. Die Konstruktionsgrammatik stellt also ganz prinzipiell die Frage nach den Einheiten, die das Sprachsystem konstituieren und die SprecherInnen einer Sprache erlernen und gebrauchen können müssen.

Tab. 6: Illustrationsbeispiele zu Konstruktionsebenen und der Variationsbreite des Konstruktionsbegriffs (nach Ziem & Lasch 2013: 19)

Konstruktionen	Beispiele
Derivations-/Flexionsmorpheme	*-er [groß-er]; -ung [Trau-ung]*
Grundwörter	*groß; Knecht*
Komposita	*Weberknecht*
Feste Mehrwortausdrücke	*Guten Tag!*
Grammatische Phraseme	*geschweige denn*
Sprichwörter	*Morgenstund hat Gold im Mund.*
Phraseologismen	*ins Gras beißen; einen Ohrwurm haben*
Schematische Idiome	*Wie X ist das denn? [wie geil ist das denn?]*
Syntaktische Muster mit teilweise lexikalischen-fixierten Slots	[[NP$_{NOM}$] [gibt] [NP$_{DAT}$] [NP$_{AKK}$]] (Ditransitivkonstruktion mit gibt im Verb-Slot)
Syntaktische Muster	[[NP$_{NOM}$] [V] [NP$_{DAT}$] [NP$_{AKK}$]] (Ditransitivkonstruktion)
Wortarten & grammatische Relationen	[NOMEN]; [SUBJEKT]

 Im Strukturalismus war der Symbolbegriff im Kontrast zur Konstruktionsgrammatik auf die morphologische und lexikalische Ebene beschränkt. Syntaktische Muster wurden nicht als Zeichen begriffen. Die Konstruktionsgrammatik argumentiert hingegen sehr explizit für ein Kontinuum von Lexik und Syntax, denn auch Syntax ist immanent bedeutungstragend. Dies knüpft an die zweite Prämisse an: Konstruktionen sind nicht-kompositionell bzw. nicht vorhersagbar (vgl. Intransparenzkriterium, Tabelle 4).

---

94 Ein Unterschied besteht allerdings im Bereich dessen, was die Kognitive Grammatik Konstruktion nennt, denn sie beschränkt den Begriff auf komplexe symbolische Einheiten. Morpheme und Grundwörter sind demnach in der KG zwar Symbole, aber keine Konstruktionen.

Während die erste Prämisse, wonach Konstruktionen die konstituierenden Einheiten des Sprachsystems sind, in allen Ausprägungen der Konstruktionsgrammatik unstrittig ist, wird die zweite Prämisse der **Nicht-Kompositionalität** bzw. **Nicht-Vorhersagbarkeit** von Konstruktionen kontrovers diskutiert.

(2) *Form und/oder Bedeutung von Konstruktionen ist nicht (ausschließlich) kompositionell und vorhersagbar.*

Dieses Prinzip der Nicht-Kompositionalität besagt, dass sich Konstruktionen zwar aus kleineren, atomistischen Einheiten zusammensetzen (Morphemen und Lexemen), ihre Bedeutung und/oder ihre Form lassen sich jedoch nicht vollständig aus Kombinationsregeln und der Summe der Wortbedeutungen der lexikalischen Elemente erschließen. In der Strömung der *Cognitive Construction Grammar*, die untrennbar mit den Arbeiten Adele Goldbergs verbunden ist (v.a. 1995, 2006), stellt diese **Nicht-Kompositionalität das zentrale Kriterium** für das Vorliegen einer Konstruktion dar:[95] Goldbergs Definition aus dem Jahr 1995 ist die wohl mit Abstand bekannteste Definition des Begriffs der Konstruktion:

> C ist eine Konstruktion dann und nur dann, wenn C ein Form-Bedeutungspaar <F_i, S_i> ist, dergestalt, dass irgendein Aspekt von F_i oder irgendein Aspekt von S_i sich nicht auf der Grundlage der Komponenten von C oder von bereits etablierten Konstruktionen vorhersagen lässt. (Goldberg 1995: 4, Übersetzung aus Fischer & Stefanowitsch 2006: 5; F=Form, S= Semantik)[96]

Der Kern dieser Definition liegt darin, dass wir immer dann annehmen müssen, dass wir es mit einer Konstruktion, und also mit einer distinkten Einheit im Sprachsystem zu tun haben, wenn ein Teil der Bedeutung oder ein Aspekt der Formseite nicht über andere Konstruktionen erklärt werden kann. Mit anderen Worten: Kann die Form und/oder die Bedeutung nicht von anderen, bereits bekannten Konstruktionen hergeleitet werden, muss es sich um eine eigenständige Konstruktion handeln. Da sie nicht aus anderen Konstruktionen generiert werden kann, muss sie als Einheit **erlernt** werden.

---

[95] Vgl. auch Langacker (1987a: 452–460), der jedoch nicht Nicht-Kompositionalität, sondern Komplexität als ausschlaggebend ansieht.
[96] „C is a construction if C is a form-meaning pair (Fi, Si) such that some aspect of Fi or some aspect of Si is not strictly predictable from C's component parts or from other previously established constructions." (Goldberg 1995: 4)

Als inzwischen klassisches Beispiel einer solchen nicht-kompositionellen und nicht-vorhersagbaren (also zunächst **intransparenten)** Konstruktion gilt die von Goldberg (1995) eingehend untersuchte *caused motion*-Konstruktion (auf Deutsch auch Verursachte-Bewegungskonstruktion) mit der Bedeutung *X causes Y to move Z*, die an die Form [Subj V Obj Obl] gekoppelt ist:

Beispiel (77)

  a. Pat sneezed the napkin off the table. (*Pat nieste die Serviette vom Tisch.*)
  b. Mary urged Bill into the house. (*Mary drängte Bill ins Haus.*)
  c. Mein Chef schrie mich aus seinem Büro.
  d. Er hustete das Tischtuch vom Tisch.

Goldberg argumentiert in Bezug auf Sätze wie (77) a. und b. [analog im Deutschen c. und d.] im Sinne der Konstruktionsgrammatik, dass Bewegungsverursachung nicht Teil der konventionalisierten Bedeutung der Verben „sneeze" oder „urge" ist, diese jedoch, wenn sie in der *caused motion*-Konstruktion eingebettet werden, eine **Lesart als Bewegungsverb** bekommen. Sie wendet sich also explizit dagegen, für „niesen" oder auch etwa „schreien" eine neue Bedeutung „Ursache einer Bewegung" anzunehmen und also das Polysemienetzwerk auszudehnen, sondern argumentiert, dass das Verb diese spezifische Bedeutung *von* der Konstruktion *in* der Konstruktion übernimmt und deshalb auch nur innerhalb dieser Konstruktion hat. Ähnlich argumentieren auch Ziem & Lasch (2013: 26):

> Eine Grammatiktheorie, die auf Konstruktionen als elementare Bestandteile sprachlichen Wissens verzichtet, müsste zur Erklärung solcher Phänomene annehmen, dass viele Verben (und Wörter anderer Wortarten) hochgradig polysem sind und *alle potentiell realisierbaren Verbbedeutungen im mentalen Lexikon abgespeichert sind. Dies ist aber kognitiv unplausibel.* (Hervorhebungen E.Z.)

Mit anderen Worten, im Falle von semantisch-pragmatisch intransparenten Konstruktionen lässt sich die Bedeutung des Konstrukts, d.h. der konkreten, kontextualisierten Bedeutung nicht vollständig über die Teilbedeutungen ihrer Komponenten erklären. Vielmehr setzt sich ihre Bedeutung aus der lexikalischen Bedeutung der Konstituenten *und* der **Konstruktionsbedeutung** zusammen (Goldberg 1995, Croft 2001).

Um diesen Gedanken weiter zu verdeutlichen, schauen wir uns eine Reihe möglicher Instanziierungen des Verbs *pflücken* an.

Beispiel (78)

a. Er pflückt eine Blume.
b. Er pflückt seiner Mutter einen bunten Strauß.
c. Sie pflückt und pflückt und pflückt.
d. Sie pflückt den gesamten Johannisbeerstrauch leer.
e. Er wartet nicht erst bis die Anerkennung ihm den Preis erteilt; nein, er pflückt sich den Lorbeer selbst. (Fliegende Blätter München, erschienen 1846)
f. Er pflückt sich eine Flanke aus der Luft (Liveticker, Süddeutsche.de, abgerufen am 24.10.12019)
g. Sie pflückt das Handy von meinem Gürtel und drückt auf Lesen. (Wolf 2015)
h. Sie pflücken die Erdbeeren direkt in ihren Korb. (Weser-Kurier, 12.07.2013)
i. Ein Mann pflückt gegen Europa. Er pflückt an gegen die, die seine Pflanzen fressen. Er pflückt an gegen die Preise, die fallen. Er pflückt an gegen die Europäische Union, die diese Subventionen verteilt. (Die Zeit, 17.12.2015)

In Valenzwörterbüchern zum Deutschen finden wir für das transitive Verb *pflücken* die Angabe, es verlange nach einem Subjekt und einem obligatorischen Akkusativobjekt. Dies exemplifiziert der Beispielsatz in (78) a. Hier ist „er" Subjekt und „eine Blume" Akkusativobjekt. Ein Dativobjekt, wie es in (78) b. realisiert wird (seiner Mutter), ist als freie Angabe ebenfalls möglich, aber nicht zwingend. Bedeutungsseitig wird dann ein Transfer enkodiert.

Beispiel (78) c. ist demzufolge grammatikalisch (eigentlich) problematisch, denn hier wird kein Akkusativobjekt realisiert. Wenn man (78) c. jedoch nichtsdestotrotz als wohlgeformt interpretiert – und dies scheinen zumindest einige Muttersprachler des Deutschen durchaus zu tun[97] –, könne man demnach einerseits zu dem Schluss kommen, das Akkusativobjekt sei tatsächlich nicht obligatorisch, sondern fakultativ. Das würde allerdings bedeuten, dass *er pflückt als grammatikalisch und semantisch vollständig angesehen werden müsse. Warum ist (78) c. dann dennoch scheinbar akzeptabel, obwohl der Satz gegen die Verbvalenzstruktur von *pflücken* verstößt? Die konstruktionsgrammatische Erklärung lautet, dass *pflücken* hier in die Konstruktion [S V und V und V] eingebettet ist, die zur Beschreibung durativer (*der Motor läuft und läuft und läuft, die Katze schläft und schläft und schläft, die Blechlawine rollt und rollt und rollt gen Süden*) oder auch iterativer Handlungen und Tätigkeiten (*sie wiederholt und wiederholt und wiederholt den Lernstoff immer wieder*) benutzt wird. *Pflücken* wird außerhalb

---

[97] Diese Einschätzung beruht auf einer nicht-repräsentativen Befragung von Studierenden.

dieser Konstruktion als telisches Verb benutzt, d.h. als ein Verb, das einen Vorgang mit einem natürlichen Endpunkt beschreibt. Innerhalb der Konstruktion [S V und V und V] bekommt das Verb *pflücken* jedoch eine iterative Lesart, die *pflücken* außerhalb der Konstruktion nicht hat, aber mit der Telizität des Verbs prinzipiell kompatibel ist, denn der Vorgang des Pflückens [von X] kann prinzipiell beliebig oft wiederholt werden. Durch diese iterative Lesart, die *pflücken* hier von der Konstruktion übernimmt, wird die ungewöhnlich lange Dauer der Handlung bzw. der Tätigkeit des Pflückens profiliert.

In (78) a., das wohl als unmarkiertes, da hochfrequentes Beispiel für den Gebrauch von *pflücken* gelten kann, wird hingegen kein langer Prozess des Pflückens profiliert, sondern eine einmalige, schnell abgeschlossene Handlung. Demzufolge übernimmt *pflücken* in (78) c. semantische Eigenschaften der Konstruktion, die es außerhalb der Konstruktion nicht hat und die auch – und das ist wichtig! – nicht dazu führen, dass sich der Bedeutungspol von *pflücken* um diese semantischen Eigenschaften erweitert. Es handelt sich also um einen lokalen Effekt, der die Semantik des Verbs nicht grundsätzlich verändert. Diesen Effekt, wonach Eigenschaften der Konstruktion Eigenschaften der darin eingebetteten Elemente verändern, nennt man in der Konstruktionsgrammatik **Koerzionseffekt** (*coercion*). Im Falle der Konstruktion [S V und V und V] ist dieser Koerzionseffekt nicht nur semantischer Natur, sondern das Verb *pflücken* verändert in der Konstruktion auch seine grammatischen Eigenschaften. Die Konstruktion [S V und V und V] wird vorwiegend mit intransitiven Verben gebildet: *er läuft und läuft und läuft* oder *die Katze schläft und schläft und schläft*. Pflücken ist ein transitives, zweiwertiges Verb. Wie wir bereits konstatiert haben, gilt die Angabe eines Agens (hier in der grammatischen Funktion eines Subjekts) ebenso wie die Angabe eines Objekts (das semantisch als affiziertes Objekt fungiert, vgl. Ziem & Lasch 2013: 125, basierend auf der Ausdifferenzierung semantischer Rollen von von Polenz 2008) als obligatorisch. In (78) c. entfällt die Objektangabe jedoch. Das Verb passt sich hier also an die grammatischen Eigenschaften der Konstruktion an. Auch dieser Effekt ist lokal. Er ändert nichts daran, dass *pflücken* in anderen konstruktionellen Einbettungen und Instanziierungen als transitives, zweiwertiges Verb funktioniert.

Die Klasse der transitiven Verben, die in dieser Konstruktion überhaupt „koerzionsfähig" sind, ist beschränkt. So ist z.B. *brechen* im Sinne von *abbrechen/zerbrechen* hier nicht koerzionsfähig: *?? er brach und brach und brach*. Das Homonym *brechen* als Synonym von *erbrechen* ist hingegen durchaus mit der Konstruktion kompatibel: *er brach und brach und brach, bis der Magen komplett leer war*. Die Konstruktion überträgt auch hier eine iterative Bedeutung auf das

Verb. Grammatikalische Koerzionseffekte treten hingegen nicht auf, weil *(er)brechen* intransitiv ist. **Er zerschlug und zerschlug und zerschlug* funktioniert wiederum nicht. Hier mindert nicht nur das fehlende Objekt die semantische Akzeptabilität, sondern auch die Tatsache, dass Zerschlagen eine resultative Handlung ist, also eine Handlung, deren Resultat (=das Nicht-Mehr-Ganz-Sein des zerschlagenen Objekts) Teil der Wortbedeutung ist.

Beispielsatz (78) d., in dem *pflücken* in eine Resultativkonstruktion eingebettet ist, ist wiederum unproblematisch. In (78) e. wird *pflücken* reflexiv verwendet. Auch das ist ein transparenter Gebrauch von *pflücken*, da „sich" hier den Slot des Dativobjekts als freie Angabe ausfüllt. *Pflücken* wird hier allerdings ebenso wie in (78) f. metaphorisch verwendet. (78) g. ist aufgrund der Tatsache, dass „ein Handy pflücken" eine seltene Kollokation ist semantisch eher ungewöhnlich bzw. kreativ, syntaktisch jedoch ist der Beispielsatz vollkommen regelhaft gebildet (vgl. *Sie pflückt den Apfel vom Baum*). (78) h. ist syntaktisch analog zu (78) g. gebildet [S *pflückt* O$_{AKK}$ O$_{PRÄP}$], *pflücken* wird hier jedoch nicht metaphorisch gebraucht.

(78) i. ist schließlich ein Beispiel, das auf den ersten Blick schlicht ungrammatisch und auch schwer interpretierbar erscheint. Das trifft vor allem auf den ersten Satz dieses kurzen Abschnitts zu: Ein Mann *pflückt* gegen Europa. Was macht unser Gehirn, wenn es auf diesen Satz stößt? *Gegen etwas pflücken* ist wohl unzweifelhaft keine frequente und daher konventionalisierte Verbindung. Da wir aber zwangsläufig und automatisch immer nach Bedeutung suchen, also um es mit Paul Grice zu sagen, immer davon ausgehen, dass eine Äußerung relevant ist und SprecherInnen damit etwas ausdrücken wollen, versuchen wir hier trotzdem den Sinn zu erschließen. Das Problem ist dabei „gegen Europa". Die salienteste Bedeutung ist hierbei, dass Europa der Gegner ist und eine Art (Wett-)Kampf stattfindet. Dies können wir aus syntaktisch gleich gebildeten Konstruktionen ableiten wie „Mannschaft XY spielt gegen Team XZ", „Du arbeitest gegen mich", „Europa kämpft gegen das Coronavirus". Die Konstruktionsschablone lautet also [S V gegen O$_{AKK}$]. Nun versuchen wir, *pflücken* mit der Konstruktionsbedeutung in Einklang zu binden: Ein Mann *pflückt* [etwas?] im Kampf/Wettkampf gegen Europa. Obwohl der Satz also formal nicht konventionell aufgebaut ist und wir ihn wahrscheinlich als nicht idiomatisch bzw. wohlgeformt einordnen würden, können wir ihm eine Bedeutung zuschreiben, doch diese bleibt schematisch. Das liegt nicht zuletzt am fehlenden Akkusativobjekt, das – wie eingangs erwähnt – ja eigentlich obligatorisch ist. Wir wissen also nicht, was der Mann eigentlich pflückt. Der zweite Satz und die nächsten Sätze modifizieren dann unser mentales Bild bzw. den mentalen Raum, den wir zur Bedeutungskonstitution aufgerufen haben: *Er pflückt an gegen die, die seine Pflanzen fressen. Er pflückt an gegen*

die Preise, die fallen. Er pflückt an gegen die Europäische Union, die diese Subventionen verteilt. Das Verb *pflücken* wird hier durch *anpflücken* ersetzt und dadurch verändert sich die syntaktische Struktur der Konstruktion. *Anpflücken* ist ebenfalls nicht stark konventionalisiert, aber in Analogie zu konventionalisierten Verbindungen wie *ankämpfen gegen* und *anrennen gegen* ist es interpretierbar als wiederholte Handlung des Pflückens, die der Mann trotz Widerständen (gegen die, die seine Pflanzen fressen; gegen die fallenden Preise, gegen die Europäische Union) immer weiter ausführt. In (78) i. werden Koezionseffekte und Analogiebildungen sehr deutlich. Was in der Generativen Grammatik als ungrammatisch qualifiziert wird, wird also in der Konstruktionsgrammatik ganz besonders interessant.

In rezenteren konstruktionsgrammatischen Ansätzen, allen voran der *Cognitive Construction Grammar*, wird das Kriterium der semantischen Unvorhersehbarkeit (*unpredictability*), wonach Konstruktionen formal oder semantisch nicht kompositionell sind, unter dem Eindruck jüngster Erkenntnisse der Spracherwerbs- und der psycholinguistischen Primingforschung zugunsten einer stärkeren Gewichtung des Einflusses von **Routinisierung** und Entrenchment abgeschwächt. So argumentieren Goldberg & Jackendoff (2004) und Goldberg (2006) ähnlich wie Bybee (2006) und Langacker (2000), dass auch lexikalisch voll instanziierte oder zumindest partiell kompositionelle sprachliche Routinen wie beispielsweise *Ich liebe dich* als Konstruktionen anzusehen sind. Als Kriterium gilt in diesen Fällen **das kognitive Entrenchment**, d.h. die mentale Verankerung als symbolische Einheiten als Resultat einer hohen (rezeptiven und performativen) **Frequenz** im Sprachgebrauch. Adele Goldberg argumentiert in diesem Zusammenhang:

> Muster werden, auch wenn sie voll transparent sind, als Konstruktionen gespeichert, wenn sie mit ausreichender Frequenz vorkommen. (Goldberg 2006: 5, Übersetzung E.Z.)[98]

Damit erweitert Goldberg ihre eigene Definition von 1995. Konstruktionen können also zwar prinzipiell analysierbar, d.h. in ihre Elemente zerlegbar sein, sie werden jedoch von SprecherInnen als Einheit begriffen und mental abgespeichert, wenn sie hochfrequent sind. Den beiden gebrauchsbasierten Definitionen Goldbergs nach sind Konstruktionen also entweder aufgrund **hoher Gebrauchsfrequenz** mental verankert (Goldberg 2006: 5) **(und)/oder** sie sind **syntaktisch oder semantisch-pragmatisch intransparent** bzw. nicht-regelhaft, d.h. nicht

---

98 „Patterns are stored as constructions even if they are fully predictable as long as they occur with sufficient frequency." (Goldberg 2006: 5)

ableitbar von anderen, bekannten Konstruktionen. Sie müssen demnach als Einheiten des Sprachsystems eigens **gelernt** werden (Goldberg 1995: 4). Daraus leitet sich die Frage nach den Lern- und Konventionalisierungsprozessen von Konstruktionen ab.[99] Die Konstruktionsgrammatik übernimmt dabei die gebrauchsbasierten Thesen der Kognitiven Grammatik.

(3) *Konstruktionen sind erlernte Strukturen.*

Alle gebrauchsbasierten Ansätze der Konstruktionsgrammatik gehen davon aus, dass deren Herausbildung als symbolische Einheiten auf den kognitiven Mechanismen der Abstrahierung von Gemeinsamkeiten aus Konstrukten und deren Abspeicherungen als Konstruktionen bzw. der Instanziierung von Konstruktionen in Konstrukten beruht.

Die Konstruktionsgrammatik verschreibt sich somit dem gebrauchsbasierten Modell und sieht die kognitiven Mechanismen der Abstraktion, Musterbildung und Instanziierung dieser Muster als Triebfedern im Lernprozess bzw. der Entstehung konventionalisierter Konstruktionen[100] an (dazu mehr in Kapitel 10.5):

> Konstruktionen werden erlernt auf der Grundlage des Inputs und allgemeiner kognitiver Mechanismen. (Goldberg 2003: 219, Übersetzung E.Z.)[101]

Eine weitere Grundprämisse der KxG stellt die **Idiomatizität** von Konstruktionen dar:

(4) *Konstruktionen sind in unterschiedlichem Maße idiomatisch.*

Deppermann (2006a: 6) nennt drei Ebenen der Idiomatizität von Konstruktionen. Demzufolge sind Konstruktionen:

– lexikalisch ganz oder teilweise spezifiziert,

---

99 Eine Vorreiterrolle innerhalb der Konstruktionsgrammatik nehmen diesbezüglich Tomasello (u.a. 2003, 2006, Tomasello & Brooks 1999) und Goldberg (2006, Goldberg, Casenhiser & Sethuraman 2005; Goldberg & Casenhiser 2006) ein.
100 Vgl. auch Tomasello & Brooks (1999: 161): „In the constructivist perspective children acquire linguistic competence in the particular language they are learning only gradually, beginning with more concrete linguistic structures based on particular words or morphemes, and then building up more abstract and productive structures based on various types of linguistic categories, schemas, and constructions."
101 „Constructions are understood to be learned on the basis of the input and general cognitive mechanisms." (Goldberg 2003: 219)

- hinsichtlich der semantischen Klassen möglicher lexikalischer Instanziierungen restringiert,
- nur unter bestimmten syntaktischen und pragmatischen Kontextbedingungen anzuwenden.

Konstruktionen wird somit zunächst ein unterschiedlicher Grad an **Schematizität** zugesprochen (vgl. auch Tabelle 6). Wie wir mehrfach gesehen haben, gelten sowohl lexikalisch weitgehend determinierte Konstruktionen wie Phraseologismen ([*das Zeitliche ins Ewige verwandeln*], [*Hals- und Beinbruch*]) als auch lexikalisch teilspezifizierte Konstruktionen wie etwa [typisch N] (z. B. *typisch Mann*) und voll schematische Konstruktionen wie die viel besprochene Ditransitivkonstruktion [NP V Obj1 Obj2] („He gave Mary ten dollars/I read him the books"; Goldberg 1995) als Konstruktionen. Sie sind Teil des mentalen Konstruktionsinventars eines Sprechers/einer Sprecherin, des Konstruktikons.

Uneinigkeit besteht jedoch über die Grenzen der Abstraktheit von Konstruktionen. So nimmt die Berkeley-Schule in der Tradition Fillmores und Kays an, dass auch sehr abstrakte Konstruktionen wie z. B. die Determination Construction (Fillmore 1988) oder die Left-Isolation Construction (Kay & Fillmore 1999) Teil des mentalen Konstruktionsinventars sind. Fischer & Stefanowitsch (2006: 10) geben jedoch zu bedenken, dass diese Konstruktionen, die Satzbaumuster ähneln, den Eindruck erwecken, nicht viel mehr als Neuinterpretationen der Phrasenstrukturregeln der Generativen Grammatik zu sein, deren psychologische Realität in anderen Ausprägungen der KxG infrage gestellt wird.

Bezüglich der lexikalischen Idiomatizität – der zweite Punkt der angeführten Liste – zeigt beispielsweise Goldberg (1995), dass die englische Ditransitiv-Konstruktion sechs miteinander in Beziehung stehende Bedeutungen hat, die jeweils bezüglich der in der Konstruktion instanziierten Verbklasse restringiert bzw. bisweilen selbst **verbspezifisch** sind. So lässt sich eine Bedeutung als „X ermöglicht Y, Z zu erhalten" beschreiben. Die Aktivierung dieser Bedeutung ist auf Verben beschränkt, die „zulassen" oder „erlauben" ausdrücken (vgl. (a)). Jedoch sind, wie die Instantziierungsmöglichkeiten (b) zeigen, nicht alle Verben dieser Klasse in der Konstruktion konventionalisiert.

(a) [[Sbj. Permit.Verb Obj1 Obj2]/[enabling XPoss]]
(b) Sally permitted/allowed/*let/*enabled Bob a kiss.

Restriktionen zur Verwendungsweise von Konstruktionen ergeben sich aber nicht nur aus der Konstruktionsbedeutung und den Elementen, die in ihr zulässig sind oder nicht, sondern auch **pragmatische Kontextbedingungen** spielen eine

Rolle. So sind manche Konstruktionen in ihrer Verwendung an gewisse Sprechakte oder Verwendungskontexte gebunden (*Mein Beileid!*, *zurückbleiben!*, Deppermann 2006b). Obwohl alle Konstruktionsgrammatiken in diesem Punkt theoretisch miteinander übereinstimmen, werden diese Kontextbedingungen jedoch vor allem in der Interaktionalen Konstruktionsgrammatik spezifisch untersucht, während der Großteil der nicht spezifisch interaktional-orientierten Arbeiten der Konstruktionsgrammatik diesen Aspekt nicht explizit in den Blick nimmt (siehe aber z.B Ziem & Flick (2018) zu Exklamativkonstruktionen oder auch Fillmore & Kay & O'Connor (1988) zu *let alone*). Der Ansatz der Interaktional Konstruktionsgrammatik an der Schnittstelle von KxG und Interaktionaler Linguistik wird in Abschnitt 10.6 beleuchtet.

Eng verbunden mit der Prämisse der Idiomatizität ist auch die Annahme der Konstruktionspolysemie.

(5) *Konstruktionen sind polyseme Kategorien.*

Vor allem Goldberg (1992, 1995) argumentiert ebenso wie u.a. Croft (2001), Boas (2002) und Langacker (2005), dass Konstruktionen polyseme Kategorien formen können. Goldberg (1995) beispielsweise spricht, wie soeben erwähnt, im Zusammenhang mit der Ditransitiv-Konstruktion von sechs Bedeutungen, von denen fünf als Extension einer Grundbedeutung anzusehen sind.

Diese Grundbedeutung beinhaltet den Transfer eines Objekts von einem Sender X zu einem Empfänger Y. Andere, damit verwandte und also polyseme Bedeutungen der Ditransitiv-Konstruktion sind "X verursacht, dass Y Z erhält", "X verursacht, dass Y Z erhält", wobei hier nur eine Gelingensbedingung formuliert wird (wie etwa in *Paul verspricht Marie einen Ausflug*), „X verursacht, dass Y Z nicht erhält" und „X beabsichtigt zu verursachen, dass Y Z erhält" (vgl. Scholtz 2018: 159, basierend auf Ziem & Lasch 2013: 99).

Konstruktionen sind demzufolge radiale Kategorien mit Kernbedeutung und davon abgeleiteten Extensionen.[102] Konstruktionen stehen, mit anderen Worten, in Familienähnlichkeitsrelationen zueinander. Dabei stellt sich die Frage nach

---

[102] Croft (2003: 56) äußert allerdings Zweifel an Goldbergs These der konstruktionellen Polysemie im Falle der Ditransitivkonstruktion: „If the ditransitive construction were truly polysemous, one might expect that the verb 'bring', for example, would be found with ditransitive sense F resulting in a meaning like 'X brings Z with the intention of causing Y to receive Z' , or 'kick' could also occur with ditransitive sense C, resulting in a meaning like 'X kicks Z causing Y not to receive Z'. But we do not. Instead, it seems that the different 'senses' of the ditransitive construction are very closely tied to the verb classes that each 'sense' occurs with."

der Struktur des Konstruktikons, d.h. des Netzwerks von einander in Verbindung stehenden Konstruktionen. Die Position der KxG lautet dabei:

(6) *Das mentale Konstruktionsinventar ist als prototypisch organisiertes Netzwerk strukturiert, wobei Konstruktionen überlappende Eigenschaften haben können.*

Konstruktionen bilden also miteinander **Netzwerke**, wobei sowohl Form- als auch Funktionsähnlichkeiten als Bindeglieder zwischen Konstruktionen fungieren können. An dieser Stelle muss allerdings erwähnt werden, dass es sich bei dieser Prämisse zum gegenwärtigen Forschungszeitpunkt weitestgehend um eine theoretische Grundannahme handelt, die jedoch empirisch noch wenig untersucht wurde. So gibt es zwar zumindest in den nicht-formalen Ausprägungen der KxG ein grundsätzliches Bekenntnis zur Prototypenstruktur des Konstruktikons. Eine umfassende Theorie dazu, welche Eigenschaften prototypische Konstruktionen aufweisen, steht jedoch noch aus.

Geeraerts (2006b) formuliert in diesem Zusammenhang vier Kriterien im Sinne einer Übertragung der Prototypensemantik in die Konstruktionsgrammatik: „cluster structure, family resemblance structure, absence of clear boundaries, and absence of classical definitions." Die tatsächliche Ausarbeitung dieses Modells im Kontext der KxG ist jedoch keineswegs unproblematisch. Eine ungeklärte Frage stellen unter anderem die Strukturierungsmechanismen dar. Lakoff (1987) und Goldberg (1995) postulieren Vererbungsbeziehungen, Croft (2001) hingegen orientiert sich mehr an der Kognitiven Grammatik und sieht Kategorisierungslinks als Bindeglieder des Konstruktikons. Einen interessanten Ansatz im Kontext der Gesprochene-Sprache-Forschung zur Beschreibung von Konstruktionen anhand mehr oder weniger prototypischer Merkmale präsentiert Imo (2007).

In jedem Fall stellt man sich unter dem **Konstruktikon** ein taxonomisch strukturiertes Netzwerk vor, in dem Konstruktionen miteinander verbunden sind. Diese Verbindungen bestehen sowohl form- als auch bedeutungsseitig. Goldberg (1955: 74ff.) schlägt ein Modell zur Strukturierung des Konstruktikons vor. Es basiert auf vier **Vererbungsbeziehungen** (*inheritence links*) zwischen Konstruktionen:

- Polysemierelationen
- Teil-Ganzes-Relationen
- Instanz-Relationen
- Metaphorische Erweiterungen

Die erste Vererbungsbeziehung – die **Polysemierelation** – haben wir bereits mit Bezug zur Ditransitivkonstruktion besprochen. **Teil-Ganzes-Relationen** bestehen zwischen Konstruktionen, wenn eine Konstruktion vollständig in die andere eingebettet ist. Das ist zum Beispiel bei Resultativkonstruktionen (79) der Fall, deren Bestandteil eine Intransitivkonstruktion (80) ist:

(79)　Markus isst. (Intransitivkonstruktion)
(80)　Markus isst den Teller leer. (Resultativkonstruktion)

Instanz-Relationen beziehen sich auf das Verhältnis von konkreten Instanziierungen einer Konstruktion und dem konstruktionellen Schema. So ist z.B. der Satz in (79) eine Instanziierung der Intransitivkonstruktion. Zwischen dem Satz und der Intransitivkonstruktion besteht also eine Instanz-Beziehung (Ziem & Lasch (2013: 101) sprechen von *Beispiel-von-Beziehungen*).

Metaphorische Erweiterungen bestehen nach Goldberg zwischen Konstruktionen dann, wenn eine Konstruktion zunächst nur mit konkreter, wortwörtlicher Bedeutung verwendet wird, dann jedoch eine Bedeutungserweiterung erfährt und auch mit metaphorischer Bedeutung verwendet werden kann. Eine solche metaphorische Verschiebung liegt laut Goldberg zum Beispiel dann vor, wenn eine Resultativkonstruktion metaphorisch zu einer Konstruktion-der-verursachten-Bewegung (*caused motion*) erweitert wird. Ein Beispiel geben Ziem & Lasch (2013: 101).

(81)　Er wirft sie aufs Bett.
(82)　Er küsst sie in Ekstase.

Die Präpositionalphrase „aufs Bett" ist räumlich-konkret zu verstehen. „In Ekstase" bezieht sich hingegen nicht auf einen Ort, sondern auf einen Zustand. Die Präpositionalphrase in (82) enkodiert also einen Zustand als Ziel, während in (81) dieses Ziel ein Ort ist. Diese Verschiebung in (82) von der Verursachte-Bewegungs-Konstruktion zur Resultativkonstruktion basiert also auf der metaphorischen Verschiebung innerhalb des Slots [PP/ZIEL].

Ein Beispiel für eine visuelle Darstellung taxonomischer Vererbungsbeziehungen findet sich bei Scholtz (2018: 158, vgl. Abbildung 56). Die Ausgangsbasis zur Erschließung der dargestellten taxonomischen Vererbungshierarchie ist die unterste Ebene. Auch die beinhaltet hier bereits eine Abstraktionsebene: [NP NOM] [beißen] [in den sauren Apfel]. Teil der Taxonomie ist also das Schema bzw. die Konstruktion, nicht die konkrete Instanziierung (=das Konstrukt) wie z.B. *Peter beißt in den sauren Apfel*. Auf derselben taxonomischen Ebene befinden sich andere Konstruktionen mit *beißen* als Verb und mit derselben syntaktischen Struktur. Das wäre z.B. [NP NOM [beißen] [ins Gras]. Auch hier handelt es sich um eine lexikalisch teilfixierte Konstruktion. Eine taxonomische Ebene höher steht die Konstruktion [NP NOM] [beißen] [PP AKK] oder [NP AKK]. Sie ist das direkt übergeordnete Konstruktionsschema für beide Konstruktionen auf der unteren, davon abhängigen Ebene (Instanz-Relation, s.o). Auf derselben Ebene befindet sich die Konstruktion [NP NOM] [malen] [PP AKK] oder [NP AKK]. Sie unterscheiden sich lediglich im instanziierten Verb voneinander. Die syntaktische Struktur ist dieselbe, denn sie beide sind Instanziierungen der Transitivkonstruktion [NP$_{NOM}$ [Verb$_{TRANS}$] [NP$_{AKK}$] oder [PP$_{AKK}$]. Alle diese Konstruktionen sind sogenannte Knoten im Konstruktionsnetzwerk. Sie erben ihre Eigenschaften von der jeweils „höheren", d.h. schematischeren, Konstruktion im Netzwerk.

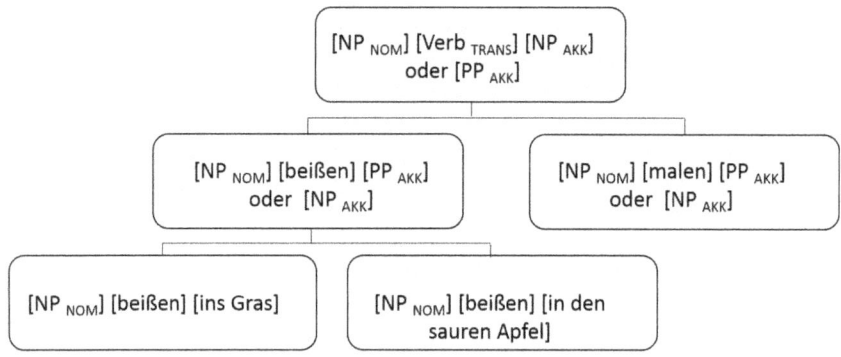

Abb. 56: Darstellung formbasierter Vererbungsbeziehungen (aus Scholtz (2018: 158) in Anlehnung an Croft (2001: 26); übernommen in leicht abgeänderter Form)

Ein anderer interessanter Ansatzpunkt zum Netzwerk von Konstruktion kommt von Alexander Lasch (im Druck). Er schlägt vor, das Konstruktikon nicht primär formbasiert zu denken bzw. zu modellieren, d.h. sich primär anzusehen, über welche Formelemente Konstruktionen miteinander verbunden sind, sondern er stellt die Frage, wie unser Modell des Sprachwissens aussieht, wenn wir uns Konstruktionen mit Hinblick auf ihre **bedeutungsseitigen Gemeinsamkeiten** ansehen.

Die Abbildung 57 ist eine Visualisierung des Netzwerks, das man bedeutungsseitig von der Aussage „Er strickt" bauen kann.

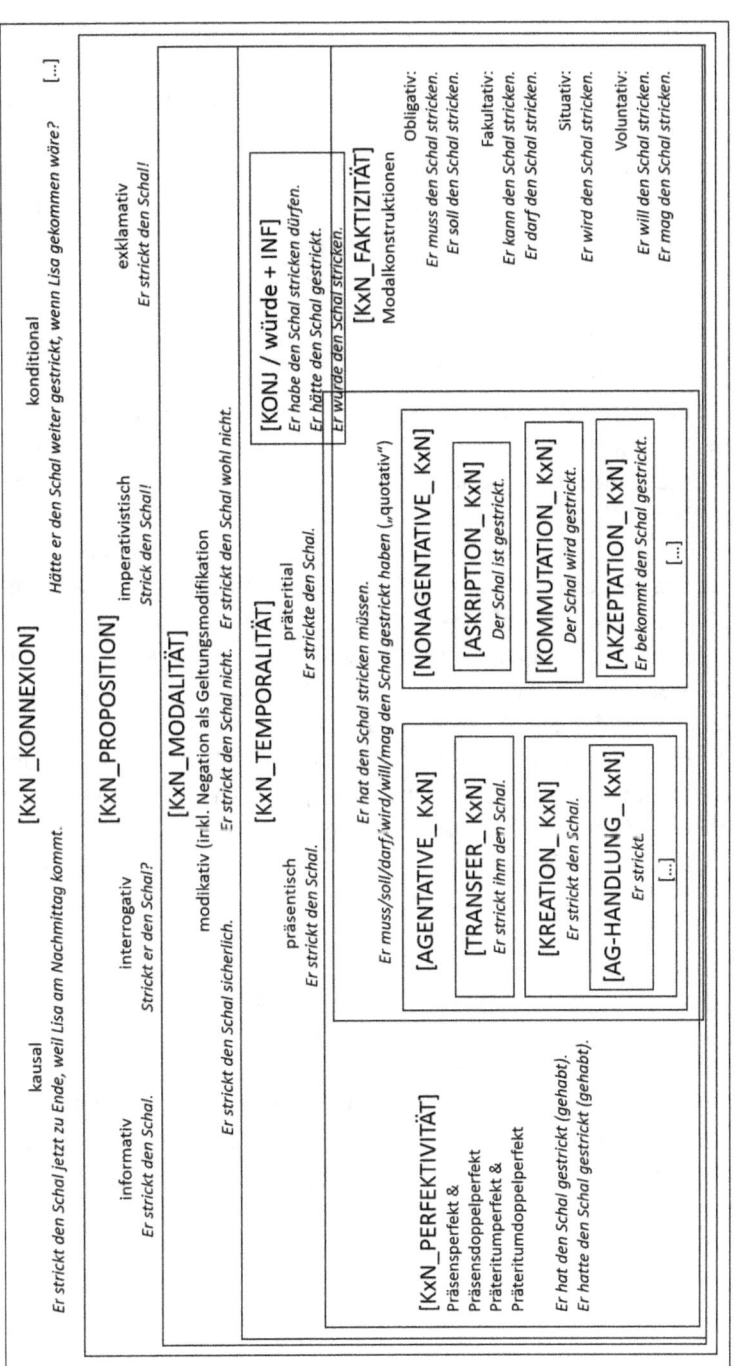

Abb. 57: Beispiel eines semantikbasierten Konstruktionsnetzwerks (Lasch, im Druck)

Die Graphik ist folgendermaßen zu lesen: die semantische Konstruktion wird – wie für die Notation von Konstruktionen allgemein üblich – zwischen [ ] geschrieben. Darunter ist jeweils kursiv eine Instanziierung dieser Konstruktion als Beispiel angeführt. Jede eigenständige Konstruktion ist mit einem Rahmen umgeben. Diese Rahmen sind jeweils in andere Rahmen eingebettet. Dadurch wird illustriert, dass die Konstruktion mit dem kleineren Rahmen in die Konstruktion mit dem größeren Rahmen jeweils vollständig eingebettet ist. Das Netzwerk wird ausgehend von den spezifischeren zu den schematischeren Konstruktionen aufgebaut.

Wir beginnen die Rekonstruktion dieses bedeutungsbasierten Konstruktikons unten in der Mitte mit der Konstruktion: [AG-HANDLUNGS_KxN] (KxN steht für Konstruktion). Diese Konstruktion beinhaltet bedeutungsseitig einen Agens, der eine Handlung ausführt. Ein Konstrukt dieser Konstruktion ist: *Er strickt*. *Er läuft, Sie kauft ein, Sie rennen* wären ebenfalls Instanziierungen dieser Konstruktion, aber in diesem Beispiel ist es eben *Er strickt*. Diese Konstruktion ist eingebettet in die [KREATION_KxN]. Hier führt der Agens nicht einfach eine Handlung aus, sondern erschafft durch sein Handeln ein Objekt, in diesem Fall einen Schal. Eine relativ dazu auf einer höheren Stufe situierte Konstruktion ist die [TRANSFER_KxN]. Hier findet ein Transfer eines Objekts von A nach B statt: *Er strickt ihm den Schal*, wobei hier der Transfer noch nicht vollzogen, aber intendiert ist, d.h: Er strickt den Schal, um ihn später in fertigem Zustand ihm zu geben. Die [KREATION_KxN] ist in die [TRANSFER_KxN] eingebettet, die wiederum eine Spezifizierung der agentativen Konstruktion ([AGENTATIVE_KxN]) ist. Auf demselben taxonomischen Niveau ist als Gegenstück dazu die [NONAGENTIVE_KxN] angesiedelt. In ihr sind die [ASKRIPTION_KxN], die [KOMMUNTATION_KxN] und die [AKZEPTATION_KxN] eingebettet. Bis an dieser Stelle erscheint das Netzwerk wohl noch intuitiv recht einleuchtend, schwieriger wird es auf der nächsthöheren Stufe.

Hier werden die [KxN_PERFEKTIVITÄT] und die [KxN_FAKTIZITÄT] angeführt. Die Idee, die hier dahintersteht, ist, dass Präsens, Perfekt, Präteritum etc. nicht mehr wie in jeder traditionellen Grammatik als Zeitformen gesehen werden, sondern als Konstruktionen. So sind diesem Modell nach z.B. NON-AGENTIVE Konstruktionen und ihre Instanziierungen wie *Der Schal ist gestrickt* (ein Konstrukt der [ASKRPTION_KxN]) oder *Der Schal wird gestrickt* in die Perfektivitätskonstruktion eingebettet. An dieser Stelle ist es wichtig, daran zu erinnern, dass Perfektivität sich auf die grammatische Dimension des Aspekts bezieht, nicht auf Temporalität (vgl. die [KxV_TEMPORALITÄT], die auf einer höheren Ebene angesiedelt ist und in die auch die [KxN_PERFEKTIVITÄT] logischerweise vollständig eingebettet ist). Auf demselben Abstraktionsniveau, aber nicht in die [KxN_PERFEKTIVITÄT] eingebettet, steht die [KxN_ FAKTIZITÄT], in der Modalkonstruktionen gefasst werden. Sie alle werden mit dem Infinitiv gebildet. Teilweise überlappend mit dieser Konstruktion, aber auch mit der [KxN_PERFEKTIVITÄT] und der [KxN_TEMPORALITÄT], befindet sich im rechten Rand der Graphik die Konjunktiv-Konstruktiv [KONJ/würde + InF], denn sie hat Bezug zu all diesen drei Konstruktionen (für Details sei hier auf Lasch (2019) verwiesen).

Die [KxN_TEMPORALITÄT] bettet nun sowohl die [KxN_PERFEKTIVITÄT] als auch die [KxN_ FAKTIZITÄT] ein. Hier werden zwei Ausprägungen unterschieden: präsentisch und präteritial. Lasch (2019) begründet dies damit, dass sich Tempuskonstruktionen im finiten Teil der Verbalphrase immer nur in Präsens und Präteritum unterscheiden lassen. Die [KxN_MODALITÄT] bestimmt schließlich die Geltungsmodifikationen von Äußerungen und schließt Negationen mit ein. Auf der nächsten Abstraktionsebene ist dann die [KxN_PROPOSITION] angesiedelt, hier sind wir also auf dem schon sehr schematischen Niveau, der Aussage. In der traditionellen Semantik spricht man auch von Satzbedeutung. Lasch (2020, im Druck) führt hier vier Möglichkeiten an: informativ, interrogativ, imperativistisch und exklamativ. An dieser Stelle wird also wieder sehr deutlich, dass hier Konstruktionen nicht mit Bezug zu ihrer formalen Verfasstheit gedacht und benannt werden, sondern der Fokus liegt auf der Semantik. Analog dazu spricht Lasch (2020, im Druck) auch von Konstruktionen als **Bedeutungs-Form-Paare**. Das ist ein sehr interessanter Gedanke und im perfekten Einklang mit der kognitiv-linguistischen Grundprämisse, wonach der Studie der Bedeutung die größte Aufmerksamkeit zukommen sollte, denn Sprache dient der Konzeptualisierung der Welt und diese Konzeptualisierungen sind Bedeutungen. Schließlich steht ganz oben in diesem Konstruktionsnetzwerk die [KxN_KONNEXION]. Durch sie werden satzwertige Ausdrücke mit eigenständiger Proposition miteinander verbunden. Dies erklärt, warum sie alle Konstruktionen, einschließlich der [KxN_PROPOSITION] einbettet.

Der grundlegende Unterschied der Modellierungsversuche bzw. der Ausschnitte von Konstruktionsnetzwerken in den Abbildungen 53 und 54 ist also der Pol der Konstruktion, der hier fokussiert wird und als Ausgangspunkt zur Erstellung des Netzwerkes dient. In Abbildung 53 ist das die Syntax, in Abbildung 54 die Semantik von Konstruktionen. Beides sind Vorschläge. Wie das Konstruktikon tatsächlich zu modellieren ist, ist nicht abschließend geklärt. Bis dato liegt in jedem Fall für keine Sprache eine vollständige Modellierung des Konstruktionsnetzwerks vor. An dieser Stelle sei aber auf das Projekt „Konstruktikon des Deutschen", das an der Universität Düsseldorf am Lehrstuhl von Alexander Ziem angesiedelt ist, verwiesen: https://gsw.phil.hhu.de/constructicon/.

> Eng verknüpft mit diesem Netzwerkgedanken ist zwangsläufig die Frage, wie Konstruktionen und dieses Konstruktionsnetzwerk erworben werden. Wenn wir uns aus gebrauchsbasierter Perspektive die Frage stellen, wie Kinder in ihrem Erstspracherwerb Konstruktionen und das Konstruktikon erwerben, so scheint zunächst klar, dass Konstruktionen größerer Schematizität (höhere Stufe im Konstruktikon) später erworben werden als Konstruktion niedrigerer Abstraktionsstufe. Kinder instanziieren zunächst v.a. sehr frequente Chunks, die sie aus hochfrequenten Äußerungen herauslösen und als fixe Verbindung, d.h. ohne große Formvariation, verwenden (z.B. *Ball weg*; *Tim Hunger*; *schlaf gut*). Recht schnell werden jedoch Muster höherer Abstraktionsstufen erkannt. Dies geschieht vorwiegend unbewusst, wenn Äußerungen mit Hinblick auf wiederkehrende Strukturen analysiert werden. Der Spracherwerb erfolgt somit **bottom-up**, d.h. vom Konstrukt zur Konstruktion. Tomasello (1998) hat diesen Lernprozess mit den markanten Schlagwörtern „[it's] constructions all the way up" beschrieben. Die Frage, wie dieser Prozess konkret vonstattengeht, sehen wir uns in Kapitel 10.5. an. Welche Implikationen das für den Sprachunterricht – der Erstsprache aber auch von Fremdsprachen – haben kann, thematisiert Kapitel 12.

10.4 Konstruktionen und Frames

Eine spannende Frage und ein sehr aktuelles Forschungsgebiet, das wir an dieser Stelle aber nicht allzu detailliert beleuchten können, betrifft die Interaktion von Konstruktionen und Frames. In Kapitel 9 haben wir Frames als erfahrungsbasierte Wissensstrukturen kennengelernt, die von lexikalischen Einheiten evoziert werden. Ziem, Boas & Ruppenhofer (2014: 303) machen klar, dass auch Konstruktionen Frames aufrufen:

> Einzelwörter, Mehrwortausdrücke, partiell lexikalisch gefüllte Konstruktionen und auch abstrakte Konstruktionen [...] evozieren Wissensstrukturen, die als Frames bezeichnet werden.

Vor dem Hintergrund, dass die Konstruktionsgrammatik argumentiert, dass unser gesamtes Sprachwissen aus Konstruktionen besteht, und dass auch jedes Lexem und jedes Phrasem sowie jeder Phraseologismus Konstruktionen sind, ist das auch nicht verwunderlich, denn Lexeme werden ja grundsätzlich mit Bezug zu Frames interpretiert. Wir schauen uns in diesem Zusammenhang noch einmal die deutsche Ditransitivkonstruktion und den TRANSFER-Frame, den sie evoziert, an.

Im deutschen FrameNet wird der TRANSFER-Frame folgendermaßen definiert: „Dieser Frame beinhaltet einen *Geber*, der ein *Objekt* an einen *Empfänger* überträgt." Die Ditransitivkonstruktion instanziiert nicht nur genau diesen TRANSFER-Frame, sondern die Bedeutung der Konstruktion *ist* Transfer: In *Paul gibt Peter ein Buch* ist das Frameelement GEBER mit *Paul* besetzt, das Element EMPFÄNGER mit *Peter* und das OBJEKTelement nimmt den Wert *ein Buch* an. Syntaktisch wird das Geberelement als Subjekt realisiert, das Objekt als Akkusativ und das Empfängerelement als Dativobjekt. Im Falle der Ditransitivkonstruktion wird die Interdependenz von Frames und Konstruktionen folglich besonders deutlich, denn die Bedeutung der Konstruktion konstituiert sich aus den Kernelementen des TRANSFER-Frames. Für eine genauere Analyse sei an dieser Stelle auch auf Kapitel 9.3 der Einführung in die Konstruktionsgrammatik von Ziem & Lasch (2013) und ihre Analyse zur Ditransitivkonstruktion verwiesen (vgl. außerdem Beispielanalysen in Croft & Vigus 2017, Boas 2018 und Ziem, im Druck).

Weniger offensichtlich ist die Verbindung zwischen Konstruktionen und Frames bei hoch schematischen Konstruktionen. Auf welche Art und Weise diese Konstruktionen Frames genau evozieren, ist tatsächlich eine noch weitgehend ungeklärte Frage. Aus theoretischer Perspektive ist jedenfalls klar, dass wir Konstruktionen in konkreten, wiederkehrenden Situationen erlernen. Kinder erlernen so z.B. die Ditransitivkonstruktion als Konstruktion, die andere in Situationen gebrauchen, in denen ein Transfer stattfindet.

Ebenso lernen wir, dass lexikalisch und syntaktisch fixierte Konstruktionen wie etwa „Mein Beileid!" nur in ganz bestimmten Situationen gebraucht werden, in diesem Fall dann, wenn wir jemandem kondolieren. Diese Situationen sind in Frames schematisiert. Der Erwerb und situationsangemessene Gebrauch der Konstruktion ist also an spezifisches Framewissen gebunden. Genau diese Frage des Erwerbs von Konstruktionen und des Konstruktikons wollen wir im folgenden Abschnitt nun etwas näher beleuchten. An ihr prallen der generative und der gebrauchsbasierte Ansatz am stärksten aufeinander, wobei das gebrauchsbasierte Erklärungsmodell sich sowohl in der allgemeinen Spracherwerbsforschung als auch in der modernen Sprachdidaktik inzwischen weitestgehend durchgesetzt hat.

10.5 Der Erwerb von Konstruktionen und des Konstruktikons

Bevor wir den Erstspracherwerb mit seinen spezifischen Teilschritten aus gebrauchsbasierter Perspektive beleuchten, ist es sinnvoll, sich kurz in Erinnerung zu rufen, welche Phasen im Erstspracherwerb in der Spracherwerbsforschung unterschieden werden. Einen besonders zugänglichen Überblick liefern die beiden Kapitel von Helen Engemann (2018) aus dem DaF/DaZ-Kompendium „Kognitive Linguistik" (herausgegeben von Jessen, Blomberg und Roche). Die folgende Überblicksdarstellung zu den Spracherwerbsphasen orientiert sich an diesen beiden Kapiteln, deren Lektüre Interessierten als Einstieg sehr empfohlen werden kann.

Zunächst ist festzuhalten, dass der Erstspracherwerb tatsächlich nicht erst mit den ersten produzierten Lauten oder Wörtern eines Kindes beginnt, sondern bereits viel früher: im Mutterleib. Bereits ab ungefähr der 24. bis 28. Schwangerschaftswoche nehmen Föten im Mutterleib auditive Reize wahr (Gruhn 2003). Das betrifft alle Arten von lauteren Geräuschen, etwa ein vorbeifahrendes Auto, und nicht zuletzt die Stimme der Mutter und – wenn auch weniger klar und laut – die Stimmen der InteraktionspartnerInnen der Mutter. Durch das Fruchtwasser sind diese Stimmen zwar gedämpft, aber Studien haben gezeigt, dass bereits in diesem sehr frühen Stadium, Kinder prosodische Eigenschaften der Muttersprache wahrnehmen. Es erklärt, warum tatsächlich bereits Neugeborene ihre Muttersprache von einer fremden Sprache unterscheiden können. Bemerkenswert ist hier vor allem ein berühmtes Experiment der Spracherwerbsforschung von Moon, Cooper und Fifer (1993, vgl. auch Engemann 2018: 248): Sie haben zwei Tage alten Säuglingen einen speziell präparierten Schnuller gegeben, der die Saugfrequenz des Säuglings misst. Dem Kind wurden Sätze aus der Muttersprache und einer fremden Sprache vorgespielt. Das erstaunliche Ergebnis dieser experimentellen Studie war, dass sich die Saugfrequenz der Säuglinge bei den fremdsprachlichen Stimuli erhöhte. Die Kinder reagierten also auf den unbekannten Reiz mit einer erhöhten Saugfrequenz (vermutlich um sich selbst zu beruhigen), während sich diese Frequenz in der Folge eines muttersprachlichen Stimulus verlangsamte. Säuglinge sind also offensichtlich schon, wenn sie auf die Welt kommen, in der Lage, ihre Muttersprache zu erkennen. Parallel dazu entwickelt sich auch die Lautwahrnehmung sehr schnell. Schon ab dem ersten Monat können Säuglinge Phoneme unterscheiden. Die Fähigkeit zur Mustererkennung liegt auch dem sogenannten **prosodischen Bootstrapping** zugrunde: Kinder nutzen prosodische Merkmale wie Rhythmus, Betonung und Pausen im Sprachinput, um syntaktische Einheiten zu identifizieren. Dabei hilft ihnen die Tatsache, dass prosodische Einheiten (Intonationseinheiten und phonologische Phrasen) oft (wenn auch nicht immer!) mit syntaktischen Einheiten (Phrasen, Sätzen) korrelieren. **Mustererkennung** ist also von Anfang an eine starke Triebfeder im Spracherwerbsprozess.

Auf der Sprachproduktionsseite tut sich beim Kind hingegen in den ersten Monaten augenscheinlich wenig. Bis zur ersten Silbenproduktion (dem kanonischen Lallen oder Babbeln) vergeht rund ein halbes Jahr. Davor (und auch danach) äußert sich das Kind vor allem durch Schreien. Auch dieses Schreien ist aber erstaunlich differenziert, was viele ForscherInnen dazu veranlasst, es als Vorstufe der sprachlich geleiteten Kommunikation anzusehen. Auch hierzu gibt es eine Reihe hochinteressanter Studien. Dazu zählt Wermke (2008), der zeigt, dass schreien nicht gleich schreien ist, sondern „dass dem Schreien strukturierte Grundmuster zugrunde liegen (Rhythmusvariationen und Melodiebögen), die mit zunehmendem Alter komplexer werden und systematisch verschiedenen Mitteilungsfunktionen zugeordnet werden können" (Engemann 2018: 250). Das Schreien ist darüber hinaus in seinem Intonationsmuster bereits der Muttersprache angepasst (Mampe et al. 2009).

Ab sechs bis sieben Monaten beginnen Babys zu babbeln bzw. zu lallen, d.h., sie produzieren Abfolgen von Konsonanten und Vokalen (*baba*, *dada*, *mamamamam*). Nach einigen Wochen wird das Lallen variierter und es werden mehr unterschiedliche Konsonanten und Vokale miteinander kombiniert. Dieses variierende Lallen gepaart mit der Fähigkeit von Babys, dieses Lallen als Reaktion auf eine an sie gerichtete Äußerung der Eltern zu produzieren, führt dann ab ca. 9 Monaten dazu, dass Eltern und das Kind beginnen, sich quasi zu unterhalten. Man spricht von **Proto-Konversationen**. Dieses erstaunliche – und überaus unterhaltsame – Spiel zwischen Kind und Eltern ähnelt in puncto Rhythmus und Struktur bereits echten sinnhaften Konversationen, auch wenn sie keinerlei semantischen Gehalt haben.

Im Laufe des zweiten Lebensjahres beginnen Kinder dann erste Wörter zu produzieren. Dazu müssen sie gelernt haben, „eine Lautform systematisch mit bestimmten Inhalten zu kombinieren" (Behrens 2011: 256). Was als erstes Wort oder erste Wörter produziert wird, variiert zwar von Kind zu Kind, aber zumeist handelt es sich entweder um Personenbezeichnungen (*Mama*, *Papa*), Objektbezeichnungen (*Ball*, *Wauwau*), Wörter für Aktivitäten (*essen*) und Aufforderungen eine Aktivität auszuführen (*hoch!*), Wörter, die Ablehnung oder Zustimmung ausdrücken (*nein*, *ja*), Wörter der sozialen Kontaktherstellung (*hallo*) oder Aufforderungen, die sich auf Mengen (*mehr*) oder Wiederholungen von Aktivitäten beziehen (*nochmal*). Diese ersten Wörter funktionieren dabei als **Holophrasen** (Tomasello (2003)): Ein und dasselbe Wort erfüllt je nach Kontext eine ganze Reihe von kommunikativen Funktionen. So kann zum Beispiel *Ball* geäußert werden, wenn das Kind einen Ball sieht und die Aufmerksamkeit anderer darauf lenken möchte. Die Äußerung *Ball* kann aber auch eine Handlungsaufforderung sein und so etwas bedeuten wie etwa *Gib mir den Ball* oder *Ich will mit dir mit dem Ball spielen*.

Hat das Kind dann nach und nach einen Wortschatz von ungefähr 50 Wörtern aufgebaut, beginnt der sogenannte **Wortschatzspurt**: Das Kind lernt nun täglich mehrere neue Wörter. Gleichzeitig beginnen Kinder, Wörter miteinander zu kombinieren und also **Zweiwortäußerungen** zu produzieren. Dabei werden zumeist zunächst Inhaltswörter miteinander kombiniert (*Susi Ball*), aber bald auch Inhaltswörter und unflektierte Verben (*Brei essen, Hause gehen, Mama spielen*). Die Bedeutung dieser Zweiwortäußerungen ist stark unterspezifiziert und erschließt sich zumeist nur im Kontext bzw. auf Nachfragen der Bezugsperson. So kann *Susi Ball* z.B. sowohl „Das ist Susis (=mein) Ball heißen", als auch „Susi (=ich) möchte den Ball haben" oder je nach Kontext auch noch andere Bedeutungen annehmen. In weiterer Folge werden dann Verbflexion und die für Hauptsätze typische Verbzweitstellung erworben (Engemann 2018: 261). Zwischen 24 und 36 Monaten beginnen Kinder sodann Nebensätze zu produzieren und um den vierten Geburtstag herum beherrschen schließlich die meisten Kinder alle frequenten Satzstrukturen des Deutschen.

Wie kann dieser **Erwerbsverlauf** nun aus gebrauchsbasierter und insbesondere aus konstruktionsgrammatischer Perspektive erklärt werden? Wie wir bereits mehrfach gesehen haben, geht die **gebrauchsbasierte Theorie** davon aus, dass wir im Spracherwerb zwei grundlegende kognitive Fähigkeiten anwenden: das Erkennen und Abstrahieren von wiederkehrenden Mustern und **Analogiebildung**. Die Relevanz der **Mustererkennung** haben wir bereits beim Erwerb der prosodischen Eigenschaften der Muttersprache und der Phonemunterscheidung gesehen, tatsächlich ist sie für den Erwerbsprozess auf allen Ebenen ausschlaggebend, denn die Einheiten des Sprachsystems (=die Konstruktionen) müssen zunächst im Sprachinput identifiziert werden. In diesem Prozess der Konstruktionsidentifikation nehmen zunächst sogenannte **Chunks** eine entscheidende Rolle ein. Dabei handelt es sich um „unanalysierte, formelhafte Versatzstücke" (Engemann 2018: 267), die Kinder aus dem Input herauslösen und in genau dieser Kombination, ohne die Bestandteile des Chunks formal variieren zu können, übernehmen und instanziieren. Man spricht hier auch von **item-based constructions** (Tomasello 2003). Ein Beispiel ist etwa „wo ist?", „guck mal" oder „langsam machen". Das Kind hört diesen Chunk in den Äußerungen der Bezugspersonen so oft, dass es ihn als Einheit herauslöst und übernimmt. Durch die eigene Verwendung verstärkt sich die mentale Verankerung noch zusätzlich. Dass der Sprachoutput von Kindern lange vor allem aus Chunks besteht, zeigt auch eine Studie von Lieven et al. (2003). Sie analysierten die Äußerungen eines 2-jährigen Kindes, die es über sechs Wochen hinweg getätigt hatte, und stellten fest dass 79% dieser Äußerungen zuvor bereits in exakt dieser Form geäußert wurden.

Auf die Phase der Verwendung dieser item-based constructions folgt die Phase, in der Kinder sogenannte **Verbinselkonstruktionen** bilden (Tomasello 2003). Die Ausgangsbasis dieser Verbinselkonstruktionen sind wiederum Chunks wie etwa *Wo ist?* (Eine Konstruktion, die nicht zuletzt beim Bilderbuchlesen oft instanziiert wird), die dann in die schematischere Konstruktion [X ist Y] weiterentwickelt wird. Ausgehend vom Verb in einer bestimmten flektierten Form (*ist*) werden Argumente des Verbs als konstruktionelle Leerstellen angenommen. Das Kind kann also, wenn es diese Konstruktion beherrscht, Instanziierungen wie *Wo ist der Affe? Wann ist schlafen?* etc. bilden. Das Verb kann dabei aber nicht variiert werden. Konstrukte wie *Wo sind die Nudeln?* können von dieser Verbinselkonstruktion nicht abgeleitet werden. Die weitere Schematisierung der Konstruktion zu [X Kopula Y] muss in einem nächsten Erwerbsschritt erfolgen.

In diesem Schritt beginnt das Kind das Schema **produktiv** mit anderen Verben und neuen Lexemen in den Argumentpositionen zu verwenden. Das Kind erwirbt also zunächst die Kopulakonstruktion [X Kopula Y] (*die Hasen sind lieb*), und schließlich die Konstruktion [X Verb Y] (*das Auto fährt langsam*). In dieser Phase hat sich das Kind deutlich vom ursprünglichen Chunk gelöst und kann die erlernte Konstruktion produktiv mit großer Variationsbreite verwenden. Dass diese Entwicklung **bottom-up**, d.h. von konkreten Chunks zu schematischen Konstruktionen, abläuft und nicht etwa – wie das generativistische Erwerbsmodell annimmt – Kinder von Anfang an das syntaktisch abstrakte Muster kennen, jedoch nicht vollständig instanziieren können, legen auch zahlreiche experimentelle Studien nahe.

Eine gute, wenn auch inzwischen nicht mehr ganz aktuelle Übersicht dieser Studien gibt Tomasellos 2003 erschienene Monographie „Constructing a language". Die Lektüre dieses sehr zugänglichen Buches ist jedem Interessierten sehr ans Herz gelegt. Als empirische Grundlage des Buches dient – unter anderem – die kontinuierliche Dokumentation und Analyse des Spracherwerbsprozess von Tomasellos Tochter.

So berichten zum Beispiel Tomasello & Brooks (1998) von einer Studie, in der zwei- und dreijährige Kinder (in einem spielerischen Kontext) mit Sätzen, die das Kunstverb *tamming* enthielten, konfrontiert wurden. Zunächst wurde den Kindern ein Bild gezeigt, zum Beispiel von einer Socke mit der dazugehörigen Frage „What is the sock doing?". Als Antwort wurde dann die intransitive Konstruktion *the sock is tamming* präsentiert. Sollten die Kinder dann selbst Bilder beschreiben, zeigte sich, dass die Kinder das Verb zwar in transitiven, nicht aber in ditransitiven Konstruktionen verwenden konnten und das obwohl ihre natürliche Sprachproduktion bereits transitive und intransitive Konstruktionen enthielten. Die erlernte Konstruktion war aber verbspezifisch, also eine Verbinselkonstruktion. Das heißt, lernt das Kind ein neues Verb wie *tamming* benutzt es auch dieses im selben syntaktischen Format, in dem es das neue Verb präsentiert bekommt. Es bildet also zunächst eine neue Verbinselkonstruktion. Das Experiment bestätigt somit die **Grundthese des gebrauchsbasierten Spracherwerbsmodells:**

Konstruktionen sind zunächst lexikalisch voll spezifiziert. Erst allmählich abstrahieren Kinder schematischere Konstruktionen und setzen diese flexibel im eigenen Sprachgebrauch ein.

Nach diesem Überblick der wichtigsten Grundsätze der gebrauchsbasierten Konstruktionsgrammatik sowie kurzen Einblicken in die Forschung dazu, wie Konstruktionen mit Frames interagieren und wie der Spracherwerb konstruktionsgrammatisch erklärt werden kann, stellen wir nun noch eine neuere Strömung innerhalb der KxG vor, die in vielen Überblickswerken keine oder zu wenig Aufmerksamkeit erfährt: die Interaktionale Konstruktionsgrammatik.

10.6 Interaktionale Konstruktionsgrammatik

Eine stetig wachsende und vor allem im deutschsprachigen Forschungskontext besonders fruchtbare Strömung der Konstruktionsgrammatik wendet das im vorhergehenden theoretischen Überblick skizzierte Modell der Konstruktionsgrammatik auf die **Erforschung gesprochensprachlicher Konstruktionen** an. Für die Gesprächsforschung hat sich die Konstruktionsgrammatik als willkommene Alternative zu traditionellen Grammatiktheorien, die einen starken schriftsprachlichen Fokus haben, erwiesen. Wie Deppermann (2006a: 44) zeigt, sind Gesprochene-Sprache-Forschung und traditionelle Grammatiktheorien nämlich in zumindest drei Punkten grundsätzlich unvereinbar:

(1) in der Frage der Satzprämisse, wonach nur Sätze vollständige syntaktische Einheiten sind, eine Proposition ausdrücken und mindestens aus Subjekt und Prädikat bestehen,
(2) der Formalitätsprämisse, die besagt, dass syntaktische Regeln abstrakt, formal, deduktiv und exhaustiv sind, und
(3) der Kompositionalitätsprämisse, wonach sich die Satzbedeutung aus den lexikalischen Bedeutungen der Wörter und der syntaktischen Verknüpfung ergibt.

Die Konstruktionsgrammatik lehnt all jene Prämissen der traditionellen Ansätze ab und setzt ihnen eine gebrauchsbasierte Alternative entgegen. Dies macht die KxG zu einem besonders interessanten Beschreibungs- und Erklärungsrahmen für die Gesprächsanalyse. Das liegt nicht zuletzt an den folgenden Punkten:

(1) Die psychologisch relevante Einheit der Sprache sind nicht (grammatikalisch vollständige Neben-)Sätze, sondern Konstruktionen.

(2) Die mentale Grammatik von SprecherInnen wird nicht als Inventar abstrakter Regeln modelliert, sondern als komplexes, redundantes Netzwerk lexikalisch voll- bzw. teilinstanziierter und schematischerer Konstruktionen. Grammatikalität ist kein Kriterium für den Konstruktionsstatus. Das ist insbesondere wichtig, da viele gesprochensprachliche Konstruktionen dem vom schriftsprachlichen Normbegriff geprägten Grammatikalitätsgefühl oft nicht genügen. Für die KxG ist das unproblematisch, wodurch auch diese gesprochensprachlichen Konstruktionen per definitionem Konstruktionsstatus haben können.

(3) Nicht-Kompositionalität wird in der KxG keinesfalls als Problem gesehen, sondern vielmehr stellt sie in einigen konstruktionsgrammatischen Ansätze sogar eine wesentliche Voraussetzung für den Konstruktionsstatus dar (siehe Grundprämisse (2)). Dabei ist zu betonen, dass in der KxG die Semantik von Konstruktionen dezidiert auch von jenen Bedeutungsaspekten bestimmt wird, die zum Interaktions- und Diskurskontext gehören, und somit traditionell unter den breiten Teppich der Pragmatik gekehrt werden (Langacker 2001; Goldberg 2003, 2006). Der Fokus der KxG verschiebt sich somit im Vergleich zu traditionellen Grammatiktheorien „von der Generierung möglicher Sätze einer Sprache auf die Generierung pragmatisch angemessener Sätze" (Fischer 2006a: 133).

Nicht zuletzt diese intrinsische Koppelung der Konstruktionsbedeutung an ihre Verwendungsbedingungen eröffnet die Möglichkeit, die Konstruktionsgrammatik zur systematischen Erforschung des spezifischen Konstruktionsrepertoires der Sprache in der Interaktion heranzuziehen. Tatsächlich hat sich diese interaktionsorientierte Konstruktionsgrammatik an der Schnittstelle zwischen Konversationsanalyse bzw. Interaktionaler Linguistik einerseits und Kognitiver Linguistik bzw. KxG andererseits vor allem im deutschsprachigen Forschungskontext in den letzten Jahren zu einem eigenständigen, besonders vielversprechenden und produktiven Ansatz entwickelt. Anhand einiger ausgesuchter Beispielarbeiten sollen kurz die Methoden und die Erkenntnisse dieses Ansatzes vorgestellt werden.

Die Studie von Fried und Östman (2005) zur Frage, inwieweit sich die Konstruktionsgrammatik zur Beschreibung spezifisch gesprochensprachlicher Phänomene wie pragmatische Partikel als Form-Bedeutungspaare eignet, kann als Wegbereiter der Öffnung der KxG in Richtung Interaktion und gesprochene Sprache gesehen werden. Sie argumentieren für einen synergetischen Ansatz, der Erkenntnisse der Konversationsanalyse zur interaktionalen Funktion von Partikeln mit einem konstruktionsgrammatischen Ansatz, der die Frage der grammatischen Struktur und dem kognitiven Status in den Mittelpunkt stellt, zu vereinen versucht. Dabei zeigen sie, dass eine Integration von pragmatischen Bedeutungsaspekten den Status der Konstruktion als Form-Bedeutungspaar keineswegs infrage stellt, sondern interaktional realistisch ergänzt. Östman (2005) baut diese Öffnung in Richtung Pragmatik noch weiter aus. Er argumentiert für eine explizite Erweiterung des Begriffs der Konstruktion über die Satzgrenze hinaus auf konventionalisierten Diskursschemata (*discourse patterns*[103]), die mit bestimmten Diskursgattungen assoziiert werden (z. B. das Kochrezeptschema, das konventionell auch mit einer bestimmten Form der Visualisierung verbunden ist).

Besonders hervorzuheben sind auch Deppermanns (2006b, 2007) Untersuchungen zur deontischen Infinitivkonstruktion (DIK) im gesprochenen Deutsch (z. B. *„erst Hausaufgaben, dann fernsehen", „backen für morgen", „jetzt anrufen", „zurückbleiben!"*). Anhand von authentischen Gesprächsdaten unterschiedlichen Typs geht Deppermann den Fragen nach, wie erstens pragmatische und interaktionale Faktoren die Produktion der DIK und ihre semantische Interpretation bestimmen, und zweitens, welche formal motivierten Ressourcen die DIK für interaktiv-rhetorische Zwecke mit sich bringt. In einer detailreichen Analyse der syntaktischen Struktur der DIK, ihres semantischen Gehalts und ihrer pragmatischen Verwendungsbedingungen sowie ihrer sequenziellen und intersubjektiven Bedeutung und rhetorischen Funktionen,[104] zeigt Deppermann, dass „formale Aspekte der Konstruktion eine systematische Ressource für Interpretationspotenziale und interaktionale Verwendungen der Konstruktion sind und dass umgekehrt die syntaktische Realisierung der Konstruktion und ihre Interpretation von pragmatischen und interaktiven Faktoren abhängt" (Deppermann 2006b: 240-241). Im Vergleich zu konstruktionsgrammatischen Studien der amerikanischen Schulen (Fillmore, Kay, Goldberg, Lakoff, Croft, Langacker) präsentiert Deppermann dabei ein weitaus umfassenderes Bild der fokussierten Konstruktion, die nicht nur die formale Ausgestaltung und semantisch-pragmatische Bedeutung, sondern auch die „external" oder „outer syntax" (Linell 2009: 312), d.h. die Einbettung in den unmittelbaren diskursiven Kontext der Interaktion, beleuchtet.

---

103 Östman (2005: 134) definiert *discourse patterns* als „basic level terms on the level of discourse organization". Sie funktionieren als „frames for understanding" (ebd.).
104 Deppermann (2006b: 258) gibt zu bedenken, dass darüber hinaus für ein vollständiges Verständnis der DIK in der Interaktion auch die Phonologie und die Multimodalität der Kommunikation berücksichtigt werden müssten.

Noch deutlicher ausgeprägt ist dieser Fokus auf den sequenziellen und situationalen Kontext bei Fischer (2000, 2006a, 2006b, 2015), die eine Integration von konversationsanalytischer Methodik und Fillmores Konzept der Framesemantik zur Repräsentation situationalen Wissens vorschlägt. Konkret entwickelt Fischer (2000) ein Modell zur Repräsentation der situationsbedingten Verwendung der Diskurspartikel[105] *okay* im Vergleich zu Alternativen wie etwa *ja* oder *mhm*. Ihre Repräsentation schließt dabei drei Ebenen ein: einen „kommunikativen Rahmen, der die möglichen in der Interaktion anfallenden Aufgaben beschreibt, sowie ein Set an Konstruktionen, die die Funktion spezifizieren, die Diskurspartikel im Allgemeinen haben können, und die Partikellexeme selbst" (Fischer 2006b: 357).

Auch für das **Projektionspotenzial syntaktischer Strukturen** in gesprochener Sprache wurde die KxG als potenzieller Erklärungsansatz herangezogen (Auer 2005, 2007, Günthner 2008, Hopper & Thompson 2008, Günthner & Hopper 2010, Linell 2009). Diese Arbeiten zeigen, dass Konstruktionen aufgrund ihres Gestaltcharakters bestimmte **Erwartungsmuster** eröffnen, die für die Organisation eines Gesprächs und seiner Progression von großer Bedeutung sind (wie z. B. für die Ko-Konstruktion syntaktischer Einheiten durch mehrere Gesprächsteilnehmer, Brenning 2015).

Ansätze zur Klärung des Netzwerkcharakters des Konstruktikons, d.h. die Frage, wie konventionalisierte Konstruktionen miteinander verbunden sind bzw. in der Interaktion instanziiert und kombiniert werden, zeigen Günthner (2006) und Imo (2007). Günthner beschäftigt sich mit Pseudocleft-Konstruktionen im Deutschen (z.B. *Es war der Mann, der die Kuh angegriffen hat, nicht umgekehrt*) und zeigt, dass in ihren Daten[106] nicht nur einige, in traditionellen Grammatiken nicht beschriebene Konstruktionen attestiert sind, sondern dass es im spontanen Sprachgebrauch auch zu „Amalgamisierungen", d.h. Mischformen von Pseudoclefts mit anderen Konstruktionen kommt. Imo (2007) argumentiert wiederum, dass es Konstrukte (*glaub*, *glaub(e) ich*) geben kann, die sich nicht eindeutig auf *eine* Konstruktion zurückführen lassen, sondern dass je nach Kontext und prosodischer bzw. morphosyntaktischer Realisierung verschiedene schematische Konstruktionen (Modalpartikel, Modalwörter und parenthetisch eingeschobener Matrixsatz) in unterschiedlich starker Weise beteiligt sind.[107]

---

105 Diskurspartikeln sind auch Untersuchungsobjekt von Fried & Östman (2005). Deppermann (2009) und Schoonjans (2018) bieten konstruktionsgrammatische Analysen deutscher Modalpartikeln.
106 Günthner (2006) analysiert Gesprächs- und E-Mail-Daten.
107 Für eine kritische Sichtweise siehe jedoch Schoonjans (2012).

Zusammenfassend beschäftigt sich die Interaktionale Konstruktionsgrammatik also mit folgenden Fragestellungen (vgl. Günthner & Imo 2006: 69–71.):

(1) Was zählt im Diskurs als Konstruktion? Welche sprachlichen Einheiten sind für die Interagierenden tatsächlich relevant?
(2) Welcher Zusammenhang besteht zwischen Konstruktionen, situationalem Wissen und dem Kommunikationsprojekt?
(3) Gibt es aktivitäts-, gattungs- bzw. textspezifische Konstruktionen?
(4) Wie interagieren Konstruktionen mit dem sequenziellen und diskursiven Kontext?
(5) Welche Rolle spielt Prosodie? Gibt es rein prosodische Konstruktionen? Welche Rolle spielen Gestik, Mimik, Körperhaltung und Blickverlauf (Stichwort Multimodalität)?
(6) Welche Form nimmt das Konstruktikon an und wie lässt es sich in der Sprachrealität zeigen?
(7) Inwiefern muss die Theorie der Konstruktionsgrammatik angepasst werden unter dem Eindruck einer interaktionalen, praxisbezogenen Perspektive auf Konstruktionen?

Die meisten der genannten Arbeiten zeigen jedoch nicht nur das Potenzial bzw. die Notwendigkeit einer interaktionalen Konstruktionsgrammatik,[108] sondern thematisieren explizit auch methodologische und theoriebasierte Divergenzen zwischen der Konversationsanalyse bzw. der Interaktionalen Linguistik und der KxG. Deppermann (2011) sieht ähnlich wie Fischer (2006) einige Problemfelder bzw. Fokusdivergenzen zwischen der IL und der KxG). Dazu gehören:

(1) Die relative Missachtung gesprochener Sprache, der Interaktion und der Prosodie in der KxG. Bezüglich des letzten Punkts, der Rolle der Prosodie in der KxG, wurden allerdings in den letzten Jahren einige Fortschritte gemacht (vgl z.B. den Sammelband von Imo & Lanwer 2020 und hier nicht zuletzt den Einleitungsartikel der Herausgeber).
(2) Die Vernachlässigung der pragmatischen und soziosemiotischen Funktionen von Konstruktionen.

---

108 Vgl. Günthne & Imo (2006: 9): „So argumentieren Thompson (2002) und Hopper (2004), dass Konstruktionen – wenn man sie in der tatsächlichen dialogischen Verwendung analysiert – oft andere Eigenschaften aufweisen, als in den Studien behauptet, die auf Introspektion basieren."

(3) Die Vernachlässigung des sequenziellen und genrespezifischen Kontexts, was zur ungerechtfertigten Integration kontextueller Faktoren in die Konstruktionsbedeutung führen kann.
(4) Der Fokus der KxG auf „prepackaged, whole units" – also vollständige Einheiten des Sprachsystems – während spontaner, dialogischer Sprachgebrauch zumeist fragmentarisch ist und sich SprecherInnen an Konstruktionen eher *orientieren*, als jene als Einheit zu instanziieren.

Dabei erscheint es durchaus möglich, eine Unterscheidung in aktuelle *Missstände* und Defizite der KxG und tatsächlich grundlegende methodologische und theoretische *Unvereinbarkeiten* vorzunehmen. So ist Deppermann sicherlich in Bezug auf die ersten beiden Kritikpunkte vollends zuzustimmen. Dabei scheint es sich jedoch weniger um ein prinzipielles Problem zu handeln, sondern eher um eine bis dato nur unzureichend entwickelte Forschungsrichtung und somit um ein Forschungsdesideratum. Es bleibt auch abzuwarten – und hier ist Deppermanns Besorgnis zu teilen –, ob auch die „traditionellen" konstruktionsgrammatischen Ansätze der Berkeley Schule (Fillmore, Kay) oder der kognitiv-linguistischen KxG Lakoffs und Goldbergs hier zu einer Fokusverschiebung hin zu Interaktion und gesprochener Sprache bereit sind. Bis jetzt geht die Annäherung zwischen den beiden Ansätzen fast ausschließlich von der Interaktionalen Linguistik aus.

Ein sicherlich tatsächlich größeres Konfliktpotenzial birgt der in der KxG angenommene Status der Konstruktion als *self-contained unit* (Einheit mit festen Elementen und Grenzen) im Vergleich zu dem prozessorientierten Online-Grammatikbegriff der Interaktionalen Linguistik. So ist beispielsweise weitestgehend ungeklärt, wie sich für gesprochene Sprache typische Phänomene wie Ellipsen, Anakoluthe, Expansionen etc. (Schwitalla 2006) und der Konstruktionsbegriff vereinen lassen. Dazu bemerkt auch Fischer (2006a: 144):

> Während unter konversationsanalytischer Perspektive ein Neustart eine kunstvoll verwendete Strategie sein kann, ist doch ein Ziel der Konstruktionsgrammatik, wie sie von den meisten Konstruktionsgrammatikern verstanden wird, die ‚richtigen' Strukturen einer Sprache zu lizenzieren.[...] Während natürlich niemand etwas gegen eine Neustart-Konstruktion einwenden könnte, wenn es sich dabei um einen Aspekt kommunikativer Kompetenz handelt, gehört eine solche Konstruktion wohl eher nicht zur Menge der von Konstruktionsgrammatikern anvisierten Konstruktionen.

Ungeachtet dieser möglichen Konfliktpunkte zwischen interaktionsorientierter und traditioneller Konstruktionsgrammatik steht jedenfalls fest, dass sich die Konstruktionsgrammatik zu einem wertvollen Bindeglied zwischen Kognitiver Linguistik und interaktionsorientierten Ansätzen entwickelt hat.

Die wichtigsten Punkte nochmal

- Es gibt unterschiedliche Ansätze und Ausprägungen der Konstruktionsgrammatik.
- Die einflussreichste ist die *Cognitive Construction Grammar*, wie sie vor allem von Adele Goldberg entwickelt wurde.
- Alle Konstruktionsgrammatiken eint die Überzeugung, dass die grundlegende Einheit der Grammatik die Konstruktion ist.
- Konstruktionen sind Form-Bedeutungspaare. In den gebrauchsbasierten Versionen der Konstruktionsgrammatik setzt sich das gesamte Sprachwissen von SprecherInnen aus Konstruktionen zusammen.
- Wichtigstes und ursprüngliches Kriterium zur Annahme des Konstruktionsstatus ist formale oder bedeutungsseitige Intransparenz bzw. Unvorhersagbarkeit.
- Intransparente Konstruktionen können nicht als Instanziierung einer anderen Konstruktion erklärt werden. Sie müssen als Einheit des Sprachsystems erlernt werden.
- In der *Cognitive Construction Grammar* werden zudem auch hochfrequente Konstrukte (=Instanziierungen von Konstruktionen) als Konstruktionen betrachtet.
- Konstruktionen weisen untereinander form- und bedeutungsseitige Beziehungen auf. Sie bilden ein Netzwerk, das Konstruktikon.

Übungen

- Rufen Sie sich nochmals die beiden Definitionen von Konstruktionen von Adele Goldberg ins Gedächtnis. Nicht alle Versionen der Konstruktionsgrammatik stimmen der erweiterten Definition aus Goldberg (2006) zu. Welche möglichen Argumente könnte man dagegen vorbringen?
- Machen Sie sich mit der 1988 von Fillmore, Kay und O'Connor publizierten Analyse der Englischen *let alone*-Konstruktion vertraut. Suchen Sie dann in online-Korpora wie etwa dem COSMAS II-Korpus (IDS Mannheim) oder anderen Korpora 50 Instanziierungen von *geschweige denn*. (Eventuell eignet sich auch eine Google-Zeitungsüberschriftenrecherche). Führen Sie eine syntaktische Analyse der Instanziierungen aus. Welche Bedeutung(en) wird/werden in den Konstrukten instanziiert? Gibt es eine oder mehrere *geschweige denn*-Konstruktionen und wie sind Form- und Bedeutungspol dieser Konstruktion(en) konstituiert?

- Warum ist der Konstruktionsstatus von Phrasemen und Phraseologismen in allen Versionen der Konstruktionsgrammatik unstrittig? Suchen Sie weitere, in diesem Kapitel nicht angeführte Bespiele für Phraseme und Phraseologismen des Deutschen.
- Erstellen Sie eine Liste all jener Aspekte/Elemente/Einheiten einer Sprache, die Kinder aus Ihrer Sicht im Erstspracherwerb graduell erlernen müssen. Denken Sie dabei an alle Ebenen sprachlicher Organisation (Syntax, Lexik, Morphologie, Phonologie etc.). Was ist die Antwort der Konstruktionsgrammatik auf die Frage, was Kinder lernen müssen, um eine Sprache ‚zu beherrschen'?

Weiterführende Literatur

- Mit der Einführung in die Konstruktionsgrammatik von Ziem & Lasch (2013) liegt ein Lehrbuch vor, das sich spezifisch mit der Konstruktionsgrammatik befasst.
- Fast schon Pflichtlektüre sind außerdem die beiden Hauptwerke von Adele Goldberg (1995) und (2006).
- Überblicksartikel finden sich außerdem in nahezu jedem Handbuch zur Kognitiven Linguistik, z.B. Croft (2007), Hoffmann (2017).
- Das von Hoffmann & Trousdale (2017) herausgegebene Handbuch „Oxford Handbook of Construction Grammar" widmet sich zudem auf vielen hunderten Seiten exklusiv der Konstruktionsgrammatik/den Konstruktionsgrammatiken.
- Zur Einführung in die Interaktionale Konstruktionsgrammatik: Günthner & Imo (2006), Deppermann (2011), Bücker, Günthner & Imo (2015), Weidner, König, Imo & Wegner (2021)

Teil 4: **Interdisziplinäre Anwendungsfelder**

11 Multimodalität und Kognitive Linguistik

Face-to-face Kommunikation ist inhärent multimodal. Das heißt, wenn wir miteinander von Angesicht zu Angesicht kommunizieren, vermitteln wir nicht nur auf der sprachlichen Ebene Informationen, sondern wir kommunizieren mit unserem gesamten Körper, sei dies über Gestik, Mimik, Blick, Körperausrichtung oder unserem Umgang mit Objekten im Raum. All diese Informationen auf all diesen semiotischen Kanälen (verbal, para-verbal, non-verbal) bilden **multimodale Informationspakete**. Mit ihnen und durch sie vermitteln wir Bedeutung in der Interaktion, nota bene in der *face-to-face* Interaktion, wo GesprächsteilnehmerInnen ko-präsent und also füreinander nicht nur hör-, sondern auch sichtbar sind.

Theoretisch ist die Kognitive Linguistik aufgrund ihrer Annahme der Gebrauchsbasiertheit prädestiniert für eine Art der Untersuchung von Sprache und Sprachdaten, die dieser Multimodalität Rechnung trägt. Ihrer Grundthese nach wird Sprache in der Interaktion mit anderen erlernt und diese Interaktion ist eben grundsätzlich nicht rein sprachlich, sondern multimodal. Tatsächlich gibt es auch eine starke Anziehungskraft vor allem zwischen dem Feld der Gestenforschung und der Kognitiven Linguistik und kaum eine kognitiv-linguistische Konferenz oder Tagung kommt noch ohne Vorträge mit einem multimodalen Fokus oder gar einer Themensektion aus diesem Bereich aus. Dennoch handelt es sich dabei klar um einen Randbereich im breiten Forschungsspektrum der KL. Dem Bekenntnis zur Gebrauchsbasiertheit zum Trotz spielen interaktionaler Sprachgebrauch und multimodale Kommunikation in der Empirie und nicht zuletzt in der Theoriebildung bis heute nicht die Rolle, die ihnen gebühren sollte (siehe dazu explizit auch die Plädoyers für eine interaktionale Wende in der KL in Zima & Brône 2015 und Cienki 2015). Die Gründe für diesen latenten Widerspruch zwischen theoretischer Prämisse und Forschungspraxis sind vielfältig und deren Ausführung würde an dieser Stelle zu weit führen. Sicher ist jedoch, dass die Analyse authentischer, multimodaler Interaktionsdaten aufgrund ihrer Informationsdichte und Komplexität sehr zeitaufwendig ist. Dies steht in einem gewissen Widerspruch zum seit gut zwei Jahrzehnten andauernden „quantitativen Turn" in der KL (Janda 2013), d.h. zur Analyse großer Datenmengen und deren statistischen Auswertung, die immer mehr zum methodologischen Mainstream in der Kognitiven Linguistik wird.

In diesem Überblickskapitel zur Multimodalitätsforschung mit kognitiv-linguistischem Hintergrund stellen wir exemplarisch drei Forschungsgebiete vor, die besonders gut illustrieren, inwiefern ein erweiterter Blick auf ko-verbales und non-verbales Handeln für die Weiterentwicklung der Kognitiven Linguistik von Bedeutung sein kann. Diese Forschungsgebiete sind:

- Metaphern und Metonymien in Gesten (Kapitel 11.1.)
- Perspektivenvermittlung über Handgestik (Kapitel 11.2)
- Erzählforschung und der Einsatz nonverbaler Ressourcen, um mentale Räume zu evozieren und zu koordinieren (Kapitel 11.3.)

Das Kapitel bietet dabei keine exhaustive Übersicht aller Gebiete der Kognitiven Linguistik, in denen zunehmend auch multimodale Aspekte diskutiert werden. So wird zurzeit auch recht aktiv an der Frage gearbeitet, ob auch non-verbale Aspekte wie Gesten oder ein bestimmtes Blickverhalten Teil von Konstruktionen sein können. Da die Entwicklung einer Multimodalen Konstruktionsgrammatik aber noch sehr am Anfang steht und mit einigen methodologischen und theoretischen Problemen kämpft, klammern wir diese Entwicklung in diesem einführenden Kapitel aus. Interessierte LeserInnen finden Informationen zur aktuellen Diskussion im 2017 erschienen, von Zima & Bergs editierten Themenheft in der Zeitschrift *Linguistics Vanguard* (vgl. Literaturverzeichnis). Eine Überblicksdarstellung zur kognitiv-linguistischen Multimodalitätsforschung bietet darüber hinaus der Handbucharikel von Feyaerts, Brône & Oben (2017).

11.1 Kognitiv-linguistisch inspirierte Gestenforschung: Metaphern und Metonymien

In Kapitel 5 haben wir die kognitiv-linguistische Sichtweise auf Metaphern und Metonymien kennengelernt. Sie besagt im Kern, dass Metaphern und Metonymien keine rein sprachlichen Phänomene sind (Stilfiguren), sondern Denk- und Konstruierungsmechanismen. Versprachlichte Metaphern bzw. Metonymien sind demnach Ausdruck unserer kognitiven Konzeptualisierungen der Welt.

Diesem Argument der kognitiven Basis der Metapher und der Metonymie haftete jedoch von Beginn an der Schönheitsfehler an, dass Lakoff & Johnson (1980) ihre Theorie ausschließlich auf der Basis sprachlicher Beispiele entwickelten und exemplifizierten. Anders gesagt, es wurden sprachliche metaphorische Ausdrücke mit Hinblick auf Gemeinsamkeiten analysiert und dann argumentiert, dass sich diese Gemeinsamkeiten daraus ergeben, dass sie auf konzeptuelle, also kognitive Metaphern zurückzuführen seien (also z.B. MEHR IST OBEN, GUT IST OBEN). Begründet wurde dies wiederum über die Tatsache, dass sich in der Sprache ebendiese Gemeinsamkeiten feststellen lassen, also z.B., dass wir gute Erfahrungen mit Konzepten beschreiben, die im physischen Raum irgendwo „oben" situiert sind. Das ist im Grunde ein Paradebeispiel für eine **zirkuläre Argumentationsweise**.

In Kapitel 5.4 haben wir einige experimentelle Studien vorgestellt, die diesem Problem der zirkulären Argumentation entgegenzutreten versucht haben und Evidenz dafür bieten, dass Metaphern und Metonymien tatsächlich allgemeine kognitive Fähigkeiten sind, d. h., dass wir metaphorisch und metonymisch denken und unsere sprachlichen Konstruktionen Ausdruck dieses Denkens sind. Eine weitere Möglichkeit zu untersuchen, ob Metaphern und Metonymien tatsächlich konzeptueller Natur sind oder nicht, liegt außerdem im Studium von Handgesten, denn sie machen Konzeptualisierungen jenseits der sprachlichen Ebene sichtbar.

Bevor wir uns den Ergebnissen der Forschung zur Metapher und Metonymie in der Gestik widmen, scheinen jedoch zunächst ein paar Worte dazu angebracht, was Gesten eigentlich sind und wie sie zur multimodalen Gesamtbedeutung von Äußerungen beitragen. Interessierten sei an dieser Stelle auch der Einführungstext von Silva Ladewig (2018, siehe Literaturverzeichnis) sowie die Standardwerke der Gestenforschung von David McNeill (1992, *Hand and Mind*) und Adam Kendon (2004, *Gesture: Visible Action as Utterance*) ans Herz gelegt. Einen umfassenden Einblick in das weite Feld der Multimodalitätsforschung bietet außerdem das zweiteilige „International Handbook of Multimodality in Human Interaction" (Müller et al. 2014).

11.1.1 Was sind Gesten und wie bedeuten sie?

Nach Calbris (2011: 6) lassen sich Gesten als „visible movement of any body part consciously or unconsciously made with the intention of communicating while speech is being produced" definieren. Hier sind zunächst zwei definitorische Merkmale von Gesten hervorzuheben:

1) Wir assoziieren mit dem Wort „Gestik" vor allem Bewegungen der Arme und Hände, doch auch mit anderen Körperteilen können wir gestikulieren, so etwa mit dem Kopf – denken Sie an Nicken oder Kopfschütteln – oder auch etwa mit den Füßen. Man spricht demgemäß auch von Handgestik, Kopfgestik und so weiter.
2) Diese Gesten treten ko-verbal auf, d.h. in semantisch-pragmatischer und zeitlicher Verbindung zu unseren verbalsprachlich getätigten Äußerungen. Die Gestenforschung, auf die wir hier Bezug nehmen, beschäftigt sich also mit ko-verbal gebrauchten und nur in Verbindung mit der sprachlich artikulierten Bedeutung selbst bedeutsamen Gesten.

> [!] Diese ko-verbalen Gesten sind ganz grundsätzlich von den Gebärden der Gebärdensprachen zu unterscheiden. Hierbei handelt es sich um vollwertige sprachliche Symbole. Sie bedeuten eigenständig und für sich genommen. Gebärden sind konventionalisierte Symbole, während Formen und Bedeutungen von ko-verbal eingesetzten Gesten prinzipiell nicht konventionalisiert sind.

Nach einer Klassifikation von David McNeill (1992), einem der bekanntesten Gestenforscher unserer Zeit, lassen sich grundsätzlich vier Gestentypen unterscheiden: ikonische Gesten, deiktische Gesten, Taktstockgesten und metaphorische Gesten.

Wir illustrieren diese Gestentypen im Folgenden kurz. Im daran anschließenden Kapitel gehen wir dann auf die Implikationen der Forschung zu metaphorischen und metonymischen Gesten für die Theorie der Konzeptuellen Metaphern und Metonymien ein.

Ikonische Gesten

Ikonische Gesten repräsentieren konkrete Gegenstände, Handlungen oder Ereignisse ikonisch-bildlich. Dabei können Formaspekte, Gestaltaspekte oder auch Bewegungsaspekte eines Elements der verbalen Bezugsäußerung gestisch verbildlicht bzw. repräsentiert werden. Denken wir hier zum Beispiel an einen Sprecher, der seine beiden Hände benutzt, um zu illustrieren, wie ein Fußballer einen Ball in die Hand genommen hat, bevor er ihn zum Elfmeterpunkt getragen hat: Der Sprecher hält beide Arme auf Brusthöhe, die Handflächen sind vertikal ausgerichtet und beide Handflächen einander zugewandt. Der Abstand zwischen den Handflächen beträgt etwa 40 cm und die Finger sind leicht zu den Handflächen hin gekrümmt. Wird diese Geste ko-verbal etwa zu „und er nahm den Ball in die Hand und trug ihn zum Elfmeterpunkt" instanziiert, werden wir sie wohl als bildliche Darstellung der Hände des Fußballers interpretieren, der den Ball zwischen den Händen hält. Die Geste ist also ikonisch, denn sie stellt einen Teil der beschriebenen Szene bildlich dar. Die Bedeutung der Geste ist dabei abhängig vom sogenannten „lexical affiliate" (Schegloff 1984), d.h. dem verbalen Bezugselement. Ikonische Gesten stehen deshalb prinzipiell immer in einem engen semantischen Zusammenhang zum verbalsprachlich ausgedrückten Äußerungsinhalt. Diese Eigenschaft teilen sie mit dem nächsten Gestentypus: den metaphorischen Gesten.

Metaphorische Gesten

Metaphorische Gesten zählen nach McNeill (1992) ebenfalls zu den bildhaften Gesten. Der bildlich dargestellte Referent der Geste ist allerdings seiner Definition nach abstrakt. Mit anderen Worten: Während ikonische Gesten auf einen konkreten Referenten verweisen und einen Aspekt dieses Referenten gestisch darstellen, findet bei metaphorischen Gesten eine metaphorische Übertragung statt, denn die gestikulierende Hand bildet ein abstraktes Konzept als konkreten Gegenstand ab. Die Geste schafft somit quasi ein Bild des Unsichtbaren (McNeill 1992: 14). Das geschieht beispielsweise, wenn ein Sprecher anführt „das Argument trägt nicht" und ko-verbal dazu beide Hände ausgestreckt mit den offenen Handflächen nach oben vor sich ausstreckt und somit die Quelldomäne des metaphorischen „Tragens" des Arguments über die konkrete Geste verbildlicht. Diese Auffassung von metaphorischen Gesten – Verbildlichung von abstrakten Konzepten – ist jedoch aus kognitiv-linguistischer Sichtweise zu allgemein gehalten und sie wird der Vielfältigkeit metaphorischer Gesten nicht gerecht. Dies liegt nicht zuletzt daran, dass in Analogie zur Studie verbal ausgedrückter Metaphern der 1980er und 90er Jahre sich auch die Forschung zu metaphorischen Gesten zunächst vor allem mit der sogenannten „Conduit"-Metapher beschäftigt hat, also mit der konzeptuellen Metapher KOMMUNIKATION IST DER AUSTAUSCH VON OBJEKTEN. Auch McNeills Beispiele aus Cartoon-Nacherzählungen[108] waren höchst einflussreich und haben den Begriff der metaphorischen Geste lange geprägt, dabei aber stark eingeschränkt. Vor allem die Arbeiten von Alan Cienki und Cornelia Müller zeigen ein weit breiteres Spektrum (v.a. Müller 1998, Cienki & Müller 2008). Wir beschäftigen uns mit den Erkenntnissen ihrer stark kognitiv-linguistisch geprägten Forschung zur Metaphorizität von Gesten sogleich in Kapitel 11.1.2. An dieser Stelle setzen wir unsere Überblicksdarstellung zu den Gestentypen fort.

Deiktische Gesten

Deiktische Gesten sind Zeigegesten. Mit ihnen können wir entweder auf konkrete Gegenstände und Personen im Wahrnehmungsraum derer, mit denen wir interagieren zeigen (*demonstratio ad ocolus*, Bühler 1934) oder auch in einen mentalen

---

[108] Ein beliebter Stimulus sind die Sylvester und Tweety-Cartoons, die v.a in Studien zur multimodalen Enkodierung von Bewegungsevents vielfach verwendet werden.

Vorstellungsraum (*Deixis am Phantasma*, ebd.). Die Funktionen solcher Zeigegesten sind äußerst vielschichtig und können an dieser Stelle nicht exhaustiv behandelt werden. Grob lässt sich allerdings festhalten, dass das Zeigen auf Personen oder Objekte im Wahrnehmungsraum zumeist der Identifikation eines Referenten dient. Zeigen kann aber auch diskurs-funktionale Funktionen haben. So können wir etwa auf eine Gesprächspartnerin/einen Gesprächspartner zeigen, um sie/ihn als nächste Sprecherin/nächsten Sprecher auszuwählen oder sie/ihn explizit zu adressieren.

Darüber hinaus kann Zeigen auch metonymisch funktionieren, d.h., ich kann beispielsweise auf den Knochen auf dem Teppich zeigen und damit auf den Hund, der den Knochen dort hat liegen lassen, referieren. Wie wir in Kapitel 10.1.3 genauer sehen werden, ist die Metonymie für die Gesteninterpretation sogar basaler als die Metapher, denn ein metonymischer Interpretationsprozess ist tatsächlich der Interpretation *aller* referentieller Gesten vorgelagert (Mittelberg & Waugh 2009).

Beim Gebrauch von Lokaldeiktika wie *hier*, *da* und *dort* ist Zeigen darüber hinaus obligatorisch. Erst durch den ko-verbalen Gebrauch einer Geste wird diesen Deiktika ein Referenzraum zugeschrieben und ihre Bedeutung konkretisiert sich.

Prototypisch zeigen wir in unserem Kulturkreis mit dem ausgestreckten Zeigefinger oder auch der flachen Hand. Die Bandbreite der Finger- und Handformen und auch der Körperteile, mit denen wir zeigen können, ist aber wesentlich größer. So können wir zum Beispiel auch mit dem Kopf, dem Kinn, den Lippen oder auch mit den Augen zeigen (für einen Überblick siehe Stukenbrock 2016)[109].

Taktstockgesten

Taktstockgesten (auch *beats* (McNeill 1992) oder *batons* (Efron 1941, Ekman & Friesen 1969) genannt) sind mit dem Rhythmus der verbalisierten Äußerung aligniert. Die Bewegung der Hand (oder beider Hände) korreliert mit den akzentuierten Silben einer Äußerung. So markieren Taktstockgesten einzelne Wörter und Phrasen als besonders wichtig, heben sie also hervor und betonen sie. Die Verbindung der Taktstockgesten zum verbalen Kanal ist demzufolge nicht semantisch, wie bei ikonischen Gesten oder auch bei metaphorischen Gesten, sondern Taktstockgesten haben diskurs-pragmatische Bedeutung.

---

[109] Aufsätze, die verschiedene Möglichkeiten mit dem Körper zu zeigen, erörtern, finden sich darüber hinaus in einem von Kita (2003) herausgegebenen Sammelband.

Formal unterscheiden sich Taktstockgesten von anderen Gestenarten dadurch, dass sie sich lediglich durch eine Hin- und Herbewegung der Hände (oder auch des Kopfes oder der Füße) auszeichnen, aber keine Höhepunktphasen haben, in denen die Geste ihre volle Bedeutung entwickelt, wie dies bei ikonischen, metaphorischen und deiktischen Gesten der Fall ist.

Taktstockgesten werden oft zur Unterstützung der eigenen Argumentation eingesetzt, deshalb findet man besonders expressive Beispiele oft bei geübten RednerInnenn, etwa PolitikerInnen. Sie werden aber durchaus auch in Alltagsgesprächen, z.B. in Erzählungen, eingesetzt (Cassel & McNeill 1991, Vilà-Giménez et al. 2019).

All diesen Arten von Gesten ist gemein, dass sie nicht den Status vollwertiger Symbole haben, sondern nur in Verbindung mit koproduzierter Verbalsprache ihre Bedeutung erlangen. Dies trifft allerdings nicht auf einen weiteren Gestentyp, nämlich die Gruppe der emblematischen Gesten, zu (Efron 1941, McNeill 1992). Ihre Bedeutung ist per Konvention festgesetzt und sie besitzen Symbolstatus. **Emblematische Gesten** sind zum Beispiel die OK-Geste (Daumen und Zeigefinger formen annähernd einen Kreis, wobei sich die Fingerkuppen berühren und die anderen drei Finger ausgestreckt sind) und die Vogelzeiggeste (die Hand wird mit ausgestrecktem Zeigefinger zur Schläfe geführt)[110].

Wie tragen nun Gesten zur Bedeutung von Äußerungen bei? Zunächst gilt, dass Gesten ihre Bedeutung in Verbindung mit der Rede erlangen, zu der sie zeitlich koproduziert werden. Dabei interpretieren wir die sprachlich und gestisch vermittelten Inhalte nicht getrennt, sondern Geste und Sprache bilden zusammen **multimodale Gesamtpakete** (oder mit Enfield (2007); *composite utterances;* Auer (2020) spricht von *multimodaler Synchronisierung*). In der Interpretation dieser multimodalen Pakete wird der Input aus beiden Modalitäten zu einer Gesamtbedeutung integriert. Ein wichtiges Konzept ist in diesem Zusammenhang die **Ko-Expressivität**. Darunter versteht man, dass SprecherInnen, die ko-verbal gestikulieren, in den zwei Modalitäten Sprache und Gestik auf dieselbe konzeptuelle Einheit referieren. McNeill (2013: 31) spricht hier von „the same underlying idea unit", Adam Kedon (1980: 208) vom selben Äußerungsprozess. Dabei können die Aspekte dieser „Idee", die in Sprache und Gestik ausgedrückt werden, durchaus unterschiedlich sein. So kann etwa ein Sprecher sagen „er schoss den Ball ins Tor" und dabei eine schnell ausgeführte Arm- und Handbewegung

---

110 Auf dem Kontinuum von nicht-konventionalisierten, spontan produzierten und nur lokal bedeutungsvollen Gesten bis hin zu den voll-konventionalisierten emblematischen Gesten, gibt es noch einen weiteren Typ: rekurrente Gesten. Sie wurden v.a. von Ladewig (2014) beschrieben. Wir gehen auf diesen Gestentyp hier nicht näher ein.

von links unten nach rechts oben in einem 45 Grad-Winkel ausführen. Die Information, die die Geste ausdrückt, nämlich, dass der Ball schnell war und in einem bestimmten Winkel von unten nach oben und also z.B. nicht flach geschossen wurde, ist nicht sprachlich enkodiert. Die Geste liefert also zusätzliche Informationen zu den sprachlich enkodierten Informationen, bezieht sich aber prinzipiell auf dasselbe Ereignis, das auch sprachlich profiliert wird.

Das Beispiel zeigt auch, dass sich die Bedeutung von Gesten generell in ihrer Form widerspiegelt (vgl. Ladewig 2018: 296). Die Form von Gesten ist deshalb nicht arbiträr, wie wir das von sprachlichen Symbolen kennen, sondern motiviert.

Generell vermitteln Gesten dadurch Bedeutung, dass sie „eine ganzheitliche Gestalt [bilden], in der sich die Bedeutung ihrer einzelnen Teile wie etwa Handformung, Bewegung oder Position, über die Bedeutung der gesamten Gestalt vermittelt und nicht analytisch aus der Summe der einzelnen Teile. [...] Zudem können sich mehr als ein Bedeutungsaspekt in einer einzigen Geste vereinen" (Ladewig 2018: 286). Mit McNeill (1992) spricht man deshalb auch davon, dass die Bedeutung von Gesten **global synthetisch** ist. Demzufolge können Gesten nicht miteinander kombiniert werden und jede Geste trägt als globale Gestalt Bedeutung. Die Bedeutungen nacheinander produzierter Gesten sind somit auch nicht additiv.

11.1.2 Metaphorische Gesten und die Theorie der Konzeptuellen Metapher

Unser Grundanliegen in diesem Kapitel ist es zu zeigen, wie und warum Gesten Evidenz für die Grundannahmen der Theorie der Konzeptuellen Metaphern liefern können. In diesem Zusammenhang ist vor allem die Möglichkeit der Nachweisbarkeit von Metaphorizität in einem anderen semiotischen Kanal als der Verbalsprache bedeutend. Diesem Aspekt widmen wir uns nun eingehender.

Prinzipiell gibt es mehrere Möglichkeiten, wie Metaphorizität im Zusammenspiel von Gestik und Verbalsprache ausgedrückt werden kann:

(1) Eine Konzeptuelle Metapher wird **multimodal**, d.h. in der Gestik und dem verbalsprachlichen Kanal, ausgedrückt.

(2) Nur die ko-verbal eingesetzte Geste ist metaphorisch, die dazu instanziierte verbalsprachliche Konstruktion nicht. Die Metapher ist also **monomodal** instanziiert.

(3) Eine sprachliche Konstruktion ist metaphorisch, die dazu koproduzierte Geste nicht. Auch hier handelt es sich also um eine monomodale Metapher.

Ein Beispiel für eine **multimodale Metapher** findet sich im folgenden Gesprächsausschnitt (83). Thema des Gesprächs ist die Entstehung von Finanzkrisen. Der Sprecher erklärt, dass es bei jedem Zusammenbruch eines Wirtschaftssystems zu einer Umverteilung von Geldern „von oben nach unten" käme.

Beispiel (83) Umverteilung von oben nach unten

```
01 HZ: und dann kommt es seit jahr!HUN!derten,
02     alle paar jahrZEHNte,
03     zu einem KOLlaps des systems;
04     die bürger gehen auf die STRASse wie in griechenland,
05     der staat KANN nicht mehr,
06     der staat muss die PLEIte erklären;
07     und dann kommt es IMmer (.) zu einer !HAR!ten umver-
       teilung dieser gelder von Oben,
08     WIEder an die menschen da unten.
```

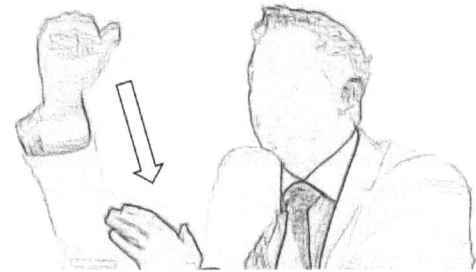

Abb. 58: metaphorische Geste ko-produziert zu „dieser gelder von oben wieder an die menschen da unten"

Der Sprecher rekurriert hier auf die konzeptuellen Metaphern REICH IST OBEN und ihr Pendant ARM IST UNTEN. Diese konzeptuellen Metaphern werden sowohl sprachlich als auch gestisch instanziiert. So ist die Rede von einer „harten Umverteilung dieser Gelder *von oben* wieder an die Menschen *da unten*" (Zeile 07 und 08). *Oben* und *unten* aktivieren dabei das metaphorische Konzept der Schichtung der Gesellschaft in die reiche, privilegierte Oberschicht und die arme, unterprivilegierte Unterschicht[111].

❗ Wie die Metaphernforschung gezeigt hat, werden viele Dinge, die in unserem Kulturkreis (vorwiegend) positiv konnotiert sind, wie z.B. Erfolg, Reichtum, Macht als räumlich oben situiert konzeptualisiert. Misserfolg, Armut, Einflusslosigkeit etc. assoziieren wir hingegen mit einer räumlich unten befindlichen Position. Nicht umsonst sprechen wir auch vom sozialen Auf- und Abstieg, von den oberen Zehntausend, den Underdogs, dem Überflieger, den Hochbegabten, den Untertanen und dem kleinen Mann. REICH IST OBEN und ARM IST UNTEN sind Ableitungen der übergeordneten Metapher GUT IST OBEN und SCHLECHT IST UNTEN.

Zeitlich synchron zur Artikulation von „dieser Gelder von oben wieder an die Menschen da unten" führt der Sprecher eine beidarmige Geste aus (vgl. das anonymisierte Standbild in Abb. 58), in der zunächst die rechte Hand auf Kopfhöhe geführt wird, um dann in einer schnellen Bewegung auf die Höhe der gehaltenen linken Hand geführt zu werden. Diese Geste instanziiert somit dieselbe Metapher, die auch sprachlich realisiert wird. Die rechte Hand steht für die reiche, obere Gesellschaftsschicht, die linke Hand repräsentiert die ärmere *Unter*schicht und die schnelle Bewegung von oben nach unten verbildlicht den Prozess der Umverteilung (von oben nach unten). Die Geschwindigkeit der Bewegung setzt dabei ebenfalls ein metaphorisches Mapping voraus, denn sie verbildlicht die Härte der Umverteilung. „Hart" trägt den Fokusakzent in Zeile 07 und die Bewegung der linken Hand beginnt genau auf diesem Fokusakzent. Das Beispiel zeigt also, wie eine Geste die Metaphorizität einer Äußerung illustrieren und hervorheben kann, denn die Bewegung der Hand, die sehr raumgreifend ausgeführt wird, zieht unweigerlich die Aufmerksamkeit auf sich und somit auf die Quelldomäne der Metapher (vgl. Müller 2008 zum Potential von Gesten, um Metaphoriziät hervorzuheben). Wie Cienki (2008) gezeigt hat, trifft dies auf die meisten metaphorischen Gesten zu: Sie verkörpern die Quelldomäne der konzeptuellen Metapher.

Im folgenden Ausschnitt (84) steckt die Metaphorik allein in der Geste. Wir haben es also mit einer **monomodalen Metapher** zu tun. Die konzeptuelle Metapher, die hier ihren Ausdruck in der Geste findet, ist erneut REICH IST OBEN.

Beispiel (84) Reich ist oben

```
01 HZ:   die REICHsten zehn prozent haben den größten teil,
```

---

111 Auch soziale *Schicht* oder Gesellschafts*schicht* ist eine Metapher!

Abb. 59: Die rechte Hand wird ko-verbal zu „die reichsten" auf Kopfhöhe angehoben. Sie konstruiert reiche Menschen als physisch oben situiert.

Wie das Standbild in Abb. 59 zeigt, hebt der Sprecher hier gleichzeitig zu der Artikulation von „die REICHsten" seine rechte Hand aus der Ruheposition auf Kopfhöhe an. Die Hand konstruiert demnach reiche Menschen als „oben" situiert. Die Geste instanziiert somit wiederum die Metapher REICH IST OBEN. In der verbalen Äußerung ist diese Metapher hingegen nicht aktiv. Sie würde somit auch nicht zwangsläufig aktiviert werden, wenn man die Äußerung nur hören, den Sprecher aber nicht sehen könnte. Dass sie hier in der Geste sichtbar wird, zeigt aber, dass die Metapher **beim Sprecher kognitiv aktiviert** ist und wir aktivieren sie ebenfalls automatisch, wenn wir die multimodale Äußerung verarbeiten.

Ein weiteres Beispiel für eine monomodale, rein gestisch instanziierte Metapher ist (85). Hier wird das Abstraktum „Zinsbelastung" als ein **physisch greifbares und lokalisierbares Objekt** konzeptualisiert und im Gestenraum des Sprechers physisch verankert. Das Standbild (Abb. 60) zeigt, dass es insbesondere als ein Objekt, das sich abseits des Sprechers befindet und relativ groß ist, dargestellt wird. Beide Hände umfassen das imaginierte Objekt und drücken es gleichsam weg. Die Geste stellt also die Zinsbelastung als ein Objekt dar, das abseits von einem liegt (man gibt Geld ab und hat dann keinen Zugriff mehr darauf) und das man wegschiebt oder wegdrückt.

Beispiel (85) Zinsbelastung

```
01 HZ:     das heißt die leute müssen immer MEHR,
02         von dem was sie erARbeiten(-)!AB!geben;
03         FÜ:R diese zinsbelastung-
04         im gesamten sysTEM;
05         das !GANZ! wenige kassieren.
```

Abb. 60: gestische Darstellung von „Zinsbelastung" als greifbares, lokalisierbares Objekt

Die beiden Beispiele (84) und (85) zeigen also, dass der Sprecher hier ganz offensichtlich auf eine konzeptuelle und keine rein sprachliche Metapher rekurriert, denn die Metapher wird sprachlich in beiden Fällen gar nicht ausgedrückt. Dass sie in der Handgestik sichtbar wird, zeigt aber, dass sie kognitiv aktiviert und ein Teil der „underlying idea unit" ist (McNeill 2013: 13, supra), die der Äußerung zugrunde liegt. Beispiele wie diese bieten also Evidenz für die Grundannahme der Theorie der Konzeptuellen Metapher: Wir sprechen nicht nur in Metaphern, wir denken in konzeptuellen Metaphern. Dies wird auch in den inzwischen zahlreichen Studien zur metaphorischen Gestik bei ZEIT IST RAUM-Konzeptualisierungen deutlich.

Bei der ZEIT IST RAUM-Metapher handelt es sich um die wohl am intensivsten erforschte konzeptuelle Metapher überhaupt. Wie wir in Kapitel 5 gesehen haben, konnte anhand zahlreicher sprachlicher Beispiele gezeigt werden, dass die Zieldomäne ZEIT häufig über die Quelldomäne RAUM konzeptualisiert wird und wir haben auch festgestellt, dass in unserer Kultur und vielen anderen westlichen Kultur- und Sprachgemeinschaften die Zukunft als räumlich vor uns liegend und die Vergangenheit als hinter uns liegend konstruiert wird. Heute liegen zahlreichende Studien vor, die die Konzeptualisierung von ZEIT als RAUM in der Handgestik näher beleuchten. So zeigt z.B. Calbris (1990), dass SprecherInnen des Französischen Zeit nicht nur auf einer vorne-hinten-Achse lokalisieren, sondern auch auf einer links-rechts-Achse. Dabei gilt: ZUKUNFT IST RECHTS und VERGANGENHEIT IST LINKS, denn die SprecherInnen in ihrer Studie zeigten ko-verbal zu Ausdrücken wie „avant le second tour (des éléctions)" (vor dem zweiten Wahldurchgang) nach links, während sie, als sie von der zukünftigen Zeit nach dem Wahldurchgang sprachen, nach rechts zeigten (und dies unabhängig von der individuellen Dominanz der linken oder rechten Hand). Eine der bekanntesten Studien zu metaphorischen Zeit-Gesten haben darüber hinaus Núñez und Sweetser (2005) vorgelegt. Sie zeigen, dass Sprecher des Aymara, einer indigenen Sprache Südamerikas, die in Chile, Peru und Bolivien gesprochen wird, im Gegensatz zu der uns geläufigen Konzeptualisierung, die Zukunft *hinter* sich lokalisieren und die Vergangenheit in dem *vor* dem Oberkörper liegenden Raum.

Die Implikationen dieser Ergebnisse der Forschung zur multimodalen bzw. non-verbalen Enkodierung von Metaphorik für die Theorie der Konzeptuellen Metaphern sind insofern weitreichend, als sie nicht nur die Möglichkeit des Nachweises der Aktivierung von Metaphern auf kognitiver, konzeptueller Ebene bieten, sondern auch Einblicke in metaphorische Konzeptualisierungen, die kein sprachliches Pendant haben, ermöglichen[112]. So gibt es zum Beispiel keine sprachlichen Ausdrücke, die auf die konzeptuellen Metaphern ZUKUNFT IST RECHTS und VERGANGENHEIT IST LINKS verweisen[113]. Gesten offenbaren hier also Einblicke in die metaphorische Konzeptualisierung von Zeit, die rein auf Verbalsprache fokussierte Analysen nicht erfassen können.

Während sich inzwischen also ein recht großer Forschungsbereich mit Metaphern in Gesten beschäftigt, hat auch hier – ähnlich wie in der auf verbale Realisierungen fokussierten Metaphernforschung – die Metonymie weitaus weniger Beachtung gefunden. Metonymische Prozesse spielen jedoch eine ganz grundlegende Rolle, nicht zuletzt bei der Interpretation metaphorischer Gesten.

11.1.3 Die Rolle der Metonymie in der Gesteninterpretation

Mit dem griffigen Schlagwort **„Metonymy first, metaphor second"** plädieren Irene Mittelberg und Linda R. Waugh in einem vielbeachteten Aufsatz dafür, die Metonymie in der Interpretation metaphorischer Gesten als den grundlegenderen, weil der metaphorischen Interpretation zeitlich vorgelagerten Mechanismus anzusehen (Mittelberg & Waugh 2009). Sie argumentieren folgendermaßen:

Grundsätzlich bilden Gesten immer nur einen Teilbereich eines größeren Konzepts, das sie evozieren, ab. Die gestische Darstellung von komplexen Hand-

---

[112] Nicht-sprachgebundene Evidenz für das Wirken konzeptueller Metaphern bieten auch Piktorale Metaphern. Wir gehen auf die spannende und vielfältige Forschung zu Metaphern in Bildern und auch im Film an dieser Stelle nicht ein. Interessierten sind hier insbesondere die Arbeiten von Charles Forceville (2008, 2012) sehr zu empfehlen.
[113] Es gibt aber die Hypothese, dass unsere Zeitkonzeption von links nach rechts mit der Schreib- und Leserichtung zusammenhängt (vgl. Casasanto 2014).

lungen oder von Objekten ist also immer selektiv. Wenn wir zum Beispiel jemandem sagen wollen, dass wir ihn später noch anrufen werden und dabei eine Hand zum Ohr führen, den Daumen und den kleinen Finger abspreizen und die mittleren drei Finger abbiegen, interpretieren wir diese Geste als eine ikonische Darstellung des an das Ohr geführten Telefons und somit als Verweis auf die zukünftige, angekündigte Handlung des miteinander Telefonierens. Indem ein salienter Aspekt der Handlung des Telefonierens dargestellt wird – das Halten des Telefons ans Ohr –, wird also metonymisch auf die gesamte Handlung verwiesen. Viele andere Aspekte dieser Handlung werden nicht gestisch repräsentiert, so zum Beispiel, dass man sein Telefon in die Hand nimmt, die Nummer des Angerufenen wählt und so weiter. Die Interpretation der Geste beruht also auf der Aktivierung der metonymischen „X steht für Y-Beziehung" zwischen der Geste und der Handlung, auf die sie verweist[114]. Analog dazu setzt auch jede Interpretation einer Geste als metaphorische Geste eine metonymische Interpretation voraus, denn die Bewegung der gestikulierenden Hand muss als intendierte Form der Abbildung eines Objekts interpretiert werden. Mittelberg & Waugh erklären dies an einem Beispiel: wenn ein Sprecher/eine Sprecherin eine beidarmige Geste ausführt, in der beide auf derselben Höhe gehalten werden und die Handflächen einander zugewandt sind, dann kann die gleiche Geste je nach Kontext und sprachlicher Einbettung sowohl z.B. einen Rahmen eines Bildes abbilden als auch metaphorisch auf den Rahmen einer Theorie verweisen (als Instanziierung der konzeptuellen Metaphern IDEEN SIND OBJEKTE und KONZEPTUELLE STRUKTUR IST GEOMETRISCHE, PHYSISCHE STRUKTUR; Lakoff & Johnson 1980). Bevor aber diese Metapher aufgerufen und die Geste als Instanziierung dieser Metapher interpretiert werden kann, muss zunächst die Bewegung der Hände als Repräsentation eines Rahmens interpretiert werden. Erst danach kann die metaphorische Interpretation des gestisch dargestellten Objekts als Darstellung des Rahmens einer Theorie gelingen. Deshalb: Metonymie zuerst, danach erst Metapher.

Dieses Kapitel zur Nachweisbarkeit metaphorischer und metonymischer Denkprozesse in der Handgestik von SprecherInnen hat sich mit einem Forschungsbereich der kognitiv-linguistisch inspirierten Multimodalitätsforschung beschäftigt, der der Gestenforschung innerhalb der kognitiv-linguistischen Forschungsgemeinschaft zu spürbar mehr Aufmerksamkeit verholfen hat. Im Zuge dieser Untersuchungen von Handgesten wurde auch die Frage, wie Gestik dazu beiträgt, Konzeptualisierungsperspektiven zu vermitteln, aufgegriffen. Die Forschung zu diesem Aspekt wollen wir im nun folgenden Kapitel kurz vorstellen.

---

114 Mittelberg & Waugh (2009: 37) sprechen hier von Synecdoche als Subtyp der Metonymie (TEIL FÜR GANZES).

11.2 Multimodale Perspektivierung

Zu den Grundprämissen der Kognitiven Linguistik gehört die Annahme, dass Konstruierungen grundsätzlich immer perspektiviert sind (vgl. Kapitel 3). Das hängt damit zusammen, dass Bedeutungen in der Kognitiven Linguistik nicht als in den sprachlichen Strukturen (Wörtern, Konstruktionen) selbst liegend angesehen werden, sondern Bedeutung wird von Individuen (SprecherInnen, HörerInnen, LeserInnen) aktiv konstruiert und ebendiese Individuen konstruieren Bedeutungen immer aus einer bestimmten physischen, **spatio-temporalen Perspektive** heraus[115].

Das ist aber nicht die einzige Dimension von Perspektivität (*viewpoint*). Wenn wir etwa etwas erzählen, nehmen wir bestimmte **narrative Perspektiven** ein. So können wir eine erzählungsinterne Perspektive einnehmen, zum Beispiel wenn wir aus der Ich-Perspektive erzählen und uns somit als Teil der erzählten Handlung konstruieren. Dies tun wir in erster Linie, wenn wir von einem persönlichen Erlebnis erzählen. Wir können aber auch in die Rolle einer Figur schlüpfen, auch wenn wir nicht selbst Protagonisten der Handlung sind. In diesem Fall erzählen wir von Erlebnissen Anderer, während unser Körper (oder die Hand, das Gesicht etc.) quasi zum Körper (oder der Hand, dem Gesicht) der ProtagonistInnen in der Erzählhandlung werden. Somit „schlüpft" man als ErzählerIn für den Moment quasi in den Körper eines Protagonisten/einer Protagonistin einer Erzählung hinein. Dabei kann die verbalsprachlich kommunizierte Perspektive (=sprachliche Perspektive, Parill 2010) eine andere sein als die in Handgestik, Körperhaltungen oder auch Gesichtsausdrücken enkodierte Perspektive. Wir können also gleichzeitig **multiple Perspektiven** einnehmen. Die sprachlich eingenommene Perspektive muss nicht zwangsläufig mit der gestisch enkodierten Perspektive übereinstimmen.

Einen Einblick in die Möglichkeiten der Perspektivierungen jenseits der verbalsprachlichen Ebene können demzufolge Gesten liefern, die einen Aspekt einer Erzählhandlung abbilden. Hier unterscheidet die Forschung zwei Arten von Gesten: ***character viewpoint gestures***, die aus der Perspektive der in der erzählten Situation handelnden Personen ausgeführt werden, und ***observer viewpoint gestures***, die die Perspektive eines Beobachters/einer Beobachterin des erzählten Geschehens wiedergeben (McNeill 1992). Mit anderen Worten, Gesten können sichtbar machen, ob sich für den Moment Erzählende als Teil der erzählten Szene

---

115 Das heißt nicht, dass wir zwangsläufig immer unsere eigene räumlich-zeitliche Perspektive einnehmen. Wir können auch die Perspektive Anderer modellieren und eine Szene aus deren Perspektive konstruieren.

oder als externe BeobachterInnen konstruieren. *Character viewpoint gestures* werden auch als Verfahren der szenischen Inszenierung gesehen, weil sowohl ErzählerInnen als auch die RezipientInnen einen Perspektivenwechsel vollziehen müssen und Teil des mentalen Erzählraums werden. Dieser Raum wird also nicht mehr nur deskriptiv beschrieben, sondern verkörpert und dadurch „belebt". Zum besseren Verständnis des Unterschieds von externer und interner Erzählperspektive und der multimodalen Orchestrierung dieser Perspektiven schauen wir uns zwei Beispielsequenzen aus einer Nacherzählung an.

Ein Beispiel für eine Geste, die die Wahrnehmungsperspektive eines Beobachters des erzählten Geschehens vermittelt, zeigt die Abbildung 61 (Quelle: Korpus Nacherzählungen, E.Z.). Hier erzählt der Sprecher einen Teil der Handlung eines Sylvester und Tweety-Cartoons (*Canary Row*) nach.

Abb. 61: Beispiel einer *observer viewpoint gesture*: Die rechte Hand zeichnet den Weg des Vogels aus dem Käfig nach.

In der nacherzählten Szene rettet sich Tweety, ein Kanarienvogel, vor dem Kater Sylvester, indem er aus seinem Käfig fliegt und dadurch für Sylvester unerreichbar wird. Die verbalsprachlich enkodierte Perspektive ist hier die eines externen

Beobachters/einer Beobachterin der Szene und also nicht die Perspektive von Tweety. Dies wird dadurch deutlich, dass der Sprecher „aber der Vogel fliegt aus_m (.) Käfig raus" sagt und nicht etwa „*ich* fliege aus_m [oder aus meinem] Käfig raus". Ko-verbal zu dieser Beschreibung der Szene führt der Sprecher mit der rechten Hand eine Geste aus, die den Bewegungsweg des Vogels aus dem Käfig heraus nachzeichnet. Die Hand wird zunächst auf eine mittlere Position rechts vom Körper des Sprechers gehoben und dann vor dem Oberkörper zunächst nach unten und dann in einer akzellerierten, bogenförmigen Bewegung nach rechts oben auf Kopfhöhe des Sprechers gezogen. Während der gesamten Bewegung ist der Zeigefinger der Hand gestreckt. Er weist in die Richtung, in die Tweety fliegt. Die Geste illustriert also ikonisch den Bewegungsweg von Tweety, und zwar aus der Perspektive eines Beobachters/einer Beobachterin. In diesem Beispiel wird also sowohl sprachlich als auch gestische eine Beobachterperspektive eingenommen.

Dass die sprachlich enkodierte Perspektive nicht mit der Perspektive, die ko-verbal dazu gestisch vermittelt wird, übereinstimmen muss, zeigt das Beispiel in Abbildung 62.

Abb. 62: Sprachlich enkodierte BeobachterInnenperspektive und körperlich enkodierte ProtagonistInneperspektive fallen zusammen.

Der Sprecher erzählt hier wiederum eine Szene aus dem Sylvester und Tweety-Cartoon nach. In dieser Szene sitzt der Vogel Tweety in seinem Käfig und singt ein Lied. Während der Sprecher sagt „und der vogel singt gerade (-) ein LIED", bewegt er seinen Oberkörper und seinen Kopf von rechts nach links und wieder nach rechts hin und her. Genau diese Pendelbewegung führt auch Tweety im Cartoon-Stimulus durch. Der Sprecher enkorporiert also in diesem Moment den Vogel im Käfig. Während sprachlich also eine Beobachterperspektive eingenommen wird, schlüpft der Sprecher in seinen körperlichen Handlungen in die Rolle des

Protagonisten der Erzählung und nimmt somit einen „character viewpoint" ein. In der Konversationsanalyse spricht man in solchen Fällen, in denen der Körper des Sprechers/der Sprecherin in einer Erzählung zum Körper eines Protagonisten/einer Protagonisten wird, von **re-enactments** (Sidnell 2006, Thompson & Suzuki 2014). Kognitiv findet ein Blendingprozess statt, denn die Situation der Nacherzählung und die Handlungen der nacherzählenden SprecherInnen werden mit der Welt der Erzählungen und den darin handelnden Akteuren überblendet[116].

Erzählen in der *face-to-face* Interaktion impliziert demnach ein konstantes Jonglieren mit verschiedenen Perspektiven, die in unterschiedlichen Modalitäten eingenommen werden können und im mentalen Raum der Erzählung integriert werden müssen. Aber nicht nur Erzählperspektiven können sich laufend verändern. Erzählen geht auch mit dem konstanten Wechsel vom Hier-und-Jetzt einer Interaktion in die mentalen Räume, in denen die Erzählung elaboriert wird, einher. Erzählende und Rezipierende müssen also gleichzeitig einerseits die Interaktion zwischen ihnen und andererseits die Fortführung der Erzählaktivität und Elaborierung der Erzählhandlung managen. Demzufolge müssen ErzählerInnen auf der einen Seite den Sprecherwechsel mitorganisieren, Feedback erbeten (elizitieren) und verarbeiten sowie Aufmerksamkeitsmonitoring betreiben. Gleichzeitig müssen sie laufend die Erzählung (weiter)planen, ausgestalten und gegebenenfalls anpassen. Die Interaktion im Hier-und-Jetzt der Erzählaktivität als auch die Interaktion im mentalen Raum der Erzählung muss also ständig am Laufen gehalten werden. Dabei wechseln ErzählerInnen und RezipientInnen ständig zwischen dem *reality space* der Interaktion und den narrativen Gedankenräumen hin und her. Eine wichtige Rolle für die Organisation dieses Wechsels spielt wiederum die Gestik, aber auch der Blick. Zum Abschluss unseres kurzen Ausflugs in die kognitiv-linguistisch orientierte Multimodalitätsforschung geben wir noch einen kurzen Einblick in dieses Forschungsgebiet zur multimodalen Orchestrierung von mentalen Räumen im Erzählen. Es ist an der Schnittstelle von konversationsanalytisch geprägter Erzählforschung, Blick und Gestenforschung und der Theorien der mentalen Räume und der konzeptuellen Integration verortet.

---

[116] An dieser Stelle muss erwähnt werden, dass eine Geste auch gleichzeitig mehrere Perspektiven inkorporieren kann. Wir gehen auf diesen Punkt hier aber nicht näher ein.

11.3 Multimodale Orchestrierung mentaler Räume im Erzählen

Bereits in Kapitel 6, in dem wir das Konzept der mentalen Räume vorgestellt haben, haben wir gesehen, dass insbesondere Erzählungen auf der fortlaufenden Eröffnung und Elaborierung von mentalen Vorstellungsräumen basieren. In mündlichen Erzählungen und nicht zuletzt in Erzählungen in der *face-to-face* Interaktion kommen hier noch andere Räume und Aspekte hinzu. Zunächst sind interaktionale Erzählaktivitäten immer im realen Interaktionsraum verankert, also im Hier-und-Jetzt der Erzählaktivität[117]. Fauconnier würde hier vom *reality space* sprechen, Sweester & Stec (2016: 239) nennen diesen Raum *Real Space*.

Die Erzählung selbst ist im narrativen Raum situiert (*Narrative Space*). Darüber hinaus ponieren Sweetser & Stec (2016) einen Erinnerungsraum (*Memory Space*). Die beiden Autorinnen argumentieren darauf aufbauend, dass diesen mentalen Räumen in *face-to-face* Interaktionen physisch reale Räume zugeordnet werden. Das heißt, bestimmten Teile des physischen Raums vor und neben dem Sprecher/der Sprecherin (bzw. seines/ihres Gestenraums) werden als *Real Space*, *Narrative Space* und *Memory Space* konstruiert. Dies geschieht über Gestik und Blick. So gestikulieren Sweetser & Stecs Thesen nach Erzählende, während sie die Erzählung elaborieren in einem bestimmten Teil ihres Gestenraums. Dieser wird dadurch als *Narrative Space* konstituiert. Dies hilft Rezipierenden auch dabei, Teil des Diskurses als zur Erzählung gehörig zu identifizieren.

Wenn verschiedene körperliche Ressourcen für unterschiedliche Aufgaben in der Interaktion genutzt werden, z.B. wenn die Hand eine Szene der Erzählung abbildet, der Blick aber auf den Gesprächspartner/die Gesprächspartnerin ausgerichtet ist und dem Interaktionsmanagement dient (z.B. dem Aufmerksamkeitsmonitoring oder der Adressierung), so spricht man von *body torque* (Schegloff 1998) oder auch von *body partitioning* (Dudis 2004).

Gesten, die hingegen auf InteraktionspartnerInnen gerichtet sind, dienen dem Interaktionsmanagement im *Real Space*. Auch die Blickausrichtung auf InteraktionspartnerInnen dient diesem Interaktionsmanagement. Dies gilt aber wiederum nicht notwendigerweise für *re-enactments*, wo der Blick des Erzählenden auch den Blick eines Protagonisten/einer Protagonistin in der Erzählung verkörpern kann (Sidnell 2006, Thompson & Suzuki 2014). Gleichzeitig kann der Blick auf einen Rezipierenden ausgerichtet sein, Gesten aber im narrativen Raum die

---

117 Langacker würde hier vom *Ground* sprechen (vgl. Kapitel 6.5.1).

Erzählung weiterentwickeln. Ladewig & Hotze (2020) beschreiben diese Aufteilung der multimodalen Ressourcen im Erzählen mit den folgenden Worten:

> Die funktionale Partitionierung des Körpers (cf. Dudis 2004; Haddington et al. 2014; Schegloff 1998) erlaubt es, dass diese mit verschiedenen Perspektiven korrelierenden Räume simultan konstruiert werden können. Oft ist es der Blick einer*s Sprechers*in, der diese Überschneidung ermöglicht. So kann sprachlich und gestisch ein narrativer Raum kreiert, jedoch zeitgleich mittels Blickverhaltens eine interaktionale Achse zwischen den Gesprächspartner*innen etabliert werden, um beispielsweise die Aufmerksamkeit zu steuern oder Ko-Partizipant*innen als Mitspielende zu rekrutieren (cf. Thompson/Suzuki 2014).

Die Abbildung 63 gibt zur besseren Illustration eine schematische Visualisierung einer solchen möglichen Aufteilung des Raums in mentale Räume in einer triadischen Interaktion. Der Gestenraum vor dem Oberkörper der ErzählerIn/des Erzählers fungiert als *Narrative space* die Interaktionsachsen rechts und links dieses *Narrative Space* werden für die Kommunikation mit den beiden RezipientInnen im *Real Space* genutzt.

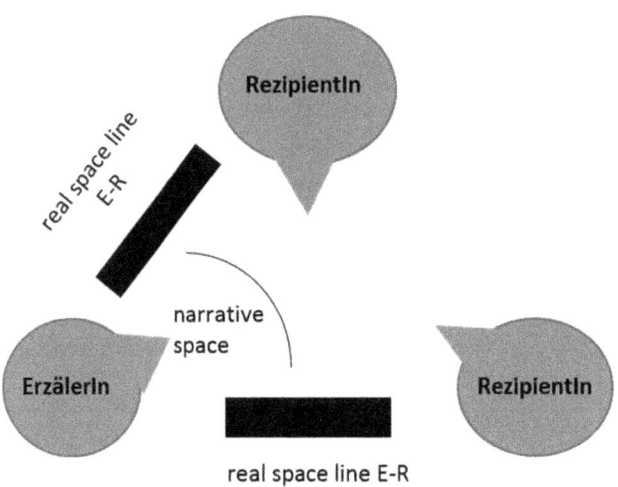

Abb. 63: Visualisierung der physisch verankerten mentalen Räume in einer triadischen Interaktion

Während die physische Konstruierung und Abtrennung eines Erzählraums vom Interaktionsraum in interaktionalen Erzählaktivitäten sowie die Fähigkeit zum *body partitioning* empirisch gut belegt und kognitiv auch plausibel scheint, ist die tatsächliche Existenz eines physisch verankerten Erinnerungsraums (*Memory space*) noch wenig untersucht. Der These von Sweester & Stec nach richten Erzählende ihren Blick bei Planungsschwierigkeiten wie etwa Wortsuchen in diesen Erinnerungsraum. In einer explorativen Studie anhand von triadischen Daten (Zima 2020) konnte die Existenz eines solchen Raums allerdings nicht zweifelsfrei bestätigt werden. Auch eine größere Studie zu Wortsuchen (Auer & Zima 2021) legt eher nicht nahe, dass Erinnern bzw. die Suche im mentalen Lexikon mit der Blickausrichtung in einen bestimmten abgegrenzten Raum korreliert. Wohl aber sehen wortsuchende SprecherInnen zumeist weg von ihren InteraktionspartnerInnen.

Wir beenden dieses Kapitel also mit einem kurzen Einblick in ein Gebiet, auf dem weitere Forschung sicherlich noch angezeigt ist. Das Interesse an der Frage, wie wir körperliche Ressourcen wie Gestik, Mimik, Körperpositur und Blick im Erzählen einsetzen, ist allgemein recht neu. Interessierten sei die Lektüre von zwei kürzlich erschienen Themenheften zum multimodalen Erzählen von König & Oloff (2018) und Zima & Weiß (2020) empfohlen.

Die wichtigsten Punkte nochmal

- Das Forschungsgebiet der kognitiv-linguistisch orientierten Multimodalitätsforschung wächst seit einigen Jahren stetig. Dies liegt nicht zuletzt an der Tatsache, dass die Kognitive Linguistik den tatsächlichen Sprachgebrauch in den Mittelpunkt ihrer Theorien stellt. Ein großer Teil dieses Sprachgebrauchs ist in *face-to-face* Interaktionen eingebettet und deshalb multimodal.
- Innerhalb des Feldes wurde bis dato der Studie von metaphorischen und metonymischen Gesten die größte Aufmerksamkeit zuteil.
- Metaphern können monomodal in Sprache oder Gestik oder multimodal in Sprache und Gestik ausgedrückt werden.
- Die Interpretation ikonischer und metaphorischer Gesten beruht immer auf einer zeitlich vorgelagerten metonymischen Interpretation der Handbewegung- und Form als Repräsentation eines Objekts/einer Handlung.
- Perspektivierung erfolgt nicht nur über sprachliche Konstruierungen und Konzeptualisierungen, sondern in multimodalen Interaktionen werden Perspektiven auch durch Gesten, Körperhaltungen und Mimik vermittelt.
- In den verschiedenen Modalitäten können auch gleichzeitig unterschiedliche Perspektiven eingenommen werden.
- Neueste Forschung untersucht die Rolle von Gesten und Blick in der Orchestrierung mentaler Räume in interaktionalen Erzählaktivitäten.

Übungen

- Fassen Sie in Ihren eigenen Worten zusammen, warum metaphorische Gesten besonders dazu geeignet sind, die Theorie der konzeptuellen Metapher zu belegen. Warum sind in diesem Zusammenhang vor allem rein gestisch ausgedrückte Metaphern interessant?
- Gehen Sie auf die Suche nach einem längeren Gesprächsausschnitt (in eigenen Gesprächsdaten oder auch in Fernsehsendungen und Videoformaten aller Art), in dem über ein komplexes, möglichst abstraktes Thema gesprochen wird. Identifizieren Sie in diesem Gespräch Gesten, die ko-verbal eingesetzt werden, und auf eine abstrakte Zieldomäne referieren. Welche konzeptuellen Metaphern werden hier gestisch instanziiert? Untersuchen Sie, ob auch sprachlich eine konzeptuelle Metapher instanziiert wird. Wenn ja, um welche Metapher handelt es sich? Identifizieren Sie in dem Gesprächsausschnitt je drei Instanziierungen von monomodal verbalen, monomodal gestischen und multimodalen Metaphern.

Weiterführende Literatur

- Zur Einführung in die Gestenforschung: Ladewig 2018, McNeill 1992, Kendon 2004
- Übersichtsartikel zu fast jedem Gebiet der Multimodalitätsforschung finden sich außerdem im International Handbook of Multimodality in Human Interaction (Müller et al. 2014).
- Metaphern und Metonymien in Gesten: Müller & Cienki 2008, Cienki 2008, Mittelberg 2006, Mittelberg 2019, Mittelberg & Waugh 2009
- Perspektivierung in Gesten: McNeill 1992, Parill 2011, Sweetser 2013
- Zur Evozierung und Ausgestaltung mentaler Räume im Erzählen: Sweetser 2007, Sweetser & Stec 2016, Ladewig & Hotze 2020
- Zum multimodalen Erzählen aus vorwiegend konversationsanalytischer Perspektive: Oloff & König 2018, König & Oloff 2018, Zima & Weiß 2020

12 Kognitive Linguistik im Sprachunterricht

In diesem Kapitel widmen wir uns den Möglichkeiten zur Anwendung kognitiv-linguistischer Erkenntnisse im Sprachunterricht. Dies ist ein neues Forschungsgebiet, das vor allem ab den 2000er Jahren entstanden ist. Eine wachsende Zahl von Studien untersucht, wie gebrauchsbasiertes Lernen in der Schule und in der Erwachsenenbildung, und hier vor allem im Fremdsprachenunterricht, umgesetzt werden kann und versucht dabei zu messen, ob dies zu besseren Lernergebnissen führt als konventionelle Methoden.

In diesem Zusammenhang wird aktuell vor allem diskutiert, ob mit einer **konstruktionsbasierten Didaktik** bessere Lernergebnisse erzielt werden können, als dies im traditionellen, regelbasierten Grammatikunterricht der Fall ist. Dabei stellt sich insbesondere die Frage, wie der Sprachinput gestaltet werden muss, um auch im Fremdsprachenunterricht bzw. im DaF- und DaZ-Unterricht[118] ein möglichst effizientes, auf den Mechanismen des gebrauchsbasierten Modells aufbauendes Lernen zu ermöglichen. Dabei steht außer Zweifel, dass die schiere Masse an Input, der Kinder im Erstspracherwerb ausgesetzt sind, im Unterricht nicht geboten werden kann. Doch es gibt Überlegungen dazu, den Input der LernerInnen zu steuern und so zu strukturieren, damit **Mustererkennung, Generalisierungen** und **Analogiebildungen** leichter fallen. Eine Möglichkeit wäre dabei, den Input so zu gestalten, dass zunächst hochfrequente und prototypische Strukturen in ihm dominant sind, sodass diese Strukturen als erstes erworben werden. Danach kann dieser Input nach und nach um periphere und schematische Konstruktionen erweitert werden. Zu diesem Zweck werden auch Datenbanken von Konstruktionen erstellt, die Lernenden dabei helfen sollen, die wichtigsten Konstruktionen einer Fremdsprache zuerst zu erlernen. Wir beschäftigen uns mit der Forschung aus diesem Bereich in Kapitel 12.1.

Ein weiteres Anwendungsgebiet, das wir uns in Kapitel 12.2 ansehen wollen, untersucht das Erklärungspotenzial von **kognitiv-grammatischen Schemata** und Bedeutungsanalysen sowie von **Graphiken** und **Animationen**, die auf kognitiv-grammatischen oder konstruktionsgrammatischen Erkenntnissen beruhen. Hier gilt es zu ergründen, ob solche Ansätze besser dazu geeignet sind, Bedeutungsunterschiede zwischen Konstruktionen sowie syntaktische Besonderheiten des Deutschen zu vermitteln als rein verbal formulierte Regeln und Erklärungen.

---

118 DaF und DaZ sind gängige Abkürzungen für „Deutsch als Fremdsprache" bzw. „Deutsch als Zweitsprache".

Zu guter Letzt werfen wir auch einen kurzen Blick auf die kognitiv-linguistische Forschung zur Didaktik des **Metaphernlernens**[119].

12.1 Chunks und konstruktionsbasiertes Lernen

Wir beginnen unseren Ausflug in das Feld der kognitiv-linguistisch motivierten Sprachdidaktik mit der Frage, wie die Erkenntnisse der Konstruktionsgrammatik im DaZ und DaF-Unterricht Anwendung finden können. Das schließt die Frage mit ein, ob ein konstruktionsbasierter Ansatz den Erwerb von grammatischen Besonderheiten des Deutschen, die im DaF/DaZ-Unterricht traditionell als schwierig erfahren werden, verbessern kann bzw. ob und wie er dazu beitragen kann, dass die Äußerungen bzw. Texte von Lernenden insgesamt idiomatischer werden. Dabei muss deutlich festgestellt werden, dass diese anwendungsorientierte Forschung innerhalb der konstruktionsgrammatischen Forschung bis dato noch klar ein Randgebiet darstellt. Zwar wächst die Zahl der Studien in diesem Gebiet stetig, insgesamt ist ihre Zahl aber noch recht gering. Das gilt nicht zuletzt für spezifische Studien zum Deutschen. Wir haben es also mit einem spannenden, neuen Gebiet der Kognitiven Linguistik zu tun, das zum derzeitigen Zeitpunkt jedoch noch klar unterentwickelt ist. Es hat aber ohne Zweifel großes Potenzial, nicht zuletzt für die Legitimierung der Kognitiven Linguistik insgesamt, d.h. ihrer Prämissen, Modelle und Methoden. Das liegt vor allem daran, dass Lernerfolge prinzipiell messbar sind, d.h. die Validität der kognitiv-linguistischen Annahmen, Methoden und Erkenntnisse könnten indirekt bestätigt werden, wenn ihr Einsatz im Sprachunterricht nachweislich, d.h. messbar, zu besseren Lernerfolgen führt. Ebendieser Nutzen einer konstruktionsgrammatischen Sprachpädagogik ist im Moment jedoch noch weitestgehend ungeklärt. Es liegen aber zumindest erste ermutigende Studien vor, die darauf hindeuten, dass die Entwicklung und der Einsatz konstruktionsgrammatisch fundierter Methoden im Sprachunterricht lohnend sein könnten.

 Sehr zu empfehlen ist an dieser Stelle die Lektüre des Kapitels von Thomas Herbst in Gilquin & De Knop (2016). In ihm unterzieht er einige Lehrwerke, die (in Bayern) im Englischunterricht in der Schule verwendet werden, einer kritischen und dabei äußerst amüsanten Evaluation. Seine

---

119 Diese Themenübersicht bietet daher nur einen notwendigerweise beschränkten Einblick in das Forschungsgebiet. Interessierte finden mehr aktuelle Themengebiete und Forschungsfragen u.a. bei De Knop & Gilquin (2016), Roche & Suñer (2017) und Tyler, Huang & Jan (2018).

Analysen zeigen, dass viele der Erklärungen, die wir in Schulbüchern finden, bestenfalls für Lernende wenig hilfreich und im schlechtesten, aber durchaus häufigen Fall schlichtweg falsch sind. Herbst macht einige Vorschläge zu sinnvolleren, einfacher nachvollziehbaren Darstellungen und Erklärungen einiger Besonderheiten des Englischen auf der Basis von Konstruktionen (wie z.B.: der *V-ing*-Konstruktion oder der *will*-Konstruktion). Dabei sieht er selbst aber tatsächlich nur wenig Potenzial, bei den Schulbuchverlagen damit durchzudringen, denn dem Linguisten/der Linguistin ginge es in der öffentlichen Diskussion oft wie FußballtrainerInnen: Jede/r hat eine Meinung und alle wissen es grundsätzlich besser. Schlimmer noch: „As linguists, we will just have to accept the fact that the general public does not grant us the same amount of expertise in our field that they would to a neurologist, an archaeologist or a nuclear physicist" (Herbst 2016: 21). Die Konsequenz davon ist eine ziemlich große Diskrepanz zwischen dem, was die Linguistik an Wissen über Sprachverarbeitung, Spracherwerb und das Sprachsystem angesammelt hat, und die Art und Weise, wie Sprache in den Schulen gelehrt wird. Man möchte Herbst in allen seinen Kritikpunkten beipflichten und dabei noch hinzufügen: Dies ist insbesondere deshalb erstaunlich, da es Universitäten und Pädagogische Hochschulen sind, die Lehrer und Lehrerinnen ausbilden und LinguistInnen an dieser Ausbildung beteiligt sind.

Zu den ersten konstruktionsgrammatischen Studien, die Fremdsprachenlernende in den Blick genommen haben, zählen die Aufsätze von Gries & Wulff (2005) und Valenzuela & Rojo (2008) (vgl. auch die Übersicht in Gilquin & De Knop 2016: 5–7). Sie basieren beide auf einem Experiment von Bencini & Goldberg (2000), das sie replizieren und um weitere Untersuchungen ergänzen. In dem Experiment von Bencini & Goldberg (2000) bekamen ProbandInnen die Aufgabe, 16 Stimulussätze, die jeweils vier unterschiedliche Konstruktionen instanziierten (*ditransitiv, verursachte Bewegung, resultativ* und *transitiv*) und immer dieselben vier Verben enthielten (*throw, slice, get* und *take*), in selbstdefinierte Gruppen einzuordnen (*sorting task*). Das Entscheidungskriterium sollten dabei Bedeutungsgemeinsamkeiten sein. Es zeigte sich, dass sich die ProbandInnen bei dieser Entscheidung an der Konstruktionsbedeutung orientieren und nicht am Verb, das man gemeinhin immer als das Element betrachtet, das den größten Beitrag zur Satzbedeutung liefert. Bei Bencini & Goldberg (2000) wurde das Experiment von MuttersprachlerInnen des Englischen durchgeführt, bei Gries & Wulff (2005) hingegen von deutschsprachigen LernerInnen des Englischen und bei Valenzuela & Rojo (2008) von spanischsprachigen LernerInnen des Englischen. Beide Studien zeigen, dass sich tatsächlich auch diese Gruppen an Konstruktionen und nicht primär am Verb orientieren. Mit anderen Worten, Transitivsätze wurden zusammen mit anderen Transitivsätzen gruppiert und Ditransitivsätze zusammen mit Ditransitivsätzen, auch wenn Transitiv- und Ditransitivsatz dasselbe Verb (z.B. *get*) enthielten. Diese Orientierung an der Konstruktionsbedeutung korreliert mit dem Sprachstand der ProbandInnen. Je besser die Fremdsprache beherrscht wird, desto wahrscheinlicher ist es, dass ProbandInnen ihre

Entscheidungen auf der Konstruktionsbedeutung basieren. Diese Erkenntnis, dass sich auch Fremdsprachenlernende an Konstruktionen orientieren, ist natürlich die Voraussetzung für eine konstruktionsbasierte Didaktik, denn „wenn Nicht-MuttersprachlerInnen keine Konstruktionen haben (können), dann wäre ein theoretischer Ansatz, der Konstruktionen als basale Bausteine von Sprachen ansieht, für die Beschreibung und Analyse einer Zweitsprache ungeeignet" (Gilquin & De Knop 2016: 5[120], Übersetzung E.Z.).

In einem zweiten Schritt stellt sich die Frage nach dem Stellenwert von Konstruktionen im Sprachsystem, d.h. in der Grammatik, von L2-LernerInnen. Diese Frage ist wiederum mit der Frage verbunden, ob auch der Erwerb von Zweitsprachen nach den Prinzipien des gebrauchsbasierten Lernens abläuft. Hier stellt vor allem Ellis (2013) einen grundlegenden Unterschied zwischen dem Erst- und Zweitspracherwerb fest, denn L2-Lernenden steht als Ressource im Spracherwerb nicht nur der Input der L2-Sprache zur Verfügung, sondern sie verfügen bereits über ein erlerntes Konstruktikon: jenes der Erstsprache. Dieses ziehen L2-LernerInnen (unbewusst oder bewusst) sowohl im Verstehen als auch in der Produktion der Zweitsprache heran. Es kommt also zu **Interferenzen**. Diese können sich positiv auswirken, wenn sich Erst- und Zweitsprache in einem gewissen Punkt oder in vielen Punkten ähneln (so zum Beispiel, wenn sich die Sprachen typologisch ähneln, wie im Falle von **verb-basierten** und **satelliten-basierten Sprachen**[121]). Die Orientierung an der Erstsprache kann aber auch zu unidiomatischem Sprachgebrauch in der Fremdsprache führen und den Erwerb der L2-Konstruktion erschweren.

Eine weitere Schwierigkeit im Fremdsprachenerwerb stellt außerdem die **Größe des Inputs** dar (vgl. dazu auch Herbst 2016). Es steht außer Zweifel, dass man im Sprachunterricht die Inputmenge, der wir im Erstspracherwerb ausgesetzt werden, nicht einmal ansatzweise erreichen kann. Für den Sprachunterricht müssen deshalb Methoden entwickelt werden, die Lernende dabei unterstützen,

---

120 „[I]f non-native speakers do not (and cannot) have constructions, then a theoretical framework relying on constructions as the basic building blocks of language cannot be suitable for the description and analysis of an L2" (Gilquin & De Knop 2016: 5).

121 Dieser typologische Unterschied betrifft Unterschiede in der Konzeptualisierung von Bewegung und der lexikalisch-syntaktischen Struktur von Äußerungen, die ein Bewegungsereignis thematisieren. In verbbasierte Sprachen drückt prototypisch das Verb den Bewegungsweg aus und ein Verbadjunkt die Bewegungsart (z.B. Französisch und Spanisch). In satelliten-basierten Sprachen ist es genau umgekehrt: Das Verb beschreibt die Bewegungsart, der Bewegungsweg wird optional in einem Verbadjunkt (Satelliten) ausgedrückt (z.B. Deutsch und Englisch). Die Unterscheidung von verb- und satelliten-basierten Sprachen geht auf Talmy (2000) zurück. Wir kommen auf sie zur Erläuterung der Beispiele (86) bis (88) zurück.

im quantitativ sehr überschaubaren Sprachinput, den sie erhalten, Muster der Fremdsprache erkennen und Generalisierungen vornehmen zu können. Vorschläge dazu machen u.a. Littlemore (2009) und Holme (2010a, b). Das wichtigste Prinzip ist dabei, dass Neues, d.h. neue Konstruktionen, immer in Bezug zu bereits erlernten, bekannten Konstruktionen gesetzt werden sollten, sodass es Lernenden mit der Zeit immer besser gelingt, „das Neue durch das Alte zu konzeptualisieren" (Holme 2010b: 362[122], zitiert in Gilquin & De Knop 2016: 7, Übersetzung E.Z.). Diese Methode wird auch *scaffolding* genannt. Die Voraussetzung dazu ist, dass Konstruktionen zunächst in ausreichender Frequenz in ihrer Grundform und Grundbedeutung präsentiert und erlernt werden, um dann darauf aufbauend erweitert zu werden. So kann in diesem aufbauenden Schritt zum Beispiel gezeigt werden, welche unterschiedlichen Verben in der Konstruktion verwendet werden können (und welche nicht). Dabei sollten Konstruktionen in möglichst natürlichen Kontexten und Gesprächsanlässen eingebettet werden und Lernenden auch Unterschiede zu Konstruktionen der Erstsprache aufgezeigt werden.

Wir illustrieren diesen didaktischen Ansatz am Beispiel der **deutschen Bewegungskonstruktionen** (De Knop 2020). Nach Talmy (2000) wird in Bewegungsbeschreibungen zumeist zumindest auf die folgenden semantischen Rollen verwiesen: Figur, Grund, Bewegungsart und Bewegungsweg. Optional sind unter anderem auch weitere Angaben zu Ursprung und Ziel des Bewegungswegs möglich. In der versprachlichten Konzeptualisierung von Bewegungsereignissen folgt das Deutsche dem Muster der satelliten-basierten Sprachen (vgl. Fußnote 121), d.h. das Verb enthält prototypisch Informationen zur **Bewegungsart**, während Informationen zum **Bewegungsweg** in einem sogenannten Satelliten, d.h. in einem Verbadjunkt, gegeben werden müssen. Als Illustration dieser Rollen dient uns das folgende Beispiel:

Beispiel (86)

Der Mann	rennt	aus dem Haus	hinaus.
Figur	Bewegungsart	Grund	Bewegungsweg.

Sprachen des verb-basierten Typs würden den hier ausgedrückten Sachverhalten hingegen folgendermaßen versprachlichen:

---

[122] „[...] conceptualise the new through the known" (Holmes 2010b: 362).

Beispiel (87) Französisch

L'homme	sort	de la maison	en courant.
Der Man	hinausgeht	aus dem Haus	laufend
FIGUR	BEWEGUNGSWEG	GRUND	BEWEGUNGSART

Beispiel (88) Spanisch

El hombre sale	corriendo	de la casa.
Der Mann hinausgeht	laufend	aus dem Haus
FIGUR BEWEGUNGSWEG	BEWEGUNGSART	GRUND

Während im Deutschen also das Verb Informationen zur Bewegungsart enthält und Informationen zum Bewegungsweg in einem Verbsatelliten (in diesem Fall einer Partikel) gegeben werden, verhalten sich die verbbasierten Sprachen Französisch und Spanisch dazu quasi umgekehrt: Hier enthalten die Verben *sortir* bzw. *salir* Informationen zum Bewegungsweg, während die Information zur Bewegungsart in eine Gerundivkonstruktion verpackt wird. Dabei muss betont werden, dass diese beiden Muster „Bewegungsart im Verb und Bewegungsweg in einem Verbsatelliten" für satelliten-basierte Sprachen und „Bewegungsweg im Verb und Bewegungsart in einem Verb-Satelliten" in verbbasierten Sprachen lediglich die dominanten Muster der typologisch differenzierten Sprachen sind. Abweichende Konstruktionen sind möglich, aber weniger frequent. Französisch- und spanischsprachige LernerInnen des Deutschen stehen beim Erwerb der Bewegungskonstruktionen also vor dem Problem, dass sie hier nicht auf ihre prototypische L1-Konstruktion zurückgreifen können, sondern die L2-Konstruktion gezielt einüben müssen.

> Die Datenlage ist hier allerdings nicht ganz eindeutig. So weisen einige Studien auf Erwerbsschwierigkeiten und insbesondere auf unidiomatische Häufigkeiten bei der Verwendungen von Pfadsatteliten oder Bewegungsartverben bei SprecherInnen typologisch unterschiedlicher Sprachen hin (Cadierno 2004, Reshöft 2010). Andere berichten jedoch nur von sehr moderaten Einflüssen bzw. auch von Unterschieden bei L2-Lernergruppen derselben typologischen Familie (vgl. Goschler 2009). Es geht also beim Erwerb von Bewegungskonstruktionen nicht nur um den Erwerb der prototypischen Konstruktionsmuster, sondern auch um die Frequenzen, mit denen z.B. Bewegungsartverben oder Verbpartikel in einer Zielsprache verwendet werden.

Hinzu kommt als weitere Schwierigkeit für Deutschlernende, dass in deutschen Bewegungskonstruktionen oft Präpositionalphrasen vorkommen. Diese werden entweder durch **Ein-Kasus-Präpositionen** oder durch **Wechselpräpositionen** eingeleitet. Diese haben einen besonderen Stellenwert im deutschen Präpositionssystem, denn Wechselpräpositionen regieren manchmal den Dativ und manchmal den Akkusativ. Für L2-Lernende stellen diese Wechselpräpositionen eine häufige Fehlerquelle dar.

Eine beliebte Erklärung für den Gebrauch von Dativ bzw. Akkusativ bei Wechselpräpositionen lautet, dass mit dem **Dativ** auf eine **statische Lage** eines Objekts referiert wird, während der **Akkusativ** bei **dynamischen Szenen**, in denen ein Objekt bewegt wird oder sich bewegt, eingesetzt wird. Das scheint auf die Beispielsätze (89) a. und b. zuzutreffen.

Beispiel (89)

a. Der Ball liegt auf der Straße. (Dativ)
b. Der Ball rollt auf die Straße. (Akkusativ)

Dieser Erklärungsansatz führt aber zu einem überfrequenten Gebrauch des Akkusativs, denn L2-Lernende verwenden auch in Sätzen wie (90) den Akkusativ, weil sie schlussfolgern, dass ein Bewegungsaspekt Teil der konzeptualisierten Szene ist und somit der Regel gemäß Akkusativ verlangt wird (Kinder, die auf der Straße spielen, werden aufgrund unseres Erfahrungswissens prototypisch als sich bewegend konzeptualisiert; vgl. Baten 2009: 100 mit Bezug zu flämischsprachigen LernerInnen des Deutschen).

Beispiel (90)

Die Kinder spielen auf die Straße.

Eine andere Erklärung, wie sie etwa Gutzmann & Turgay (2011: 172) geben, basiert auf der Unterscheidung von **Richtung** und **statischer Lokation**: „Während eine Wechselpräposition mit einem Akkusativargument eine direktional-zielgerichtete Interpretation erhält, drückt eine Wechselpräposition eine statisch-lokale Relation aus, wenn sie den Dativ zuweist". Die Frage, die sich FremdsprachendidaktikerInnen jedoch stellen müssen, ist nicht nur, ob diese Erklärung faktisch richtig ist, sondern wie gut sie von Lernenden verstanden wird und ob sie von ihnen richtig angewandt wird. Baten (2009: 101) argumentiert in diesem Zusammenhang, dass auch der Verweis auf Richtung und statische Lokation für Lernende verwirrend sein kann, denn auch in Sätzen wie (91) a. und in einem noch stärkeren Maße in (91) b. gilt Bewegung in eine Richtung als ursächlich (vgl. auch Scheller 2009).

Beispiel (91)

a. Die Sonne versteckt sich hinter den Wolken (Baten 2009: 101).
b. Die Sonne hat sich hinter den Wolken versteckt.

De Knop (2020: 1365) macht deshalb einen anderen Vorschlag zur Beschreibung der Konzeptualisierungsunterschiede, die den Gebrauch von Dativ oder Akkusativ bedingen: „der Akkusativ wird nach Wechselpräpositionen benutzt, wenn eine **Bewegung entlang eines Pfads auf ein Ziel hin** ausgedrückt wird, bei der eine (fiktive) **Grenze überschritten** wird. Der Dativ tritt in solchen Fällen auf, wenn der Fokus nur auf dem Pfad oder auf eine[r] **Bewegung ohne Ziel** oder ohne Überschreiten einer solchen Grenze liegt" (Hervorhebungen E.Z.). Einen sehr ähnlichen Vorschlag macht auch Scheller (2009), die die Kasuswahl bei Wechselpräpositionen an die Überschreitung bzw. Nichtüberschreitung einer (imaginären) Grenze eines Suchbereichs koppelt.

Dieser Vorschlag klingt allerdings zunächst für Deutschlernende wohl nicht weniger kompliziert oder abstrakt. Wendet man ihn aber auf die Familie der deutschen Bewegungskonstruktionen (De Knop 2020: 1365) an, erweist er sich als tatsächlich zutreffender.

Das Deutsche kennt eine ganze Reihe miteinander verwandter Bewegungskonstruktionen. De Knop (2020) beschäftigt sich mit einer Unterkategorie davon, nämlich den „Konstruktionen nach Z". Sie zeichnet aus, dass sie eine Bewegung einer Figur X zu einem Ziel Z konzeptualisieren. Zu dieser Konstruktionsfamilie gehören die **Intransitive Bewegungskonstruktion** mit der Form [X V$_{(Bewegung)}$ in/nach/zu Z"] (z.B. *Peter fährt nach Paris*) und die **Transitive Bewegungskonstruktion**. Zu den transitiven Bewegungskonstruktionen gehören die **kausative Bewegungskonstruktion** mit dem semantischen Pol [X bewegt Y nach Z] (z.B. *Maria schiebt den Stuhl zum Tisch*) und die **Konstruktion der verursachten Bewegung** [X verursacht, dass sich Y nach Z bewegt] (z.B. *Marta hat ihren Mann aus dem Haus genörgelt*). Der primäre semantische Unterschied zwischen der intransitiven und der transitiven Bewegungskonstruktion ist zunächst, dass sich in intransitiven Bewegungskonstruktionen die Figur selbst bewegt. In transitiven Bewegungskonstruktionen wird die Figur als bewegt konzeptualisiert.

Sowohl in transitiven als auch in intransitiven Bewegungskonstruktionen folgt auf eine Wechselpräposition immer dann der Akkusativ, wenn sich die Figur auf ein Ziel zu und in den Zielbereich hinein bewegt. Die folgenden Beispiele illustrieren dies.

Intransitive Bewegungskonstruktionen mit Wechselpräpositionen und Zielangabe (=Intransitive Bewegung nach Z, De Knop 2020):

Beispiel (92)

a. Der Ball rollt auf die Straße. (Bewegung auf ein Ziel zu und in den Zielbereich hinein)
b. Der Ball rollt in den Kanal. (Bewegung auf ein Ziel zu und in den Zielbereich hinein)
c. Der Ball rollt vor das Hundehaus. (Bewegung auf ein Ziel zu und in den Zielbereich hinein; Zielbereich ist der Bereich vor dem Hundehaus)
d. Maria schlittert in die Depression. (Metaphorische Bewegung auf ein Ziel und in den Zielbereich hinein)

Bei intransitiven Bewegungskonstruktionen mit Wechselpräpositionen ohne Zielangabe wird die Wechselpräposition hingegen mit Dativ realisiert:

Beispiel (93)

a. Der Ball rollt auf der Straße. (Bewegung ohne Ziel)
b. Der Ball schwimmt im Kanal. (Bewegung ohne Ziel)
c. Der Ball rollt vor dem Haus. (Bewegung ohne Ziel)

Bei tansitiven Bewegungskonstruktionen mit Angabe eines Ziels werden Wechselpräpositionen analog zu den intransitiven Bewegungskonstruktionen ebenfalls immer dann mit Akkusativ realisiert, wenn sich die Figur in einen Zielbereich hineinbewegt. Dies gilt auch für metaphorische Instanziierungen der Konstruktion.

Beispiel (94)

a. Der Ball wird in den Kanal geworfen. (Bewegung auf ein Ziel zu und in den Zielbereich hinein)
b. Maria legt das Buch auf den Tisch. (Bewegung auf ein Ziel zu und in den Zielbereich hinein)
c. Seine Trinkerei trieb sie in den Wahnsinn. (Metaphorische Bewegung, Bewegung auf ein Ziel zu und in den Zielbereich hinein)
d. Die Anfeuerungen des Publikums trugen ihn ins Ziel. (Metaphorische Bewegung, Bewegung auf ein Ziel zu und in den Zielbereich hinein)

Ein weiterer Subtyp der transitiven Bewegungskonstruktion ist außerdem die Konstruktion „Verblose Direktiva nach Z" (Jacobs 2008, De Knop 2020: 1373–1375). Instanziierungen dieser Konstruktion sind die Beispiele (95) a.–d.

Beispiel (95)

a. Ab ins Bett!
b. Rein ins Boot!
c. Auf die Barrikaden!
d. Raus aus meinem Haus!

De Knop (2020: 1374) argumentiert, dass der typologische Status des Deutschen als satelliten-basierte Sprache das Auftreten und die frequente Verwendung dieser **Verblosen Direktiva** begünstigt, weil PP-Konstruktionen häufig in deutschen Bewegungskonstruktionen auftreten. Für Lernende mit einer verbbasierten Erstsprache stellt deren Erwerb demzufolge eine potenzielle Schwierigkeit dar.

Wie können diese Erkenntnisse zur Struktur und Semantik von Bewegungskonstruktionen im Deutschen nun didaktisch sinnvoll umgesetzt werden? Zunächst ist es sicher sinnvoll, bei konkreten, räumlichen Gebrauchsformen der Konstruktionen zu beginnen und erst wenn diese beherrscht werden, zu zeigen, wie sie metaphorisch gebraucht werden. De Knop (2020: 1381) schlägt vor, mit der transitiven kausativen Bewegungskonstruktion zu beginnen. Tatsächlich erscheint es aber naheliegender, mit der noch basaleren intransitiven Bewegungskonstruktion zu beginnen. Welche didaktische Methode am besten eingesetzt wird, hängt dabei von der Zielgruppe ab. Während man Germanistik-Studierenden ähnlich wie in der bisherigen Darstellung in diesem Kapitel die Bandbreite der deutschen Bewegungskonstruktionen und die strukturellen Unterschiede zur Erstsprache erklären kann, führt ein solcher Ansatz im schulischen Fremdsprachenunterricht wahrscheinlich zu keinen guten Lernergebnissen. Hier bieten sich eher Methoden des **embodied learning** an.

Der Grundgedanke des *embodied learning* als didaktische Methode besagt, dass wir besser lernen, wenn wir unseren Köper und motorische Erfahrungen in den Lernprozess miteinbeziehen. Wir lernen also besser, d.h. schneller und nachhaltiger, wenn wir uns bewegen, d.h., z.B. wenn wir gestikulieren, mit Gegenständen hantieren oder Szenen körperlich nachspielen. Auch bewegte Szenen in animierten Videos haben einen ähnlichen Effekt, weil unser Gehirn dann die Bewegung mental simuliert (einen Überblick zu den Methoden und Anwendungsgebieten des *embodied learning* geben Skulmowski & Rey 2018). Diesen Effekt kann man sich in der Vermittlung der Spezifika der deutschen Bewegungskonstruktionen besonders gut zu Nutzen machen, weil das Bewegungsereignis leicht nachgespielt, mittels Animationen dargestellt oder auf ähnliche Arten und Weisen in ein „verkörpertes" Lernereignis umgesetzt werden kann. Man kann also über Bewegung lernen, wie man im Deutschen über Bewegung spricht. Zur Erklärung des Akkusativgebrauchs bei Bewegungen, die ein Ziel angeben, kann auch eine Visualisierung helfen, die das Ziel als einen Behälter konzeptualisiert (vgl. De Knop 2020: 1382). Wechselpräpositionen verlangen in diesen Bewegungskonstruktionen demnach den Akkusativ, weil die bewegte oder sich bewegende Entität (die Figur) sich von einem Ursprungsort (am besten als Behälter visualisiert) zum und schließlich in den Behälter als Ziel hineinbewegt. Dabei wird eine Metaphorisierung des Ziels als Objekt vorgenommen. Es liegt auf der Hand, dass diese Metaphorisierung erst gelingen kann, wenn das Metaphernverstehen genügend entwickelt ist. Diesem Punkt widmen wir uns noch genauer in Kapitel 12.3.

Für den Vorschlag von De Knop aus dem Bereich der Bewegungskonstruktionen liegen allerdings noch keine Tests und Anwendungsstudien vor und ganz allgemein sind solche Anwendungsstudien aus dem DaF/DaZ-Unterricht im Bereich der Konstruktionsgrammatik noch Mangelware (siehe aber mit Bezug zu den Wechselpräpositionen das nächste Kapitel 12.2). Mehr Forschung gibt es aber aus dem Bereich des Phraseologismen- und Kollokationslernens. Auch hier hat die Konstruktionsgrammatik ein breites Anwendungsgebiet gefunden, denn eine zentrale Erkenntnis der Konstruktionsgrammatik und hier insbesondere ihrer Beschäftigung mit Phraseologismen und Kollokationen liegt darin, dass Sprache zu einem sehr großen Teil aus **Chunks**, d.h. aus teilfixierten Einheiten, besteht und außerdem Wörter in **Kollokationen** miteinander assoziiert sind. Mit dem Begriff der Kollokation werden lexikalische Einheiten bezeichnet, die gehäuft, d.h. frequent gemeinsam auftreten. Sie können semantisch transparent oder intransparent sein. In beiden Fällen müssen sie von L2-Lernenden erlernt werden. So müssen Deutschlernende z.B. lernen, dass Hausaufgaben *gemacht werden* (vgl. im Kontrast dazu Engl. *do one's homework*, Herbst 2016), man eine Entscheidung *trifft* oder *fällt* (und z.B. nicht *nimmt*), man das Geschirr *spült* und nicht *wäscht*, man jemanden *einen Denkzettel verpassen kann* oder *es in Strömen* [und nicht in Flüssen] *regnet*. Wie können solche Kollokationen bzw. Chunks am besten gelernt werden?

In DaF-Lehrwerken wird das Kollokationslernen dem Bereich der Wortschatzerweiterung zugeordnet. Dabei werden Kollokationen oft an spezifische Themengebiete geknüpft und in Wortlisten aufgeführt. Spezifische Übungen sind aber nicht durchgehend vorhanden (Targońska 2014). Aus kognitiv-linguistischer Sicht müsste genau dem Kollokationslernen jedoch weitaus mehr Gewicht beigemessen werden, denn Sprache besteht zu einem ganz erheblichen Teil aus diesen vorgefertigten Einheiten. Ein gebrauchsbasierter Erwerb von Kollokationen setzt hier auf zwei Faktoren: Frequenz und Situationseinbettung. Der Faktor Frequenz bezieht sich hier nicht nur auf die Häufigkeit, mit der eine Kollokation eingeübt wird, sondern auch auf die Frequenz der Kollokation selbst. So kann man z.B. einen Kuchen *backen* (frequenteste Kollokation), man kann einen Kuchen aber auch *zubereiten* (weniger frequent), allerdings nicht *kochen* (außer eventuell im Wasserbad, z.B. in einem Weckglas, wobei sich dann wiederum die Frage stellt, ob das Ergebnis dann nicht nur ein peripheres Mitglied der Kategorie KUCHEN wäre). Vor allem für nicht muttersprachliche Lehrkräfte, die beurteilen müssen, ob eine Wortkombination eines Lernenden idiomatisch ist oder nicht, ist dieses Wissen um Frequenzunterschiede relevant. Eine nützliche Ressource ist dabei das korpusbasierte DWDS-Wortprofil (https://www.dwds.de/).

ist Akk./Dativ-Objekt von	logDice	Freq.
1. backen	11.4	409
2. essen	8.6	266
3. aufteilen	8.5	58
4. anschneiden	7.8	22
5. vorbeibringen	7.8	18
6. servieren	7.7	58
7. aufessen	7.7	17
8. verzehren	7.2	18
9. hineinstopfen	6.4	6
10. spendieren	6.3	13
11. vergrößern	6.2	21
12. verteilen	6.1	45
13. verspeisen	6.0	6
14. zerteilen	6.0	5
15. auftischen	5.9	6

Abb. 64: Ergebnisse der DWDS-Wortprofilsuche zu *Kuchen* als Akkusativ- oder Dativobjekt

Abbildung 64 zeigt einen Teil des Eintrags für das Lemma *Kuchen* und zwar jene Spalte, in der jene Kollokationen gelistet sind, in den *Kuchen* als Dativ- oder Akkusativobjekt auftritt. Es zeigt sich, dass das Verb *backen* hier mit Abstand am frequentesten vorkommt, gefolgt von *essen, aufteilen, anschneiden*. Im Regler „Kollokationen" kann die Anzahl der Kollokationen, die gelistet werden sollen, eingestellt werden (hier bei 100). *Kochen* ist nicht unter den ersten 13 Verben, die in Abbildung 64 abgebildet werden. Eine exhaustive Suche ergibt, dass es auch nicht unter allen 56 im DWDS gelisteten Verben in dieser Position und Kollokation zu finden ist. Lehrende und Lernende können daraus schließen, dass *einen Kuchen kochen* als Verbindung unidiomatisch ist.

Ein weiterer Aspekt, der das Kollokationslernen aus gebrauchsbasierter Sicht begünstigen sollte, ist außerdem die Einbettung in einen situativen Kontext, in dem die Verbindungen tatsächlich gebraucht werden. Auch hier kann *embodied learning* eine Rolle spielen. Zu dessen Methodenrepertoire gehört auch der Einsatz von Illustrationen und Animationen. Diesem didaktischen Hilfsmittel wollen wir uns nun im nächsten Kapitel genauer widmen.

12.2 Kognitiv-grammatische Illustrationen und Animationen im Sprachunterricht

Kapitel 9 dieser Einführung zur Kognitiven Grammatik Langackers enthält einige der für die Kognitive Grammatik so typischen Diagramme und graphischen Darstellungen. Wir haben dort festgestellt, dass in ihnen sehr spezifische typographische Konventionen zur Anwendung kommen und sie zwar der Verständlichkeit der Analysen sehr zuträglich sein können, allerdings erst nachdem man sich intensiv mit Ihnen befasst und sich eingearbeitet hat. Es mag daher überraschen, dass gerade diese graphischen Darstellungen mit einiger Überarbeitung im Sprachunterricht sinnvoll eingesetzt werden können. Roche & Suñer (2017: 284) zufolge – zwei Pioniere auf diesem Gebiet – ist die wichtigste Voraussetzung für einen gewinnbringenden Einsatz aber, dass keine einzelnen, statischen Bilder bzw. Abfolgen von Bildern verwendet werden, sondern animierte Darstellungen. Nur über solche **dynamischen Animationen** kann illustriert werden, welche Rolle Dynamik und Bewegung und damit einhergehend Metaphorisierungen für grammatische Phänome spielen. Darüber hinaus begünstigen bewegte Animationen die **mentale Simulation** der dargestellten Szene. Auch das ist eine Form von *embodied learning* und deshalb dem Lerneffekt zuträglich (Roche und Suñer 2018: 284). Für das Deutsche wurde dieser Ansatz zur Anwendung von auf kognitiv-linguistischen Erkenntnissen basierenden Animationen zur Grammatikvermittlung in erster Linie von Jörg Roche, Ferran Suñer und KollegInnen des Instituts für Deutsch als Fremdsprache der LMU München entwickelt und erprobt (vgl. Roche & El-Bouz 2018, Roche, El-Bouz & Leuchte 2018, Roche & Suñer 2017,

Scheller 2009). Sie nennen diesen Ansatz **„kognitive Sprachdidaktik"**. Deren Ziel beschreiben sie folgendermaßen:

> Das Ziel der kognitiven Sprachdidaktik ist die Umsetzung kognitionslinguistischer Erkenntnisse in eingängigen Grammatikdarstellungen in Form von animierten bildhaften Metaphern, die zur Steigerung der Effizienz des Spracherwerbs beitragen sollen. (Roche et al. 2018: 31)

Wir illustrieren diesen Ansatz der kognitiven Sprachdidaktik am Beispiel des deutschen Präpositionssystems (Scheller 2009, Roche & El-Bouz 2018, Roche et al. 2020). Wie wir bereits in Kapitel 12.1 mit Bezug zu den Wechselpräpositionen gesehen haben, gilt der Erwerb der deutschen Präpositionen sowohl im DaZ (Bryant 2012) als auch im DaF-Kontext als besonders schwierig (vgl. Weber 2020: 119 und die dort zitierten Studien).

Die Grundthese der kognitiven Sprachdidaktik, die sie der Kognitiven Grammatik entnimmt, ist, dass „jedes grammatische Phänomen bedeutungsvoll ist, weil ihm ein bestimmtes sprachliches „Bild" zugrunde liegt" (Roche & El-Bouz 2018c: 31). Demzufolge gilt:

> Mit bildlichen Darstellungen lassen sich lokale und temporale Konzepte (Bildschemata) transparent machen, auch für Lerner und Lernerinnen. Die Bildschemata stellen dabei sprachliche Bilder dar, die unseren Konzepten zugrunde liegen. Sie entstehen aus unserer körperlichen Interaktion mit der Welt und existieren in der Kognition als dynamische, universale und bildhafte Muster (beispielsweise „oben-unten", „vorne-hinten", „Ursprung-Weg-Ziel"). (Roche & EL-Bouz 2020: 1397)

Roche & El-Bouz (2020) illustrieren die Möglichkeiten zur Verbildlichung dieser Bildschemata anhand deutscher temporaler Präpositionen. Dabei schlagen sie vor, dass temporale Präpositionen im Unterricht erst nach den räumlichen Präpositionen eingeführt werden sollten, denn temporale Präpositionen konzeptualisieren ZEIT als RAUM (vgl. Kapitel 5!). Die räumliche Quellbedeutung muss also bekannt sein, um die Parallelen zwischen den räumlichen und den temporalen Verwendungen der Präpositionen erkennen zu können. Die Voraussetzung für das Verstehen des Systems der deutschen Temporalpräpositionen ist Roche & El-Bouz (2020) zufolge demnach also eine gewisse metaphorische Kompetenz, nämlich die Möglichkeit zur Einsicht, dass wir ZEIT als RAUM konzeptualisieren.

Erst diese metaphorische Kompetenz und die Offenlegung der Metaphorisierung der temporalen Präpositionen erlaubt es dann zu verstehen, warum wir im Deutschen dieselben Präpositionen mit demselben Kasus sowohl für räumliche als auch für zeitliche Konzeptualisierungen benutzen. Dies trifft beispielsweise auf die Konstruktion [*in* + Dativobjekt] zu.

Beispiel (96) (aus Roche & El-Bouz 2020: 1398):

in + Dativ = Raumangabe: z.B. in der Halle
in + Dativ = Zeitangabe: z.B. im Jahr 2017

Der Gebrauch des Dativs in „im Jahr 2017" zeigt demnach, dass wir das temporale Konzept *das Jahr 2017* als einen räumlichen Behälter mit Grenzen konzeptualisieren, *in dem* man sich befinden kann. Die temporale Präposition *in* + Dativ basiert also auf der metaphorischen Konzeptualisierung von ZEIT als RAUM.

Die Webseite „das aktuelle Grammatikstudio" (www.granima.de), die von Roche und KollegInnen entwickelt und betrieben wird, bietet nun – gegen Bezahlung – eine ganze Reihe graphischer Animationen an, die diese Metaphorisierung von ZEIT als RAUM und die damit verbundenen grammatischen Konzeptualisierungen illustrieren (vgl. Roche & El-Bouz 2018). Wir zeigen hier ein Standbild aus der zu Beispiel (96) zugehörigen Animation (Abbildung 65), weisen aber darauf hin, dass gerade die dynamischen Elemente der Animationen für den Lernprozess, die aus diesem Standbild nicht ersichtlich werden, als besonders relevant gelten.

Abb. 65: Visualisierung der Metaphorisierung des Zeitkonzepts „das Jahr 2017" als räumlicher Behälter zur Erklärung, warum wir auch bei Zeitkonzepten die Präposition „in" mit Dativ verwenden (Bildquelle: Roche & El-Bouz 2020: 1298).

Das Standbild und die dazugehörige Animation zeigen also, dass wir in räumlichen Kontexten die Präposition *in* + Dativ verwenden, wenn sich die Figur innerhalb eines räumlichen Behälters (z.B. *in der Halle*) befindet. Der Gebrauch von *in* + Dativ auch in temporalen Konstruktionen wird darauf aufbauend darüber erklärt, dass wir auch ZEIT als RAUM verstehen und auch Zeitabschnitte deshalb als Behälter konzeptualisieren (vgl. den quadratischen Rahmen um den Pokal herum).

Ähnliche Erklärungen und Darstellungen zeigen Roche & El-Bouz (2020: 1399–1403) für die Verwendung von *an* + Dativ in räumlichen und zeitlichen Kontexten, von *vor* + Dativ sowie der komplexen Präposition [*von* + Dativ ... *bis* + Dativ/Akkusativ]. Auf der Webseite des aktuellen Grammatikstudios stehen darüber hinaus auch graphische Animationen zur Erklärung der Wechselpräpositionen zur Verfügung. Dabei wird der Erklärungsansatz herangezogen, den auch De Knop (2020, vgl. Kapitel 12.1) vertritt, wonach bei Wechselpräpositionen immer dann der Akkusativ verwendet wird, wenn eine Grenze zu einem Ziel überschritten wird. Genau das illustriert die Animation in Abbildung 66. Die Katze läuft hier *auf die Straße* und nicht *auf der Straße*, weil sie einen Zielbereich, markiert durch ein rosa Viereck in der Animation, betritt und also davor eine Grenze in den Zielbereich hinein überschritten hat.

Abb. 66: Standbild aus der Animation zur Erklärung des Akkusativgebrauchs in „Die Katze läuft auf die Straße" (Bildquelle: www.anima.de, Paket „Wechselpräpositionen 2")

Den didaktischen Nutzen dieser Animation, spezifisch mit Bezug zu den Wechselpräpositionen, hat Scheller (2009) experimentell untersucht. Eine mit 89

Deutschlernenden durchgeführte Interventionsstudie ergab, dass die besten Lernergebnisse tatsächlich mit den kognitiv-linguistisch motivierten Animationen erzielt werden konnten und dass dieser Lernerfolg signifikant größer war als in jenen Gruppen, denen die kognitiv-linguistischen Erklärungen nur rein verbal oder mit statischen Bildern vermittelt wurden.

Roche und Suñer (2017: 281–292) besprechen einige weitere erprobte Anwendungen aus dem Grammatikunterricht, darunter Modalverben und die Konstruktion von Aktiv und Passiv. Deren didaktischen Nutzen bestätigen Studien von El-Bouz (2016) und Arnett et al. (2019). Für den Erwerb deutscher Modalverben zeigt El-Bouz (2016), dass vor allem der Nachhaltigkeitswert des Lerneffekts im Vergleich zu traditionellen Methoden der Grammatikvermittlung durch den Einsatz dieser Animationen gesteigert werden kann. In der Studie von Arnett et al. (2019) zum Erwerb des Passivs zeigt sich hingegen, dass dieser Nachhaltigkeitseffekt des animationsbasierten Unterrichts vor allem dann größer ist, wenn gemeinsam in Gruppen gelernt und geübt wird. Beide Studien weisen also auf den didaktischen Nutzen kognitiv-linguistisch motivierter Animationen hin. Aufgrund der geringen Größe der Testgruppen sind aber für eine abschließende Bewertung noch weitere Studien erforderlich.

Eine Voraussetzung für den Lernerfolg scheint aber auf jeden Fall eine recht fortgeschrittene metaphorische Kompetenz zu sein. Im Falle der konzeptuellen Metapher ZEIT IST RAUM können wir uns im Fremdsprachenunterricht den Vorteil zunutze machen, dass sehr viele Kulturen diese Metapher kennen, auch wenn die konkrete Ausgestaltung variieren kann (z.B. mit Bezug dazu, wo im Raum Zukunft und Vergangenheit situiert werden, vgl. Kapitel 5). Die konkreten sprachlichen Ausdrücke, die durch die konzeptuelle Metapher motiviert sind, sind aber generell sprachspezifisch und müssen deshalb von L2-LernerInnen explizit gelernt werden. Diesem Aspekt der Förderung der metaphorischen Kompetenz widmen wir uns im letzten Abschnitt dieses Einführungskapitels in die kognitiv-linguistisch unterbaute Fremdsprachendidaktik.

12.3 Methoden zur Förderung der Metaphernkompetenz

Während konstruktionsgrammatische und kognitiv-grammatische Anwendungen im L2-Bereich insgesamt noch recht selten sind, hat sich eine bereits recht große Anzahl von Studien mit der sogenannten metaphorischen Kompetenz im Fremdsprachenerwerb beschäftigt (u.a. Danesi 2008, MacArthur & Littlemore 2008, Skoufaki 2008, Littlemore 2014, 2016 und die Aufsätze in Piquer Píriz & Alejo-González 2020). Der Begriff kann aber grundsätzlich auf zwei unterschiedliche Kompetenzen verweisen, nämlich die Metaphorisierungsfähigkeit als Teil der allgemeinen kognitiven Entwicklung und die Beherrschung des Metaphernrepertoires einer Fremdsprache. Die Fähigkeit zur Metaphorisierung ist dabei prioritär, weil sie eine Voraussetzung für den Erwerb sprach- bzw. kulturspezifischer Metaphern einer L2 darstellt. Wie Littlemore & Low (2006) zeigen, ist die metaphorische Kompetenz tatsächlich sogar für die Entwicklung *aller* kommunikativen Teilkompetenzen, wie der grammatischen, der textuellen, der illokutionären, der soziolinguistischen und der strategischen Kompetenz relevant. Dies illustrieren auch die grammatischen Animationen, die wir im vorangegangenen Kapitel gezeigt haben. Sie können natürlich auch dazu dienen, das Metaphernverständnis zu *fördern*, aber primär ist für deren gewinnbringenden Einsatz eine bereits recht fortgeschrittene Metaphernkompetenz von Nöten.

Dass metaphorische Ausdrücke L2-LernerInnen oft große Schwierigkeit bereiten, und zwar sowohl, weil sie oft nur unzureichend oder gar nicht verstanden werden als auch, weil sie sie nicht in der richtigen Form oder nicht situationsadäquat produzieren können, zeigen Studien von Jeannette Littlemore (2006, Littlemore et al. 2011). Sie kommt in einer ihrer Studien zum Metaphernverstehen von Studierenden der Universität Birmingham, deren Erstsprache nicht Englisch war, zu dem Ergebnis, dass 40% der Ausdrücke, die Verständnisschwierigkeiten hervorriefen, metaphorische Ausdrücke waren. In nur 4% der Fälle waren sich jedoch die Studierenden ihrer Verständnisprobleme selbst bewusst (Littlemore et al. 2011). Dieses Ergebnis zeigt nicht zuletzt, wie wichtig es für Lehrende ist, sich des eigenen Metapherngebrauchs und der damit möglicherweise verbundenen Rezeptionsschwierigkeiten bewusst zu sein!

Bezüglich der eigenen Metaphernproduktion stellen Littlemore et al. (2013) fest, dass der Gebrauch metaphorischer Ausdrücke mit dem Sprachniveau korreliert. Je besser eine Sprache allgemein beherrscht wird, desto mehr metaphorische Ausdrücke gebrauchen L2-SprecherInnen. Darüber hinaus zeigen sie, dass die L2-LernerInnen mit einem niedrigen Sprachniveau (A1 bis B2, Gemeinsamer Europäischer Referenzrahmen) in ihren metaphorischen Ausdrücken vorwiegend nicht erweiterbare Wortklassen nutzen und hier vor allem Präpositionen. Ab der Stufe B2 werden dann auch Wörter aus erweiterbaren Wortklassen wie Verben genutzt.

Der Frage, wie der Erwerb von Metaphern mit kognitiv-linguistischen Konzepten gefördert wird, widmen sich Azuma & Littlemore (2010). In einer Studie mit japanischsprachigen LernerInnen des Englischen untersuchen sie „den Effekt unterschiedlicher Verfahren zur Steigerung des kreativen Umgangs mit Sprache und zur besseren Erschließung und Produktion metaphorischer Ausdrücke" (Roche & Suñer 2014: 122). Dabei vergleichen sie das sogenannte **Attribute-Matching-Training** mit dem **Gestalt-Training**. Die Methode des *Attribute-Matching-*

Trainings basiert zunächst auf dem Explizieren der Rolle von Eigenschaften (*attributes* bei Azuma & Littlemore 2010) im metaphorischen Mappingprozess. Darauf folgten Übungen dazu, in denen die ProbandInnen darüber nachdenken sollten, welche Eigenschaften in metaphorischen Ausdrücken aktiviert und auf eine Zieldomäne übertragen werden und auf welche bekannten Persönlichkeiten die Quelldomäne (z.B. Farben) besonders gut übertragen werden könne. Das *Attribute-Matching-Training* kombiniert somit zwei didaktische Schritte: erst die Dekomposition der Metapher und dann die eigene Übertragung auf neue Zieldomänen. Darauf folgt ein dritter Schritt, in dem die LernerInnen aufgefordert sind, ihre eigenen metaphorischen Übertragungen zu reflektieren. Diese Reflexionsphase fehlt beim Gestalt-Training. In der Studie von Azuma & Littlemore (2010) wurden die ProbandInnen etwa aufgefordert, Gefühle mit Formen und Geräuschen in Verbindung zu setzen, also selbst metaphorische Mappings durchzuführen, aber eine didaktische Aufarbeitung dieser intuitiv vollzogenen Mappings blieb aus.

Die Ergebnisse der Studie zeigen, dass – nicht ganz unerwartet – das *Attribute-Matching-Training* die Rezeptions- und Produktionsfähigkeiten von metaphorischen Ausdrücken signifikant verbesserte, während das Gestalt-Training zu keinem signifikanten Lerneffekt führte. Diese klaren Unterschiede zwischen den beiden kontrastierten didaktischen Methoden sind darauf zurückzuführen, dass beim *Attribute-Matching-Training* die kognitiven Schritte bei der Metaphernverarbeitung expliziert und dadurch transparent gemacht werden. Dadurch werden die mentalen Prozesse gefördert, die als Grundlage für die Verarbeitung von metaphorischen Ausdrücken dienen, wie zum Beispiel das assoziative und bildliche Denken sowie die Analogiebildung (vgl. Roche & Suñer 2014: 122). Dies ermöglicht die Transferleistung und also die Anwendung des Gelernten auf neue sprachliche Ausdrücke.

Sowohl die Studien zum Einsatz von Animationen zur Erklärung grammatischer Phänomene als auch die Untersuchungen zur Verbesserung der metaphorischen Kompetenz zeigen also, dass eine Didaktik, die die verkörperten, erfahrungsbasierten bzw. metaphorischen Motivierungen von sprachlichen Phänomenen in den Vordergrund stellt und somit sprachliche Muster und Präferenzen transparent macht, einem rein regelbasierten Unterricht, der keine Reflexion über die Gründe für Bedeutungsunterschiede und grammatische Muster fördert, wohl überlegen ist. Mit diesem vorläufigen Fazit beenden wir unseren Ausflug in das Gebiet der kognitiv-linguistisch orientierten Fremdsprachendidaktik und wenden uns im nächsten, letzten Kapitel dieser Einführung einem ebenso recht neuen und interdisziplinären Gebiet zu: der Kognitiven Poetik.

Die wichtigsten Punkte nochmal

- Die Inputmenge, die die Basis für den Erstspracherwerb bildet, kann im Fremdsprachenunterricht nicht geboten werden. Die kognitiv-linguistisch orientierte Forschung zum L2-Erwerb versucht deshalb, Methoden zu entwickeln, die gebrauchsbasiertes Lernen trotz des notwendigerweise reduzierten Sprachinputs ermöglichen.
- Zu den Mechanismen des gebrauchsbasierten Lernens, die im Fremdsprachenunterricht spezifisch gefördert werden müssen, zählen Mustererkennung, Generalisierung und Analogiebildung.
- Traditioneller Sprachunterricht setzt zumeist auf die Erklärung und nachfolgende Anwendungsübungen von grammatischen Regeln. Dieser regelbasierte Unterricht führt aber oft zu einem nur recht bescheidenen Lernerfolg. Die konstruktionsgrammatische Forschung zum L2-Erwerb untersucht deshalb, ob eine konstruktionsbasierte Didaktik diesen Lernerfolg verbessern kann.
- Aus didaktischer Sicht scheint es ein vielversprechender Ansatz zu sein, die erfahrungsbasierten Motivationen und die Metaphorisierungen, die grammatischen Konstruktionen unterliegen, zu explizieren und dadurch sichtbar und nachvollziehbar zu machen.
- Dies legen vor allem Studien zum didaktischen Nutzen von grammatischen Animationen nahe.
- Allgemein gilt, dass Lernen analog zum Erwerb der Erstsprache besser gelingt, wenn auch der Körper in den Lernprozess miteinbezogen wird. Man spricht dann vom *embodied learning*.

Übungen

- Beschreiben Sie den Ansatz und die Ziele der „kognitiven Sprachdidaktik" mit Ihren eigenen Worten.
- Was versteht man unter *embodied learning*? Wie kann *embodied learning* im Unterricht gefördert werden?
- Mitte des 20. Jahrhunderts wurden in der Fremdsprachendidaktik große Hoffnungen in die sogenannte „audiolinguale Methode" gesetzt. Informieren Sie sich, wie diese Methode funktioniert (z.B. bei De Knop 2017). Warum ist sie aus gebrauchsbasierter Sicht nicht erfolgversprechend? Welche lernförderlichen Informationen und Faktoren fehlen bei der Anwendung dieser Methode?

– Das Deutsche unterscheidet zwischen dem Vorgangspassiv und dem Zustandspassiv. Welche Erklärungen und Regeln finden sich dazu in DaF/DaZ-Lehrwerken oder auf didaktischen Webseiten? Wie könnte eine kognitiv-linguistisch fundierte Erklärung aussehen? In welchen Punkten unterscheidet sie sich von den Erklärungen, die Sie den Lehrwerken oder Webseiten entnommen haben? Versuchen Sie graphische Darstellungen/Abbildungen zu erstellen, anhand derer sich der Gebrauch von Vorgangs- und Zustandspassiv im Unterricht illustrieren ließe.

Weiterführende Literatur

- Überblicksartikel, Einführungswerke und Lehrwerke zum Zweitspracherwerb aus kognitiv-linguistischer Sicht: Roche & Suñer 2014, Ellis & Wulff 2015, Tyler 2017, Tyler, Huang & Jan 2018
- Zu Konstruktionsgrammatik und Zweitspracherwerb: Holme 2010a, b, Ellis 2013, De Knop & Gilquin 2016
- Zu grammatische Animationen: Scheller 2009, Roche & Suñer 2017, Roche & El-Bouz 2020

13 Kognitive Poetik

Die Kognitive Poetik ist eines der jüngsten Forschungsfelder, das man der Kognitiven Linguistik zurechnen kann. Dabei ist es auch das Forschungsgebiet, das wahrscheinlich die loseste Verbindung zur Kognitiven Linguistik aufweist und mit am stärksten interdisziplinär ausgerichtet ist. Nachdem der Impetus zur Entwicklung der Kognitiven Poetik vorwiegend von den Literaturwissenschaften ausging (Ausnahmen sind die frühen Arbeiten von George Lakoff und Mark Turner (Lakoff & Turner 1989, Turner 1987, 1991, 1996)) und der Einfluss der Kognitiven Poetik in den Literaturwissenschaften auch größer zu sein scheint als der Einfluss, den sie gegenwärtig auf die Weiterentwicklung der KL nimmt, wird sie tendenziell mehr als eine Strömung der Literaturwissenschaft als der Linguistik gesehen. Anverwandte Disziplinen sind die **kognitive Narratologie** und die **kognitive Stilistik**, die bisweilen auch als Teildisziplinen der Kognitiven Poetik zugeordnet werden. Die genaue Verortung ist für unser Anliegen hier jedoch im Grunde unerheblich. Wir konzentrieren uns an dieser Stelle auf eine einführende Vorstellung ihrer Ziele und Methoden.

Im Fokus der Kognitiven Poetik stehen die „kognitiven bzw. kognitionspsychologischen Prozesse und Bedingungen, die sowohl die Produktion als auch die Rezeption von literarischen Texten (und von Sprache allgemein) bestimmen" (Bergs & Schneck 2013: 518). Die Kognitive Poetik strebt also danach, Erkenntnisse der Kognitionswissenschaften und der Kognitiven Linguistik auf klassische Fragestellungen der Literaturwissenschaften anzuwenden. Dementsprechend beschäftigt sie sich besonders stark mit dem **LeserInnenverhalten** (Müller 2011: 1) und den kognitiven Prozessen, die für das Literaturverstehen relevant sind. Dabei verfolgen jene Ansätze, die ihren Ausgang in der Kognitiven Linguistik nehmen, andere Erkenntnisinteressen als jene Ansätze, die primär der Stilistik zugerechnet werden. So geht es z.B. Turner (1987, 1991, 1996 u.a.) vor allem darum, zu zeigen, dass Produktion und Rezeption von Literatur auf denselben allgemeinen kognitiven Mechanismen beruhen wie nicht-literarische Sprache. Im Mittelpunkt steht also die Bestätigung der Basisannahmen der Kognitiven Linguistik anhand literarischer Produkte oder wie Bergs & Schneck (2013: 518) es ausdrücken: Es geht primär darum, zu zeigen, „dass die Poetik gar nicht als Sonderfall der Sprache zu sehen ist, sondern dass vielmehr die natürliche Sprache im Kern ‚poetischen' Prinzipien wie Metaphern und Blending folgt" (Hervorhebung im Original). In ihrer Ausrichtung ist diese kognitiv-linguistisch geprägte Strömung innerhalb der Kognitiven Poetik bewusst anti-elitär, d.h., sie bewegt sich weg von der Auffassung von Literatur als etwas Besonderem, zumindest was die Rezeptionsprozesse anbelangt. Für sie ist Literatur im Grunde nichts anderes als „eine spezielle Form alltäglicher Erfahrung und insbesondere unseres Denkens, die in unseren allgemeinen kognitiven Fähigkeiten verankert ist, mit deren Hilfe wir die Welt verstehen." (Steen & Gavins 2003: 1, Übersetzung E.Z.)[123]

> Peter Stockwell, Literaturwissenschaftler und einer der wichtigsten Vertreter der Kognitiven Poetik, kritisiert diesen Ansatz, der Literatur einfach nur als eine mögliche Art von Sprachdatum sieht, ohne ihr einen besonderen Status zuzuschreiben, allerdings sehr deutlich: „In my view, treating literature only as another piece of data would not be cognitive poetics at all. This is simply cognitive linguistics. Insights from that discipline might be very useful for cognitive poetics, but for us the literary context must be primary. That means we have to know about critical theory and literary philosophy as well as the science of cognition." (Stockwell 2002: 6)

Für an stilistischen Fragestellungen Interessierte stellt sich also eine ganz andere Frage, nämlich die nach dem Mehrwert des Rückgriffs auf Konzepte der Kognitiven Linguistik bzw. der Kognitionswissenschaften für die Analyse der **(Be-)Deutung und Wirkung von Texten**. In diesem Anliegen ist auch der Ursprung der Kognitiven Poetik angesiedelt. Dieser geht auf den Literaturwissenschaftler Reuven Tsur (1983, 1992) zurück. Seine Arbeit an dem, was er später „cognitive poetics" nennt, beginnt in den 1970er Jahren. Sein Interesse galt zunächst der Beziehung zwischen literarischer Struktur (Textstruktur) und dem Effekt, den Texte haben, darunter den Emotionen, die sie auslösen. Dabei versuchte er als erster explizit Erkenntnisse aus den Kognitionswissenschaften, etwa zum Aufbau und dem Funktionieren des Gehirns und zur Verarbeitung von Emotionen miteinzubeziehen. Tsurs Version der Kognitiven Poetik ist allerdings – im Vergleich zu den Arbeiten anderer ForscherInnen – relativ weit weg vom Mainstream der Kognitiven Linguistik. Wir stellen in diesem Übersichtskapitel deshalb nicht im Detail seine oder andere stark literaturwissenschaftlich ausgerichteten Arbeiten vor, sondern konzentrieren uns auf Beispielanalysen, die mit dem nunmehr erarbeiteten Basiswissen zur KL verständlich sind. Darunter fallen Anwendungen der Figur/Grund-Dichotomie sowie der Metaphern- und der Blendingtheorie im Bereich der Rezeptionsprozesse literarischer Texte.

Unabhängig von der jeweiligen Forschungsperspektive und den unterschiedlichen Erkenntnisinteressen der beteiligten Disziplinen lässt sich mit Freeman (2005: 33–34) konstatieren, dass sich die Kognitive Poetik zentral mit den folgenden Fragestellungen beschäftigt:

---

123 „[...] a specific form of everyday human experience and especially cognition that is grounded in our general cognitive capacities for making sense of the world." (Steen & Gavins 2003: 1)

- Welche Elemente des literarischen Diskurses sind auch für menschliches Denken allgemein konstituierend und was unterscheidet Literarisches vom Nicht-Literarischen?
- Was kann uns literarische Kreativität über kognitive Prozesse und ihre emotionalen Affekte lehren?
- Welche Mechanismen machen Kreativität möglich und erlauben uns, Kreativität zu erkennen und zu verstehen?
- Was kann die kognitiv ausgerichtete Studie von Literatur zur Beantwortung der Frage beitragen, ob kognitive Strategien universell oder kulturell geprägt sind?

Viele – nicht zuletzt Studierende der Germanistik – mag diese Verbindung von Literaturwissenschaften und der Kognitiven Linguistik zunächst aber durchaus überraschen, auch wenn manche ForscherInnen die beiden Disziplinen als „natural allies" (Vandaele & Brône 2009: 5) sehen. Das liegt zum einen daran, dass in traditionellen Ausprägungen der Poetik, der Stilistik und auch der Literaturkritik Basiskonzepte der Kognitiven Linguistik wie z.B. die Metapher, die Metonymie u.v.m. anders definiert, gedacht und gebraucht werden als wir dies von der Kognitiven Linguistik her kennen. Mehr noch, die Kognitive Linguistik hat genau jene traditionellen Sichtweisen, z.B. zur Metapher als Stilfigur bzw. als Mittel zum Vergleich zweier Konzepte, kritisiert und radikale Neuinterpretationen dieser Begriffe vorgenommen. Darüber hinaus kommen in der Linguistik allgemein und insbesondere in der Kognitiven Linguistik andere Methoden zur Anwendung als in den Literaturwissenschaften. Das betrifft vor allem die Rolle der Introspektion, die in der Kognitiven Linguistik keinen uneingeschränkt guten Ruf genießt. Zumindest ein Teil der Kognitiven Linguistik hat vor ca. zwanzig Jahren eine quantitative Wende vollzogen (Janda 2013) und strebt nach der Objektivierbarkeit ihrer Ergebnisse über die Auswertung möglichst großer, repräsentativer Korpusdaten[124]. Ungeachtet dieser Unterschiede ist – wie wir in diesem Kapitel sehen werden – die Schnittmenge zwischen den Disziplinen, zumindest, wenn man aus der Kognitiven Linguistik heraus argumentiert, größer als man vielleicht annehmen würde.

In diesem Einführungskapitel in die Kognitive Poetik greifen wir zwei der Fragestellungen der Kognitiven Poetik (vgl. die Auflistung von Freeman 2005:

---

[124] Introspektion spielt aber in vielen kognitiv-linguistischen Arbeiten trotzdem eine Rolle (vgl. die Kritik in Gibbs 2004: 135–151).

33–34, s.o.) auf und versuchen, erste Antworten anhand von einigen Beispielanalysen literarischer Texte zu geben. Mit Bezug zur ersten und dritten Fragestellung schauen wir uns insbesondere an, welche Rolle die **Figur/Grund-Dichotomie** für die Rezeption von literarischen Texten spielt und wie **Metaphern** und **Blending** die **Interpretation von Texten als literarische oder poetische Texte** mitbedingen bzw. erst ermöglichen. Unser Blickwinkel ist dabei zum Abschluss dieser Einführung in die Kognitive Linguistik konsequenterweise ein linguistischer. Das bedeutet, dass uns hier besonders interessiert, wie literarische Erzählungen oder auch Lyrik als Testgelände zur Überprüfung der Validität der Grundprämissen der Kognitiven Linguistik dienen kann und weniger, welchen Mehrwert solche Analysen aus literaturwissenschaftlicher Sicht haben (siehe dazu aber Stockwell 2002, 2007 und Müller 2009). Methodologisch streben viele Arbeiten der Kognitiven Poetik danach, „explizite, gründliche und detaillierte sprachliche Analyse literarischer Texte [...] mit systematischen und theoretisch unterbauten Überlegungen zu den kognitiven Strukturen und Prozessen, die der Produktion und Rezeption von Sprache unterliegen, zu kombinieren" (Semino & Culpeper 2002: ix, Übersetzung E.Z.).[125]

13.1 Figur/Grund-Unterscheidung in literarischen Texten

In Kapitel 2 haben wir zunächst die gestaltpsychologischen Grundlagen der Figur/Grund-Unterscheidung und darauf aufbauend einige Beispiele betrachtet, in denen die sprachliche Konstruktion die Kategorisierung von Informationen in eine Figur und einen Grund beeinflusst. Dass wir auch beim Lesen (literarischer) Texte auf diesen kognitiven Mechanismus zurückgreifen, liegt auf der Hand, denn wir müssen Entscheidungen darüber treffen, was zum Beispiel in einer Erzählung Hintergrundinformation ist, die das Setting der Handlung definiert, und was Figur ist, das heißt, was die zentralen Elemente der Erzählung sind, denen wir einen größeren Teil unsere Aufmerksamkeit widmen. Zumeist sind das Charaktere, die in der Erzählung auftreten, wie Stockwell (2002: 16) feststellt:

---

[125] „Cognitive Stylistics combines the kind of explicit, rigorous and detailed analysis of literary texts that is typical of the stylistics tradition with a systematic and theoretically informed consideration of the cognitive structures and processes that underlie the production and reception of language." (Semino & Culpeper 2002: ix)

Charaktere sind auch Figuren, weil sie sich über den (Hinter)Grund hinweg bewegen, entweder räumlich oder zeitlich, in dem Maße in dem der Roman voranschreitet, oder qualitativ, wenn sie sich [im Laufe der Geschichte, Ergänzung E.Z.] weiterentwickeln. (Übersetzung E.Z.)[126]

Wenn wir also als Beispiel den Anfang des Romans *Perlmanns Schweigen* von Pascal Mercier (1995) heranziehen, dann bietet sich für uns als LeserIn sehr deutlich an, Philipp Perlmann als Figur zu konstruieren. Damit geht die Erwartungshaltung einher, dass wir auf den nächsten Seiten und im Laufe des Buches mehr über diese Person erfahren werden. Das Buch beginnt mit den folgenden Worten:

> Philipp Perlmann war es gewohnt, daß die Dinge keine Gegenwart für ihn hatten. An diesem Morgen jedoch war es schlimmer als sonst. Gegen seinen Willen ließ er die russische Grammatik sinken und blickte zu den hohen Fenstern der Veranda hinüber, in denen sich eine schräg gewachsene Pinie spiegelte. Dort drinnen, an den Tischen aus glänzendem Mahagoni, würde es geschehen. Sie würden ihn, der vorne saß, erwartungsvoll ansehen, und dann, nach einer gedehnten, unerträglichen Stille und einem atemlosen Stocken der Zeit, würden sie es wissen: Er hatte nichts zu sagen. (Mercier 1995: 9)

Das Buch beginnt also mit der Nennung der zentralen Figur des Romans. Das ist die wahrscheinlich direkteste Möglichkeit in einem Text eine Figur einzuführen. Die in dem ersten Absatz beschriebenen inneren Zustände Perlmanns dienen der näheren Ausdifferenzierung der Figur. Es folgt dann eine Beschreibung des Hintergrunds, d.h. des räumlichen Settings, in dem sich die Figur befindet. Dieses Setting, in dem Perlmann in seinem Zimmer sitzt und den Blick hinaus in einen anderen Raum schweifen lässt, wird sodann aber selbst zum Hintergrund und es wird ein neuer, in der Zukunft liegender mentaler Raum eröffnet, in dem Perlmann einen Vortrag vor KollegInnen hält, aber nichts zu sagen weiß. Das Figur-Grund-Verhältnis ist hier also klar dynamisch und verändert sich auf der Mikroebene mit jedem Satz, der neue Information hinzufügt (vgl. die Anmerkungen zur Diskursdynamik als Fokusverschiebungen in Kapitel 9). Betrachtet man aber die Evolution der Geschichte auf einer Makroebene, so bleibt Perlmann bis zum Schluss Figur, denn seinem Schicksal und seiner persönlichen Entwicklung gilt die größte Aufmerksamkeit.

Wie Stockwell (2002: 15) anführt, erleichtern bestimmte Eigenschaften eines Konzepts deren Konstruierung als Figur (vgl. auch Kapitel 3). So konstruieren wir bewegende Entitäten typischerweise als Figur und das Umfeld, durch das sie sich bewegen als Grund. Ein literarisches Beispiel, in dem die Figur sich tatsächlich

---

[126] „Characters are also figures because they move across the ground, either spatially or temporally as the novel progresses, or qualitatively as they evolve." (Stockwell 2002: 16)

deutlich vom Hintergrund absetzt, weil sie als bewegendes Objekt im Aufmerksamkeitsfokus bleibt, während sie sich durch die Welt – dem Hintergrund – bewegt, finden wir in Goethes Erlkönig. In dieser Ballade reitet der Vater mit seinem fiebernden Kind durch die Nacht, um einen Arzt aufzusuchen. Immer wieder werden Elemente der Szenerie genannt, wie der Nebelstreif, die dürren Blätter, durch die der Wind streift und die alten Weiden. Die so unscharf skizzierte Umgebung bildet also den Hintergrund, durch den sich der Vater mit seinem kranken Kind als Figuren reitend hindurchbewegen.

Der Erlkönig (Johann Wolfgang von Goethe 1782)

Wer reitet so spät durch Nacht und Wind?
Es ist der Vater mit seinem Kind;
Er hat den Knaben wohl in dem Arm,
Er fasst ihn sicher, er hält ihn warm.

Mein Sohn, was birgst du so bang dein Gesicht? –
Siehst, Vater, du den Erlkönig nicht?
Den Erlenkönig mit Kron' und Schweif? –
Mein Sohn, es ist ein Nebelstreif.

„Du liebes Kind, komm, geh mit mir!
Gar schöne Spiele spiel' ich mit dir;
Manch' bunte Blumen sind an dem Strand,
Meine Mutter hat manch gülden Gewand."
Mein Vater, mein Vater, und hörest du nicht,
Was Erlenkönig mir leise verspricht?
Sei ruhig, bleibe ruhig, mein Kind;
In dürren Blättern säuselt der Wind. –

„Willst, feiner Knabe, du mit mir gehn?
Meine Töchter sollen dich warten schön;
Meine Töchter führen den nächtlichen Reihn
Und wiegen und tanzen und singen dich ein." –

Mein Vater, mein Vater, und siehst du nicht dort
Erlkönigs Töchter am düstern Ort? –
Mein Sohn, mein Sohn, ich seh' es genau:
Es scheinen die alten Weiden so grau. –

„Ich liebe dich, mich reizt deine schöne Gestalt;
Und bist du nicht willig, so brauch' ich Gewalt." –
Mein Vater, mein Vater, jetzt faßt er mich an!
Erlkönig hat mir ein Leids getan! –

Dem Vater grauset's; er reitet geschwind;
Er hält in Armen das ächzende Kind,
Erreicht den Hof mit Mühe und Not;
In seinen Armen das Kind war tot.

In der Lyrik kann die Figur-Grund-Gestaltung zudem über rhythmische und visuelle Mittel beeinflusst werden. Ein Beispiel ist Ernst Jandls Gedicht *schtzngrmm* aus dem Jahre 1957:

Schtzngrmm (Ernst Jandl 1957)

schtzngrmm
t-t-t-t
t-t-t-t
grrrmmmmm
t-t-t-t
s---------c---------h
tzngrmm
tzngrmm
tzngrmm
grrrmmmmm
schtzn
schtzn
t-t-t-t
t-t-t-t
schtzngrmm
schtzngrmm
tsssssssssssss
grrt
grrrrrt
grrrrrrrrrt
scht
scht
t-t-t-t-t-t-t-t-t

scht
tzngrmm
tzngrmm
t-t-t-t-t-t-t-t-t
scht
scht
scht
scht
scht
grrrrrrrrrrrrrrrrrrrrrrrrrrrrr
t-tt

In diesem Gedicht, das der Konkreten Poesie zugeordnet wird und Ernst Jandl selbst als Sprechgedicht verstanden haben will (Jandl 1957), d.h. als Gedicht, das erst gesprochen seine Wirkung entfalten kann, kommen als vielleicht auffälligstes stilistisches Merkmal nur Konsonantenabfolgen vor. Für manche dieser Konsonantenabfolgen können wir mental Vokale ergänzen, so für *Schützengraben* und auch für das letzte Wort des Gedichts: t-tt – *tot*. Die Figur-Grund-Organisation funktioniert hier aber primär über phonetische und prosodische Unterschiede sowie die Silbenstruktur. Vor allem in der von Erich Jandl selbst gelesenen Version des Gedichts[127] treten diese Unterschiede deutlich hervor, denn Jandl wird im Laufe des Gedichts schneller, lauter und arbeitet mit stärkeren Fokusakzenten (vor allem auf dem letzten [t] in der Konsonantenfolge t-t-t-t-t-t-t-t-t). Dadurch treten die lautlich symbolisierten Schüsse der Maschinengewehre als Figur hervor, die Kampfhandlungen werden dadurch also immer intensiver imaginiert und kulminieren schließlich im Tod. In der schriftlichen Form des Gedichts führen zudem typographische Unterschiede dazu, dass manche Gedichtzeilen als Figur heraustreten. Dazu gehört überdeutlich die Zeile s----------c-------h, aber auch die verschiedenen t-Abfolgen.

Tsur (2009) diskutiert auch die Möglichkeit der **Figur/Grund-Umstellung** (ähnlich den Beispielen zur Figur-Grund-Umstellung in Kippbildern und im Humorverstehen, vgl. Kapitel 3). Dabei geht er aber auf eine abstraktere Wahrnehmungsebene, die seine Analyse allein mit dem Rüstzeug, die diese Einführung bietet, wohl nur schwer nachvollziehbar macht. Wir besprechen sie deshalb an dieser Stelle nicht im Detail und schauen uns stattdessen noch eine andere mögliche Form der Figur-/Grundgestaltung in Texten an, nämlich die Wiederholung

---

[127] https://www.lyrikline.org/de/gedichte/schtzngrmm-1230, abgerufen am 05.03.2021

lexikalisch-syntaktischer Muster mit minimaler Variation in fixierten Slots. Finkbeiner (2017) beschäftigt sich mit diesem Phänomen und zeigt, dass in vielen Bilderbüchern für Kinder bestimmte lexikalisch-syntaktische Konstruktionen ständig wiederholt werden. Dadurch entsteht ein textinternes Muster, das Kindern nicht nur beim Verstehen des Textes hilft, sondern auch dem Spracherwerb zuträglich ist (vgl. die Rolle von Frequenz in der Musterbildung, Kapitel 10.5). Eines der Beispiele, die sie analysiert, ist das Kinderbuch „die Raupe Nimmersatt" (von Eric Carle, engl. Erstausgabe 1969, dt. Erstausgabe 1970). In diesem Buch frisst sich eine Raupe im Laufe der Woche durch eine täglich größer werdende Anzahl von Lebensmitteln. Dieser Prozess des Sich-durch-ein Lebensmittel-Fressens wird sprachlich immer im selben Muster verpackt [Am X$_{(Wochentag)}$ *fraß sie sich durch* Y$_{(Anzahl)}$ Z$_{(Lebensmittel)}$), *aber satt war sie noch immer nicht*], instanziiert beispielsweise in „Am Donnerstag fraß sie sich durch vier Erdbeeren, aber satt war sie noch immer nicht." Das syntaktisch-lexikalische Muster – das durch die Rekurrenz hier ad hoc zur Konstruktion verfestigt wird (Brône & Zima 2014) – bildet aufgrund seiner Rekurrenz spätestens ab der dritten Wiederholung (bei wiederholtem Lesen wohl auch schon früher) den Grund, die variierenden Elemente in diesem Muster hingegen die Figur. Diese Figur/Grund-Organisation erleichtert die Rezeption der Geschichte für Kinder massiv, denn die neuen Informationen zur Figur setzen sich besonders deutlich vom Grund ab. Dies scheint auch ein Grund dafür zu sein, dass solche lokal durch Rekurrenz verfestigten Muster in Büchern für Kinder im Vorschulalter sehr frequent sind (vgl. Finkbeiner 2017).

Neben der Figur/Grund-Dichotomie spielen natürlich auch Metaphern eine ganz zentrale Rolle im Literaturverstehen. Diesem Aspekt widmen wir uns im nun folgenden Kapitel.

13.2 Metaphorische Ebenen im Literaturverstehen

Viele Arbeiten aus dem Bereich der Konzeptuellen Metapherntheorie haben sich schon früh auch mit literarischen Texten beschäftigt (Lakoff & Turner 1989, Turner 1989, 1991, 1996). Als ein einführendes Beispiel für eine Analyse von literarischen Texten mit den Werkzeugen der Theorie der Konzeptuellen Metaphern dient uns die Dissertation von Nana Pang (2020). Sie hat sich mit Hermann Hesses Märchen beschäftigt[128] und stellt fest, dass es in allen seinen Märchen um das

---

[128] Die Märchen wurden zwischen 1903 und 1933 verfasst und 2002 in einer Sammelausgabe des Suhrkamp-Verlags publiziert. 2006 sind sie als Suhrkamp-Taschenbuch mit dem Titel „Hermann Hesse – Die Märchen" erschienen.

Oberthema „Werdegang des Lebens" geht (siehe Pang (2020: 55–56) für Kurzzusammenfassungen der einzelnen Märchen). Dabei wird das Leben in den einzelnen Märchen systematisch als Reise konzeptualisiert, also die konzeptuelle Metapher DAS LEBEN IST EINE REISE (vgl. Kapitel 5) instanziiert. In den einzelnen Märchen werden wiederkehrend zudem auch vier spezifischere konzeptuelle Metaphern dieser übergeordneten Metapher benutzt. Diese sind: KINDERZEIT IST REISEANFANG, KONFLIKTE DES LEBENSWERDEGANGS SIND SCHWIERIGKEITEN AUF DER REISE, LEBENSZIELE SIND REISEZIELE und BEGEGNUNGEN IM LEBEN SIND MITREISENDE AUF DER REISE. Wir greifen zur Illustration ein Märchen heraus und zeigen, wie darin sowohl in konkreten Passagen als auch auf der schematischeren Ebene der Handlung die konzeptuelle Metapher KONFLIKTE DES LEBENSWERDEGANGS SIND SCHWIERIGKEITEN AUF DER REISE instanziiert wird. Diese Metapher wird Pang (2020: 63) zufolge vor allem in dem 1916 verfassten Märchen „Der schwere Weg" aufgerufen. Sie fasst dessen Inhalt mit den folgenden Worten zusammen:

> Das Märchen beschreibt eine mühsame und angstvolle Bergbesteigung. Der Protagonist besitzt Reichtum, Wärme und alles Liebenswerte, möchte etwas Neues erleben. Deshalb entsagt er allem Liebenswerten und steigt zu einer sonderbaren, einsamen und seltsamen Bergspitze hinauf. Während der Besteigung begegnen ihm so viele Schwierigkeiten, dass er umkehren möchte. ‚Der Weg sieht scheußlich aus', und ‚[d]ie Steine im Bach waren von einer scheußlichen Schlüpfrigkeit, es war ermüdend und schwindelerregend, so zu gehen, Fuß über Fuß auf schmalem, nassem Stein, der sich unter der Sohle klein machte und auswich.' Er beginnt seine anfängliche Entscheidung zu bereuen und ärgert sich sehr über den schwierigen und steilen Weg: ‚Häßlich, häßlich, diesen Weg zu gehen! Häßlich, sich durch dies unfrohe Felsentor zu quälen, über diesen kalten Bach zu schreiten, diese schmale schroffe Kluft im Finstern hinanzuklettern!' Er möchte umkehren, aber das Umkehren scheint unmöglich zu sein, weil ‚der Bachpfad [begann] rasch zu steigen, und die finstern Felsenwände traten näher zusammen, sie schwollen mürrisch an, und jede ihrer Ecken zeigte die tückische Absicht, uns einzuklemmen und für immer vom Rückweg abzuschneiden'.

Die Geschichte thematisiert also eine beschwerliche Bergbesteigung, die den Protagonisten verzweifeln lässt, an deren Sinnhaftigkeit er von Anfang an zweifelt, die er aber auch offensichtlich nicht einfach abbrechen kann, um umzukehren, wobei zunächst unklar bleibt, warum er nicht umkehren kann. Auf dieser wortwörtlichen Rezeptionsebene – der Erzählung über eine beschwerliche Bergbesteigung – wird weder die konzeptuelle Metapher DAS LEBEN IST EINE REISE noch eine ihrer Submetaphern aktiviert. Mit anderen Worten, es ist möglich, die Erzählung ohne Bezug zu einer übergeordneten konzeptuellen Metapher zu lesen. Eine Metapher wird erst aufgerufen und die Geschichte vor dem Hintergrund dieser Metapher neu interpretiert, wenn man sie nicht nur wortwörtlich nimmt, sondern annimmt, dass es eine zweite Bedeutungsebene gibt, sie also als literarischen

Text mit einer Bedeutung, die über das wortwörtlich Gesagte hinausgeht, liest. Der Text, der dem Kunstmärchen-Genre zugeordnet ist, wird also erst zu einer Referenz auf die Schwierigkeiten und Hindernisse, denen man in seinem allgemeinen Lebensweg begegnet und die es zu überwinden gilt, wenn man die Metapher DAS LEBEN IST EINE REISE und die spezifischere Metapher KONFLIKTE DES LEBENSWERDEGANGS SIND SCHWIERIGKEITEN AUF DER REISE aktiviert und die spezifischere Domäne BERGWANDERUNG mit den im Text aktivierten Elementen auf die Domäne LEBEN überträgt. Die Elemente der Domäne BERGWANDERUNG, die im Text aufgerufen und dadurch aktiviert werden, müssen dann mit den korrespondierenden Elementen aus der Domäne LEBEN in Bezug gesetzt werden. Erst dann gilt: „Die steile Bergstraße und das unmögliche Umkehren des Steigerungswegs metaphorisiert den Lebenswerdegang, der auch nicht einfach ist und auf dem man nicht einfach umkehren kann" (Pang 2020: 63). Die Aktivierung der Metapher setzt also die **Suche nach der literarischen Bedeutung des Texts** voraus. Das impliziert, dass in literarischen Texten konzeptuelle Metaphern oft nicht sprachlich instanziiert sind bzw. **nur die Quelldomäne** explizit benannt wird, die Metaphorisierung des Textes aber erst von den LeserInnen vollzogen werden muss. Diese **Metaphorisierung ist also eine kognitive Leistung von LeserInnen**. Sie impliziert die Suche nach einer passenden Zieldomäne.

Bezogen auf Hesses Märchen spielt dabei der Bergführer, der den Ich-Erzähler begleitet, eine entscheidende Rolle, denn er ist es, der ihn immer wieder ermuntert, weiterzugehen bzw. ihn davon abhält, umzudrehen: „Und vielleicht war ich ein Narr, daß ich das alles verlassen und ins Gebirge hinaufsteigen wollte. Der Führer berührte mich sanft am Arm. Ich riß meine Blicke von der geliebten Landschaft los, wie man sich gewaltsam aus einem lauen Bach losmacht" (Hesse [1916]2017: 136) ([...] „ ‚Wir wollen rasten', sagte ich zum Führer. Er lächelte geduldig, und wir setzten uns nieder." (Hesse [1916]2017: 136) [...] „In mir flatterte wie ein sterbendes Lichtlein die heftige ungläubige, unvernünftige Hoffnung, wir könnten vielleicht wieder umkehren, der Führer möchte sich noch überreden lassen, es möchte uns dies alles erspart bleiben" (Hesse [1916]2017: 136)). Wenn wir hier Pangs Argumentation folgen und annehmen, der Text instanziiere die Metapher KONFLIKTE DES LEBENSWERDEGANGS SIND SCHWIERIGKEITEN AUF DER REISE, dann müssten wir den Führer aus der REISE-Domäne auf ein Element der LEBEN-Domäne übertragen können. Das ist möglich, denn unser Erfahrungswissen sagt uns, dass Freunde, Eltern oder Großeltern und andere Personen eine solche Rolle in unserem Leben übernehmen können und uns also metaphorisch gesprochen an der Hand nehmen und uns leiten können. Doch das ist nicht unbedingt das, was der Bergführer in Hesses Erzählung macht. Er fragt, ob sie lieber umkehren sollen, als der Ich-Erzähler ihn anbrüllt, er könne nicht, er sei noch nicht bereit und er singt ihm ein Trostlied vor und die Schritte folgen im Takt: „Ich will, ich will, ich will!" (Hesse [1916]2017: 139). Der Ich-Erzähler wandelt dieses Trost- oder Motivationslied trotzig in „Ich muß, ich muß, ich muß!" (Hesse [1916]2017: 140) um. Spätestens an dieser Stelle kann sich das metaphorische Mapping verändern: Dann ist der Führer keine konkrete Person mehr, die man um Rat fragt und die einen im Leben begleitet wie ein Freund, sondern der Führer wird zu einer Personifizierung der Gefühle des Ich-Erzählers: der Führer ist der Mut, der Trotz und das Durchhaltevermögen des Ich-Erzählers in seinem Kampf gegen die Zweifel, die Angst und den inneren Schweinehund. Diese metaphorische Übertragung wird zumindest vom Ende des Märchens gestützt, denn am Berggipfel angekommen, macht der „Führer einen Sprung und Sturz ins Blaue, fiel in den zuckenden Himmel, flog davon" (Hesse [1916]2017: 142). Auch der Ich-Erzähler stürzt sich daraufhin in die Tiefe: „Jetzt war die Welle des Schicksals auf der Höhe, jetzt riß sie mein Herz davon, jetzt brach sie lautlos auseinander. Und ich fiel schon, ich stürzte, sprang, ich flog; kalte Luftwirbel geschnürt schoß ich selig und vor Qual der Wonne zuckend durchs Unendliche hinabwärts, an die Brust der Mutter" (Hesse [1916]2017: 142). Eine *mögliche* Metaphorisierung der Erzählung liegt also darin, dass am Ende der Bergwanderung, d.h. am Ende der schwierigen Lebensphase, das Glück steht und die Zweifel und die inneren Kämpfe überwunden sind (vgl. zur Frage, wie ein Text zu einer literarischen Parabel wird, auch Stockwell 2002: 121–133 und Burke 2003).

Für die Kognitive Linguistik stellt sich hier eine interessante Frage: Wie kommt man zu dieser Metaphorisierung, d.h., welche Wissensstrukturen muss man aktivieren (können), um die metaphorische Projektion vorzunehmen?

Hier spielt sowohl allgemeines Framewissen, Wissen über mögliche Mappings zwischen Frames (konventionalisierte Metaphern) als auch erfahrungsbedingtes Wissen über literarische Genres wie Märchen und schließlich auch Wissen darüber, dass Literatur oft mit zwei Interpretationsebenen operiert, eine Rolle. Während des Lesens findet dann ein kognitiver Blendingprozess statt, d.h., ist die Möglichkeit zur Metaphorisierung erkannt, werden beide Lesarten – wortwörtlich und metaphorisch – aktiviert, überblendet und in einem mentalen Modell integriert (Ziem 2009: 79). Auch Wissen zu und über den Autor/die Autorin eines literarischen Texts und über den zeitlichen Entstehungskontext kann die Interpretation maßgeblich beeinflussen. So evoziert das Wort „Führer" in Hesses Text aus heutiger Rezeptionsperspektive unweigerlich Adolf Hitler und erst das Wissen, dass der Text 1916 und somit lange vor dem Auftreten Hitlers auf der Weltbühne verfasst wurde, schließt diese Assoziation als nicht autorintendiert wieder aus[129]. Auch ändert sich möglicherweise das metaphorische Mapping, wenn man das Wissen aktivieren kann, dass Hermann Hesse den Text verfasst hat, als er an schweren Depressionen litt, zu deren Behandlung er sich in Therapie begeben hatte. Die Lebenskrise kann dann als Depression spezifiziert und der Therapeut eventuell auch auf die Figur des Führers übertragen werden.

Das impliziert, dass unterschiedliche LeserInnen – allen voran LiteraturkritikerInnen und LiteraturwissenschaftlerInnen im Vergleich zu mehr oder weniger geübten LaienleserInnen oder nicht speziell literaturaffinen LeserInnen – einen Text sehr unterschiedlich lesen können, denn Textverstehen ist immer eine „kognitiv-konstruktive Eigenleistung der Rezipienten" (Ziem 2009: 69). Damit bewegt sich die Kognitive Poetik weg von dem Anspruch von z.B. der historischen Literaturwissenschaft, die **richtige Lesart** eines Textes zu kennen, denn sie geht nicht davon aus, dass es nur eine oder nur eine richtige Lesart eines Textes gibt, sondern dass der individuelle Verstehensprozess grundsätzlich individuell und kontextgeprägt ist (Stockwell 2002: 2). Ein Aspekt davon ist, dass man Metaphern, deren Zieldomäne nicht explizit im Text, d.h. in konkreten sprachlichen Ausdrücken, instanziiert wird, nicht zwingend aktivieren muss und man es vielleicht auch gar nicht kann. Sweetser & Sullivan (20012: 153) formulieren das ähnlich, wenn auch bezogen auf den Fall der minimalistischen Lyrik: "Metaphorische Sprache, die einen Teil der Struktur einer konzeptuellen Metapher zurückhält, zwingt LeserInnen dazu, die Metapher selbst zu vervollständigen" (Übersetzung E.Z.).[130] Das impliziert, dass unterschiedliche LeserInnen unterschiedliche Domänen aufrufen oder Mappings vollziehen können oder auch gar keine metaphorische Übertragung vornehmen. In diesem Fall kann einem Text oft nur schwierig oder nur bruchstückhaft überhaupt Bedeutung zugeschrieben werden.

Ein weiteres Merkmal literarischer Sprache und nicht zuletzt der Lyrik ist außerdem der kreative Umgang mit Metaphern und das Schaffen neuer, nicht konventionalisierter metaphorischer Ausdrücke. Ob man solche Ausdrücke einer konventionellen konzeptuellen Metapher zuordnen kann oder nicht, hängt davon ab, wie nahe sie an bekannten Metaphern sind, d.h. mit Langacker (1987, vgl. Kapitel 9), inwiefern die metaphorische Wortschöpfung durch das bekannte Muster *sanktioniert* ist. In jedem Fall spielt im Interpretationsprozess von kreativen,

---

[129] Wie Ziem (2009) argumentiert, sind auch formale Aspekte der Textgestaltung für die individuelle Bedeutungskonstitution durch den Leser/die Leserin relevant. Man denke hier zum Beispiel an Versmaße, Reimschemata, Schriftgröße u.a. (vgl. Tab. 2 in Ziem 2009: 76–77).
[130] „Metaphoric language that holds back some of the structure of a conceptual metaphor forces readers to complete the metaphor themselves." (Sweetser & Sullivan 2012: 153)

nicht vollständig konventionalisierten Ausdrücken nicht nur und nicht primär der kognitive Mechanismus der Metapher eine Rolle, sondern Prozesse konzeptuellen Blendings. Das folgende Kapitel widmet sich deshalb der Frage, auf welche Arten und Weisen Literaturverstehen das Evozieren, Ausgestalten und Überblenden von mentalen Räumen einfordert. Wir illustrieren dies an einem Beispiel eines Romans von Haruki Murakami, in dem in zwei parallel laufenden Erzählungen zwei „mögliche Welten" erschaffen werden.

13.3 Mentale Räume, Blending und mögliche Welten

Blending spielt nicht nur, aber sehr prominent überall dort eine Rolle, wo wir Fiktionales imaginieren müssen und noch stärker dann, wenn mehrere narrative, fiktionale Vorstellungsräume bzw. **Textwelten** aufgebaut, elaboriert und überblendet werden, die potenziell auch in einem logischen Konflikt zueinander stehen können. Das trifft in einem besonderen Maße auf LeserInnen von Geschichten zu, in denen Handlungsstränge zu unterschiedlichen Zeiträumen in unterschiedlichen Umgebungen und Umständen, d.h. in verschiedenen imaginierten Welten, parallel verlaufen, sich aber im Laufe der Geschichte als eng miteinander verwoben erweisen. Es liegt auf der Hand, dass die Verarbeitung einer solchen Geschichte kognitiv sehr komplex ist, denn neue Informationen müssen laufend den bereits aufgebauten mentalen Räumen zugeordnet und darin integriert werden. Das kann auch implizieren, dass man das mentale Modell aufgrund neuer Informationen korrigieren muss oder zeitweilig Kohärenzverbindungen offen bleiben.

Ein Beispiel einer solch komplexen Erzählung ist Haruki Murakamis (1985[1995]) Dystopie „Hard-Boiled Wonderland und das Ende der Welt". Dabei handelt es sich strukturell um zwei zunächst voneinander unabhängige Geschichten, die jeweils abwechselnd in Einzelkapiteln von ungefähr gleicher Länge erzählt werden. Zur LeserInnenorientierung, d.h., um LeserInnen anzuzeigen, welches Netzwerk mentaler Räume im jeweiligen Kapitel aufgerufen und aus der Erinnerung rekonstruiert werden muss, um im folgenden Kapitel elaboriert zu werden, ist jedes Kapitel mit „Hard-Boiled Wonderland" bzw. „das Ende der Welt" übertitelt und somit einem Erzählstrang bzw. einer der möglichen Welten zugeordnet. Zu Beginn gibt es zwischen diesen narrativen Räumen der beiden Erzählungen kaum Verbindungen. Erst im Laufe des Buches ergeben sich Zusammenhänge zwischen den beiden Netzwerken mentaler Räume. Zum besseren Verständnis fassen wir den Inhalt dieses Werks kurz zusammen.

Die Handlung von „Hard-Boiled Wonderland" ist in Tokyo zu einem nicht näher spezifizierten Zeitpunkt in der Zukunft situiert. In diesem Tokyo versucht das „System" – eine Art Behörde oder zumindest eine große Organisation – immer kompliziertere und sicherere Datenverschlüsselungsmechanismen zu entwickeln. Einem Professor gelingt es schließlich, einen angeblich unknackbaren solchen Mechanismus zu entwickeln. Dabei wird der sogenannte „Psychokern", d.h., die Psyche bzw. die Persönlichkeitsstruktur von Versuchspersonen isoliert und als Black Box in andere Personen eingepflanzt. Der 35-jährige Ich-Erzähler, ein Angestellter des Systems, ist jedoch die einzige Versuchsperson, die diese Prozedur überlebt. Er wird dadurch zum Kalkulator und in die Lage versetzt, Daten in seinem Kopf zu verschlüsseln. Eine Nebenwirkung der Behandlung scheint allerdings zu sein, dass er forthin zwischen zwei Welten pendelt: Der als Realität des Protagonisten dargestellten Welt, die in „Hard-Boiled Wonderworld" entwickelt wird, und der phantastischen, surrealen Welt einer anderen Stadt, die in „das Ende der Welt" geschildert wird. In dieser Welt ist der Ich-Erzähler Traumleser. Er liest Träume aus Einhornschädeln. Ob dieser Ich-Erzähler identisch ist mit dem Ich-Erzähler in „Hard-Boiled Wonderland", wird nicht restlos geklärt. Zwar spielt etwa auch in „Hard-Boiled Wonderland" ein Einhornschädel eine Rolle, denn der Ich-Erzähler hat einen solchen geschenkt bekommen. Welche kognitive Verbindung zwischen den Einhörnerschädeln in den beiden narrativen Welten gezogen werden soll oder kann, bleibt aber unklar. Auch der Ich-Erzähler kann hier nicht weiterhelfen, denn beim Eintritt in die Stadt am Ende der Welt hat er sowohl seinen Schatten als auch seine Erinnerung abgegeben. So kann auch er keine Verbindung zwischen den Welten herstellen.

Dass der Ich-Erzähler in beiden Erzählung aber doch möglicherweise derselbe ist und dass manche Symbole oder Artefakte in beiden Welten auftreten sowie die Tatsache, dass beide Erzählungen in einer Stadt situiert sind, sind einige der insgesamt sehr wenigen möglichen Identitätsverbindungen zwischen den Netzwerken der mentalen Räume dieser beiden Erzählungen. Für Murakamis Werk ist es aber tatsächlich typisch, dass die Entscheidung, welche Welt real und welche imaginiert ist und wie sie zusammenhängen, für den Leser/die Leserin oft lange oder auch bis zur letzten Seite unklar bleibt bzw. immer wieder in Frage gestellt wird. Sonderbare, mit unserer Welterfahrung nicht in Einklang zu bringende Begebenheiten ereignen sich gleichermaßen in beiden Welten.

Wie Semino (2003) am Beispiel einer Analyse von Ernest Hemingways "A very short short story" zeigt, stehen der Kognitive Poetik hier unterschiedliche Theorien zur Verfügung, um den Verstehensprozess solcher komplexer Geschichten mit Parallelwelten und verschiedenen Ebenen fiktionaler Handlungen zu analysieren. Ein solcher – literaturwissenschaftlicher – Ansatz ist die Mögliche-Welten-Theorie (Ryan 1991). Wie Semino (2003: 86) ausführt, eignet sich die Mögliche-Welten-Theorie besonders dafür, die interne Struktur von Texten als dynamische Verflechtung der tatsächlichen Textwelt (*the text actual world*) und unterschiedlichen Typen von alternativen, möglichen Welten zu beschreiben. Diese möglichen Welten können aus den Annahmen und Überzeugungen von ProtagonistInnen heraus entstehen, ebenso wie aus Erwartungen, Plänen, aus moralischen Verpflichtungen und Verboten, Wünschen, Träumen oder Fantasien (Semino 2003: 87, bezugnehmend auf Ryan 1991: 113–119). Aus der Perspektive des Autors/der Autorin gilt es, diese möglichen Welten miteinander zu verbinden. Dies trage zum ästhetischen Wert des Werks bei. Ryan (1991: 156) stellt in diesem Zusammenhang das Prinzip der Diversifizierung auf (*principle of diversification*): „strebe nach der Diversifizierung möglicher Welten im narrativen Universum" (Übersetzung E.Z.)[131].

Obwohl die **Mögliche-Welten-Theorie** also Ähnlichkeiten zur Theorie der mentalen Räume hat und man intuitiv den Eindruck gewinnen könnte, diese Welten seien äquivalent zu mentalen Räumen, ist der Unterschied groß, denn die Mögliche-Welten-Theorie ist keine kognitive Theorie. Sie macht keinerlei Annahmen dazu, wie LeserInnen diese Textwelten kognitiv konstruieren und genau das ist aber der Kern der Blendingtheorie und der Theorie der mentalen Räume, die beide davon ausgehen, dass mentale Räume reale kognitive Entitäten sind. Dabei widmet sie sich auch der Rolle der sogenannten *space builder*, also jener sprachlichen Konstruktionen, die mentale Räume evozieren (vgl. Kapitel 6.3). Die Mögliche-Welten-Theorie bleibt hier agnostisch. Die Theorie der mentalen Räume birgt hier also für die Kognitive Poetik das Potenzial, die Online-Prozesse des Textverstehens in den Blick zu nehmen und dabei sowohl Mittel der Textkomposition als auch das für das narrative Verstehen benötigte Hintergrundwissen in die Analyse zu integrieren. Dies eröffnet die Perspektive eines „kognitiv plausiblen Zugangs zum Textverstehen und setzt abstrakte Begriffe wie ‚Welt' und ‚virtuelle Narrative' in Bezug zur Interaktion zwischen LeserInnen und Text. In diesem Sinne kann die Theorie der mentalen Räume der Kognitiven Poetik sehr viel bieten" (Semino 2003: 97, Übersetzung E.Z., Hervorhebungen im Original)[132]. Beispielsanalysen von Textwelten und möglichen Welten mit Methoden und Werkzeugen der Kognitiven Poetik finden sich außer in Semino (2003) und (2009) auch bei Gavins (2003, 2013) und Strobel et al. (2019).

---

[131] „seek the diversification of possible worlds in the narrative universe." (Ryan 1991: 156, zitiert in Semino 2003: 88)

[132] „[...] a cognitively plausible account of text processing, and relates abstract notions such as ‚worlds' and ‚virtual narratives' to the interaction between the reader and the text. In this respect, mental space theory has a great deal to offer to cognitive poetics." (Semino 2003: 97)

Eine andere Ebene, auf der die Kognitive Poetik auch für die Kognitive Linguistik relevant sein kann und zu ihrer Weiterentwicklung beitragen kann, betrifft die Rolle von literarischen Texten im erfahrungsbasierten Wissens- und Spracherwerb. Dieser letzte Punkt, dem wir uns in diesem Kapitel und somit in diesem Buch widmen, bringt uns dabei zu einer der Grundprämissen der Kognitiven Linguistik zurück: Sprachliches Wissen und Weltwissen sind untrennbar miteinander verbunden. Beides wird erfahrungsbasiert erworben. Doch welche Rolle spielen Texte in diesem Wissenserwerb? Dabei skizzieren wir mit dieser Fragestellung eher ein Forschungsdesiderat, als dass wir ein schon bearbeitetes Forschungsterrain vorstellen.

13.4 Texte als Ressource des erfahrungsbasierten Lernens

Erzählen gilt in der konversationsanalytisch geprägten Erzählforschung als „menschliches Grundbedürfnis" (Kotthoff 2020: 415). Die prototypische Form des Erzählens sind Alltagerzählungen, die in spontanen Gesprächskontexten aus dem laufenden Gespräch heraus entwickelt werden. Eine spezielle Form des Erzählens und *nota bene* des *Wiedererzählens*, die in unseren ersten Jahren eine große Rolle in unserem Alltag und nicht zuletzt im Spracherwerb spielt, ist das **Vorlesen** bzw. das Vorgelesenbekommen von Geschichten, denn die meisten Bücher für Kinder im Vorschulalter – wenn auch nicht alle – erzählen Geschichten (Finkbeiner 2019: 46). Oft handelt es sich dabei um Fiktionales wie Märchen oder Geschichten von Drachen und sprechenden Tieren, häufig aber auch werden Alltagsthemen und Erfahrungen, die Kinder in ihrem Alltag machen, thematisiert, wie etwa der erste Kindergartentag, die erste Übernachtung bei den Großeltern oder Streit mit Freunden etc. Diese Themen werden zumeist in Erzählungen verpackt.

Die Rolle des Vorlesens für den Spracherwerb und den Erwerb der Erzählfähigkeit wurde in zahlreichen Studien untersucht und es scheint unzweifelhaft festzustehen, dass häufige, interaktiv gestaltete Vorleseaktivitäten einen starken, positiven Einfluss auf die sprachliche und kognitive Entwicklung von Kindern haben (Meibauer 2011). Dies liegt an verschiedenen Faktoren wie u.a. der Interaktivität der Aktivität, denn Kind und vorlesende Person befinden sich in einer besonders engen Form der fokussierten Interaktion miteinander mit einem besonders hohen Grad interaktionaler Zugewandtheit. Oft wird außerdem nicht nur vorgelesen, sondern die Bücher bieten vielfältige Anlässe zum Dialog über die Geschichte (Finkbeiner 2019: 58). Nachdem der Dialog das primäre Setting des frühen Spracherwerbs ist, gehört auch dies zu den positiven Effekten des Vorlesens. Darüber hinaus sind Kinderbücher multimodale Artefakte, in denen Bilder und Texte aufeinander abgestimmt sind. Vorlesende zeigen oft auf Teile der Illustrationen, etwa um die Identifikation von Referenten zu erleichtern. Dabei schaffen sie eine direkte semantische Verbindung zwischen einer lexikalischen Struktur und einem konkreten Referenten, was die kognitive Verfestigung des Form-Bedeutungspaars stark begünstigt[133].

An dieser Stelle gilt unser Interesse aber weniger dem lexikalischen (und grammatischen) Lernen, sondern wir wollen die offene Frage aufwerfen, welchen Stellenwert Texte als kulturelle Artefakte sowie Erzählungen und das Erzählen für den Erwerb von Erfahrungswissen und dessen Entrenchment als Skriptwissen bzw. Framewissen haben.

Bruner (1991) hat in diesem Zusammenhang die Hypothese aufgestellt, dass der Mensch Erfahrungen prinzipiell in Form von Erzählungen abspeichert (vgl. Wege 2017: 353). Demzufolge ist alles Denken Erzählen. Diese These ist sehr weitgreifend und wird durch die Kognitive Linguistik in ihrer Allgemeingültigkeit nicht gestützt bzw. dort nicht explizit diskutiert. Interessanter ist aber die Frage, inwieweit wir Framewissen aus Erzählungen und Texten ableiten. Dieser Aspekt ist in der Kognitiven Linguistik bisher nicht eingehend untersucht worden. Dass (Wieder)Erzählen und Erzählungen aber eine Rolle spielen, scheint auf jeden Fall plausibel. Ohne Zweifel entstammt nicht all unser Wissen über die Welt unseren eigenen, mit und an unserem eigenen Körper gemachten (*embodied*) Erfahrungen.

Wir beenden unseren Ausflug in die weite Welt der gebrauchsbasierten Kognitiven Linguistik also mit einem Ausblick auf noch ausstehende, mögliche Forschung in einem spannenden, neuen Gebiet. Im besten Fall hat diese Einführung Lust auf mehr gemacht, d.h. auf eine noch tiefergehende Auseinandersetzung mit dem Gebiet der Kognitiven Linguistik, ihren Fragestellungen und ihren Methoden. Dies betrifft ganz gewiss nicht nur die Kognitive Poetik und auch nicht nur die neuen, interdisziplinären Felder der Kognitiven Linguistik, die in diesem Teil dieser Einführung im Mittelpunkt standen. In einem ganz erheblichen Maße gilt das nicht zuletzt für das „cognitive commitment", also den Anspruch, *kognitiv plausible* Theorien und Modelle zu entwickeln, die mit den Erkenntnissen zum Gehirn und zum Ablauf von Denkprozessen aus den Kognitionswissenschaften ebenso wie aus den Neurowissenschaften vereinbar sein müssen. Das kommt einem Bekenntnis zur Interdisziplinarität gleich, dem aber bis dato sicher nicht in

---

133 All diese Faktoren machen wohl ersichtlich, warum der Lerneffekt beim Fernsehen bei kleinen Kindern so viel geringer ist als beim gemeinsamen Vorlesen.

allen Teilbereichen der Kognitiven Linguistik gleichermaßen und genügend entsprochen wird. An einigen Stellen in dieser Einführung sind wir auch auf die Problematik der Überprüfbarkeit/Falsifizierung von Theorien und kognitiven Annahmen eingegangen, so zum Beispiel mit Bezug zur Blendingtheorie und der Kognitiven Grammatik. Zwar wird in den letzten Jahren in der Kognitiven Linguistik auch verstärkt experimentell gearbeitet, aber viele Fragen sind hier noch offen. Das betrifft auch ganz zentrale Aspekte wie zum Beispiel das Frequenzkriterium der Konstruktionsgrammatik (z.B. Wie häufig müssen vollständig regulär gebildete Konstrukte sein, um ebenfalls als Konstruktionen entrencht zu werden?) oder auch die Frage des Aufbaus des Konstruktikons im fortgeschrittenen Spracherwerb und nicht zuletzt die Multimodalität unseres sprachlichen Handelns und die Frage danach, welchen Stellenwert non-verbale Ressourcen für unserer Sprachwissen spielen.

Trotz der erfolgreichen Geschichte der letzten Jahrzehnte hat also die Einschätzung Geeraerts aus dem Jahr 2006 (vgl. Kapitel 2.4) ohne Zweifel immer noch Gültigkeit: es gibt noch viel zu tun!

Die wichtigsten Punkte nochmal

- Die Kognitive Poetik interessiert sich für die kognitiven Prozesse bei der Rezeption literarischer Texte.
- Sie ist stark interdisziplinär ausgerichtet, wobei man eine stärker linguistisch orientierte von einer stärker literaturwissenschaftlich geprägten Strömung unterscheiden kann.
- Während es Kognitiven LinguistInnen bei der Studie literarischer Artefakte vor allem darum geht, zu zeigen, dass auch das Literaturverstehen auf denselben allgemeinen kognitiven Mechanismen beruht wie unser nicht-literarisches Sprachverstehen, interessieren sich ForscherInnen mit literaturwissenschaftlichem Hintergrund vor allem dafür, was literarisches Verstehen ist und welche emotionalen Effekte literarische Texte auslösen bzw. welche kognitiven Operationen damit verbunden sind.
- Allen voran die Theorie der mentalen Räume und die Blendingtheorie haben diesbezüglich in der Kognitiven Poetik breite Anwendung gefunden, aber auch die Figur/Grund-Organisation steuert das Leserverstehen.
- Im Zentrum der Untersuchung stehen nicht die richtigen Lesarten von Texten, sondern die Bedeutungen, die LeserInnen tatsächlich aktivieren. Dabei rücken das Verstehen des Individuums und die individuellen kognitiven Prozesse in den Mittelpunkt.
- In diesem Prozess der Bedeutungskonstitution spielen auch die Wissensbestände von LeserInnen eine Rolle, denn allgemeines Wissen und erworbene Erfahrung mit literarischen Texten und Gattungen haben ebenso wie auch Hintergrundwissen zu AutorInnen und dem historischen Kontext, in dem ein Text entstanden ist, einen Einfluss darauf, welche Bedeutungen aktiviert und Texten zugeschrieben werden.

Übungen

- Suchen Sie sich drei Anfangspassagen von Romanen aus und reflektieren Sie, mit welchen sprachlichen und textuellen Mitteln hier die Figur/Grund-Gestaltung konstruiert wird. An welchen Stellen werden neue mentale Räume eröffnet? Welchen Einfluss hat dies auf die Figur/Grund-Organisation? Gibt es eine Figur, deren Perspektive wir in der Rezeption des Textes übernehmen?
- Lesen Sie eines der Märchen von Hermann Hesse. Welche konzeptuellen Metaphern aktivieren Sie bei der Lektüre des Texts? Achten Sie dabei sowohl auf

die Ebene konkreter sprachlicher Ausdrücke und Passagen als auch die allgemeinere Ebene der Textbedeutung. Welchen Einfluss könnte Ihr Wissen über die Kategorisierung des Texts als Märchen auf die von Ihnen vorgenommenen Metaphorisierungen haben?
- Literatur und nicht zuletzt Lyrik beinhaltet oft kreative metaphorische Ausdrücke und Wortneuschöpfungen. Reflektieren Sie, welche Problematik sich hier für kreative AutorInnen stellt, wenn wir annehmen, dass sie trotzdem Verstehen ermöglichen wollen? Was muss aus kognitiv-grammatischer Sicht auf jeden Fall möglich sein?

Weiterführende Literatur

- Einführungs- und Grundlagenwerken: Lakoff & Turner 1989, Tsur 1992, Stockwell 2002, Steen & Gavins 2003
- Sammelbände, in denen Arbeiten aus den verschiedenen Forschungsfeldern der Kognitiven Poetik präsentiert werden und die somit einen guten Einblick in die Breite des Feldes geben: Semino & Culpeper 2002, Brône & Vandaele 2009, Huber & Winko 2009

Literaturverzeichnis

Andor, József (2004): The master and his performance: An interview with Noam Chomsky. *Intercultural Pragmatics* 1(1), 93–111.
Athansiadou, Angeliki, Canakis, Costas & Cornillie, Bert (Hrsg.) (2006): *Subjectification: Various paths to subjectivity*. Berlin: De Gruyter Mouton.
Aristoteles/Fuhrmann, Manfred (Hrsg.) (1994): *Poetik: Griechisch/Deutsch*. Ditzingen: Reclam.
Arnett, Carlee, Ferran Suñer & Pust, Daniel (2019): Using Cooperation Scripts and Animations to Teach Grammar in the Foreign Language Classroom. *Yearbook of the German Cognitive Linguistics Association* 7(1), 31–50.
Auer, Peter (2005): Projection in interaction and projection in grammar. *Text* 25(1), 7–36.
Auer, Peter (2007): Syntax als Prozess. In: Heiko Hausendorf (Hrsg.), *Gespräch als Prozess. Linguistische Aspekte der Zeitlichkeit verbaler Interaktion*. Tübingen: Narr, 95–124.
Auer, Peter (2013): Einleitung. In: Peter Auer (Hrsg.), *Sprachwissenschaft: Grammatik – Interaktion – Kognition*. Stuttgart: J.B. Metzler, 1–41.
Auer, Peter (2020): Die Struktur von Redebeiträgen und die Organisation des Sprecherwechsels. In: Karin Birkner, Peter Auer, Angelika Bauer & Helga Kotthoff. *Einführung in die Konversationsanalyse*. Berlin: De Gruyter Mouton, 106–235.
Auer, Peter & Zima, Elisabeth (2021): On word searches, gaze, and co-participation. *Gesprächsforschung – Online-Zeitschrift zur verbalen Interaktion* 22(21)
Azuma, Masumi & Littlemore, Jeanette (2010): Promoting creativity in English language classrooms. *JACET Kansai Journal* 12, 8–19.
Barcelona, Antonio (Hrsg.) (2000): *Metaphor and metonymy at the crossroads: a cognitive perspective*. Berlin: De Gruyter Mouton, 1–41.
Barcelona, Antonio (2003): On the plausibility of claiming a metonymic motivation for conceptual metaphor. In: Antonio Barcelona (Hrsg.), *Metaphor and Metonymy at the Crossroads: a cognitive perspective*. Berlin: De Gruyter Mouton, 31–58.
Barlow, Michael & Kemmer, Suzanne (2000): A usage-based conception of language. In: Michael Barlow & Suzanne Kemmer (Hrsg.), *Usage-based models of language*. Stanford: CSLI Publications, 7–28.
Barlow, Michael & Kemmer, Suzanne (Hrsg.) (2000): *Usage-based models of language*. Stanford: CSLI Publications.
Barsalou, Lawrence (1992): Frames, concepts, and conceptual fields. In: Adrienne Lehrer & Eva Feder Kittay (Hrsg.), *Frames, fields, and contrasts: New essays in semantic and lexical organization*. Lawrence Erlbaum Associates, 21–74.
Baten, Kristof (2009): Die Wechselpräpositionen im DaF-Unterricht. *Deutsch als Fremdsprache* 46(2), 96–104.
Behrens, Heike (2011): Erstspracherwerb. In: Ludger Hoffmann, Kerstin Leimbrink & Uta Quasthoff (Hrsg.), *Die Matrix der menschlichen Entwicklung*. Berlin: De Gruyter Mouton, 252–273.
Behrens, Heike & Pfänder, Stefan (2013): Die Entstehung von Sprache. In: Peter Auer (Hrsg.), *Sprachwissenschaft: Grammatik – Interaktion – Kognition*. Stuttgart: J.B. Metzler, 319–346.
Bencini, Guilia M.L. & Goldberg, Adele E. (2000): The contribution of argument structure constructions to sentence meaning. *Journal of Memory and Language* 43(4), 640–651.
Bergen, Benjamin & Chang, Nancy (2005): Embodied Construction Grammar in simulation-based language understanding. In: Jan Ola Östman & Mirjam Fried (Hrsg.), *Construction*

Grammar(s): Cognitive and cross-language dimensions. Amsterdam & Philadelphia: Benjamins, 147–190.
Bergen, Benjamin & Chang, Nancy (2013): Embodied Construction Grammar. In: Thomas Hoffmann & Graeme Trousdale (Hrsg.), *The Oxford Handbook of Construction Grammar*. Oxford: Oxford University Press, 168–190.
Bergs, Alexander & Schneck, Peter (2013): Kognitive Poetik. In: Achim Stephan & Sven Walter (Hrsg.), *Handbuch Kommunikationswissenschaft*. Stuttgart: Metzler, 518–522.
Birsell, Brian J. (2014): Fauconnier's theory of mental spaces and conceptual blending. In: Janet Littlemore & John R. Taylor (Hrsg.), *The Bloomsbury Companion to Cognitive Linguistics*. London: Bloomsbury Publishing, 72–90.
Boas, Hans (2002): On constructional polysemy and verbal polysemy in Construction Grammar. In: Vida Samiian (Hrsg.), *Proceedings of the 2000 Western Conference on Linguistics* 12, 126–139.
Boas, Hans (2018): Zur Klassifizierung von Konstruktionen zwischen 'Lexikon' und 'Grammatik.' In: Stefan Engelberg, Henning Lobin, Kathrin Steyer & Sascha Wolfer (Hrsg.), *Wortschätze. Dynamik, Muster, Komplexität*. Berlin/ Boston: De Gruyter Mouton, 33–50.
Boas, Hans & Sag, Ivan (Hrsg.) (2012): *Sign-Based Construction Grammar*. Chicago: The University of Chicago Press.
Boroditsky, Lera (2000): Metaphoric structuring: understanding time through spatial metaphors. *Cognition* 75, 1–28.
Boroditsky, Lera (2011): How Languages Construct Time. In: Stanislas Dehaene & Elizabeth Brannon (Hrsg.), *Space, time and number in the brain: Searching for the foundations of mathematical thought*. Amsterdam: Elsevier, 333–342.
Boroditsky, Lera & Ramscar, Michael (2002): The roles of body and mind in abstract thought. *Psychological Sciences* 21, 185–89.
Brandt, Line & Brandt, Per Aage (2005): Making Sense of a Blend. A Cognitive-Semiotic Approach to Metaphor. *Annual Review of Cognitive Linguistics* 3, 216–249.
Brenning, Jana (2015): *Syntaktische Ko-Konstruktionen im gesprochenen Deutsch*. Heidelberg: Universitätsverlag Winter.
Brinker, Klaus & Sager, Sven (2010): *Linguistische Gesprächsanalyse: eine Einführung*. Berlin: Erich Schmidt Verlag.
Broccias, Cristiano (2006): Cognitive approaches to grammar. In: Gitte Kristiansen, Michel Achard, René Dirven & Francisco Ruiz de Mendoza (Hrsg.), *Cognitive Linguistics: Current Applications and Future Perspectives*. Berlin: De Gruyter Mouton, 81–115.
Brône, Geert (2008): Hyper- and misunderstanding in interactional humor. *Journal of Pragmatics* 40, 2027–2061.
Brône, Geert (2010): *Bedeutungskonstitution in verbalem Humor: ein kognitiv-linguistischer und diskurssemantischer Ansatz*. Frankfurt a.M.: Peter Lang.
Brône, Geert & Coulson, Seana (2010): Processing Deliberate Ambiguity in Newspaper Headlines: Double Grounding. *Discourse Processes* 47(3), 212–236.
Brône, Geert & Zima, Elisabeth (2014): Towards a dialogic construction grammar. A corpus-based approach to ad hoc routines and resonance activation. *Cognitive Linguistics* 25(3), 457–495.
Bryant, Doreen (2012*): Lokalisierungsausdrücke im Erst- und Zweitspracherwerb: typologische, ontogenetische und kognitionspsychologische Überlegungen zur Sprachförderung in DaZ*. Baltmannsweiler: Schneider Verlag Hohengehren.

Brugman, Claudia (1988): *The story of 'over': polysemy, semantics, and the structure of the lexicon*. New York: Garland.
Brugman, Claudia & Lakoff, George (1998 [2006]): Cognitive typology and lexical networks. In: Steven Small, Garrison Cotrell & Michael Tannenhaus (Hrsg.), *Lexical ambiguity resolution: perspectives from psycholinguistics, neuropsychology, and artificial intelligence*. San Mateo: Morgan Kaufmann, 477–507.
Bruner, Jerome (1991): The Narrative Construction of Reality. *Critical Inquiry* 18(1), 1–21.
Burke, Michael (2003): Literature as parable. In: Joanna Gavins & Gerard Steen (Hrsg.), *Cognitive Poetics in Practice*. London/ New York: Routledge, 115–128.
Busse, Dietrich (2012): *Frame-Semantik. Ein Kompendium*. Berlin: Mouton de Gryuter.
Bücker, Jörg, Günthner, Susanne & Imo, Wolfgang (Hrsg.) (2015): *Konstruktionsgrammatik V – Konstruktionen im Spannungsfeld von sequenziellen Mustern, kommunikativen Gattungen und Textsorten*. Tübingen: Stauffenburg.
Bühler, Karl (1934): *Sprachtheorie: Die Darstellungsfunktion der Sprache*. Jena: Gustav Fischer.
Bybee, Joan (1995): Regular morphology and the lexicon. *Language and Cognitive Processes* 10, 425–455.
Bybee, Joan (2001): *Phonology and language use*. Cambridge: Cambridge University Press.
Bybee, Joan (2006): From usage to grammar. The mind's response to repetition. *Language* 82(4), 711–733.
Bybee, Joan & Slobin, Dan (1982): Rules and schemas in the development and use of the English past tense. *Language* 58, 265–289.
Cadierno, Teresa (2004): Expressing motion events in a second language. In: Michel Achard & Susanne Niemeier (Hrsg.), *Cognitive Linguistics, Second Language Acquisition and Foreign Language Teaching*, Berlin/New York: De Gruyter Mouton, 13–50.
Calbris, Geneviève (1990): *The semiotics of French gestures*. Bloomington: Indiana University Press.
Calbris, Geneviève (2011): *Elements of meaning in gesture*. Amsterdam: John Benjamins.
Cap, Piotr (2009): Implicatures in discourse space or Grice's rationality reconsidered. *Topics in Linguistics* 4, 8–11.
Casasanto, Daniel (2014): Experiential origins of mental metaphors: Language, culture, and the body. In: Mark Landau, Michael D. Robinson, & Brian Meier (Hrsg.), *The power of metaphor: Examining its influence on social life*. Washington, DC: American Psychological Association Books, 249–268.
Casasanto, Daniel & Boroditsky, Lera (2008): Time in the Mind: Using Space to Think About Time. *Cognition* 106, 579–593.
Casasanto, Daniel & Dijkstra, Katinka (2010): Motor action and emotional memory. *Cognition* 115(1), 179–185.
Cassel, Justine & McNeill, David (1991): Gesture and the poetics of prose. *Poetics Today* 12(3), 375–404.
Chafe, Wallace (1994): *Discourse, Consciousness, and Time. The Flow and Displacement of Conscious Experience in Speaking and Writing*. Chicago: Chicago University Press.
Chomsky, Noam (1957): *Syntactic Structures*. 'S Gravenhage: Mouton & Co.
Chomsky, Noam (1965): *Aspects of the Theory of Syntax*. MIT: MIT Press.
Chomsky, Noam (1978): *Aspekte der Syntax-Theorie*. 4. Auflage. Frankfurt am Main: Suhrkamp.
Chomsky, Noam & Halle, Morris (1965): Some controversial questions in phonological theory. *Foundations of Language* 1, 97–138.

Cienki, Alan (2008): Why study metaphor and gesture? In: Cornelia Müller & Alan Cienki (Hrsg.), *Metaphor and Gesture*. Amsterdam: John Benjamins, 5–26.
Cienki, Alan (2013): Conceptual metaphor theory in light of research on gesture with speech. *Journal of Cognitive Semiotics* 5(1–2), 349–366.
Cienki, Alan (2015): Spoken language usage events. *Language & Cognition* 7, 499–514.
Cienki, Alan (2017): Analysing metaphor in gesture: A set of metaphor identification guidelines for gesture (MIG-G). In: Elena Semino & Zsófia Demjén (Hrsg.), *The Routledge handbook of metaphor and language*. London: Routledge, 131–147.
Cienki, Alan & Müller, Cornelia (2008): Metaphor, gesture, and thought. In: Raymond Gibbs (Hrsg.), *Metaphor and thought*. Cambridge: Cambridge University Press, 483–501.
Cienki, Alan & Müller, Cornelia (2014): Ways of viewing metaphor in gesture. In: Cornelia Müller, Alan Cienki, Ellen Fricke, Silva Ladewig, David McNeill & Jana Bressem (Hrsg.), *Body – Language – Communication:* An International Handbook on Multimodality in Human Interaction. Berlin: De Gruyter Mouton Mouton, 1766–1781.
Clark, Herbert (1996): *Using Language*. Cambridge: Cambridge University Press.
Coulson, Seana (2000): *Semantic leaps. Frame-shifting and conceptual blending in meaning constitution*. Cambridge: Cambridge University Press.
Coulson, Seana (2008): Metaphor comprehension and the brain. In: Raymond Gibbs (Hrsg.), *Metaphor and thought*. Cambridge: Cambridge University Press, 177–195.
Coulson, Seana & Kutas, Marta (1999): Frame-shifting and Sentential Integration. *Cognitive Science Technical Report* No. 98.02. La Jolla, CA: UCSD.
Coulson, Seana, Urbach, Thomas & Kutas, Marta (2006): Joke comprehension and the space structuring model. *Humor* 19(3), 229–250.
Coulson, Seana & Oakley, Todd (2000): Blending basics. *Cognitive Linguistics* 11, 175–196.
Croft, William (1993): The role of domains in the interpretation of metaphors and metonymies. *Cognitive Linguistics* 4, 335–70.
Croft, William (2001): *Radical Construction Grammar. Syntactic Theory in Typological Perspective*. Oxford: Oxford University Press.
Croft, William (2003): Lexical rules vs. constructions: A false dichotomy. In: Hubert Cuyckens, Thomas Berg, René Dirven & Klaus-Uwe Panther (Hrsg.), *Motivation in language: Studies in honour of Guenter Radden*. Amsterdam: Benjamins, 49–68.
Croft, William & Cruse, Allan D. (2004): *Cognitive Linguistics*. Cambridge: Cambridge University Press.
Croft, William & Vigus, Meagan (2017): Constructions, frames, and event structure. In: Luc Steels & Jerome Feldman (Hrsg.), *The AAAI 2017 Spring Symposium on Computational Construction Grammar and Natural Language Understanding*. AAAI Press, 147–153.
Dancygier, Barbara (2007): Narrative anchors and the processes of story construction: the case of Margaret Atwood's The Blind Assassin. *Style* 41(2), 133–152.
Dancygier, Barbara (2012): *The language of stories. A cognitive Approach*. Cambridge: Cambridge University Press.
Dancygier, Barbara (Hrsg.) (2017): *The Cambridge Handbook of Cognitive Linguistics*. Cambridge: Cambridge University Press.
Dancygier, Barbara & Sweester, Eve (2014): *Figurative language*. Cambridge: Cambridge University Press.
Danesi Marcel (2008), Conceptual errors in second-language learning. In: Sabine De Knop & Teun de Rycker (Hrsg.), *Cognitive Approaches to Pedagogical Grammar*. Berlin, New York: De Gruyter Mouton, 231–256.

De la Fuente, Juanma, Santiago, Julio, Román, Antonio, Dumitrache, Cristina & Daniel Casasanto (2014): When you think about it, your past is in front of you: how culture shapes spatial conceptions of time. *Psychological Sciences* 25(9), 1682–1690.

De Knop, Sabine (2017): Konstruktionen und Chunks. In: Jörg Roche & Ferran Suñer (Hrsg.), *Sprachenlernen und Kognition*. Tübingen: Narr, 97–118.

De Knop, Sabine (2020): Die Familie der deutschen Bewegungskonstruktionen: theoretische und didaktische Perspektiven. *Zeitschrift für Interkulturellen Fremdsprachenunterricht* 25(1), 1359–1394.

De Knop, Sabine & Gilquin, Gaëtanelle (2016) (Hrsg.), *Applied Construction Grammar*. Berlin: De Gruyter Mouton.

Deppermann, Arnulf (2002): Von der Kognition zur verbalen Interaktion: Bedeutungskonstitution im Kontext aus Sicht der Kognitionswissenschaften und der Gesprächsforschung. In: Arnulf Deppermann & Thomas Spranz-Fogasy (Hrsg), *Be-deuten: Wie Bedeutung im Gespräch entsteht*. Tübingen: Narr, 11–33.

Deppermann, Arnulf (2006a): *Construction Grammar – Eine Grammatik für die Interaktion?* In: Arnulf Deppermann, Reinhard Fiehler, Thomas Spranz–Fogasy (Hrsg.), *Grammatik und Interaktion. Untersuchungen zum Zusammenhang von grammatischen Strukturen und Gesprächsprozessen*. Radolfzell: Verlag für Gesprächsforschung, 43–65.

Deppermann, Arnulf (2006b): Deontische Infinitivkonstruktionen: Syntax, Semantik, Pragmatik und interaktionale Verwendung. In: Susanne Günthner & Wolfgang Imo, Wolfgang (Hrsg), *Konstruktionen in der Interaktion*. Berlin/New York: De Gruyter Mouton, 239–262.

Deppermann, Arnulf (2007): Der deontische Infinitiv. In: Arnulf Deppermann (Hrsg.), *Grammatik und Semantik aus gesprächsanalytischer Sicht*. Berlin: De Gruyter Mouton, 113–209.

Deppermann, Arnulf (2009): Verstehensdefizit als Antwortverpflichtung: interaktionale Eigenschaften der Modalpartikel denn in Fragen. In: Susanne Günthner & Jörg Bücker (Hrsg.), *Grammatik im Gespräch: Konstruktionen der Selbst- und Fremdpositionierung*. Berlin: De Gruyter Mouton, 23–56.

Deppermann, Arnulf (2011): Konstruktionsgrammatik und Interaktionale Linguistik: Affinitäten, Komplementaritäten und Diskrepanzen. In: Alexander Lasch & Alexander Ziem (Hrsg.), *Konstruktionsgrammatik III. Aktuelle Fragen und Lösungsansätze*. Tübingen: Stauffenburg, 205–238.

Dirven, René (1993): Metonymy and metaphor: different mental strategies of conceptualisation. *Leuvense Bijdragen* 82, 1–25.

Dirven, René, Frank, Roselyn & Ilie, Cornelia (Hrsg.) (2001): *Language and ideology. Vol. 2: Descriptive cognitive approaches*. Amsterdam: John Benjamins.

Duden (2014): *Duden: Deutsches Universalwörterbuch: Das umfassende Bedeutungswörterbuch der deutschen Gegenwartssprache*. Berlin: Bibliographisches Institut.

Dudis, Paul G. (2004): Body partitioning and real-space blends. *Cognitive Linguistics* 15(2), 223–238.

Durkheim, Emile (1961 [1895]): *Regeln der soziologischen Methode*. Neuwied/ Berlin: Hermann Luchterhand Verlag.

Dynel, Marta (2011): Blending the incongruity resolution model and the conceptual integration theory: The case of blends in pictorial advertising. *International Review of Pragmatics* 3(1), 59–83.

Efron, David (1941): *Gesture and environment*. King'S Crown Press.

Ehmer, Oliver (2011): *Imagination und Animation: Die Herstellung mentaler Räume durch animierte Rede*. Berlin: De Gruyter Mouton.

Ekman, Paul & Friesen, Wallace V. (1969): The repertoire of nonverbal behavior: categories, origin, usage, and coding. *Semiotica* 1, 49–98.
El-Bouz, Katsiaryna (2016): *Kognitionslinguistisch basierte Animationen für die deutschen Modalverben. Zusammenspiel der kognitiven Linguistik und des multimedialen Lernens bei der Sprachvermittlung.* Berlin, Münster: Lit Verlag.
Ellis, Nick (2013): Construction grammar and second language acquisition. In: Thomas Hoffmann & Graeme Trousdale (Hrsg.), *The Oxford handbook of construction grammar.* Oxford: Oxford University Press, 365–378.
Ellis, Nick & Wulff, Stefanie (2015): Usage-based approaches in second language acquisition. In: by David Miller, Fatih Bayram, Jason Rothman and Ludovica Serratrice (Hrsg.), *Bilingual Cognition and Language: The state of the science across its subfields.* Amsterdam: John Benjmains, 37–56.
Enfield, Nicholas J. (2009): *The anatomy of meaning. Speech, gesture, and composite utterances.* Cambridge: Cambridge University Press.
Engeman, Helen (2018): Wie alles begann: Der kindliche Sprach(en)erwerb. In: Moiken Jessen, Johan Blomberg & Jörg Roche (Hrsg.), *Kognitive Linguistik.* Tübingen: Narr Francke Attempto, 245–282.
Evans, Vyvyan (2004): How We Conceptualise Time: Language, Meaning and Temporal Cognition. *Essays in Arts and Sciences* XXXIII(2), 13–44.
Evans, Vyvyan (2014): *The Language Myth. Why language is not an instinct.* Cambridge: Cambridge University Press.
Evans, Vyvyan & Green, Melanie (2006): *Cognitive Linguistics: an introduction.* Edinburgh: Edinburgh University Press.
Evans, Vyvyan, Bergen, Benjamin & Zinken, Jörg (Hrsg.) (2007): *The Cognitive Linguistics Reader.* London: Equinox.
Fauconnier, Gilles ([1985] 1994): *Mental spaces: Aspects of meaning construction in natural language.* Cambridge: Cambridge University Press. (2nd Edition).
Fauconnier, Gilles (1997): *Mappings in thought and language.* Cambridge: Cambridge University Press.
Fauconnier, Gilles (2007): Mental spaces. In: Dirk Geerarts & Hubert Cuyckens (Hrsg.), *The Oxford Handbook of Cognitive Linguistics.* Oxford: Oxford University Press, 351–376.
Fauconnier, Gilles & Turner, Mark (2002): *The way we think. Conceptual blending and the mind's hidden complexities.* New York: basic Books.
Fauconnier, Gilles & Turner, Mark (2003): Conceptual Blending, Form, and Meaning. *Recherches en communication: Sémiotique Cognitive* 19, 57–86.
Ferguson, Heather J. & Sanford, Anthony J. (2008): Anomalies in real and counterfactual worlds: An eye-movement investigation. *Journal of Memory and Language* 58(3), 609–626.
Feyaerts, Kurt (1997): *Die Bedeutung der Metonymie als konzeptuellen Strukturprinzips. Eine kognitiv-semantische Analyse deutscher Dummheitsausdrücke.* Dissertation: KU Leuven.
Feyaerts, Kurt & Brône, Geert (2005): Headlines and cartoons in the economic press: double grounding as a discourse supportive strategy. In: Geert Jacobs & Guido Erreygers (Hrsg.), *Language, Communication and the Economy.* Amsterdam: John Benjamins, 73–99.
Feyaerts, Kurt, Brône, Geert & Oben, Bert (2017): Multimodality in interaction. In: Barbara Dancygier (Hrsg.), *The Cambridge Handbook of Cognitive Linguistics.* Cambridge: Cambridge University Press, 135–156.
Fillmore, Charles J. (1965): *Indirect Object Constructions in English and the Ordering of Transformations.* Berlin/New York: Mouton.

Fillmore, Charles J. (1971): Some problems for case grammar. In: Richard J. O'Brien (Hrsg.), *22nd annual Round Table. Linguistics: developments of the sixties – viewpoints of the seventies*. Georgetown University Press, Washington D.C.,35–56.
Fillmore, Charles J. (1977): Scenes and frames semantics. In: Antonio Zampolli (Hrsg), *Linguistic Structures Processing*. North Holland, 55–79.
Fillmore, Charles J. (1982): Frame semantics. In: Linguistic Society of Korea (Hrsg.). *Linguistics in the morning calm*. Seoul: Hanshin, 111–137.
Fillmore, Charles J. (1985): Frames and the semantics of understanding. *Quaderni di Semantica* 6, 222–254.
Fillmore, Charles J. & Atkins, Sue (1992): Toward a frame-based lexicon: The semantics of RISK and it neighbours. In: Adrienne Lehrer & Eva Kittay (Hrsg.), *Frames, fields, and contrasts: new essays in semantics and lexica organization*. Hillsdale, NJ: Lawrence Erlbaum Associates, 75–102.
Fillmore, Charles J., Kay, Paul & O'Connor, Mary C. (1988): Regularity and Idiomaticity in Grammatical Constructions: The Case of Let Alone. *Language* 64(3), 501–538.
Finkbeiner, Rita (2019): Serielle Narration als Konstruktion. Studien an Bilderbüchern für Vorschulkinder. *Linguistik Online* 96(3), 43-64.
Fischer, Kerstin (2000): *From Cognitive Semantics to Lexical Pragmatics: The Functional Polysemy of Discourse Particles*. Berlin, New York: De Gruyter Mouton.
Fischer, Kerstin (2006a): Konstruktionsgrammatik und Interaktion. In: Kerstin Fischer & Anatol Stefanowitsch (Hrsg.), *Konstruktionsgrammatik I. Von der Anwendung zur Theorie*. Tübingen: Stauffenburg, 133– 150.
Fischer, Kerstin (2006b): Konstruktionsgrammatik und situationales Wissen. In: Susanne Günthner & Wolfgang Imo (Hrsg.), *Konstruktionen in der Interaktion*. Berlin: De Gruyter Mouton, 343–364.
Fischer, Kerstin (2015): Conversation, Construction Grammar, and cognition. *Language & Cognition* 7(04), 563–588.
Fischer, Kerstin & Stefanowitsch, Anatol (2006): Konstruktionsgrammatik: Ein Überblick. In: Kerstin Fischer & Anatol Stefanowitsch (Hrsg.), *Konstruktionsgrammatik: von der Anwendung zur Theorie*, Tübingen; Stauffenburg 3–17.
Forceville, Charles (2008): Metaphor in pictures and multimodal representations. In: Raymond Gibbs, (Hrsg.), *The Cambridge Handbook of Metaphor and Thought*. Cambridge: Cambridge University Press, 462–482.
Forceville, Charles (2012): Creativity in pictorial and multimodal advertising metaphors. In: Rodny Jones (Hrsg.), *Discourse and Creativity*. London: Routledge, 113–131.
Fodor, Jerrold J. & Katz, Jerry A. (1963): The Structure of a Semantic Theory. *Language* 39(2), 170–210.
Fox, Barbara & Thompson, Sandra (2007): Relative Clauses in English conversation: Relativizers, frequency, and the notion of construction. *Studies in Language* 31(2), 293–326.
Fujii, Akiko (*2008*): Meaning construction in *humorous* discourse: Context and incongruities in conceptual *blending*. In: Andrea Tyler, Yiyoung Kim & Mari Takda (Hrsg.), *Language in the context of use*. Berlin: De Gruyter Mouton, 183–197.
Freeman, Margaret H. (2005): Poetry as power: The dynamics of cognitive poetics as a scientific and literary paradigm. In: Harri Veivo, Bo Pettersson & Merja Polvinen (Hrsg.), *Cognition and Literary Interpretation in Practice*. Helsinki: Helsinki University Press, 31–57.
Fried, Mirjam & Östman, Jan-Ola. (2005): Construction Grammar and spoken language: The case of pragmatic particles. *Journal of Pragmatics* 37(11), 1752–1778.

Gavins, Joanna (2003): 'Too much blague?' An exploration of the text worlds of Donald Barthelme's Snow White. In: Joanna Gavin & Gerard Steen (Hrsg.), *Cognitive poetics in practice*. London & New York: Routledge, 129–144.

Gavins, Joanna (2013): *Reading the Absurd*. Edinburgh: Edinburgh University Press.

Geeraerts, Dirk (1989): Prospects and problems of prototype theory. *Linguistics* 27, 587–612.

Geeraerts, Dirk (1993): Vagueness's puzzles and polysemy's vagaries. *Cognitive Linguistics* 4, 232–272.

Geeraerts, Dirk (2002): The interaction of metaphor and metonymy in composite expressions. In: René Dirven & Ralf Pörings (Hrsg.), *Metaphor and metonymy in comparison and contrast*. Berlin: De Gruyter Mouton, 435–465.

Geeraerts, Dirk (2006a): A rough guide to Cognitive Linguistics. In: Dirk Geeraerts (Hrsg.), *Cognitive Linguistics: Basic readings*. Berlin: De Gruyter Mouton, 1–28.

Geeraerts, Dirk (Hrsg.) (2006b): Prototype theory. In: Dirk Geeraerts (Hrsg.), *Cognitive Linguistics: Basic readings*. Berlin: De Gruyter Mouton, 141–165.

Geeraerts, Dirk (2009): Prisms and blends. Digging one's grave from two perspectives. In: Wieslaw Oleksy & Piotr Stalmaszczyk (Hrsg.), *Cognitive approaches to language and linguistic data*. Frankfurt a.M.: Peter Lang, 87–104.

Geeraerts, Dirk (2010): *Theories of lexical semantics*. Oxford: Oxford University Press.

Geeraerts, Dirk (2013): Post-structuralist and cognitive approaches to meaning. In: Keith Allan (Hrsg.), *Oxford Handbook of the History of Linguistics*. Oxford: Oxford University Press, 571–585.

Geeraerts, Dirk (2016): The sociosemiotic commitment. *Cognitive Linguistics* 27(4), 527–542.

Geeraerts, Dirk & Cuyckens, Hubert (Hrsg.) (2010): *The Oxford Handbook of Cognitive Linguistics*. Oxford: Oxford University Press.

Geeraerts, Dirk, Grondelaers, Stefan & Bakema, Peter (1994): The Structure of Lexical Variation: Meaning, naming, and context. *Studies in Language* 21(1), 195–202.

Gibbs, Raymond (1994): *The poetics of mind: Figurative thought, language, and understanding*. New York: Cambridge University Press.

Gibbs, Raymond (2000): Making Good Psychology Out of Blending Theory. *Cognitive Linguistics* 11(3), 347–358.

Gibbs, Raymond (2002a): Why cognitive linguists should care more about empirical methods. In: Monica Gonzalez-Marquez, Irene Mittelberg, Seana Coulson & Michael J. Spivey (Hrsg), *Methods in Cognitive Linguistics*. Amsterdam: John Benjamins, 2–18.

Gibbs, Raymond (2002b): A new look at literal meaning in understanding what is said and implicated. *Journal of Pragmatics* 34, 457–486.

Gibbs, Raymond (2004): Introspection and cognitive linguistics: Should we trust our own intuitions? *Annual Review of Cognitive Linguistics* 4(1), 135–151.

Gibbs, Raymond (Hrsg.) (2008): *The Cambridge Handbook of Metaphor and Thought*. Cambridge: Cambridge University Press.

Gibbs, Raymond (2011): Evaluating conceptual metaphor theory. *Discourse Processes* 48, 529–562.

Gibbs, Raymond & Colston, Herbert (2012): *Interpreting figurative meaning*. Cambridge: Cambridge University Press.

Gibbs, Raymond & Matlock, Teenie (2008): Metaphor, imagination, and simulation: Psycholinguistic evidence. In: Raymond Gibbs (Hrsg.), *Metaphor and thought*. Cambridge: Cambridge University Press, 161–176.

Gijssels, Tom & Casasanto, Daniel (2017): Conceptualizing time in terms of space: Experimental evidence. In: Barabara Dancygier (Hrsg.), *Cambridge Handbook of Cognitive Linguistics*. Cambridge: Cambridge University Press, 651–668.
Gilquin, Gaëtanelle & De Knop, Sabine (2016): Exploring L2 constructionist approaches. In: Sabine De Knop & Gaëtanelle Gilquin (Hrsg.), *Applied Construction Grammar*. Berlin: De Gryuter, 3–17.
Giora, Rachel (1999): On the priority of salient meanings in studies of literal and figurative language. *Journal of Pragmatics* 31, 919–929
Givón, Talmy (1979): *On understanding grammar*. New York: Academic Press.
Glebkin, Vladimir (2015): Is conceptual blending the key to the mystery of human evolution and cognition? *Cognitive Linguistics* 26(1), 95–111.
Goldberg, Adele (1995): *Constructions: A construction grammar approach to argument structure*. Chicago: University of Chicago Press.
Goldberg, Adele (2006): *Constructions at Work: The nature of generalization in language*. Oxford: Oxford University Press.
Goldberg, Adele & Jackendoff, Ray (2004): The English resultative as a family of constructions. *Language* 80(3), 532–568.
Goldberg, Adele, Casenhiser Devin & Sethuraman, Nitya (2005): Learning argument structure generalizations. *Cognitive Linguistics* 15(3), 289–316.
Goldstein, Bruce E. (2008): *Wahrnehmungspsychologie. Der Grundkurs*. Berlin: Springer Verlag.
Goossens, Louis (1990): Metaphtonymy: the interaction of metaphor and metonymy in expressions for linguistic action. *Cognitive Linguistics* 1(3), 323–340.
Goschler, Juliana (2009): Typologische und konstruktionelle Einflüsse bei der Kodierung von Bewegungsereignissen in der Zweitsprache. In: Said Sahel & Ralf Vogel (Hrsg.), *Conference proceedings of the Norddeutsches Linguistisches Kolloquium: NLK2009*. Bielefeld: eCollections der Universität Bielefeld.
Grady, Joseph (1997): *Foundations of Meaning: Primary Metaphors and Primary Scenes*. Dissertation. University of Berkeley.
Grady, Joseph (1998): The "Conduit Metaphor" Revisited: a reassessment of metaphors for communication. In: Jean-Pierre Koenig (Hrsg.), *Conceptual Structure, Discourse, and Language 2*, Stanford: CSLI, 205–218.
Grady, Joseph, Oakley, Todd & Coulson, Seana (1999): Blending and Metaphor. In: Gerard Steen, & Raymond Gibbs (Hrsg.), *Metaphor in Cognitive Linguistics*. Philadelphia: John Benjamins, 101–124.
Gries, Stefan & Wulff, Stefanie (2005): Do foreign language learners also have constructions? Evidence from priming, sorting, and corpora. *Annual Review of Cognitive Linguistics* 3, 182–200.
Gruhn, Wilfried (2003): *Kinder brauchen Musik. Musikalität bei Kindern entfalten und fördern*. Weinheim, Basel, Berlin: Beltz.
Gutzmann, Daniel & Turgay, Katharina (2011): Funktionale Kategorien in der PP und deren Zweitspracherwerb. *Zeitschrift für Sprachwissenschaft* 30(2), 169–221.
Günthner, Susanne (2006): „Was ihn trieb, war vor allem Wanderlust" (Hesse: Narziß und Goldmund). Pseudocleft-Konstruktionen im Deutschen. In: Susanne Günthner & Wolfgang Imo (Hrsg.), *Konstruktionen in der Interaktion*. Berlin: Mouton de Gryuter, 59–90.
Günthner, Susanne (2008): Projektorkonstruktionen im Gespräch: Pseudoclefts, die Sache ist – Konstruktionen und Extrapositionen mit es. *Gesprächsforschung Online* 9, 86–114.

Günthner, Susanne & Hopper, Paul J. (2010): Zeitlichkeit & sprachliche Strukturen: Pseudoclefts im Englischen und Deutschen. *Gesprächsforschung Online* 11, 1–28.

Günthner, Susanne & Imo, Wolfgang (Hrsg.) (2006). *Konstruktionen in der Interaktion*. Berlin: De Gruyter Mouton.

Harris, Randy A. (1993): *The linguistic wars*. Oxford: Oxford University Press.

Haser, Verena (2005): *Metaphor, Metonymy, and Experientialist Philosophy: Challenging Cognitive Semantics*. Berlin/New York: De Gruyter Mouton.

Haspelmath, Martin (2002): Grammatikalisierung: von der Performanz zur Kompetenz ohne angeborene Grammatik. In: Sybille Krämer & Ekkehard König (Hrsg.), *Gibt es eine Sprache hinter dem Sprechen?* Frankfurt/Main: Suhrkamp, 262–286.

Herbst, Thomas (2016): Foreign language learning is construction learning - what else? Moving towards Pedagogical Construction Grammar. In: Sabine De Knop & Gaëtanelle Gilquin (Hrsg.), *Applied Construction Grammar*. Berlin: De Gruyter Mouton, 21–51.

Hesse, Hermann ([19176]2017): *Die Märchen*. Frankfurt a.M: Suhrkamp.

Hoffmann, Thomas (2017): From Constructions to Construction Grammars. In: Barabara Dancygier (Hrsg.), *The Cambridge Handbook of Cognitive Linguistics*. Cambridge: Cambridge University Press, 284–309.

Hoffmann, Thomas & Graeme Trousdale (Hrsg.) (2013): *The Oxford Handbook of Construction Grammar*. Oxford: Oxford University Press.

Holme, Randal (2010a): Construction grammar: Towards a pedagogical model. *AILA Review* 23, 115–133.

Holme, Randal (2010b): A construction grammar for the classroom. *IRAL* 48, 355–377.

Hopper, Paul & Thompson, Sandra (1980): Transitivity in Grammar and Discourse. *Language* 56(2), 251–299.

Hopper, Paul & Thompson, Sandra (1984): The Discourse Basis for Lexical Categories in Universal Grammar. *Language* 60(4), 703–752.

Hopper, Paul & Thompson, Sandra (2008): Projectability and Clause Combining in Interaction. In: Ritva Laury (Hrsg.), *Crosslinguistic Studies of Clause Combining: The Multifunctionality of Conjunctions*. Amsterdam: John Benjamins, 99–123.

Hougaard, Andres & Oakley, Todd (2008): Introduction: Mental spaces and discourse analysis. In: Todd Oakley & Anders Hougaard (Hrsg.), *Mental spaces in discourse and interaction*. Amsterdam: Benjamins, 1–26.

Householder, Fred W. (1965): On some recent claims in phonological theory. *Journal of Linguistics* 1, 13–34.

Huber, Martin & Winko, Simone (Hrsg.) (2009): *Literatur und Kognition. Bestandsaufnahmen und Perspektiven eines Arbeitsfelds*. Paderborn: mentis.

Ibbotson, Paul & Tomasello, Michael (2017): Ein neues Bild der Sprache. *Spektrum der Wissenschaft* 3–17. Online unter: https://www.spektrum.de/news/kritik-an-der-universalgrammatik-von-chomsky/1439388, abgerufen am 27.09.2018.

Imo, Wolfgang (2007): Da hat des kleine glaub irgendwas angestellt' - ein construct ohne construction? In: Susanne Günthner & Wolfgang Imo (Hrsg.), *Konstruktionen in der Interaktion*. Berlin: De Gruyter Mouton, 263–290.

Imo, Wolfgang & Lanwer, Jens (Hrsg.) (2020): *Prosodie und Konstruktionsgrammatik*. Berlin: De Gruyter Mouton.

Jacobs, Joachim (2008): Wozu Konstruktionen? *Linguistische Berichte* 213, 3–44.

Janda, Laura (2010): Cognitive Linguistics in the Year 2010. *International Journal of Cognitive Linguistics* (1), 1–30.

Janda, Laura (Hrgs) (2013): *Cognitive Linguistics. The quantative turn*. Berlin: De Gruyter Mouton.
Jandl, Ernst (1957): schtzngrmm (mit Vorwort). *Neue wege. kulturzeitschrift junger menschen* 16/17.
Johnson; Mark (1987): *The Body in the Mind. The Bodily Basis of Meaning, Imagination, and Reason*. Chicago: Chicago University Press.
Jostman, Nils B., Lakens, Daniel & Schubert, Thomas W. (2009): Weight as an embodiment of importance. *Psychological Science* 20, 1169–1174.
Joy, Annamma, Sherry, John F. & Deschenes, Jonathan (2009): Conceptual blending in advertising. *Journal of Business Research* 62, 39–49.
Kendon, Adam (1980): Gesticulation and speech: Two aspects of the process of utterance. In: Mary R. Key (Hrgs.), *The Relationship of Verbal and Nonverbal Communication*. Berlin: De Gruyter Mouton, 207–227.
Kendon, Adam (2004): *Gesture: Visible Action as Utterance*. Cambridge: Cambridge University Press.
Kita, Sotaro (Hrsg.) (2003): *Pointing: Where language, culture, and cognition meet*. London: Psychology Press.
Kleiber, Georges (1993): *Prototypensemantik*. Tübingen: Narr Verlag.
Koestler, Arthur (1964): *The Act of Creation*. London: Hutchinson.
Konerding, Klaus-Peter (1993): *Frames und lexikalisches Bedeutungswissen. Untersuchungen zur linguistischen Grundlegung einer Frametheorie und ihrer Anwendung in der Lexikographie*. Tübingen: Niemeyer.
Kotthoff, Helga (2020): Erzählen in Gesprächen. In: Karin Birkner, Peter Auer, Angelika Bauer & Helga Kotthoff (Hrsg.), *Einführung in die Konversationsanalyse*. Berlin De Gruyter Mouton, 415–467.
König, Katharina & Oloff, Florence (Hrsg.) (2018): Erzählen multimodal. Thememheft in *Gesprächsforschung Online* 19.
Kövecses, Zoltán (2000): *Metaphor and emotion: Language, culture, and the body in human feeling*. Oxford: Oxford University Press.
Kövecses, Zoltán (2010): *Metaphor: A practical introduction*. 2nd Edition. Oxford: Oxford University Press.
Kövecses, Zoltán (2011): Recent developments in metaphor theory: Are the new views rival ones? *Review of Cognitive Linguistics* 9(1), 11–25.
Kövecses, Zoltán (2005): *Metaphor in culture. Universality and variation*. Cambridge: Cambridge University Press.
Labov, William (1973): The boundaries of words and their meanings. In: Charles J. Bailey & Roger Shuy, (Hrsg.), *New Ways of Analysing Variation in English*. Washington: Georgetown University Press, 340–373.
Ladewig, Silva (2014): Recurrent gestures. In: Cornelia Müller, Alan Cienki, Ellen Fricke, Silva H. Ladewig, David McNeill & Jana Bressem (Hrsg.), *Body – Language – Communication: An International Handbook on Multimodality in Human Interaction*. Berlin, Boston: De Gruyter Mouton: Mouton, 1558–1575.
Ladewig, Silva (2018): Gesten und ihre Bedeutung, In: Moike Jessen, Johan Bloomberg & Jörg Roche (Hrgs.), *Kognitive Linguistik*. (Kompendium DaF/DaZ, Vol. 2) Tübingen: Narr Verlag, 300–312.
Ladewig, Silva & Hotze, Lena (2020): Zur temporalen Entfaltung und multimodalen Orchestrierung von konzeptuellen Räumen am Beispiel einer Erzählung. *Linguistik online* 104, 4/20, 109–136.

Lakoff, George (1982a): Categories and cognitive models. *Berkeley Cognitive Science Report*, no. 2. Berkeley: Institute for Human Learning.
Lakoff, George (1982b): Categories. In: Linguistic Society of Korea (Hrsg.), *Linguistics in the Morning Calm*. Seoul: Hanshin.
Lakoff, George (1984): *There-constructions: A case study in grammatical construction theory and prototype theory*. Cognitive Science Program, Institute of Cognitive Studies, University of California at Berkeley.
Lakoff, George (1987): *Women, Fire, and Dangerous Things. What Categories Reveal About the Mind*. Chicago: University of Chicago Press.
Lakoff, George (1990): The Invariance Hypothesis. Is Abstract Reason Based on Image schemas? *Cognitive Linguistics* 1(1), 39–74.
Lakoff, George (1993): The contemporary theory of metaphor. In: Andrew Ortony (Hrsg.), *Metaphor and Thought* (second edition). Cambridge: At the University Press, 202–251.
Lakoff, George (2004): *Don't think of an elephant. Know your values and frame the debate*. White River Junction: Chelsea Green Publishing.
Lakoff, George (2008): The neural theory of metaphor. In: Gibbs, Raymond. (Hrsg.), *Metaphor and thought*. Cambridge: Cambridge University Press, 17–38.
Lakoff, George & Johnson, Mark (1980): *Metaphors we live by*. Chicago: Chicago University Press.
Lakoff, George & Johnson, Mark (1997 [1980]): *Leben in Metaphern*. Heidelberg: Carl-Auer Verlag.
Lakoff, George & Johnson, Mark (1999): *Philosophy in the Flesh*. New York: Basic Books.
Lakof, George & Turner, Mark (1989): *More than Cool Reason: A Field Guide to Poetic Metaphor*. Chicago: The University of Chicago Press.
Lakoff, George & Wehling, Elisabeth (2016): *Auf leisen Sohlen ins Gehirn: Politische Sprache und ihre heimliche Macht*. Heidelberg: Carl-Auer Verlag.
Lakoff, George, Espenson, Jane & Schwartz, Alan (1991): *Master Metaphor List*. Technical report. University of Berkeley.
Langacker, Ronald W. (1976): Modern syntactic theory: Overview and preview. *Publications of the University of Rhodesia in Linguistics* 2, 1–23.
Langacker, Ronald W. (1987a): *Foundations of Cognitive Grammar. Volume I*. Stanford: Stanford University Press.
Langacker, Ronald W. (1987b): Nouns and verbs. *Language* 73, 53–94.
Langacker, Ronald W. (1988): A usage-based model. In: Rudzka-Ostyn, Brygida (Hrsg.), *Topics in Cognitive Linguistics*. Amsterdam: John Benjamins, 127–161.
Langacker, Ronald W. (1990): Subjectification. *Cognitive Linguistics* 1(1), 5–38.
Langacker, Ronald W. (1991): *Foundations of Cognitive Grammar. Volume II*. Stanford: Stanford University Press.
Langacker, Ronald W. (1993): Reference-point constructions. *Cognitive Linguistics* 4, 1–38.
Langacker, Ronald W. (1997): The Contextual Basis of Cognitive Semantics. In: Nuyts, Jan & Pederson, Eric. (Hrsg.), *Language and conceptualization*. Cambridge: Cambridge University Press, 229–252.
Langacker Ronald W. (2001): Discourse in Cognitive Grammar. *Cognitive Linguistics* 12(2), 143–188.
Langacker, Ronald W. (2005): Integration, grammaticization, and constructional meaning. In: Fried, Mirjam & Boas, Hans C. (Hrsg.), *Grammatical constructions. Back to the roots*. Amsterdam: John Benjamins, 157–190.

Langacker, Ronald W. (2008): *Cognitive Grammar: A Basic Introduction*. Oxford: Oxford University Press.

Langacker, Ronald W. (2009): *Investigations in Cognitive Grammar*. Berlin: De Gruyter Mouton.

Langacker, Ronald W. (2015): Descriptive and discursive organization in cognitive grammar. In: Jocelyne Daems, Eline Zenner, Kris Heylen, Dirk Speelman & Hubert Cuyckens (Hrsg.), *Change of paradigms-new paradoxes: Recontextualizing language and linguistics*. Berlin & Boston: De Gruyter Mouton, 205–218.

Langacker, Ronald W. (2016a): Working toward a synthesis. *Cognitive Linguistics* 27(4), 465–477.

Langacker, Ronald W. (2016b): Toward an integrated view of structure, processing, and discourse. In: Grzegorz Drożdż (Hrsg.), *Studies in lexicogrammar: Theory and applications*. Amsterdam & Philadelphia: John Benjamins, 23–53.

Langlotz, Andreas (2015): Local meaning-negotiation, activity types, and the current-discourse-space model. *Language & Cognition* 7, 515–545.

Lasch, Alexander (2018): *Framesemantik*. Vorlesungsaufzeichnung, abrufbar auf: https://www.youtube.com/watch?v=bUdJue9aCpA

Lasch, Alexander (2019): *Aktuelle Tendenzen der gebrauchsbasierten Konstruktionsgrammatik*. Vortrag vom 21.01.2019 an der CAU zu Kiel, abrufbar unter: https://www.gls-dresden.de/2019/01/21/aktuelle-tendenzen-in-der-sprachgebrauchsbasierten-konstruktionsgrammatik-des-deutschen-kiel-21-01-2019/

Lasch, Alexander (2020): *Semantically motivated constructions in a semantically motivated constructicon*. Vortrag bei der Tagung "Constructing a Constructicon". Trient, Mai 2020.

Lasch (im Druck): Verschränkung abstrakter grammatischer Konstruktionen. Über die Perfektlücke' im Frühneuhochdeutschen. Erscheint in: Alexander Lasch & Alexander Ziem (Hrsg.), *Konstruktionsgrammatik VI: Wandel im Sprachbrauch*. Tübingen: Stauffenburg.

Lewandowska–Tomaszczyk, Barbara (2010): Polysemy, Prototypes, and Radial Categories. In: Dirk Geeraerts & Hubert Cuyckens (Hrsg.), *The Oxford Handbook of Cognitive Linguistics*. Oxford: Oxford University Press, 139–169.

Lidell, Scott K. (2003): *Grammar, Gesture, and Meaning in American Sign Language*. Cambridge: Cambridge University Press.

Linell, Per (2009): *Rethinking Language, Mind, and World Dialogically*. Charlotte, NC: Information Age Publishing.

Lieven, Elena V., Behrens, Heike, Speares, Jennifer & Tomasello, Michael (2003): Early syntactic creativity: A usage-based approach. *Journal of Child Language* 30, 333–370.

Littlemore, Jeanette (2009): *Applying cognitive linguistics to second language learning and teaching*. New York: Palgrave Macmillian.

Littlemore, Jeanette (2014): An Investigation into Metaphor Use at Different Levels of Second Language Writing. *Applied Linguistics* 35 (2), 117–144.

Littlemore, Jeanette (2016): Metaphor use in educational contexts: functions and variations. In: Elena Semino & Zsófia Demjén (Hrsg.), *The Routledge Handbook of Metaphor*. 283–295.

Littlemore & Low, Graham (2006): *Figurative Thinking and Foreign Language Learning*. New York: Palgrave Macmillan.

Littlemore, Jeanette, Koester, Almut & Barnden, John (2011): Difficulties in Metaphor Comprehension Faced by International Students whose First Language is not English. *Applied Linguistics*. 32(4), 408–429.

Löbner, Sebastian (2015): *Semantik. Eine Einführung* (2.Auflage). Berlin: De Gruyter Mouton Studium.

Luntz, Frank (2007): *Words that work. It's not what you say, it is what people hear.* New York: Hachette Books.
MacArthur, Fiona & Littlemore, Jeanette (2008): A discovery approach using corpora in the foreign language classroom. In: Frank Boers & Seth Lindstromberg (Hrsg.), *Cognitive Linguistic Approaches to Teaching Vocabulary and Phraseology.* Berlin: De Gruyter Mouton, 159–188.
Mampe, Birgit, Friederici, Angela, Christophe, Anne & Wermke, Kathleen (2009): Newborn's cry melody is shaped by their native language. *Current Biology* 5, 1994–1997.
Mandelbaum, Jenny (2012): Storytelling in conversation. In: Jack Sidnell & Tanya Stivers (Hrsg.), *The Handbook of Conversation Analysis.* West Sussex: Wiley-Blackwell, 492–508.
Matlock, Teenie (2004): Fictive motion as cognitive simulation. *Memory and Cognition* 32, 1389–1400.
McNeill, David (1992): *Hand and mind. What gestures reveal about thought.* Chicago: University of Chicago Press.
McNeill, David (2013): Gesture as a window onto mind and brain, and the relationship to linguistic relativity and ontogenesis. In: Cornelia Müller, Allan Cienki, Ellen Fricke, Silva Ladewig, David McNeill & Sedinha Teßendorf (Hrsg.), *Body – Language – Communication. An International Handbook of Multimodality in Human Interaction.* Volume 1. Berlin: De Gruyter Mouton, 28–54.
Meibauer, Jörg (2011): Spracherwerb und Kinderliteratur. *Zeitschrift für Literaturwissenschaft und Linguistik* 162, 9–26.
Mercier, Pascal (1995): *Perlmanns Schweigen.* München: btb Verlag.
Michaelis, Laura A. (2010): Sign-Based Construction Grammar. In: Bernd Heine & Heiko Narrog, (Hrsg.), *The Oxford Handbook of Linguistic Analysis.* Oxford: Oxford University Press, 155–176.
Michaelis, Laura A. 2(013): Sign-Based Construction Grammar. In Thomas Hoffman & Graeme Trousdale, (Hrsg.), *The Oxford Handbook of Construction Grammar.* Oxford: Oxford University Press, 133–152.
Minsky, Marvin (1975): A Framework for Representing Knowledge. In: Patrick H. Winston (Hrsg.), *The Psychology of Computer Vision.* New York: McGraw-Hill, 211–277.
Mittelberg, Irene (2006): *Metaphor and Metonymy in Language and Gesture: Discourse Evidence for Multimodal Models of Grammar.* Cornell University, Ann Arbor, MI: ProQuest/UMI.
Mittelberg, Irene (2019): Visuo-kinetic signs are inherently metonymic: How embodied metonymy motivates form, function and schematic patterns in gesture. Research Topic 'Visual Language', *Frontiers of Psychology*, https://doi.org/10.3389/fpsyg.2019.00254
Mittelberg, Irene & Waugh, Linda (2009): Metonymy first, metaphor second: A cognitive semiotic approach to multimodal figures of thought in co-speech gesture. In: Charles Forceville & Eduardo Urios-Aparisi (Hrsg.), *Multimodal metaphor.* Berlin: De Gruyter Mouton, 329–356.
Moon, Christine, Cooper, Robin P. & Fifer, William P. (1993): Two-days-old prefer their native language. *Infant Behavior and development* 16, 495–500.
Mortelmans, Tanja (2004): Grammatikalisierung und Subjektivierung: Traugott und Langacker revisited. *Zeitschrift für germanistische Linguistik* 32(2), 188–209.
Müller, Cornelia (1998): *Redebegleitende Gesten. Kulturgeschichte – Theorie – Sprachvergleich.* Berlin: Berlin Verlag AG.
Müller, Cornelia (2008): *Metaphors dead and alive, sleeping and waking: a dynamic view.* Chicago: University of Chicago Press.

Müller, Cornelia & Cienki, Alan. (Hrsg.) (2008): *Metaphor and Gesture*. Amsterdam: John Benjamins.
Müller, Cornelia & Tag, Susanne (2010): The Dynamics of Metaphor: Foregrounding and Activating Metaphoricity in Conversational Interaction. *Cognitive Semiotics* 6: 85–120.
Müller, Cornelia, Cienki, Allen, Fricke, Ellen, Ladewig, Sliva H., McNeill, Davis & Bressem, Jana (Hrsg.), *Body – Language – Communication. An International Handbook on Multimodality in Human Interaction*. Berlin: De Gruyter Mouton.
Müller, Ralph (2009): Kognitive Poetik und Korpusstilistik. Ein Zugang zur Metaphorik bei Rainer Maria Rilke. In: Martin Huber und Simone Winko (Hrsg.), *Literatur und Kognition. Bestandsaufnahmen und Perspektiven eines Arbeitsfeldes*. Paderborn: Mentis Verlag, 203–215.
Müller, Ralph (2011): Literatur der Leser und Literatur der Interpreten. Zur Arbeitsteilung von Kognitiver Poetik und Erklärender Hermeneutik. *Mythos-Magazin*. www.mythos-magazin.de/erklaerendehermeneutik/rm_leser.pdf
Müller, Stefan (2010): *Grammatiktheorie*. Tübingen: Stauffenburg.
Murakami, Haruki (1985[1995]): *Hard-Boiled Wonderland und das Ende der Welt*. Köln: DuMont Verlag.
Murphy, Gregory L. (1996): On metaphoric representation. *Cognition* 60, 173–204.
Nerlich, Brigitte & Clarke, David D. (1988): A dynamic model of semantic change. *Journal of Literary Semantics* XVII (2), 73–90.
Nerlich, Brigitte & Clarke, David D. (2007): Cognitive Linguistics and the History of Linguistics. In: Dirk Geeraerts & Hubert Cuyckens (Hrsg.), *The Oxford Handbook of Cognitive Linguistics*. Oxford: Oxford University Press, 589– 607.
Nist, John (1965): A Critique of Generative Grammar. *Linguistics* 19, 102–110.
Núñez, Rafael E. & Sweetser, Eve (2005): With the Future Behind Them: Convergent Evidence From Aymara Language and Gesture in the Crosslinguistic Comparison of Spatial Construals of Time. *Cognitive Sciences* 30, 401–450.
Oakley, Todd & Hougard, Anders (Hrsg.) (2008): *Mental Spaces in Discourse and Interaction*. Amsterdam: John Benjamins.
Oakley, Todd & Pascual, Esther (2017): Conceptual Blending Theory. In: Barabara Dancygier (Hrsg.), *The Cambridge Handbook of Cognitive Linguistics*. Cambridge: Cambridge University Press, 423–447.
Obleser, Jonas, Leaver Amber, Vanmeter John W. & Rauschecker, Josef P. (2010): Segregation of vowels and consonants in human auditory cortex: evidence for distributed hierarchical organization. *Frontiers in Psychology*, doi: 10.3389/fpsyg.2010.00232
Oloff, Florence & König, Katharina (2018): Die Multimodalität alltagspraktischen Erzählens. *Zeitschrift für Linguistik und Literaturwissenschaft* 48 (2), 277–307.
O'Murray, Scott O. (1980): Gatekeepers and the „Chomskyan Revolution". *Journal of the History of the Behavioural Sciences* 16(1), 73–88.
Öhl, Peter & Seiler, Guido (2013): Wörter und Sätze. In: Peter Auer (Hrsg.), *Sprachwissenschaft: Grammatik– Interaktion – Kognition*. Stuttgart: J.B. Metzler, 137–185.
Östman, Jan-Ola (2005): Construction discourse: A prolegomenon. In: Jan-Ola Östman & Mirjam Fried (Hrsg.), *Construction Grammars: Cognitive grounding and theoretical extensions*. Amsterdam: John Benjamins, 121–144.
Pang, Nana (2020): *Zur Funktion und Bedeutung kognitiver Metaphern in Hermann Hesses Märchen*. Göttingen: Universitätsausdrucke Göttingen.

Panther, Klaus-Uwe & Radden, Günther (1999): Introduction. In: Klaus-Uwe Panther & Günter Radden (Hrsg.), *Metonymy in language and thought*. Amsterdam: John Benjamins, 1–14.

Panther, Klaus-Uwe & Thornburg, Linda (2007): Metonymy. In: Dirk Geeraerts & Hubert Cuyckens (Hrsg.), *The Oxford Handbook of Cognitive Linguistics*. Oxford: Oxford University Press, 236–263.

Parill, Fey (2010): Viewpoint in speech-gesture integration: Linguistic structure, discourse structure, and event structure. *Language and Cognitive Processes* 25(5), 650–668.

Parill, Fey (2011): The relation between the encoding of motion event information and viewpoint in English-accompanying gestures. *Gesture* 11(1), 61–80.

Parill, Fey & Sweetser, Eve (2004): What We Mean by Meaning: Conceptual Integration in Gesture Analysis and Transcription. *Gesture* 4(2), 197–219.

Pascual, Esther (2006): Fictive interaction within the sentence: a communicative type of fictivity in grammar. *Cognitive Linguistics* 17, 245–27.

Petruck, Miriam (1996): Frame semantics. In: Jef Verschueren, Jan-Ola Östman & Jan Blommaert (Hrsg.), *Handbook of Pragmatics*. Amsterdam/Philadelphia: John Benjamins, 1–13.

Piquer Píriz, Ana María & Alejo-González, Rafael (2020): *Applying Cognitive Linguistics. Figurative Language in Use, Constructions and Typology*. Amsterdam: John Benjamins.

Philippi, Jule (2008): *Einführung in die generative Grammatik*. Göttingen: Vandenhoeck & Ruprecht.

Philippi, Jule & Tewes, Michael (2010): *Basiswissen Generative Grammatik*. Göttingen: UTB Verlag

Pragglejaz Group (2007): MIP: A Method for Identifying Metaphorically Used Words in Discourse. *Metaphor & Symbol* 22(1), 1–39.

Radden, Günter (2000): How metonymic are metaphors? In: Antonio Barcelona (Hrsg.), *Metaphor and metonymy at the crossroads. A cognitive perspective*. Berlin: De Gruyter Mouton, 93–108.

Radden, Günter (2004): The metaphor TIME AS SPACE across languages. In: Nicole Baumarten, Claudia Böttger, Markus Motz & Julia Probst (Hrsg.), *Übersetzen, Interkulturelle Kommunikation, Spracherwerb und Sprachvermittlung – das Leben mit mehreren Sprachen: Festschrift für Juliane House zum 60. Geburtstag*. Bochum: AKS-Verlag., 225–238.

Radden, Günter & Kövecses, Zoltán (1999): Towards a theory of metonymy. In: Klaus-Uwe Panther & Günter Radden (Hrsg.), *Metonymy in Language and Thought*. John Benjamins, Philadelphia, 17–59.

Reddy, Michael J. (1979): The Conduit Metaphor: A case of frame conflict in our language about language. In: Andrew Ortony (Hrsg.), *Metaphor and thought*. Cambridge: Cambridge University Press, 284–297.

Reshoft, Nina (2010): Das Erlernen von Lexikalisierungsmustern in der Fremdsprache Englisch. In: Esther Ruigendijk, Thomas Stolz & Jürgen Trabant (Hrsg.), *Linguistik im Nordwesten*. Bochum: Brockmeyer, 1–16.

Roche, Jörg & EL-Bouz, Katsiaryna (2018): Raum für Grammatik. *Zeitschrift für Interkulturellen Fremdsprachenunterricht* 23(2), 86–99.

Roche, Jörg & EL-Bouz, Katsiaryna & Oliver Leuchte (2018): Deutsche Grammatik sportlich und animiert. *Zeitschrift für Interkulturellen Fremdsprachenunterricht* 23(1), 30–42.

Roche, Jörg & Suñer Munoz, Ferran (2014): Kognition und Grammatik: Ein kognitionswissenschaftlicher Ansatz zur Grammatikvermittlung am Beispiel der Grammatikanimationen. *Zeitschrift für Interkulturellen Fremdsprachenunterricht* 19(2), 119–145.

Roche, Jörg & Suñer Munoz, Ferran (2017): *Sprachenlernen und Kognition*. Tübingen: Narr.

Rosch, Eleanor (1973): Natural categories. *Cognitive Psychology* 4, 328–350.
Rosch, Eleanor (1975): Cognitive representations of semantic categories. *Journal of Experimental Psychology: General* 104, 192–233.
Rosch, Eleanor (1978): Principles of Categorization. In: Eleanor Rosch & Barbara L. Lloyd (Hrsg.), *Cognition and Categorization*. Hillsdale: Lawrence Erlbaum, 27–48.
Rosch, Eleanor (1988): Coherences and categorization: A historical view. In: Frank Kessel, (Hrsg.), *The development of Language and Language Researchers. Essays in Honor of Roger Brown*. Hillsdale: Lawrence Erlbaum, 373–392.
Rosch, Eleanor & Mervis, Carolyn B. (1975): Family Resemblances: Studies in the Internal Structure of Categories. *Cognitive Psychology* 7, 573–605.
Rosch, Eleanor, Mervis, Carolyn B., Gray, Wayne D., Johnson, David M. & Boyes-Bram, Penny (1976): Basic Objects in Natural Categories. *Cognitive Psychology* 8, 382–439.
Rubin, Edgar J. (1921): *Visuell wahrgenommene Figuren. Studien in psychologischer Analyse.* Kopenhagen, Berlin, London: Nabu Press.
Ruiz de Mendoza, Francisco (1998): On the nature of blending as a cognitive phenomenon. *Journal of Pragmatics* 30, 259–274.
Ruiz de Mendoza, Francisco (2000): The role of mappings and domains in understanding metonymy. In: Antonio Barcelona (Hrsg.), *Metaphor and Metonymy at the Crossroads*. Berlin & New York: De Gruyter Mouton, 109–132.
Ruiz de Mendoza, Francisco & Mairal, Ricardo (2007): High-level metaphor and metonymy in meaning construction. In: Günther Radden, Klaus-Michael Köpcke, Thomas Berg & Peter Siemund. (Hrsg.), *Aspects of Meaning Construction in Lexicon and Grammar*. Amsterdam/Philadelphia: John Benjamins, 33–49.
Rudzka–Ostyn, Brygida (1988): Semantic extensions into the domain of verbal communication. In: Brygida Rudzka-Ostyn (Hrsg.), *Topics in Cognitive Linguistics*. Amsterdam: John Benjamins, 507–553.
Ryan, Marie-Laure (1991): *Possible Worlds, Artificial Intelligence and Narrative Theory*. Bloomington/Indianapolis: Indiana University Press.
Sacks, Harvey (1992): *Lectures on conversation: volume 1 & 2*. Oxford: Basil Blackwell.
Sag, Ivan (2012): Sign-Based Construction Grammar: An informal synopsis. In: Hans C. Boas & Ivan Sag (Hrsg.), *Sign-Based Construction Grammar*. Stanford: CSLI Publications, 69–202.
Sag, Ivan, Boas, Hans C. & Kay, Paul (2012): Introducing Sign-Based Construction Grammar. In: Hans C. Boas & Ivan Sag (Hrsg.), *Sign-Based Construction Grammar*. Stanford: CSLI Publications, 1–30.
Schank, Roger C. & Abelson, Robert P. (1977): *Scripts, plans, goals, and understanding: an inquiry into human knowledge structures*. Hillsdale, NJ: Lawrence Erlbaum Associates.
Schegloff, Emanuel A. (1984): On Some Gestures' Relation to Talk. In: J. Max Atkinson & John Heritage (Hrsg.), *Structures of Social Action*. Cambridge: CUP, 266–298.
Schegloff, Emanuel A. (1998): Body torque. *Social Research* 65(5), 536–596.
Scheller, Julija (2009): *Animationen in der Grammatikvermittlung. Multimedialer Spracherwerb am Beispiel von Wechselpräpositionen*. Berlin/ Münster: Lit Verlag.
Schoonjans, Steven (2012): The particulization of German complement-taking mental predicates. *Journal of Pragmatics* 44(6–7), 776–797.
Schmid, Hans–Jörg (2007): Entrenchment, salience and basic levels. In: Dirk Geeraerts & Hubert Cuyckens (Hrsg.), *The Oxford Handbook of Cognitive Linguistics*. Oxford: Oxford University Press, 117–138.

Schmid, Hans-Jörg (Hrsg) (2014): *Entrenchment, memory and automaticity. The psychology of linguistic knowledge and language learning.* Berlin: De Gruyter Mouton.

Scholtz, Katharina (2018): Konstruktionsgrammatik und Konzeptualisierung. In: Moiken Jessen, Johan Blomberg & Jörg Roche (Hrsg.), *Kognitive Linguistik*, Tübingen: Narr Francke Attempto, 150–164.

Schoonjans, Steven (2018): *Modalpartikeln als multimodale Konstruktionen: Eine korpusbasierte Kookkurrenzanalyse von Modalpartikeln und Gestik im Deutschen.* Berlin: De Gruyter Mouton.

Schönefeld, Doris (2006): Constructions. *Constructions* 1/2006. Online verfügbar unter: https://www.constructions.uni-osnabrueck.de/wp-content/uploads/2014/06/2006-SI-1-Sch%C3%B6nefeld-16-5469-1-PB.pdf

Schwitalla, Johannes (2006): *Gesprochenes Deutsch: Eine Einführung.* Berlin: Erich Schmidt Verlag GmbH.

Searle, John (1979): *Expression and meaning: studies in the theory of speech acts.* Cambridge: Cambridge University Press.

Semino, Elena (2009): Text worlds. In: Geert Brône & Jeroen Vandaele (Hrsg.), *Cognitive Poetics: Goals, Gains and Gaps.* Berlin: De Gruyter Mouton, 33–71.

Semino, Elena (2017): Corpus linguistics and metaphor. In: Barbara Dancygier (Hrsg.), *The Cambridge Handbook of Cognitive Linguistics.* Cambridge: Cambridge University Press, 463–76.

Semino, Elena & Culpeper, Jonathan (2002): Foreword In: Elena Semino & Jonathan Culpeper (Hrsg.), *Cognitive Stylistics: Language and Cognition in Text Analysis.* Amsterdam: John Benjamins, ix–xvi.

Sidnell, Jack (2006): Coordinating Gesture, Talk, and Gaze in Reenactments. *Research on Language and Social Interaction* 39(4), 377–409.

Skirl, Helge (2009): *Metaphernverstehen. Emergenz als Phänomen der Semantik am Beispiel des Metaphernverstehens.* Tübingen: Narr.

Skirl, Helge & Schwarz-Friesel, Monika (2013): *Metapher.* Heidelberg: Universitätsverlag Winter.

Skoufaki, Sophia (2008): Conceptual metaphoric meaning clues in two idiom presentation Methods. In: Frank Boers & Seth Lindstromberg (Hrsg.), *Cognitive Linguistic Approaches to Teaching Vocabulary and Phraseology.* Berlin: De Gruyter Mouton, 101–132.

Skulmowski, Alexander & Rey, Günter Daniel (2018): Embodied learning: introducing a taxonomy based on bodily engagement and task integration. *Cognitive Research: Principles and Implications* 3(6), 1–10.

Smirnova, Elena & Mortelmans, Tanja (2010): *Funktionale Grammatik.* Berlin: Mouton de Gryuter.

Steels, Luc (2011): Introducing fluid construction grammar. In: Luc Steels (Hrsg.), *Design Patterns in Fluid Construction Grammar.* Amsterdam: John Benjamins, 3–30.

Steels, Luc (2013): Fluid Construction Grammar. In: Thomas Hoffmann & Graeme Trousdale, (Hrsg.), *The Oxford Handbook of Construction Grammar.* Oxford: Oxford University Press, 153–166.

Steen, Gerard (2005): Basic discourse acts. Towards a psychological theory of discourse segmentation. In: Francisco Ruiz de Mendoza & Sandra Peña Cervel (Hrsg.), *Cognitive linguistics: internal dynamics and interdisciplinary interaction.* Berlin: De Gruyter Mouton, 283–312.

Steen, Gerard (2011): The contemporary theory of metaphor-now new and improved! *Review of Cognitive Linguistics* 9, 26–64.

Steen, Gerard & Gavins, Joanna (2003): Contextualising cognitive poetics. In: Joanna Gavin & Gerard Steen (Hrsg.), *Cognitive poetics in practice*. London & New York: Routledge, 1–12.
Steen, Gerad, Dorst, Aletta, Herrmann, Berenike, Kaal, Anna, Krennmayr, Tina & Pasma, Trijntje (2010): *A method for linguistic metaphor identification*. Amsterdam: John Benjamins.
Stockwell, Peter (2002): *Cognitive Poetics: An Introduction*. London/New York: Rotledge.
Stockwell, Peter (2007): Cognitive Poetics and Literary Theory. *Journal of Literary Theory* 1(1), 135–152.
Strobel, Jochen, de Vries, Jan & Wißmach, Frederieke (2019): Leserkognition und Wissensemergenz bei kontrafaktischem Erzählen aus Sicht der Frame-Semantik. *Zeitschrift für Literaturwissenschaft und Linguistik* 49, 139–162.
Stukenbrock, Anja (2016): Deiktische Praktiken: Zwischen Interaktion und Grammatik. In: Arnulf Deppermann, Helmuth Feilke & Angelika Linke (Hrsg.), *Sprachliche und kommunikative Praktiken*. Berlin: de Gryuter, 81–126.
Sweetser, Eve (2000): Blended spaces and performativity. *Cognitive Linguistics* 11 (3/4), 305–333.
Sweetser, Eve (2007): Looking at space to study mental spaces: Co-speech gesture as a crucial data source. In: Monica Gonzalez-Marquez, Irene Mittleberg, Seana Coulson & Michael Spivey (Hrsg.), *Methods in Cognitive Linguistics*. Amsterdam: John Benjamins, 203–226.
Sweetser, Eve (2013): Creativity across modalities in viewpoint construction. In Mike Borkent, Barbara Dancygier & Jennifer Hinnell (Hrsg.), *Language and the Creative Mind*. Stanford CA: CSLI Publications, 239–254.
Sweetser, Eve & Stec, Kashmiri (2016): Maintaining multiple viewpoints with gaze. In: Barbara Dancygier, Wei-lun Lu & Arie Verhagen (Hrsg.), *Viewpoint and the Fabric of Meaning*. De Gruyter Mouton, 237–258.
Sweester, Eve & Sullivan, Karen (2012): Minimalist Metaphors. *English Text Construction* 5(2), 153–173.
Talmy, Leonard (2000): *Towards a Cognitive Semantics*. Cambridge: MIT Press.
Targońska, Joanna (2014): Kollokationen – ein vernachlässigtes Gebiet der DaF-Didaktik? *Linguistik Online* 68(6). https://doi.org/10.13092/lo.68.1638.
Taylor, John R. (1995): *Linguistic categorization. Prototypes in linguistic theory*. Oxford: Oxford University Press.
Taylor, John R. (2002): *Cognitive Grammar*. Oxford: Oxford University Press.
Taylor, John R. (2007): Cognitive Linguistics and Autonomous Linguistics. In: Dirk Geeraerts & Hubert Cuyckens (Hrsg.), *The Oxford Handbook of Cognitive Linguistics*. Oxford: Oxford University Press, 566–588.
Tesnière, Lucien (1959): *Eléments de syntaxe structurale*. Paris: Linksieck.
Thome, Stephan (2018): *Der Gott der Barbaren*. Berlin: Suhrkamp.
Thompson, Sandra A. & Hopper, Paul J. (2001): Transitivity, clause structure, and argument structure: Evidence from conversation. In: Joan L. Bybee & Paul Hopper (Hrsg.), *Frequency and the emergence of linguistic structure*. Amsterdam: John Benjamins, 27–60.
Thompson, Sandra & Suzuki, Ryoko (2014): Reenactments in conversation: Gaze and recipiency. *Discourse Studies* 16(6) 816–846.
Tomasello, Michael (1999): *The Cultural Origins of Human Cognition*. Harvard University Press.
Tomasello, Michael (2003): *Constructing a Language. A usage-based theory of language acquisition*. Harvard: Harvard University Press.

Tomasello, Michael & Brooks, Patricia J. (1999): Early syntactic development: A Construction Grammar approach. In: Martyn Barrett (Hrsg.), *Studies in developmental psychology. The development of language*. Psychology Press, 161–190.

Traugott, Elizabeth C. (1982): From propositional to textual meanings: Some semantic-pragmatic aspects of grammaticalization. In: Winfried Lehmann & Yakov Malkiel (Hrsg.), *Perspectives on Historical Linguistics*. Amsterdam: John Benjamins, 245–271.

Traugott, Elizabeth C. (1989): On the rise of epistemic meaning in English: an example of subjectification in semantic change. *Language* 65, 31–55.

Traugott, Elizabeth C. (2009): Lexicalization and grammaticalization: Subjectification, intersubjectification, and grammaticalization. *Studies in Historical Linguistics* 2, 241–271.

Traugott, Elizabeth C. & Dasher, Richard (2002): *Regularity in Semantic Change*. Cambridge: Cambridge University Press.

Tsur, Reuven (1983): Linguistic intuition as a constraint upon interpretation. *Jerusalem Studies in Hebrew Literature* 2, 21–53.

Tsur, Reuven (1992): *Toward a Theory of Cognitive Poetics*. Amsterdam: Elsevier.

Tuggy, David (1993): Ambiguity, polysemy, and vagueness. *Cognitive Linguistics* 4, 273–290.

Tummers, José, Heylen, Chris & Geeraerts, Dirk (2005): Usage-based approaches in Cognitive Linguistics: a technical state of the art. *Corpus Linguistics and Linguistic Theory* 1, 225–261.

Turner, Mark (1987): *Death is the Mother of Beauty*. Chicago: Chicago University Press.

Turner, Mark (1991): *Reading Minds: The Study of English in the Age of Cognitive Science*. Princeton: Princeton University Press.

Turner, Mark (1996): *The Literary Mind: The Origins of Language and Thought*. Oxford: Oxford University Press.

Turner, Mark (2015): Blending in language and communication. In: Ewa Dąbrowska & Dagmar Divjak (Hrsg.), *Cognitive Linguistics. Foundations of Language*. Berlin: De Gruyter Mouton, 245–269.

Tyler, Andrea & Evans, Vyvyan (2001): Reconsidering prepositional polysemy networks. The case of over. *Language* 77, 724–765.

Tyler, Andrea, Huang & Jan (2018) (Hrsg.): *What is Applied Cognitive Linguistics? Answers from Current SLA Research*. Berlin: De Gruyter Mouton.

Valenzuela Manzanares, Javier & Rojo López, Ana María (2008): What can language learners tell us about constructions? In: Sabine De Knop & Teun De Rycker (Hrsg.), *Cognitive approaches to pedagogical grammar: A volume in honour of René Dirven*. Berlin: De Gruyter Mouton, 197–230.

Vandaele, Jeroen & Brône, Geert (2009): Cognitive poetics. A critical introduction. In Brône, Geert & Vandaele, Jeroen (Hrsg.), *Cognitive Poetics: Goals, Gains, and Gaps*. Berlin: De Gruyter Mouton, 1–31.

Veale, Tony (2017): The humour of exceptional cases: Jokes as compressed thought experiments. In: Gert Brône, Kurt Feyaerts & Tony Veale (Hrsg.), *Cognitive Linguistics and Humor Research*. Berlin: De Gruyter Mouton, 69–90.

Veale, Tony, Feyaerts, Kurt & Brône, Geert (2006): The cognitive mechanisms of adversarial humor. *International Journal of Humor Research* 19, 305–338.

Vilà-Giménez, Ingrid, Igualada, Alfonso, & Prieto, Pilar (2019): Observing storytellers who use rhythmic beat gestures improves children's narrative discourse performance. *Developmental Psychology*, 55(2), 250–262. doi: 10.1037/dev0000604

Wälcher, Bernhard & Ender, Andrea (2013): Wörter. In: Peter Auer (Hrsg.), *Sprachwissenschaft: Grammatik – Interaktion – Kognition*. Stuttgart: J.B. Metzler, 91–135.

Weber, Tassja (2020): *Präpositionen und Deutsch als Fremdsprache: Quantitative Fallstudien im Lernerkorpus MERLIN*. Dissertation: Universität Mannheim. Online verfügbar unter: https://madoc.bib.uni-mannheim.de/54296/1/Dissertation_Tassja_Weber_2020.pdf

Wege, Sophia (2017): Kognitive Aspekte des Erzählens. In: Matías Martínez (Hrsg.), *Erzählen: Ein interdisziplinäres Handbuch*. Stuttgart: J.B. Metzler, 346–354.

Weidner, Beate, König, Katharina, Imo, Wolfgang & Wegner, Lars (Hrsg.) (2021): *Verfestigungen in der Interaktion: Konstruktionen, sequenzielle Muster, kommunikative Gattungen*. Berlin: De Gruyter Mouton.

Wehling, Elisabeth (2016): *Politisches Framing: Wie eine Nation sich ihr Denken einredet – und daraus Politik macht*. Köln: Halem.

Weinrich, Harald (1987): Zur Definition der Metonymie und zu ihrer Stellung in der rhetorischen Kunst. In: Arnold Arens (Hrsg.), *Text-Etymologie. Untersuchungen zu Textkörper und Textinhalt. Festschrift für Heinrich Lausberg zum 75. Geburtstag*. Stuttgart: Steiner, 105–10.

Wermke, Kathleen (2008): Melodie und Rhythmus in Babylauten und ihr potenzieller Wert zur Frühindikation von Sprachentwicklungsstörungen. *L.O.G.O.S. interdisziplinär* 16(3), 190–195.

Wildgen, Wolfgang (2008): *Kognitive Grammatik: Klassische Paradigmen und neue Perspektiven*. Berlin: De Gruyter Mouton Studienbuch.

Williams, Robert F. (2008): Gesture as a conceptual mapping tool. In: Alan Cienki & Cornelia Müller (Hrsg.), *Metaphor and Gesture*. Amsterdam: John Benjamins, 55–92.

Williams, Lawrence E. & Bargh, John A. (2008): Experiencing physical warmth promotes interpersonal warmth. *Science* 322(5901), 606–607.

Wolf, Klaus-Peter (2015): *Wie man aus seinem Vater einen besseren Menschen macht*. Frankfurt a.M.: Fischer.

Wurmbrand, Susanne (2001): *Infinitives: Restructuring and Clause Structure*. Berlin: De Gruyter Mouton.

Zbikowski, Lawrence (2008): Metaphor and music. In: Raymond Gibbs (Hrsg.), *Metaphor and thought*. Cambridge: Cambridge University Press, 503–524.

Zhong, Chen-Bo & Loenardelli, Geoffrey (2008): Cold and lonely: Does social exclusion literally feel old? *Psychological Science* 19(9), 838–842.

Zeschel, Arne (2009): What's (in) a construction? Complete inheritance vs. full-entry models. In: Vyvyan Evans & Stéphanie Pourcel (Hrsg.), *New Directions in Cognitive Linguistics*. Amsterdam: Benjamins, 185–200.

Ziem, Alexander (2008): *Frames und sprachliches Wissen*. Berlin: De Gruyter Mouton.

Ziem, Alexander (2009): Konzeptuelle Integration als kreativer Prozess Prolegomena zu einer kognitiven Ästhetik. In: Martin Huber & Simone Winko (Hrsg.), *Literatur und Kognition*. Paderborn: Mentis Verlag, 63–84.

Ziem, Alexander (2018): Frames interdisziplinär: zur Einleitung. In: Alexander Ziem, Lars Inderelst & Detmar Wulf (Hrsg.). *Frames interdisziplinär. Modelle, Anwendungsfelder, Methoden*. Düsseldorf: dup, 7–22.

Ziem, Alexander (2020): Wortbedeutung als Frames: ein Rahmenmodell zur Analyse lexikalischer Bedeutungen. In: Sven Steffeldt & Jörg Hagemann (Hrsg.), *Semantiktheorien II. Analysen von Wort- und Satzbedeutungen im Vergleich*. Tübingen: Stauffenburg, 27–56.

Ziem, Alexander (im Druck): Konstruktionelle Arbeitsteilung im Lexikon-Grammatik-Kontinuum: das Beispiel sprachlicher Kodierung von QUANTITÄT.

Ziem, Alexander & Lasch, Alexander (2013): *Konstruktionsgrammatik. Konzepte und Grundlagen gebrauchsbasierter Ansätze*. Berlin: De Gruyter Mouton.

Ziem, Alexander, Boas, Hans C. & Ruppenhofer, Josef (2014): Grammatische Konstruktionen und semantische Frames für die Textanalyse. In: Jörg Hagemann & Sven Staffeldt (Hrsg.), *Syntaxtheorien. Analysen im Vergleich*. Tübingen: Stauffenberg, 297–333.

Ziem, Alexander & Flick, Johanna (2018): A FrameNet Construction Approach to Constructional Idioms. In: Tatiana Fedulenkova (Hrsg.), *Modern phraseology issues: Materials of the international phraseological conference in memory of Elisabeth Piirainen*. Arkhangelsk: Solti, 142–161.

Zima, Elisabeth (2013a): *Kognition in der Interaktion. Eine kognitiv-linguistische und gesprächsanalytische Studie dialogischer Resonanz in österreichischen Parlamentsdebatten*. Heidelberg: Universitätsverlag Winter.

Zima, Elisabeth (2013b): Cognitive Grammar and Dialogic Syntax. Exploring potential synergies. *Review of Cognitive Linguistics* 11(1), 36–72.

Zima, Elisabeth (2014): Gibt es multimodale Konstruktionen? Eine Studie zu [V(motion) in circles] und [all the way from X PREP Y]. *Gesprächsforschung – Online-Zeitschrift zur verbalen Interaktion* (15), 1–48.

Zima, Elisabeth (2020): *Blick-Ping-Pong beim gemeinsamen Erzählen*. Vortrag beim Gründungsworkshop des MobEyeLabs Freiburg, Freiburg, Januar 2020.

Zima, Elisabeth & Brône, Geert (2015): Cognitive Linguistics and interactional discourse. Time to enter into dialogue. *Language and Cognition* 7(4), 485–498.

Zima, Elisabeth & Bergs, Alexander (Hrsg.) (2017): Multimodal Construction Grammar. *Linguistics Vanguard* 3(1). https://www.degruyter.com/view/j/lingvan.2017.3.issue-s1/issue-files/lingvan.2017.3.issue-s1.xml

Zima, Elisabeth & Weiß, Clarissa (Hrsg.) (2020): Erzählen als multimodale Aktivität. *Linguistik Online* 104 (4), 3-14.

Stichwortverzeichnis

Abstraktion (Abstrahierung) 23, 50, 69, 192, 224, 233, 242, 246
Abstraktionsvermögen 42
Aktive Zone **65**, 97
Aktueller Diskursbereich **116, 119**, 120, 195
Analogie 130, 135, 232
Analogiebildung **246**, 283, 301, 302
Attribut **158**
Attribut-Matching-Training **300–301**
Auflösung 192
Aufmerksamkeit 43, 49, 55, 86, 107, 117–118, 123, 193, 207, 217, 268, 278, 308
Aufmerksamkeitsfenster (Aufmerksamkeitsrahmen) 121–122, 198–199, 202, 208, 310
Ausdrucksbedeutung **155–156**
Äußerungsbedeutung **155–156**
Autonomiehypothese **13**
Backstage cognition **103**, 125
Basis (konzeptuelle) **64–68, 199**-202, 215
Basisdomäne **67–68**
Basisebene **44–45**, 185, 19
Basisraum **105–113**
Beatgesten (Taktstockgesten) **264**
Bedeutungs-Form-Paar **241**
Bedeutungskonstitution 45, 54, 84, 103–104, 107, 116, 125, 152, 156 210, 231, 317
Berkeley Construction Grammar 221–222
Bildschema **71–72**, 84, 171, 296
Blend **126**, 128–132
Blending **125–131**, 143–146, 147, 194, 276, 305, 308, 316, 318, 320
Blickwinkel **205–206**
Character viewpoint gesture **273–274**
Chunks 18, 242, **246**, 284, 293
Cognitive commitment 3, 45, **56**
Cognitive Construction Grammar 221, 227, 232, 254
Commercial event (transaction) Frame 69, **159–160**
conduit metaphor **83–84**, 263
counterpart connector 128
Current Discourse Space Model 195, **116–122**

Domäne 63, **65–68,** 70, 76, 80–85, 94–95, 101 125, 127–129, 193, 197, 214, 315
Domänenmatrix **66**
Einfacher-Frame-Blend 133, **141–142**
Elaboration (Blending-Theorie) 107, 131, 135
Elaboration (Kognitive Grammatik) **185**-186 189
embodied learming **292**, 295
Embodied Construction Grammar 221–222
Embodiment 322
Entrenchment **49–51, 187–188**, 222, 232
Enzyklopädische Semantik 46–**48**, 56, 63, 118 149, 154
Extension 42, 183, 187, 189, 199, 23
Familienähnlichkeit 41, 235
Figur/Grund-Umstellung **29–35**, 312
Figur-Grund-Verhältnis **29–35**, 45, 55, 64, 73 191, 194–198, 287–290, 293, 298, 306 , 308–313
Fiktionaler Raum **112**, 114, 318
Filler 161
Fluid Construction Grammar 221-222
Fokus 30–34, 65, 105, 118, 120–121, 193, 195 **202–203**, 207–208
Fokusraum 105–107
Fokussierung **193, 198**
Form-Bedeutungspaar 47, 49, **181**, 220, 222, 224, 227, 250, 322
Frame 48, 68–69, 114–115, 130, 133–143, **149–150**, 157–171, 242–243, 322
Frameelement **160**–163, 168, 170
Framing 171–172
FrameNet 149, 160, 163, **164-171**, 242
Frame-shifting 151
Frequenzkriterium 223, 323
Gebrauchsbasierte Linguistik 1, 9–10, 13–16, 18-25, 50, 179, 181
Gebrauchsbasiertes Modell 187, 222, 233, 248, 284
Gebrauchsbasiertheit 3, 19, 23, **52–53**, 56, 223 259
Gebrauchsfrequenz 49–51, 187–188, 222, 232
Gemischter-Frame-Blend **141**–143

Generativismus 1–3, **9–21**, 145, 180, 189 220
Generischer Raum 129–130
Gestaltpsychologie 2, 29–30, 34, 64, 194
Gestalt-Training **300–301**
Glaubensraum 110–111
Graded salience hypothesis 92–93
Grammatikalitätsurteil 10, 12, 14, 17–18, 189
Granularität 192
Ground 108, **207**–210, 277
Grounding predication 210
Handlungsschema 69
Hypothetischer Raum 113–114
Holophrase 245
Idealisiertes Kognitives Modell 41, **70–71**
Identitätsgleichheit 137, 140
Identitätsverbindung 105–107, 319
Idiomatizität 233–234
Idiome 25, 219–220, 223, 224, 226
Ikonische Geste 262, 264265
Input Space **125**, 128–138, 141–142, 145–146, 194
Instanziierung 45, **50**, 69, 76, 82, 93, 119, 131, 133–134, 161, 165, **183–187**, 222, 224, 228, 230, 237–238, 240, 247, 272, 291
Instanz-Relation 236–238
Interaktionale Konstruktionsgrammatik 248–253
Intransparenzkriterium **223**, 226
Invarianzprinzip 82, 87
Kategorie 10, **35–45**, 48, 70–71, 130, 155–156, 158, 160, 185–186, 188, 199-200, 219, 224, 235, 294
Kategorisierung 29, 35- 45, 54, 73, 188, 210, 308
Kernelement **160– 161**, 165, 243
Kippbild **29–31**, 34, 312
Koerzion 230-231
Ko-Expressivität 265
Kognitive Grammatik 67, 144, 179–216, 222–226, 295
Kognitive Poetik 305–324
Kognitive Routine, 50, 187
Kognitive Sprachdidaktik 296
Kollokation 231, **293–295**
Kompetenz 1, 10, 12–14, 17–18

Komplexe Metapher 81, **84–86**
Komposition (Blending) 131, 135, 141
Komposition (Kognitive Grammatik) 183, 195–196
Komprimierung 137, 139
Konstruierung 30–34, 52, 54–55, 56, **190–210**, 273, 309
Konstruierungsmechanismus 191, 206, 210, 260
Konstruktikon 170, **220–222**, 224, 234, 236, 238, 240–242, 251, 252, 286
Konstruktion 133–136, 144, 184, 186, 189, 192, 200, 202, 205, 213, **219–254**, 260, 261, 266–267, 273, 283–293, 296, 298
Konstruktionsbedeutung 228, 231, 234, 249, 285–286
Kontrafaktischer Raum 113
Konventionalität **50–51**, 75, 93, 187–189
Konzeptualisierung **45–47**, 53, 65–66, 78–79, 92, 103–104, 117–120, 172, 180, 182, 190–192, 195, 197, 203, 207–210, 241, 270–271, 286–290, 297
Konzeptualisierungsfenster 120-121, 195, 198
Konzeptualisierungskanal 117
Konzeptualisierungsobjekt **117–118**, **190**–193, 207–209
Konzeptualisierungspol 182
Konzeptualisierungssubjekt 54, **117–118**, **190**–193, 207–209
Konzeptuelle Integration 128
Konzeptuelles Näheverhältnis **95**, 97
Landmarke 55, 64, 199, 202–212
Leerstelle 161–163, 247
Logische Semantik 152, **154–155**
Mapping 76–77, 82–83, 85, 87–88, 94, 104, 125, 129, 131, 171–172, 194, 268, 301, 316–317
Mentaler Raum 10, 121, 125, 128–129, 231, 274, 276, 277–279, 318–321
Metapher 53, 69, 73–100, 125, 127–128, 131, 135, 143–144, 171–172, 194, 260, 263–264, 266–272, 284, 293, 296, 299–302, 306–308, 313–318
Metapher-aus-einer-Metonymie 99
Metaphernidentifikation 99
Metaphorische Gesten 263, 266–272

Metaphtonymie 98
Merkmalsemantik 35–36, 152–**154**
Metonymie 94–100, 260–261, 264, 271–272, 307
Metonymie-in-einer-Metapher 98
Mögliche-Welten-Theorie 318–320
Multimodalität 99, 118, 183, 250, 259–279
Multiple Blends 131
Musterbildung 233, 313
Mustererkennung 3, 184, 244, 246, 283
Narrativer Raum **112**, 276–278, 318
Nativismus 10
Netzwerkmodell 23, 183–190, 192
Nicht-Kernelement 160–161, 168
Nicht-Kompositionalität 220, 226–**228**, 249
Objektivierung 207, **209**
Observer viewpoint gesture 273–274
Onstage region **198**, 209
Performanz 1, 10, 12–14
Perspektivierung 54–56, 90, 169, 191, 205–210, 273–276
Polysemie 41, 53, 68, 165, 224, 228, 235–237
Primärdomäne 67
Produktivität 52, 79, 247
Profil 48, **64–68**, 198–205, 208–209, 211–213
Profilierung 34–35, 64–68, 121, 162, 169, 172 198–205, 208–209, 211–213, 230, 266
Prominenz 198, 199, 204
Prosodisches Bootstrapping 244
Proto-Konversation 245
Prototypikalität **37–42**, 48, 53, 70–71, 155, 184, 186–188, 199, 205, 219, 224, 236, 287–289
Quelldomäne 76–83, 127, 194, 263, 268, 315
Radiale Netzwerke 38, **41–42**, 53, 235
Radical Construction Grammar 221–223
Reality Space 108, 112, 116, 276–277
Re-enactment 277
Region 214–215
Relationales Profil 64, 197, **201–202**
Resemantisierung 22, 45
Salienz (siehe auch Prominenz)
  – kognitive 199
  – onomasiologische 188, 199
  – ontologische 199, 204
  – semasiologische 188, 199
Satelliten-basierte Sprachen 286–288, 292
Schema 184–190, 225–226, 234, 237–238, 247

Schematisierung 183–190, 247
Simplexblend 133–134, 136, 142
Sign-Based-Construction Grammar 2, 221–222
Skopus
  – maximaler 197–198, 200
  – unmittelbarer 197–198, 200
Skript 68–**69**, 150
Slot 134, 161, 225–226, 231, 237, 313
Space Builder 109–110, **114**, 320
Spezifizität 47, 184, 192–193
Spiegelblend 133, 136, 140, 142
Spracherwerb 11, 17–18, 23, 44, 232, 242–248, 283, 285–296, 313, 321, 323
Subjektivierung 207–210
Standard pragmatic model 92–93
Standardwert 158, 162–163
Strukturalismus 3, 9, 20, 36, 47, 181, 225–226
Symbolisches Prinzip 181–183
Synecdoche 272
Systemmetapher 80
Szenario **69**, 159–160, 169–170
Taktstockgesten 262, 264–265
Taxonomien **44**, 185–186, 188, 192, 236–238
Teil-Ganzes-Relation 96, 130, 198, 236–237
Token **49–52**, 222
Topologisches Prinzip 145–146
Trajektor 55, 199, 202–204, 212
Transformationsregeln 14
Type **49–52**, 222
Typ-Relation 158
Unidirektionalität **82**, 92
Universalgrammatik 10–11, 17–18
Unscharfe Grenzen 41, 215
Usage Event 50, 116–119, 184, 186
Valenz 159, 162, 164, 169, 229
Vehikel 94
Viewing Frame 119–120, 195, 198
Verb-basierte Sprachen 286–287
Verbinselkonstruktionen 246–247
Vererbungsbeziehungen 236–238
Vergangenes-Event-Raum 106–109
Vital relation 130, 138
Vokalisierungskanal 117
Vokalisierungspol 182, 225
Wechselpräpositionen 288–293
XYZ-Konstruktionen 133–135
Zeigegesten 263–264

Zeitorientierungsmetapher 76
ZEIT IST RAUM 75–77, 88–89, 92, 270, 299
Zieldomäne 76–78, 80–83, 85, 87–88, 127 143, 194, 270, 301, 315, 317

Zukünftiges-Event-Raum 110
Zwei-Ebenen-Semantik 154

www.ingramcontent.com/pod-product-compliance
Lightning Source LLC
Chambersburg PA
CBHW052043220426
43663CB00012B/2429